〜 道なき山を訪ねて 〜

新潟の静かな山

田中 正彦

はじめに

　私が山に登るようになった一番の理由は、普段過ごしている人間社会の喧騒の中で、休日くらいは現実から逃避して、自然の中で静かに過ごしたいと思ったからです。私が登山を始めた当時は、天気の良い休日でも飯豊《いいで》や朝日では人と会うことなど稀《まれ》でした。

　ところが今日では、山によっては早く着いて駐車場の確保から始まり、さらに急いで登ってテン場の確保もということが珍しくありません。また、人が多くなればそれなりのルールがいつの間にか登山者によって作られ、結局のところ山に入っても普段と変わらぬ対人関係が生じてしまいます。飯豊などでは、時季になると花のみに特化した〝環境警察〟までが出現し……。こうした現状もあって、私は自分の理想を求めて、道のない山を目指すようになりました。道のない山は、ささやかではありますが一時《いっとき》の安らぎを私にもたらしてくれます。誰にも気兼ねすることなく、静かな自然の中で過ごす時間は、私にとって特別な時間です。

　あらかじめお断りすると、本書は一般的な登山ガイドブックではありません。登山道のない〝道なき山〟を掲載した、私の個人的な登山記録です。コースタイムは私がそのときに歩いた時間を記しましたが、何しろ整備されていない山なので、そのときの藪《やぶ》や残雪等の状況によってまったく変わってきます。また、私自身の問題として、若い頃の記録と近年の記録とでは体力的に差があり、当然近年の方が時間がかかるようになっています。加えて、登ったときの体調もまちまちですから、読者の皆さんには参考にならないものと考えています。

山名に関しては、一部を除いて、国土地理院地形図の記載にならいました。

各山のルートに関しては、縮尺もいい加減ではありますが、概念図を掲載しました。自分でルートを工作するのが道のない山の楽しみの一つですから、この地図が少しでもお役に立てばと思っています。言い換えれば、私とまったく同じルートを辿《たど》っていたのでは簡単でしょうし、面白みにも欠けるでしょうから、そういう意味で役に立つのではないかと考えています。

道のない山のルートには正解も不正解もなく、自分で辿ったルートが正解になります。できることなら、ほかの人が歩いたルートをそのまま辿るのではなく、新たなルートを開拓してみてはいかがでしょうか？　もちろん、ほかのルートでは不可能な場合の山も多くありますし、危険を伴う可能性もありますので、無理のない安全第一の範疇《はんちゅう》でということになりますが……。地形図を見てあれこれ思案し、ドキドキハラハラしながら登って無事に登頂できたときの喜びは格別なものであり、それが道のない山の最大の醍醐味《だいごみ》であります。

それから私のような未熟者が言うのも何ですが、私は道の有無にかかわらず、山に入るときは常に偉大な自然に対して畏敬の念を持って接したいと考えています。これはあくまで自分なりの歩き方なのですが、そこに私が〝侵入する〟ことで生じる自然への負担を極力抑えるため、動植物の生態系に影響があるといわれている、いわゆる光害を避けるべく、ヘッドランプを使わない明るい時間帯にのみ行動をするよう心掛けています（蛍光灯よりLEDの方が影響が大きいとの研究成果もあるようです）。もちろん、日没に間に合わず、ヘッドランプをやむなく使うこともあるのですが……。また、植物類を傷つけないように、鉈目《なため》は一切入れないようにしています。

それから至極当然のことでありますが、私有地と思われるところは必ず許可を得てから入山するようにしていますし、もちろん立入禁止のところに無断で入ることはしていません。中には立入禁止の強制力がないと思われるような場所もありますが、入山する場合はすべて、確認するなり許可をもらうなりしてから入山しています。

さてそんなわけで、今までいろいろな道のない山に登ってきました。その記録を1冊の本という形でご報告させていただくことになりましたが、道のない山は自然の宝庫であり、そこには野生の動植物が多く暮らしています。当初はこのような本を出版すること自体にためらいがありましたが、自分自身のメモリアルといった意味合いで、上梓《じょうし》させていただくことになりました。そんな私が言うのも甚だ身勝手とは思いますが、道のない山に大挙して押し寄せるなどといった行為は、ぜひとも慎んでいただきたいと思います。道のない山にはそっと訪れて、その素晴らしさを独り噛みしめる――。そんな自己満足のレベルで楽しんでいただきたいと思っています。

目次

小兜山（223ページ）から望む越後三山

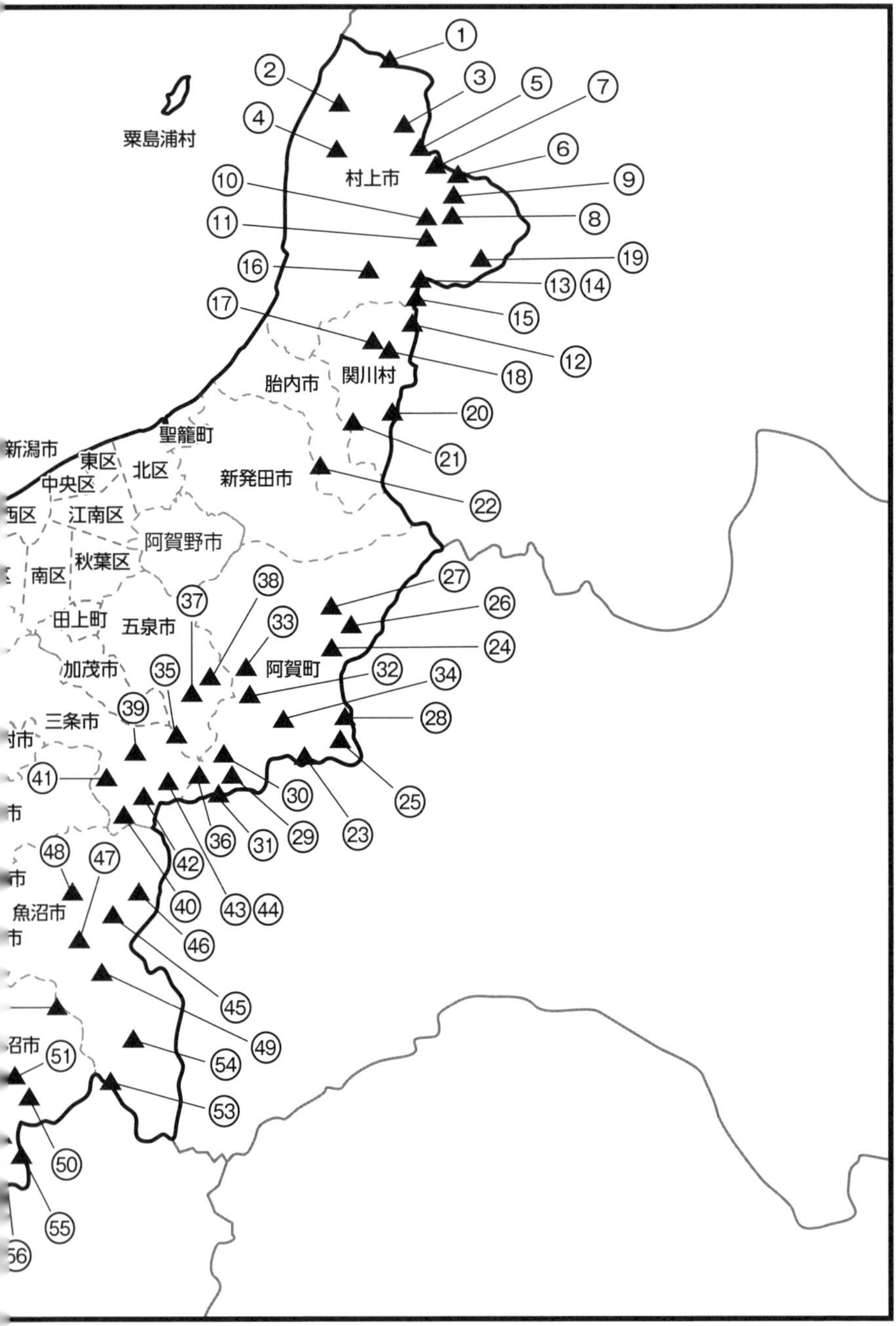
粟島浦村
村上市
胎内市
関川村
聖籠町
新潟市
東区
北区
中央区
新発田市
西区
江南区
阿賀野市
南区
秋葉区
田上町
五泉市
阿賀町
加茂市
三条市
魚沼市

位置図

図の丸数字は掲載されている全76山の通し番号です。
①～㊳は「下越の山」、㊴～㊾は「中越の山」、
⑥⓪～⑦⑥は「上越の山」に掲載されています。

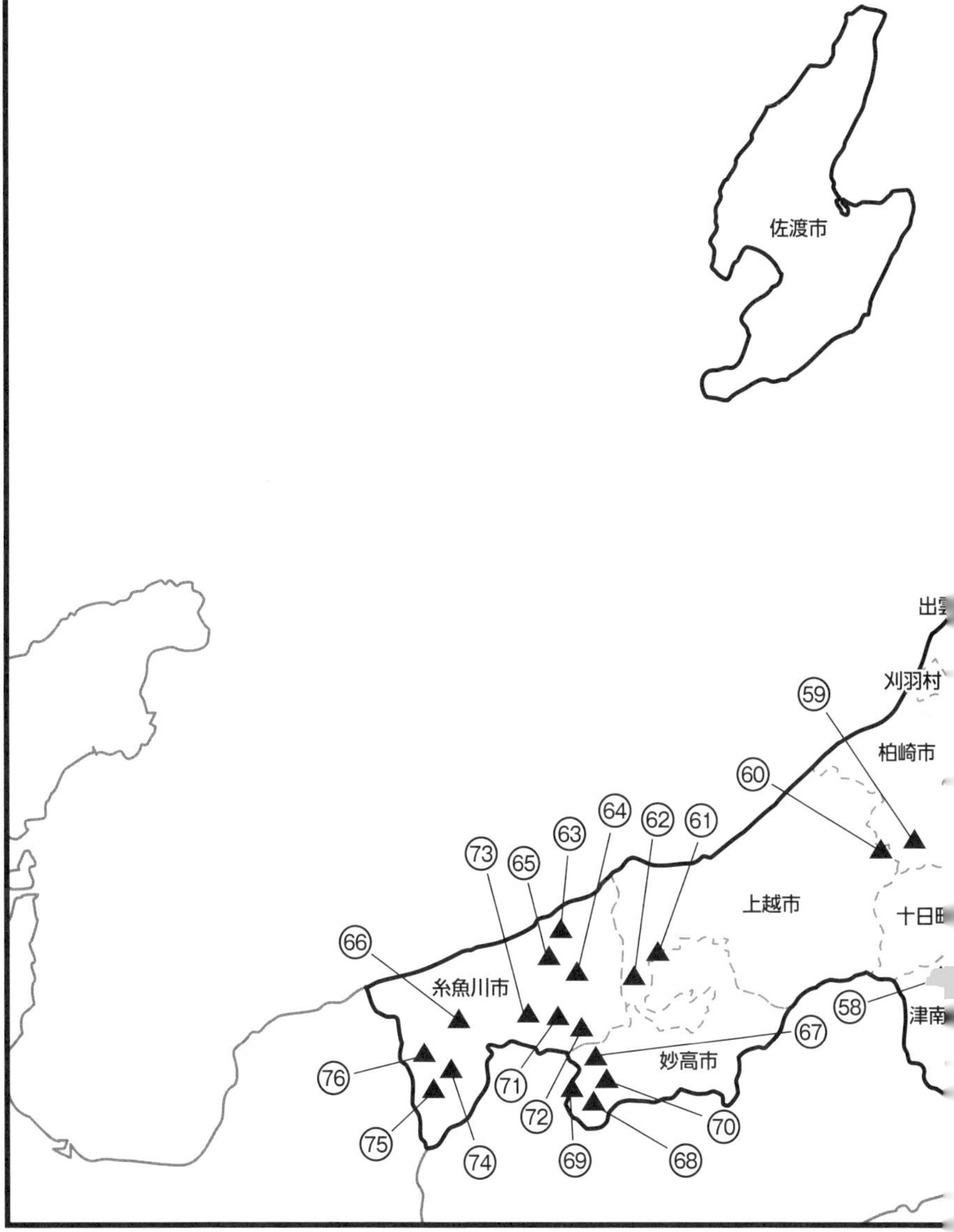

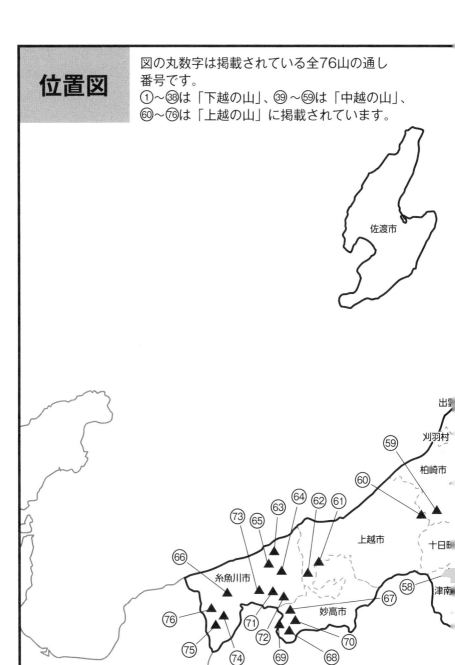

下越の山

1

芋《いも》沢《さわ》山《やま》（482・9m）

令和2年1月25日（日帰り）

村上市

新潟県村上市と山形県鶴岡市の県境尾根上に聳《そび》える芋沢山は、国土地理院発行の地形図上に掲載されている山名のある山としては、日本国《にほんこく》や雨乞立《あまごいだて》などの峰々とともに、新潟県内最北端付近に位置する山となっております。芋沢山周辺は、森林組合の管理地、いわゆる私有地となっているようで、ナガセ沢沿いに延びる林道も村上森林組合が管理している道路だったので、立ち入りの一報を入れたところ快諾していただき、晴れて堂々と林道を使わせていただく運びとなりました。以前、すぐ近くに聳える日本国に登ったとき、山頂付近を悠然とカモメが飛んでいて、山なのにカモメとは実に不思議な光景だと感じたことを思い出し、この芋沢山も、もしかしたらまたカモメが飛んでいるのではないかと、妙なところに期待をしながら出掛けていきました。

　かつての出羽街道の面影を残す小俣宿を過ぎた辺りで、左に延びる1本の林道があり、そこに車を乗り入れて止めます。この時季、例年なら積雪があるので、車を乗り入れることはできませんが、今年に限ってまったく雪がなく、難なく駐車することができました。ただし林道は荒れていて、車の保護といった観点から、奥へ進まない方が無難です。地図を見ると、林道をしばらく進んで二股に分かれたところを左側に進めばいいようですが、付近はかなり

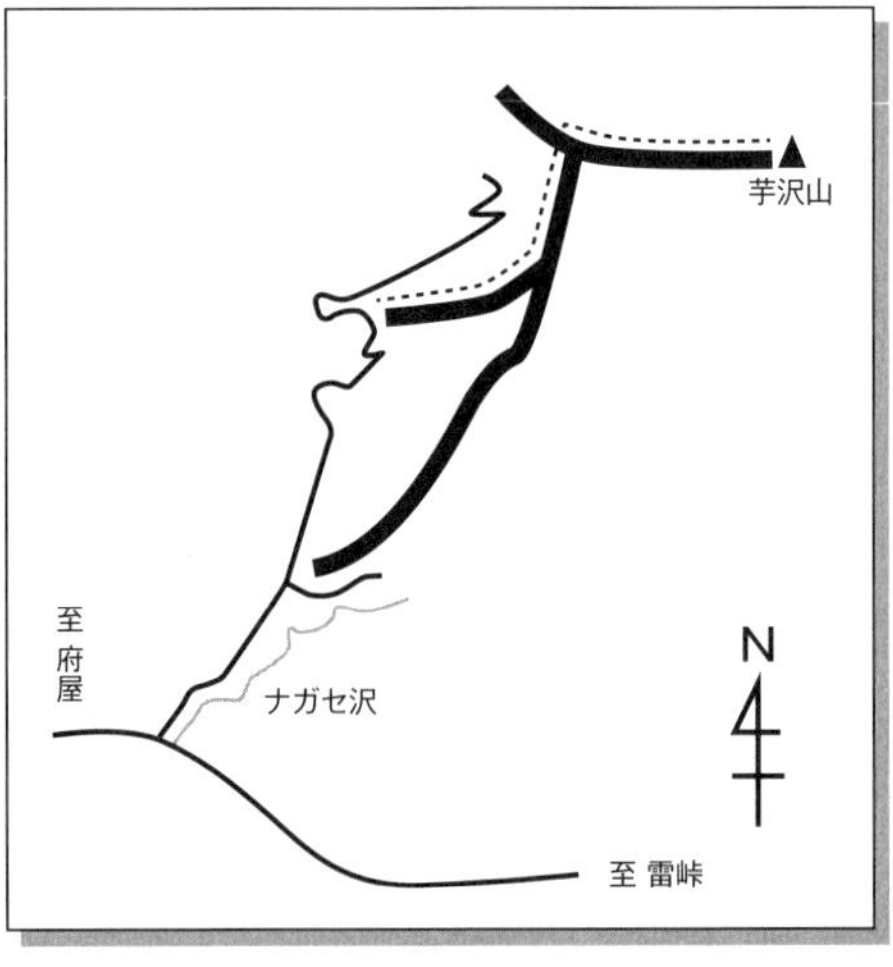

間近に迫った芋沢山

の荒れようで、草むらに隠れた林道を見付けるのに少し苦労しました。あまりの荒れ具合に、ややもすると林道を進まずに枝分かれしたところから派生する尾根に登ろうともしましたが、いろいろ考えてみて、やっぱりここは無難に林道を進むことにし、左へ延びる藪道を進みました。思った通り林道は進めば進むほど荒れ模様が酷《ひど》くなり、くねくねと折れ曲がる辺りから灌木《かんぼく》に覆われて、木々の隙間を縫うようになります。林道藪の歩きにくさは、尾根上の藪よりも歩きにくい場合が多く、時と場合によっては、尾根を歩いた方が有利になることがよくあります。

歩きにくい藪林道を何とか進み、やがて林道終点間近と思われる辺りから適当に斜面に登り付いて、尾根上を目指します。少し急斜面の歩きにくい支尾根を登りきると、先ほど登りかけた林道が二股に別れたところから延びる尾根と合流します。この尾根には薄い踏み跡らしきものがあるのですが、灌木が非常にうるさくて困りました。ところが少し進んだところで杉の植林地となり、森林組合の人たちによるものと思われますが、木々が切り倒され、下草も刈り払われています。それが県境尾根付近まで続いておりました。県境尾根付近からは雪の上を歩くようになり、薄いものの踏み跡も確認できます。山形県側を見ると、すぐ近くまで杉の植林地が迫っており、伐採切り出し作業をしているようでした。400m峰から、大きなアカマツが多く茂る尾根を一度緩く下ってから登り返すと、木々に覆われた広い山頂に出ます。残念なことに、山頂は木々に阻まれて展望を得ることができません。期待していたカモメの姿も確認できません。少しがっかりしながら山頂を後にしました。

人里近くに聳える芋沢山は、登って楽しむ山、あるいは信仰の山といったところではなく、林業の山として山麓の人たちと密接に関係している山だと思いました。『新潟県地名考』によると、芋の付く地名の多くは鋳物師《いものし》という職業に由来すると考えられているようです。鋳物師とは、川から砂鉄を採って鎌や鍬《くわ》などに加工し、それを農家に貸し出して賃代の米をもらい、冬になるとそれらを修理して、春にまた貸し出すといった職業だそうで、ほかにも鍋や釜などを修理したりして生計を立てていたそうです。以前はこの芋沢山周辺に鋳物師を生業《なりわい》とする人が多く生活していたのでしょうか？　いずれにしても林業や鋳物師など、芋沢山は古くから職業に関係しながら山麓民と生活を共にしてきた山のようです。また、『日本山名事典』によると、芋沢山は地元では「たかしょうげん」と呼ばれていると記載されています。近くに聳える日本国の山名由来説の一つに、「立派な鷹が捕れ、それをお殿様に献上したところ、お殿様はその山の名前を日本国とした」との有名な話があります。芋沢山の「たかしょうげん」という呼称と、何か関係があるのかもしれません。

コースタイム

林道入り口～45分～林道終点付近～1時間～芋沢山～40分～林道終点付近～40分～林道入り口

2

烏帽子岳《えぼしだけ》（488・7m）～丸山《まるやま》（394・2m）

平成28年
2月11日
（日帰り）

村上市

国道113号、海沿いの道路を北上し寒川《かんがわ》集落へと車を走らせます。豪雪の新潟県でも海岸線に積雪はまったくありません。寒川より右折して越沢《こえさわ》集落の城山を右手に、寒川を挟んで左手に、本日目指す烏帽子岳が対峙《たいじ》しています。越沢集落を過ぎた辺りの葡萄《ぶどう》川沿いに大きな車庫とプレハブがあり、そこに架かる橋を渡ってしばらく林道を進みます。林道正面の山腹には鉄塔が見えますが、おそらくこの林道は、農業用や林業用のほかに鉄塔の巡視路も兼ねているのではないかと思われます。このまま林道奥へは進まず、左から派生する尾根に取り付いて最初のピークである371m峰を目指します。

尾根は杉の植林地となっています。30cmほどの積雪となった杉の植林地の中の急登をしばらく進みますが、ある程度のところで緩斜面となり、城山が指呼の間に見え、日本海の一部も見え隠れするようになります。方向からして、おそらくは寝屋《ねや》漁港方面が見えているのではないかと思います。尾根は緩急を繰り返しながら1カ所岩場を越え、やがて分岐に到着。ここから左の痩《や》せ気味の尾根を進んで、狭い烏帽子岳山頂へと至ります。山頂は雑木林となっていて、見晴らしは良くありません。先ほど見えていた日本海も見えなくなりました。

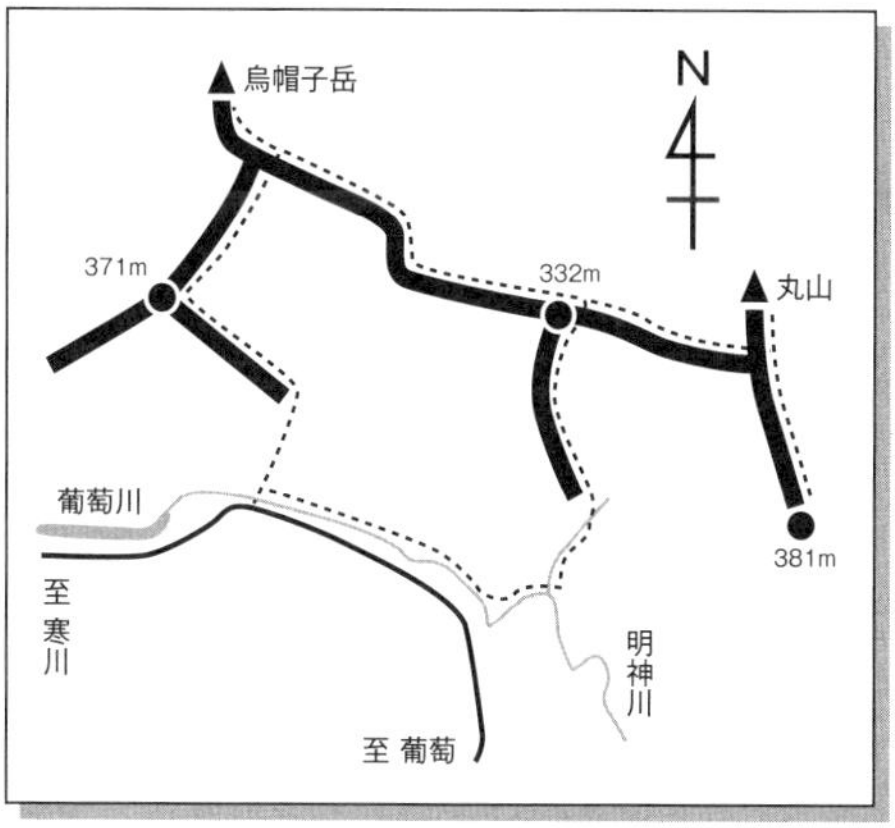

痩せた尾根を分岐まで戻り、今度は丸山を目指しますが、随分と遠くに丸山らしき山頂が見え、「あそこまで行

烏帽子岳

くのか」と思うと少々うんざりしてしまいます。分岐辺りから痩せ尾根は解消され、広くもなく狭くもない尾根となり、悪場も特にありません。しかし、低山特有の判然としない尾根がいくつも派生したりしていて、しっかりと地図を見ながら進まなければ間違える尾根です。やがて鉄塔道を横切り、相変わらず分かりにくい雑木林の中を進みますが、時折杉林になります。丸山は終始木々の間から見えるので、目標が分かりやすく、これは助かりました。

雑木林からブナ林へと変わった急坂を、右に左に曲がりながら登りきると、丸山の肩に出ます。左に向かえば丸山の山頂ですが、右の山が立派だったので、まずはその山頂に行ってみました。右の山の山頂はブナの木がなく、少し広めで周囲の景色が良く見えます。少しここで休んでから丸山へと向かいますが、明らかに丸山山頂は木々に囲まれていて、展望はあまり期待できないことが分かります。そして山頂に到着。思った通りの展望でしたが、国道7号を挟んだ向かい側の山がよく見えますし、北中集落か大毎《おおごと》集落辺りもよく見えました。下山は丸山から少し戻った332m峰付近から派生する尾根を使いましたが、これも特に悪いところなく尾根末端まで

烏帽子岳付近から見た丸山

辿り着き、最後の渡渉に少し苦労をして、荒れ気味の林道へと出ることができました。そして、明神川沿いの林道を30分ほど歩いて車へと戻りました。新潟県の北端付近に聳えるこの二つの峰は、私のような秘境好きな者にとっては大変に貴重なところであると思いました。

下山後、車の陰で着替えていると、越沢集落の方でしょうか？　孫を連れたおばあさんが歩いていて、その孫が私の方に近寄って来ようとしますが、おばあさんは孫を引き留め、「こら！　よしなさい」と言ってさっさと行ってしまいました。おばあさんは「近寄っちゃだめ」と孫に言っているようです。私のどこがそんなに悪いのか？　せっかくこの新潟県北端付近に聳える二つの貴重な峰に登れて満足していたところだったのに……。それとも下山して着替えをしようと裸になっていたのが悪かったのでしょうか？

コースタイム

葡萄川に架かる橋～2時間30分～烏帽子岳～2時間20分～丸山～2時間20分～葡萄川に架かる橋

3

剛造山《ごうぞうざん》（636・7m）

平成29年3月11日（日帰り）

村上市

NHKの「小さな旅」という番組で、「命紡ぐ冬」と題され、村上市の山熊田《やまくまた》集落が紹介されていました。番組では栃餅、シナ織、熊撃ちなどが取り上げられ、豪雪に鎖《とざ》される集落の冬の暮らしの情景がよく伝わってくる内容でした。山で猟をしている、確か50歳代後半の男性だと思いましたが、彼のところに埼玉県から30歳代の女性が嫁に来たということも紹介され、それにはすごく羨《うらや》ましいと思いました。世の中にはいろんな方がおられるもので、私も「早まったかな。もうちょっと待っていれば良かったか……」なんて、つい思ったりもしている次第です。ちなみにその30代の女性はアーティストということで、ホームページも開設されていて、後日、剛造山について教えてほしいとコンタクトを取ったところ、お仕事とはまったく関係のないお願いに対して、親切にいろいろとお調べいただき、返事をしてくださいました。

山熊田は新潟県の北端に位置する山村集落であり、山を挟んだ県境尾根のすぐ裏側には、松ヶ崎集落や繁岡《しげおか》集落といった朝日連峰のお膝元である大鳥《おおとり》地区の集落が広がっています。この山熊田集落と大鳥地区の間を遮るように貫通する付近の県境尾根は、秘境中の秘境と言っていいほどのところであり、それら周辺を訪れたというような記録はほとんど見当たりません。また、そんな秘境の一角に、地形図上に記載されていない二の俣峠というところがあり、この山熊田集落から、かつては塩の道が

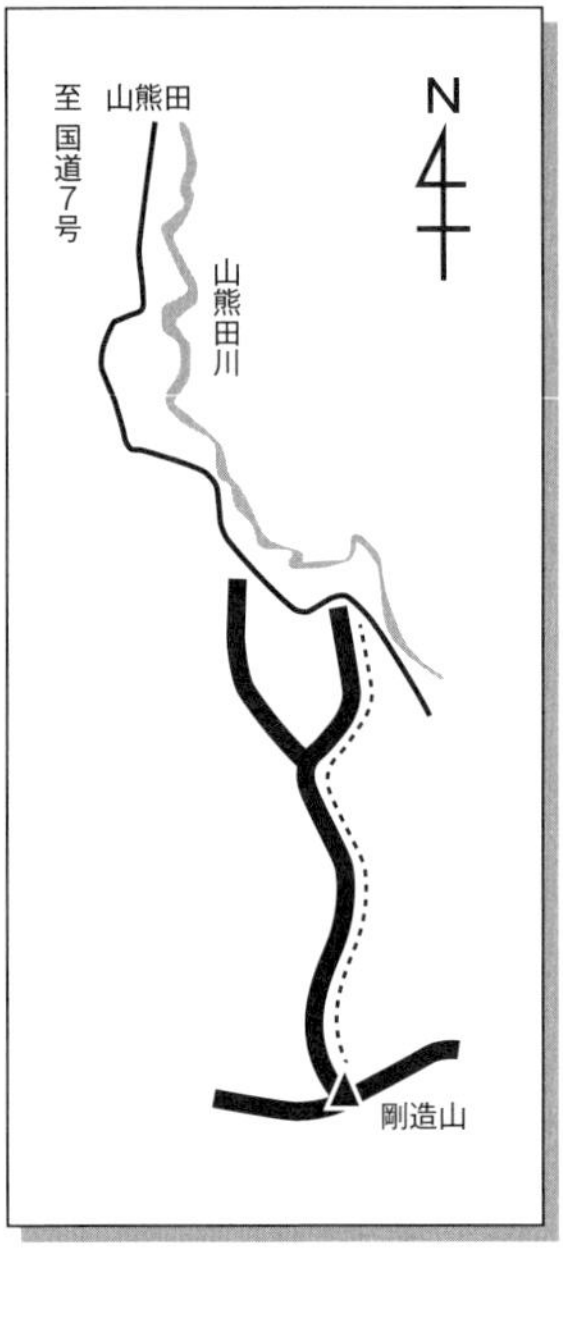

剛造山へ続く尾根

あって、現在でもその古道を使って二の俣峠へ至ることができるそうです。そんなことからも、私にとって山熊田集落は非常に興味深い集落となっております。

今回はそんな山熊田集落から、秘境の県境尾根ではなく、その手前、山熊田集落の里山とも言うべき剛造山という山に登ってきました。この付近一帯は、山々に囲まれているところですが、国土地理院発行の地形図ではこの剛造山くらいしか山名が記載されておりません。従って、剛造山はこの付近では目立つ存在の山となっています。

午前9時過ぎに山熊田に到着すると、集落一帯は人で溢《あふ》れかえっていました。皆さんカンジキを手に持っているところからして、どうやら今日は村おこしの一環として、カンジキトレッキングの催事があるようです。おそらく大日峠方面に向かうのでしょう。私はカンジキトレッキングご一行様とは別方向である林道に向かって車を走らせました。廃校らしき建物の脇を通り抜け、しばらく進むと真新しい小屋があって、除雪はそこで終わっていました。終点部は小広く除雪されているので、車を止めるには好都合でした。地図を見る限りでは、通過困難な箇所や悪場はなさそうでしたし、昨日まで降った新雪でラッセルが深いと判断し、今回はスノーシューを装着して林道奥へと進んでいきました。

目の前には山襞《やまひだ》が幾重にも重なっていて、どれがどの山なのかさっぱり分かりません。目指す剛造山に取り付く尾根も何だかよく分かりません。遠目になだらかで取り付きやすそうな尾根が一つあり、地形図でよく確認すると、やはりそれが予定していた尾根のようでしたので、とりあえずそこから上を目指します。距離もそれほどなく、高度差もあまりなくて、さらに悪そうな場所も見当たらないことから、気楽に剛造山山頂を目指しました。途中で尾根を林道が寸断しています。尾根が寸断されているところでは、再度急斜面に取り付いて尾根上に乗る作業を仕切り直しで行わなければなりませんが、そんな場所が2カ所ありました。

途中、木にはワイヤーが縛られており、木を切り出している痕跡が見られます。林業を生業としている方たちの物なのか、もしかすると、山熊田集落で盛んに行われているシナ織の原料、シナノキを切り出すためのものなのかもしれません。前述したNHKの番組では、山熊田集落のシナ織についても詳しく放送されていました。雪深い山村では、織物が盛んなところが多いようで、雪国観光圏発行の『雪国と織物』に、「なぜ雪国には織物が栄えたのか？」との題目があり、その理由が書かれておりました。1．苧麻《ちょま》栽培に最適な気候、2．織物に適した気候、3．冬に可能な生業、4．雪国の女性の性格＝長い冬を黙々と耐え忍ぶ生活習慣、5．かみあう雪の恵み＝糸や布を晒《さら》して漂白するのは雪の恵みが必要、6．輸送のしやすさ＝織物は軽量、7．貴族からの需要がある、といった理由だそうです。いずれにしても、山に生きる山熊田集落の人たちのものと思われる痕跡が多く見られることから、「さすが集落裏手の里山」と思いながら先に進みました。

そして、尾根は思った通り悪場もなく、すんなり山頂に至ることができました。細長い山頂からは屏風《びょうぶ》のように大きく見える県境尾根のほか、見渡す限り山また山の景観ではありましたが、途中では日本海も間近に見える場所があって、この山では非常に珍しい不思議な景色を味わうことができます。それにしても、付近は多くの山で囲まれており、格好の良い鋭鋒のような峰も見受けられますが、それらにはどれも山名は付けられていないようです。ここのピークに限って、剛造山という名前が付けられているのは、山熊田集落民との関わりが深いからではないかと考えながら、山頂を後にしました。

しかし、「剛造」とは奇妙な山名です。なぜ「剛造」なのかという問いに対して、女性アーティストの方が返答してくださいました。「剛造の由来は定かではないが、山熊田集落付近には大日峠や金剛川といった宗教に因《ちな》む名称のものが多く、剛造という山名も宗教から来た可能性があるのでは？」とのことでした。

山などに登っていると、訪れる山々の山麓には必ず山村集落が広がりますが、今となっては限界集落と感じさせるところが多く見受けられ、訪れるたびに寂しい気持ちにさせられます。若者は山を離れ、山村に伝わる伝統や風習が薄れてきている中、山熊田集落は非常に活気を感じる集落で、ちょうど私が訪れたこの日もカンジキトレッキングと思われる行事が催されていました。この地区では村おこしの行事が多数催されているようです。そんな山熊田集落は現代にありながら、山に生き、山と共に暮らす、古くからの伝統や風習、風土をずっと守り続けている集落だと思いました。

登山ブームとなり、入山口へ至る道路が良くなって、登山道具も進化し、四季を通じて人々が山に大挙する世の中になりました。山が身近な存在になり、軽い気持ちで山に登る人たちも多くなったのではないかと思います。それ自体を否定するわけではありませんが、私としては、山を崇《あが》め、自然を決して粗末に扱わない山村集落の人たちの山に対する姿勢を少しでも学ばせてもらってから、山に入りたいと思っています。愚かな私が言うのもなんですが、あの活気溢れる山熊田集落の人たちを見ていると、そう思わざるを得ませんでした。

コースタイム
山熊田集落～25分～尾根取り付き箇所～1時間55分～剛三山～1時間5分～尾根取り付き箇所～25分～山熊田集落

4

天井山《てんじょうやま》（442・6m）～岳ノ山《たけのやま》（455m）

平成28年
3月1日
（日帰り）

村上市

　首のヘルニアと診断され、しばらく養生していましたが、まだまだ病み上がりというか、病み中の身でありまして、先日はリハビリのため雪の少ない秩父《ちちぶ》の山に遠征し、2座の名山を登ってきました。今度は徐々に雪山を歩くことをしなければならないと考え、足慣らしのため、旧朝日村の天井山へ登りました。丸い山容の天井山のすぐ横には、急峻《きゅうしゅん》なスラブを纏《まと》った鋭鋒の岳ノ山が聳えております。そのときは天井山から岳ノ山に登ろうと、比較的なだらかな尾根に向かって銚子沢に下っていきましたが、崖状になった銚子沢を越えることができず、目の前にある岳ノ山に登る尾根も急な俎板《まないた》状。ここを登るのは非常に困難で、時間的にも余裕がないことから、岳ノ山を断念して戻ってきました。10日ほど前のことです。

　下山後は再び地図をよく見直して、もう一度ルートを再考し、時が来るのを待ち、天気の良い日にリトライしました。最初は天井山まで登りますが、国道脇に聳えるこの山は、駐車スペースからダイレクトに尾根に乗ることができるので、アプローチは非常に楽です。ただその分、国道脇から入山することになるので、行き交う車から見られやすく、知り合いにでも見付かろうものならちょっと恥ずかしいです。「誰にも見られませんように」と祈りながら、天井山の尾根に取り付きました。杉林を抜けるとブナ林とな

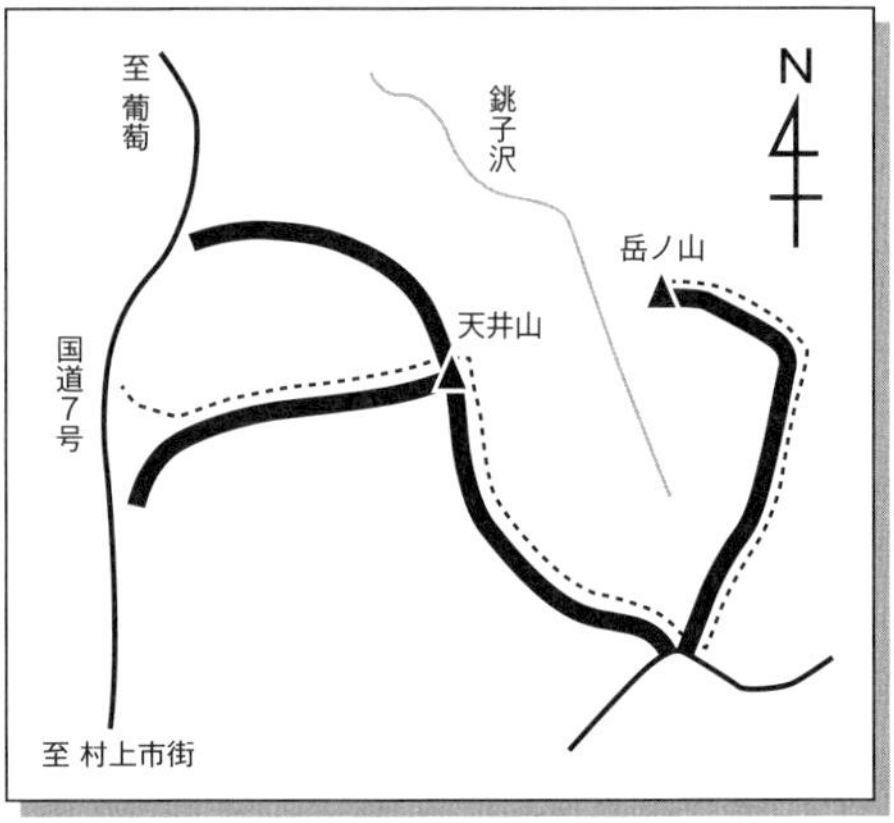

り、急な登りとなりますが、広めの尾根に綺麗なブナの林となっていて、非常に気持ち良く歩くことができます。そして適度に汗をかいた頃に、なだらかな天井山の山頂となります。ブナの木々に守られた静寂で心休まる山頂は、木々の間から景色を垣間見ることができます。

天井山を離れ岳ノ山へと向かいますが、最短で行こうとすると、前回と同様に銚子沢に阻まれ、さらには俎板状の尾根が待ち構えています。今回は大きく遠回りをして東へと進路を取るため、近くに聳える岳ノ山はどんどん遠ざかっていきます。尾根は数カ所ほど間違えやすいところがありましたが、地図を確認して注意しながら進みました。相変わらず広めの尾根にブナ林は気持ちが良いです。時には目を見張るほどのブナの大木があり、まるで深山の中を彷徨《さまよ》っているようです。人里近く、郷《さと》の暮らしの痕跡が感じられるほどのこの場所に、これほどの自然が残っているのには驚かされました。いくつか登り下りを繰り返し、やがて再び林道に下りますが、杉の植林の管理用林道のようで、今は雪に埋め尽くされていてよく見ることはできません。おそらく雪が解けても車を乗り入れることは困難ではないかと思います。杉の植林帯を抜けると、目の前には大きな岳ノ山が聳えています。尾根は急なものの、俎板状ではありません。「これなら登れそう」と、最後の登りに大汗をかきながら岳ノ山の肩に出ましたが、双耳峰の岳ノ山の山頂はまだずっと奥です。ラッセルも深くなってきましたが、「もうちょっと」と自分に言い聞かせ、何とか山頂に立つことができました。

山頂は狭く、雪があって分かりませんが、おそらく岩峰なのでしょう。痩せた大地でも根を下ろすことができるキタゴヨウマツが点在しております。山頂からの展望はすこぶる良く、朝日連峰の主稜線が何ものにも遮られることなく、その白い峰々が太陽に照らし出されて輝いています。その前衛には大きな日倉山《ひぐらやま》や石黒山《いしぐろやま》、駒ヶ岳など奥三面《みおもて》の秘境の峰々が、圧倒的な迫力で聳えています。すぐ目の前に大きな鰈山《かれいさん》が、キタゴヨウマツの隙間からは葡萄山塊が大きな壁となって立ちはだかっておりました。

今回登った人里近くに聳えるこの二つの山ですが、どちらの山も下界からは見えません。天井山といった山名を考えると、下界を見下ろせるようなお城が築かれているようなことを連想しますが、山頂からは葡萄集落のごく一部が見えるだけでしたので、かつてのお城山だったというわけではなさそうです。結局、いろいろ調べましたが、どうして天井山という名前なのかはまったく分かりませんでした。岳ノ山についても、山名はまるで「山の中の山」といった感じで、確かにその鋭鋒は姿形が綺麗だと思います。でも、なぜ岳ノ山という名前になったのかは、調べてもまったく分かりませんでした。ただ近くには葡萄集落があり、葡萄とは武道から転訛《てんか》したとされており、阿部氏討伐を終え、陸奥国から帰る際に源義家が立ち寄ったことに因んだ地名とされています。このことからして、もしかすると〝たけ〟は「武」だったものが、いつの間にか「岳」に変わったなんてことも考えられそうです。

いずれにしても、登山対象としては扱われていないこの山々でありますが、美しいブナ林と眺望の良い山頂は、こんなことを書くと大変に申し訳ないのですが、先日登ってきた日本百名山の、秩父の名山と称される二つの峰々よりも優れており、こちらの山の方がはるかに名山だと感じて山頂を後にしました。

一つだけ今回の山行で非常に残念だったことは、「近所の山へちょっと足慣らし」ということで、カメラを携帯していなかったことでした。

コースタイム

入山口～1時間～天井山～1時間32分～岳ノ山～1時間15分～天井山～35分～入山口

5

大鳥屋岳《おおどやだけ》（989m）～北俣山《きたまたやま》（979m）

平成29年
6月18日
（日帰り）

村上市

朝日スーパーラインのゲートが開いたら、奥三面の山に行こうと待っておりました。ところが、いつまでもゲートは開かず、二子島から先は全面通行止めとなっています。そこで朝日支所に問い合わせてみると、「舗装のひび割れが見付かり、開放は当面できない」とのことでした。スーパーラインが使えないので、平床《ひらとこ》林道から辿っていって、スーパーラインと合流した少し先の山形県境に聳える大鳥屋岳と北俣山に登ってみることにしました。

車は平床林道終点手前の待避所に駐車し、朝日スーパーライン合流点手前に設置されたゲートをくぐり、山形県境側に向かって進みます。奥三面の山々は春を通り過ぎてすっかり初夏の様相となっていて、萌《も》え盛んな木々はますます勢いづいているようです。鳴海《なるみ》金山跡地の脇を通過し、山形県境の手前、適当に入りやすいところから斜面に取り付きました。鳴海金山跡地を見ながら、「金でも採れないものか」と、今日は残念ながらスコップやつるはしは持参しておらず、穴を掘ることができないので、せめて沢筋を見て歩こうと考え、水の流れで深くえぐれた周辺を、目を皿のようにしながら急斜面を登り、当然のことですが何も発見できないまま、やがて県境尾根へと出てしまいました。案の定、尾根上には不明瞭ながら踏み跡があるようで、そんな微《かす》かな踏み跡を見失ったり見付けたりしながら、

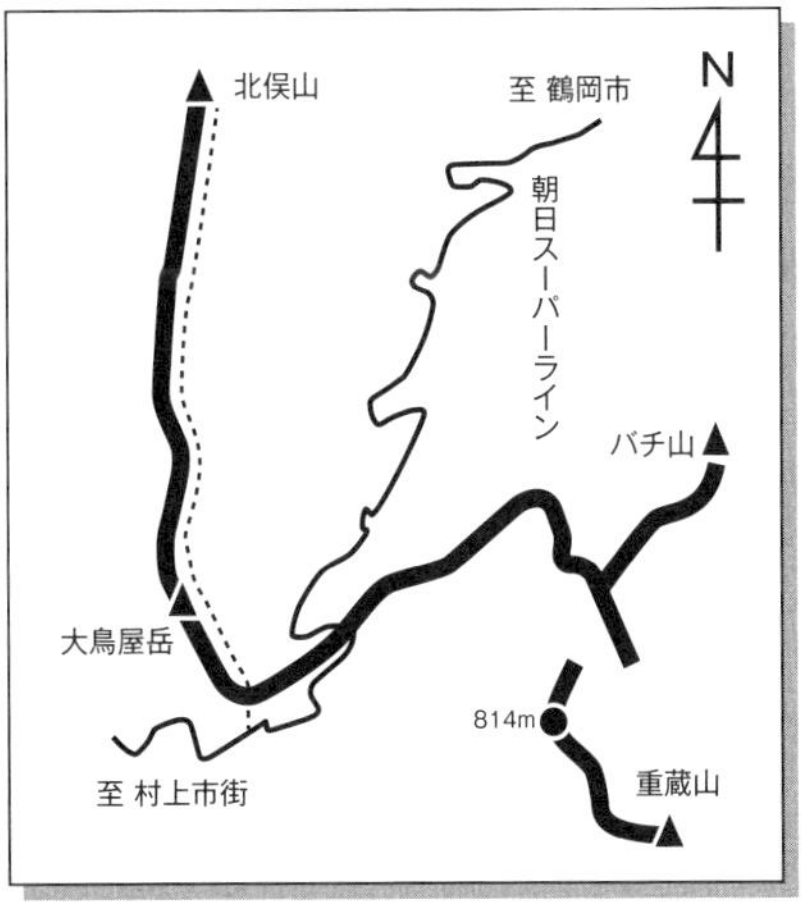

薮の中から見えた北俣山

ほどなく大鳥屋岳の山頂へと着きました。

大鳥屋岳山頂は凄まじい蔦《つた》藪となっており、必死でもがくもなかなか先へ進みません。鳥屋とは鳥小屋のことを言うのだそうですが、この山頂に網目のように張り巡らされた蔦藪でもがいていると、まるで鳥籠に閉じ込められたかのような気分になってしまいます。逃げるように北俣山に向かって進み、ようやく少し山頂から離れますが、大鳥屋岳から先は踏み跡が見当たらなくなり、そこは蔦と灌木で覆われた尾根があるのみでした。大鳥屋岳から少し下って次の四角いピークまで辿り着いても相変わらず蔦藪が続き、さらに山頂が二つあるその次のピークまで蔦藪は続きました。ピークとピークの間には密集した灌木の中に小池があり、サンショウウオの卵が見えます。ここを過ぎると尾根は少し細くなり、ようやく蔦藪から解放されて、わずかではありますが尾根は少し明るくなったように感じました。

蔦がなくなったので、かなり歩きやすくなりましたが、夏の陽射しを浴びて青々とした葉を纏い始めた木々のおかげで地面が見えず、足だけで歩ける場所はあまりなく、ほとんどの歩程で手を使って進まざるを得ませんでした。蔦や木々をかき分け、幹に掴《つか》まりながら「今日は足よりも手が疲れるなあ」と思いました。そして、北保山山頂手前から再び猛烈な蔦藪となりましたが、あと少しと思い、我慢して何とか山頂まで辿り着くことができました。山頂では木々に囲まれた中に三角点を見付けることができました。

終始、藪の中を歩き、景色が見える場所もほとんどありませんでしたが、それでも幾度か朝日連峰に従えられた秘境奥三面に聳える奥深い山々を眺めることができました。そんな水墨画のような峰々に心癒やされながら、何度も道間違えをして往路を戻りました。それにしても、登りと違って下りでは踏み跡を見落としてしまいます。山菜を採るときは下から見上げた方がよく見付かるものですが、同じように踏み跡も登りのときの方が確認しやすいものです。下りではもう面倒になって、藪の中をごちゃごちゃと生い茂る木々と伸び盛りの枝葉と大格闘しながら、何とか無事に下山をしました。

コースタイム

平床林道終点～45分～尾根取り付き箇所～1時間～大鳥屋岳～2時間30分～北俣山～3時間～大鳥屋岳～55分～尾根取り付き箇所～35分～平床林道終点

6

桝《ます》形《がた》山《やま》（1331m）

平成29年
10月9日
（日帰り）

村上市

奥三面には多くの山々が連なっており、中でもマイナー12名山にも選定されている化穴山《ばけあなやま》が目立つ存在となっているようですが、桝形山に関して言えば、朝日連峰の北部に位置する山で、知る人ぞ知る秘境中の秘境の山であり、その神秘性は化穴山をはるかに凌《しの》いでいるように思います。その桝形山には私自身、数年前に大鳥側から白岳を経由して残雪期に訪れております。しかし、私は奥三面から登ってみたいとずっと思っており、秋に行ってみることにしました。

奥三面からのルートとしては、必ずどこかで猿田《さるた》川を渡らなければ桝形山への尾根に取り付くことができないのですが、どのルートから入ればいいものか、藪山のパイオニアである方たちに助言を請いました。すると、朝日スーパー林道の白目沢に架かる橋の右岸側から猿田川に下降し、川を渡渉して正面から延びている尾根へ取り付くルートが良いとアドバイスをいただき、私もそれを選択することにしました。

猿田川はこの時季になると、長靴で渡れる程度の水量になるので、特に問題はありませんでした。すぐ向かい側の尾根の取り付き場所は崖状になっていますが、鉈目が多く見られ、人が入っていることがうかがえました。崖を切り抜けると見事な踏み跡が現れ、登山道のない山なのにすいすいと歩くことができます。登山道がない山は、通常だと踏み跡があるような場合で

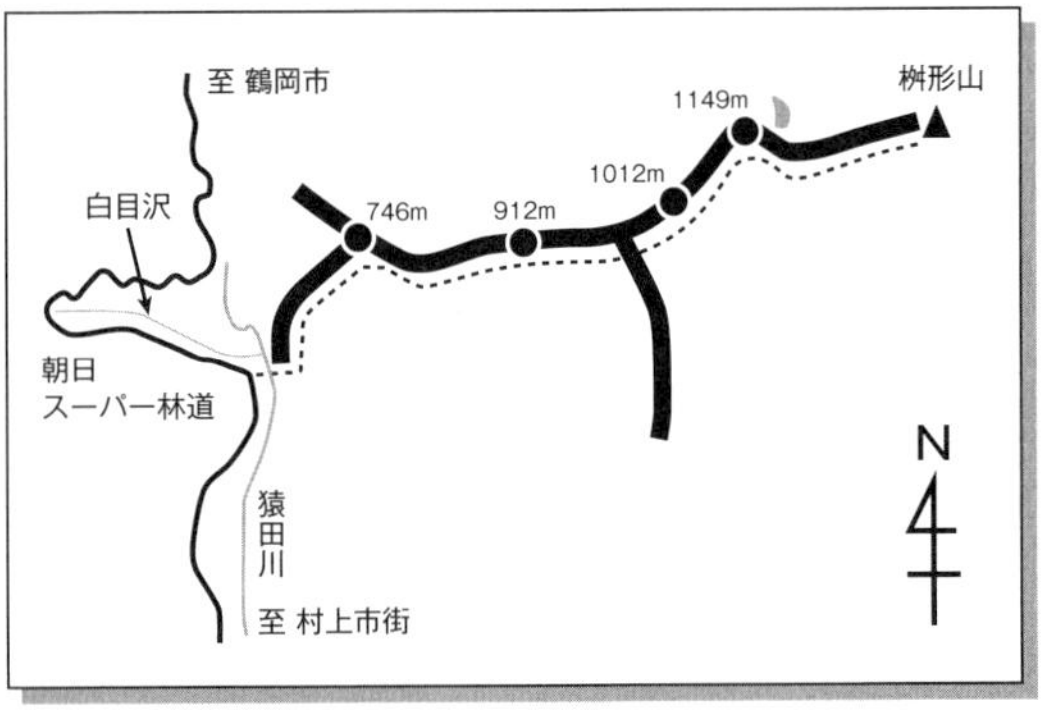

幻の池と桝形山

も整備されていないので、木の枝などに摑まりながらでないと歩けないものですが、ここは手を使わず足だけで進むことができました。「ずっとこんな調子だったら簡単に登頂してしまう。困ったなあ、面白くないなあ」なんてことを考えながら進んでいきました。

小さな支尾根から746m峰の主尾根に登り立ったところで、ようやく双耳峰の桝形山が見えるようになります。双耳峰の山容から酒を飲む枡《ます》の断面のような形が見受けられ、そこから桝形山と名付けられたことがうかがえます。また、この主尾根分岐点には朽ちたブルーシートが散乱していて、熊撃ちの人たちがここまで来ていたことが分かります。

さて、少し近づいてきた山頂ですが、付近には黒い雲が浮かんでいて、この先の天候が気になります。雨が降る前に登頂してしまいたいと思いながら主尾根を進み始めますが、日当たりの良い尾根は木々に勢いがあり、746m峰付近から灌木帯の藪歩きとなりました。尾根の頂稜部は日当たりが良く、木々が密集していて、とても歩くことができません。登り進行方向の右側は、概ね崖となっていて、ここも歩行は無理です。左側には一応の踏み跡が見られますが、それもほとんど消えていて、一部のみ確認できる程度のものでした。その踏み跡を確認しながら歩くも、木々が覆いかぶさり、非常に歩きにくくなっています。このような状態の中、先に進めば進むほど藪は濃くなり、もがき苦しむようになります。

さっきまでの楽勝ムードは一変し、「こんなことでは登頂は無理なのではないだろうか？」と思うようになりました。実は翌日、作業のため飯豊に登ることになっていたのです。ここで体力を使い果たしてしまうわけにいかないので、非常に残念でありましたが、まずは無理せず行けるところまで行こうといった考えに切り替えざるを得なくなりました。登頂はほぼ諦めていたのですが、心のどこかで淡い期待を抱いていたように思います。「もしかしたら、県境尾根まで達すれば、県境調査のため過去に道が切られて、少しは歩きやすくなるかもしれない」「せっかくここまで来たのに、仕切り直すのも大変だ」。さまざまな葛藤を抱きながら、やがて辿り着いた県境尾根で、私の淡い期待はたちどころに吹っ飛んでしまいました。

一段と日当たりの良くなった県境尾根は、すっかり灌木に覆われ、しかも最も恐れていた蔦まで出始めるようになり、今まで散見された踏み跡もまったくなくなってしまいました。山頂は間近に見えているのに、歩けど歩けど近づいてきません。「せめて幻の池だけでも見て帰ろう」。そう思って進むと、やがて灌木が切れ、草付き広場が広がる1149mピークへと達しました。幻の池を見下ろす草付きのピークは、夏になると高山植物も咲いていそうなところです。「次回はここでテント泊をしたら、ゆっくり来られるだろうなあ」なんて考えながら、一息つきました。そして、いよいよ間近に迫ってきた桝形山を見ていると、どうにもここで戻る気にはなりません。明日の飯豊は普通に登山道を歩くだけだし、何とかなるだろう。日没にも間に合わないかもしれないが、最後はゆっくり気を付けて帰れば何とかなるだろうと考え、踏み跡がまったくなくなった尾根を進みました。

脛《すね》や腕を擦りむき、枝や蔦が足や体に絡みつき、作業着が引っ張られ腹や背中が露出し、枝に引っかかったズボンが半分落ちて尻を出すという状態で、必死に藪と格闘し、ニセ山頂を二度も踏まされたのち、ようやく灌木と草に囲まれた山頂に立つことができました。足や腕は青あざと傷だらけになり、腹と尻半分を出しながら辿り着いた山頂は、とても価値のあるものでした。時間があれば双耳峰のもう一方の山頂を踏みに行きたいところですが、もはやガスで覆われ景色も見ることができず、日没前にできるだけ下っておきたかったということもあり、とりあえず登頂といった目的を果たすことができたので、山頂にはわずかな時間しか留まりませんでした。おそらくほんの10分間程度だったと思います。

私は名残惜しむように山頂に寝転がりました。もしガスがかかっていなかったなら、桃源郷がそこにはあったことでしょう。本当はもっとゆっくりしていたかったし、付近も散策してみたかった。しかし、時間も体力も限界でした。残念ですが、もう戻らなければなりません。苦労の末にようやく辿り着いた秘境ともお別れです。狭い草付き広場に寝転がっていた私は、大地の息吹を思いっきり感じ取ってから起き上がりました。すると、ガスの湿気で濡れた葉っぱが、私の腹や尻にたくさん貼り付いておりました。帰りは雨に打たれ、ボロボロになりながらも、どうにかヘッドランプ歩きはギリギリ回避して、車へと戻ることができました。

ところでその昔、相模山《さがみやま》にはサガミ様という神様が祀《まつ》られていて、奥三面集落の人たちは、狩りの途中でも相模山を見ると手を合わせていたそうです。相模山から奥は聖地としていて、立ち入ることは決して許されませんでした。狩りの途中で獲物が相模山の奥に逃げ込んだ場合でも、決して追いかけるようなことはしなかったそうです。大井沢集落の猟師たちも、相模山は三面集落の狩り場として立ち入ることはしなかったとのことです。この相模山のサガミ様にまつわる記述が、渡辺茂蔵著『羽越国境の山村奥三面』という本に詳しく書かれていたのを見付けたので、その一部を抜粋してみます。

サガミソ（相模沢）には相模大権現が白髪老人の姿となって現れ、ここに入ると不思議な事件や凶事が起こるという伝承が残っている。それは「サガミソに入るとケガをする」「雪崩にあい行方不明となった」などである。

そんなことから、以前に地形図の測量のため、参謀本部が奥三面の人たちに山の案内を頼んだものの、相模沢には案内されず、朝日山地の地形図は、相模沢付近は不正確なところが多かったとのことです。ところが今回、私は奥三面集落に伝わる禁忌を侵し、相模山の奥地に聳える桝形山へと行ってきてしまいました。今日のところは何事もなく下山することができましたが、明日からは作業のために飯豊を訪れなければなりません。事故など起きないか心配です。

すっかり夜の帳《とばり》が下りて暗くなった朝日スーパー林道は、先ほどの雨も止《や》んで月の光に煌々《こうこう》と照らし出されています。私の腹や尻に貼り付いていた葉っぱも夜露に濡れてキラキラと輝いています。車まで無事に辿り着きホッとした私は、罰が当たらぬようにと相模山に向かってそっと手を合わせました。

コースタイム

朝日スーパー林道白目沢～10分～猿田川渡渉点～6時間～桝形山～5時間40分～猿田川渡渉点～10分～朝日スーパー林道白目沢

7 重蔵山《じゅうぞうやま》（1036m）

平成30年
11月18日
（日帰り）

村上市

平成30年度は、11月12日で朝日スーパー林道が冬季閉鎖になりましたが、平床林道については19日まで通行可能ということで、ぎりぎり前日の18日、平床林道終点まで車を乗り入れてから、朝日スーパー林道を県境まで50分ほど歩き、重蔵山を目指すことにしました。

2週間前に飯豊に行ってきたときは、標高1200m付近から雪を踏み、稜線《りょうせん》ともなると深いところでは50cmもの積雪があったにもかかわらず、今年は暖冬ということで、雪深い奥三面といえども初冠雪はまだのようです。木々はすっかり葉を落とし、すでに冬支度を終えた奥三面の山々ですが、まだしばらく雪は降りそうもありません。

そういえば、今年の秋はカメムシがあまり発生していません。カメムシが大発生すると、その年は大雪になるといわれています。以前、大雪に見舞われた年の秋口、下駄箱の脇に傘を立てておいて、しばらくそのままにしておいたところ、大量のカメムシが越冬のために傘の隙間に潜りこんでいたようで、傘をさそうと開いたところ、ボロボロと頭の上に落ちてきたなんてことがありました。まあ大雪説はカマキリの卵と一緒であまり当てにはならないようですが……。

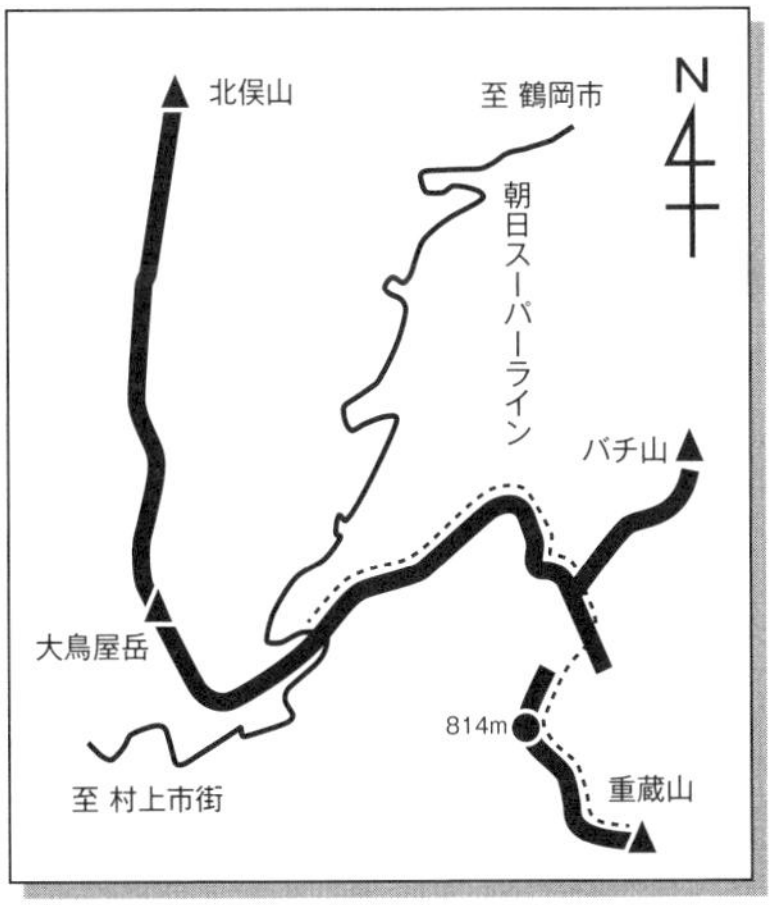

この人家の隙間に潜って越冬するカメムシは、クサギカメムシという種類なのだそうです。冬場には凍ってカチカチになっていたのが、春先になって気温が上がると

重蔵山

融解され、もぞもぞと動き出す姿はとても気持ちが悪いものです。カメムシは危険を感じると臭いを発しますが、それがなぜなのか、研究者の間でも分かっていないのだそうです。ここで梅谷献二編『野外の毒虫と不快な虫』に掲載されているカメムシの実験の一例をご紹介しましょう。ムカデとカメムシを同じ水槽に入れておく。ムカデに攻撃されたカメムシは臭いを発する。ムカデは臭いに辟易《へきえき》してカメムシの捕食をやめるが、ムカデの攻撃から逃れることができたカメムシは自分自身が発した臭いによって絶命してしまう。自分が死んだのでは防御の意味がなく、おそらく臭いを発することで仲間に注意を促すのではないかといわれておりますが、それもまだはっきりと分かっていないのだそうです。

雪こそ降らないものの、木の枝に付着した朝露が凍っていて、おかげでこの日は服を濡らすことなく歩くことができました。朝日スーパー林道の県境から派生する県境尾根には、比較的明瞭な踏み跡が付けられていて、ところどころ藪化しているものの、人の気配はまったくなく、静かで自然深い景色を眺めながらルンルン気分で歩くことができます。途中でたくさんのムキタケを見付けました。ムキタケはナメコとはまた違ったぬめりがあって、とても美味しいキノコです。ただ、キノコは水分量が多く、なかなかの重量があるので、これから待ち受ける大藪に備え、採取せずにまずは先を急ぎました。

重蔵山に続く尾根は、登り下りが多くて高度が稼げず、踏み跡もバチ山分岐のピークで終わりとなり、ここからいよいよ本格的に藪歩きへと変貌します。バチ山分岐のピークは、展望台のようになっていて広く、奥三面の山々を眺めることができ、藪に突入する前のちょうどいい休憩をする場所になっています。ここからキタゴヨウマツの枝が邪魔な痩せ尾根となり、踏み跡も一応ありますが、進めば進むほど灌木類がうるさくなります。

９８０ｍ峰まで来ると、いよいよ踏み跡もなくなり、まったくの藪の中を進んでいかなければなりません。この峰から少しの区間で県境が途切れていて、尾根も複雑に形成され、どこを行けばいいのか少し迷うところであります。ここは尾根通しに進むのではなく右に曲がり、急斜面を下りきってから延びる尾根に取り付くルートを取りましたが、どうやらそのルート取りの方が正解のようで、尾根通しに進むと、沢を越えて急斜面を登り返さなければならなくなります。この沢越えルートは、地形図では分かりにくいのですが、藪がきつくて登り返しが大変そうです。

９８０ｍ峰から斜面を下りきるとしばらく平坦な尾根となりますが、とにかく灌木が密集していて、もがくように進んで、ようやく８１４ｍ峰まで辿り着くと、さらにここからまた下って、標高をどんどん下げていきます。そしてようやく下りきると、そこは登り口の標高と同じくらいになり、大変にがっかりします。ここから長い急斜面を登りきらなければ、山頂に辿り着くことはできません。気分的には一から仕切り直しといったところです。しかも藪はどんどん濃くなるばかりで、腕や足の脛は傷だらけになりますが、顔だけは美しく綺麗なままでいたいと思い、注意しながら進みます。喘ぎ喘ぎながらも頭上に見える山頂は少しずつ近づいてきます。

山頂手前の９５０ｍピークは岩峰となっていて、ここのピークだけは藪からすっかり解放されました。そして岩峰を越え、灌木に掴まりながら最後の斜面を登りきると、待望の重蔵山山頂へと出ることができました。小広い山頂は草付きに岩があり、展望は３６０度得られ、とても素晴らしいところでした。とにかく山が深く、どこを向いても見渡す限り山また山となっていて、秘境にいることを実感します。すぐ目の前には奥三面を代表する秘境中の秘境、桝形山が聳え、奥には化穴山といったマニアには垂涎《すいぜん》の的のような山々が手に取るように間近に見えます。私はしばらく秘境の景色を楽しんで、惜しむように重蔵山を後にしました。

下山時にムキタケを確認すると、あれほどあったものがすっかりなくなっていて驚きました。採られた跡を見てみると、辺りには細かなキノコの残骸が散乱しており、また木の幹にも半端に取り残したような跡があることから、どうやら人の仕業ではなさそうです。カモシカなのかサルなのか、それとも……。犯人はいったい誰なのでしょう？

下山後に麓の高根《たかね》集落の人に重蔵山について話を聞くと、かつては奥三面集落の人たちの領域の山であったのだが、それが消滅してしまった現在では、新潟県側から人は入っていないとのことで、「バチ山分岐まで付けられた踏み跡もおそらく山形県側の猟師たちによるものであろう」とのことでした。

重蔵山の山名については、人名から来ているのであろうと考え、かつての奥三面の姿を克明に記した『山に生かされた日々』という本で参考までに調べてみると、そこには個人情報を保護する今の世の中ではとても考えられないことでありますが、奥三面集落42戸のすべての世帯と住民名が書かれていて、残念ながらその中に重蔵さんという名前を見付けることはできませんでした。

コースタイム

平床林道終点～50分～尾根取り付き場所～5時間30分～重蔵山～5時間10分～尾根取り付き場所～40分～平床林道終点

8

喜助峰《きすけみね》（994・2m）

令和2年10月10日～11日（1泊2日）

村上市

奥三面には多くの山々が点在しており、そこを訪れたときは「ものすごい山奥に来た」といった感じがします。そんな秘境の最果てに朝日連峰が聳えているわけですが、登山ブームにより人が溢れるようになった朝日連峰の主峰から少し離れれば、そこは狂瀾怒濤《きょうらんどとう》のごとく、自然の驚異と神秘に覆われた日本一の秘境へと一変します。それらの峰々へは、かつて奥三面集落があった頃は集落の人たちが出入りしており、おそらく杣道《そまみち》程度のものがあったのであろうと思われますが、現在となっては大藪となっているでしょうし、しかも川の流れに阻まれている峰が多く、そう簡単に訪れることが許されない場所となっています。複雑怪奇に尾根を通過して、川を渡渉して登頂しなければならない峰々には、どのようにして行けばいいものか、地図を眺めているだけではどうにも見当がつきません。経験者に入山口やルートをお聞きすることができれば手っ取り早いわけですが、私には運よく身近にそんな奥三面の峰々を数多く歩いている方がいて、今回もそんな手強《てごわ》い峰々の一角である喜助峰へのルートをご教授いただいて、行ってみることにしました。

ルートを簡単に説明すると、朝日スーパー林道の通行止め箇所である猿田ダム分岐から林道を歩くこと6km、石黒川に架かる橋まで進み、石黒川に沿って猿田川の河原に降り立って猿田川を渡渉します。向かい側の斜面に取り付いてから地形図の512m峰までいったん登り、そこ

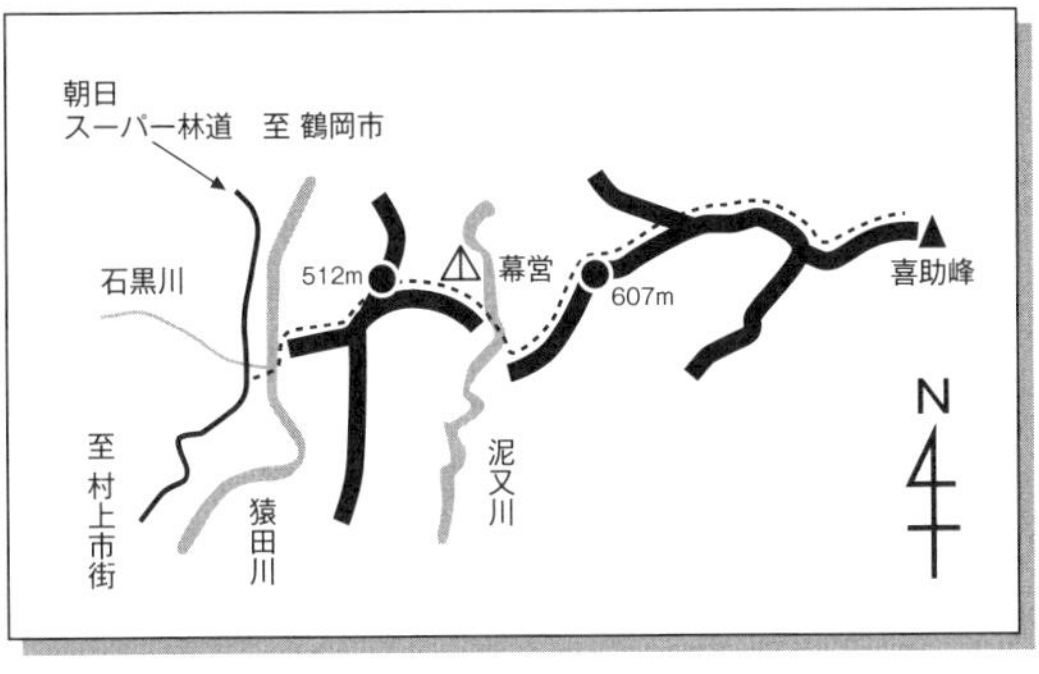

泥又川の渡渉箇所

から泥又川《どろまた》へと下降し、さらに泥又川を渡渉して向かい側の尾根を登って喜助峰に至るといったルートです。しかし、いきなり向かうのも何ですので、本番は秋深まる頃に想定し、まだ夏の暑さが残る9月に偵察で泥又川まで行って来ようと思い、まずは向かってみました。

9月も半ばだというのに、いまだにうだるような暑さの中、予定通り猿田ダム分岐に車を止めて出発しました。朝日スーパー林道を歩き始めてすぐに、2頭のクマが林道脇の藪の中を進んでいるのが見えます。近くには猿田ダムの人たちの話し声が聞こえるほどの場所です。ガサガサと木々の中を歩く姿に、「わざわざ藪の中を進まなくてもクマだって車道の方が歩きやすいのではないか」なんてことを考えながら、急いでカメラをザックから出すも、撮影しようとしたときにはすでに藪の中へと消え去った後でした。その後もブヨと蚊の大群に襲われながら、1時間ちょっとかかって石黒川に架かる橋へと辿り着きました。この橋を渡ったところの左側が、石黒山の登山口となっております。橋を渡る手前から石黒川に沿って右側を下ると猿田川に降り立ち、ここで胴長靴に履き替えて渡渉しますが、猿田川の河原は広くて水深も浅く、概ね膝下程度で渡りきることができます。

さて、ここから５１２ｍ峰へと付けられた薄い踏み跡を探さなければなりません。対岸側には踏み跡なのか水路なのかよく分からないものが幾筋か延びており、どこを行こうか迷うところです。草木の隙間にあるであろう踏み跡を探してうろうろしながら、30ｍほど遡《さかのぼ》った辺りに水路とは少し違うような筋が延びており、そこを行ってみると、どうやら思った通りそこは水路ではなく踏み跡のようでした。明瞭ではありませんが、茂みの中に続いているようなので、胴長から再び通常の長靴に履き替えて、そこを登ってみることにしました。薄い踏み跡がしばらく続いた後、踏み跡は消えてしまいますが、急斜面の中を木々に摑まりながら、左に見える尾根の上に出ると、赤布がぶら下がっており、そこからは明瞭な登山道並みの踏み跡の上を歩けるようになりました。その踏み跡を辿れば、すんなり５１２ｍ峰を越えて泥又川へと下降していきますが、ここはとんでもなく急な下りとなっています。そして、いよいよ河原が見えるようになった辺りから、再び道は不明瞭になり、よく見ると左側の支流に向かって踏み跡が付いているようなので、試しに進んでみると、やはり小さな支流へと降り立ってしまいました。支流に沿って泥又川本流に下るには危険と判断し、再び元の場所へと登り返してから、疎《まば》らな木々の間を縫って泥又川本流の河原へと出ることができました。今日の行動はここまで。５１２ｍ峰に着いた辺りから遠くでゴロゴロと音がしていましたが、ここでぽつりぽつりと当たってきたということもあって、早々に引き返して偵察山行を終えました。

早々に引き返したとはいうものの、奥深い泥又の清流を眺めていると、「コロナ禍によりキャンプがブームとなった昨今、この河原で幕営してみたい」なんてことを思いつき、本番に向けてテント設営場所の適地を探して綺麗に整地してから引き返しました。幸いなことに車に戻るまでは本降りとならずに助かりました。

そして10月第２週目の週末、奇しくも台風14号が襲来するも進行方向が予想とは大幅にずれて、新潟は少し風が強いものの、それも土曜日の午前中だけとの予報でしたので、土曜日の午後から喜助峰を目指すことにしました。今回は猿田ダム分岐から朝日スーパー林道を自転車で喜助峰に向かいます。今年は夏の長雨に加えて猛暑だったことが原因なのか、山では木の実が不作となっているようで、巷《ちまた》では山村付近のみならず、街の付近にまでクマ出没が多発している中、クマの宝庫へと足を踏み入れる運びとなりました。
林道の行程6㎞のうち3㎞が登りで、3㎞が下りとなっており、登りの半分以上は自転車を押して歩きますが、半分は自転車を漕がなくても勝手に進みますので、徒歩だと1時間以上かかるところ、自転車だと40分程度で石黒川に架かる橋へと到着することができました。ここからは偵察時と同じように進んでいきますが、言うまでもなく初めて歩くときとは大違いで、特に精神的な面で気楽に進むことができ、すんなりと泥又川の河原へと降り立つことができました。以前に訪れたときに整地しておいた幕営場所もまったく変わっておらず、綺麗に整地されたままの状態で保存されています。

奥三面集落の記録を克明に綴《つづ》った『山に生かされた日々』によると、この泥又川流域には、三面集落ができる以前に伊藤家が集落を形成しており、泥又の神様を村の鎮守として祀っていたそうです。その後、小池家が三面川流域に集落を形成し、そこに元屋敷というところにいた高橋家が合流し、さらに伊藤家もそこへ引っ越して合流し、それが三面集落となったとされており、今回訪れる喜助峰やその奥に聳える堀切峰《ほりきりみね》、あるいは以東《いとう》沢から以東岳辺りにかけては、伊藤家の猟場だったとのこと。私はそんな伊藤家の領地である泥又川に、一宿一飯の恩義と登山の安全を祈って泥又の神様に手を合わせてから、テントを張らせていただくことにしました。ところが、ここでマットを忘れたことに気が付きました。いくら整地したとはいっても、ここは河原で石がゴロゴロしています。さすがにマットなしでは背中が痛いので、幕営地の石をさらに丁寧にどけてからテントを設営しました。

テント設営後、夕飯にはまだ早く、時間を持て余してしまいます。魚釣りでもしたいと思うのですが釣り竿を持ってきていないし、それでは憧れのキャンプファイヤーでもしようと装備のマッチを見ましたが、数本程度しかありません。流木と枯れ葉を集めて火おこしを試みましたが、上手くいかずに断念しました。台風の進路がずれて急に来られることになったので、不十分な装備のままの出発となってしまったことを少し悔やみました。しかも、マットを忘れたほかに箸やごみ袋、キノコを採取したときの袋といった大事なものまで忘れる始末に、「次回は忘れ物をしないように、そして火おこし道具と釣り竿も持参すべき」と反省しました。その割にザックの中にはなぜかリラックマのトートバッグと、深田恭子の枕カバーが入っており、慌てて支度をしたせいで、いつの間にかパッキング中に紛れ込んでしまっていたようです。

今日は仕方なく早めの夕飯を食べることにしましたが、ソーセージを焼いてカレーライスを食べていると、匂いにつられてクマが現れるのではないかときょろきょろ辺りを見ながらの晩ご飯となりました。万が一、夜中にクマが現れると嫌なので、ゴミ類はテントから少し離れた場所に置きました。台風の風はすっかりなくなり、無風となった河原には、夜の静寂を打ち破るがごとく泥又川の清き流れの音のみ響いております。人の話し声やいびきなどは結構気になるものですが、風の音や水の流れる音など自然がもたらす響きは心地よいもので、マットを忘れたものの案外暖かく、リラックマのトートバッグや深田恭子の枕カバーはかわいそうで背中の下敷きにすることができないと思っていたのですが、細かな石を除いて整地したこともあって、何も敷かずとも横になれました。

しかし、今宵、秋の夜長に大秘境で過ごすなんとも贅沢《ぜいたく》な時間だと思ったのも束の間、横になるとさらさらと流れる川も轟々《ごうごう》とした爆音へと変わり、寝床の下も伏流水になっているようで、左右、そして下からサラウンドの濁流音が聞こえてきます。自然の音色に眠れる自信があったのに、意外と苦戦しながら朝を迎えました。

泥又川渡渉地点から喜助峰までは往復8時間程度と予想しているので、朝はゆっくりしていられません。早々に朝食を済ませて、5時30分ちょうどに泥又川を渡って向かい側の斜面に取り付きました。最初は急な藪斜面を登りますが、尾根上に出ればきっと踏み跡が現れるだろうと思っておりました。ところが尾根に出ると日当たりが良くなる分、かえって藪が酷くなってしまいました。確かに微かな踏み跡はあるようですが、ないも同然といった感じで、藪尾根をひたすら登るしかありませんでした。尾根は意外と広めのところが多くあり、また地形図では分からないようなヒド（自然にできた水路）を越えて尾根変わりする場所が何カ所もあって、登りはいいのですが、下りでは間違わないように注意が必要だと考えながら進んでいきました。

やがて607m峰の平坦なピークに達すると、案の定それまで比較的疎らだった藪の密度が濃くなります。607m峰から尾根は右に曲がっているので注意して進むと、再び疎らな藪となって、極薄い踏み跡が稀に確認できるようになります。一時的に尾根が細くなった辺りには、木の根っこにワイヤーが括《くく》り付けられているのが見え、後日調べてみると、これはクマや青鹿《あおしし》猟に使ったワイヤーのようで、やはり近年までは猟のために人がここまで入っていたことが分かります。

標高770m辺りからは藪がいっそう酷くなり、進めば進むほどにもがき苦しめられます。ところが、山頂手前の登り辺りから、また薄いながらも踏み跡が現れ、苦しい中に一筋の光が見え、登頂まであとひと踏ん張りといった雰囲気になりました。稜線まで来ると踏み跡はすっかりなくなりますが、喜助峰はもうすぐそこ。最後は灌木を縫いながら、無事に喜助峰の山頂へと出ることができ、私は山頂で再び泥又の神様に手を合わせました。

それにしても、喜助峰とはやはり人の名前から来ているのでしょうか？　ほかにも近くには平四郎峰《へいしろうみね》や少し離れたところには重蔵山という山名の山がありますが、『山に生かされた日々』には、奥三面集落42戸全世帯の氏名が書かれた名簿があり、そこには喜助さんや平四郎さん、あるいは重蔵さんの名前はありませんでした。

山頂は大きなブナと小さな灌木に囲まれていて、まったく景色を見ることはできず、それには少し残念な気持ちになりましたが、とにもかくにも大秘境の奥三面を形成する峰の一角に立つことができ、充実した気持ちで山頂を後にしました。テン場まで戻ると、ここで昨日の夜に食べた食料ゴミを置きっぱなしにしていたことを思い出しました。すっかり忘れていて、急いで放置していた食料ゴミのところに確認しにいったところ、置いたときとまったく変わらないままの状態となっており、とりあえず安心しました。どうやらクマは餌を求めて街に繰り出しているようで、この時季はかえって山の方が安全のようでした。それにしても美味しい匂いのするようなものを留守の間、長時間置いたままにするということは、この先ここで幕営する人がいる場合や野生動物に対してあまり良くないことでした。うっかりしておりました。何事もなかったから良かったものの……。

ようやく登頂できたこの喜助峰について、ここではさらっと書いてしまいましたが、文章では表現できないような苦労も結構あって、予想はしていましたが、大秘境に聳える喜助峰の登頂はなかなか大変でした。頼みの朝日スーパー林道が、入山しやすい残雪期に開通すれば、これらの峰々を訪れることは比較的容易《たやす》くなるのでしょうが、春先はもちろんのこと、ここのところの異常気象によるゲリラ豪雨で、何度も土砂崩れが発生し、年間を通じて開通できず、それが数年続いているような状況です。以前はごく少数ではあるものの、猟師や山菜採り、釣り人といった入山者があったものと思われますが、依然朝日スーパー林道の開通は厳しいようで、そんなことからますます人の足が遠のき、踏み跡も藪化の一途を辿っているように思いました。

コースタイム

猿田ダム分岐～40分（自転車）、徒歩だと1時間10分～石黒川～3分～猿田川～1時間25分～泥又川～4時間15分～喜助峰～3時間40分～泥又川～1時間25分～猿田川～3分～石黒川～40分（自転車）～猿田ダム分岐

9

堀《ほり》切《きり》峰《みね》（1017・7m）

令和3年
10月29日
〜31日
（2泊3日）

村上市

　堀切峰は去年から偵察に出向いていたところですが、泥又川を渡渉してからの尾根の取り付き点が分からずじまいとなっておりました。

　奥三面の最奥に聳える堀切峰に登るには、朝日スーパー林道の通行止め箇所から自転車で10・5㎞進み、猿田川を渡渉後に赤イ沢を遡上《そじょう》して藪尾根に取り付き、762・6m峰まで登ってから泥又川に急降下し、そして再び泥又川を渡渉して尾根に取り付き堀切峰に至るという、内容盛りだくさんの山行となります。朝日スーパー林道が開通すれば自転車走行が不要になり、日程的には非常に楽になりますが、令和3年現在、猿田ダム分岐までしか車が入れず、1泊では強行軍となってしまい、2泊だと時間を持て余すといった、どうにも悩ましい山行計画を立てなければなりません。あと下山時の猿田川の渡渉は明るい時間帯でなければ危険ですし、それに近年は年齢を重ねるごとに落ちていく体力を実感しているところでありますが、それと比例するようにゆっくりとした山行をしたくなるのは、やはり年をとった証拠なのでしょうか？　以前は強行登山を難なく平気でこなしてきたのに、今はそれが面倒になりつつあり、それは体力的にキツイというより、ゆっくりと山を楽しみたいと思う気持ちが強くなってきているように我ながら感じているところであります。そんなこともあって、今回は無理せず2泊で向かうことにしました。

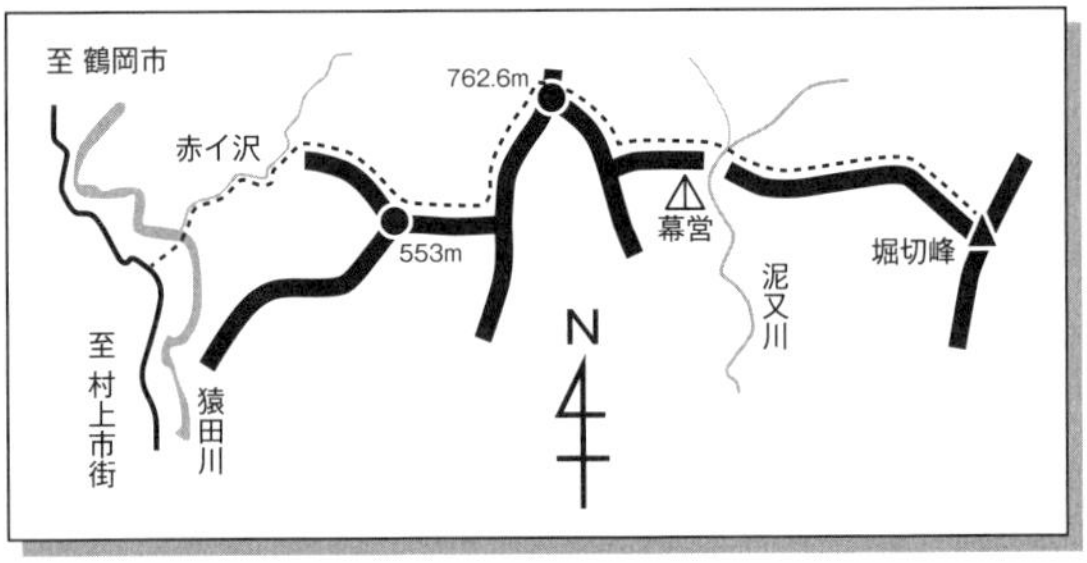

　登山初日、早朝から土砂降りの雨で「やめて帰ろう

堀切峰を見上げる

か」と何度も考えながら、とりあえず猿田ダム分岐まで向かいました。分岐に着く頃は雨が上がっておりましたが、頭上は黒い雲に覆われており、迷いながらも自転車を漕ぎ始めました。自転車を漕いで約半分の石黒川付近まで来ると、再びザーザー降りの雨が落ちてきて、石黒川は濁流となって流れており、猿田川の渡渉が心配になってきます。引き返すなら早めの方が良いと考え、猿田川の様子を見るために石黒川を下って、猿田川まで下りてみると、いつもと同じように穏やかな清流の様相となっておりました。しかし雨の勢いは増す一方であり、このままでは山に登ることは難しいと考え、「今回は諦めよう」と泣く泣く来た道をとぼとぼと引き返し始めました。せっかく休みまで取って来たのに無念でありました。堀切峰に登るには、気候的に今年はもう難しい時季となっており、来年までお預けかと思うと悔しくて仕方がありませんでした。

長い登り坂に辟易しながら自転車を引いていると、再び雨が上がり空は明るくなっているようです。我ながら「俺は何をやっているんだろう?」。そう思いながら堀切峰に向かって踵《きびす》を返しました。石黒川を過ぎ、猿田野営場を越えると急速に青空が広がり始め、うろうろしていたことが馬鹿らしく思えました。やがて赤イ沢と猿田川の合流地点まで辿り着き、登山靴から胴長に履き替えて猿田川を渡ろうとしましたが、やはり増水しているようで渡ることができません。困った揚げ句、意を決して胴長から水が入ろうとも構わずに渡り切ってしまいました。もちろん全身びしょ濡れです。そのまま赤イ沢を20分ほど遡上して、取り付く尾根のところまで来てようやく胴長を脱ぎ、靴下を絞ってから登山靴を履いて尾根に取り付きました。ずぶ濡れの作業着はそのうち乾くだろうけど、登山靴の中は乾かないかもしれません。しかし、ここまで来たらもう行くしかありませんでした。幸いにも先ほどまでの雨が嘘だったかのように空は晴れ上がり、濡れていて少し寒くても元気が出ます。

　尾根はしばらく急登で、以前にあったと思われる踏み跡もほぼありません。大藪の急登を進みながら「自転車、渡渉、山登りとまるでトライアスロンをしているようだな」なんてことを考えながら、553m峰まで来ると、ようやく踏み跡が鮮明になってきます、急な登りも落ち着き、随分と歩きやすくなります。この尾根はかつて三面の熊狩りの人たちからトダテ峰と呼ばれ、奥山に入る三大尾根の一つと言われているところです。この鮮明な踏み跡は当時の名残というよりも、現在は釣り人によって踏みならされた道となっているようです。

　登山靴の中が濡れているので、靴の中で足が滑って動き、少々歩きにくかったのですが、2時間もすると作業ズボンはすぐに乾き、上着もほぼ乾いております。数回にわたって偵察に来ていることもあって、登りながらキノコを探す余裕が出るほどとなっており、ほどなくして762・6m峰を巻くところまでやって来ました。後はここからひたすら急な岩状となった斜面を下ります。帰りのことを考えると恐ろしくなるほどの急な下りです。そして、最後は踏み跡がなくなり、少し迷いながら泥又川畔のゼンマイ小屋跡地へと辿り着きました。昨年泊まったときよりも草が生い茂り、ただでさえ悪いテン場がますます酷くなっておりました。テント一張りがやっとのところ、しかも縦も横も非常に斜めで「ここで2泊するのは嫌だな」と思いました。こんなところに長くいたくない。明日は早めに出発し、昼前にテン場に戻れたら下山しようと目論んでしまいます。とにかくその前には果たして無事に取り付き場所があるものか、非常に気泥又川の向かい側のどこの尾根に取り付こうか。あるいになるところであります。

テントを張る前に再び胴長に履き替え、泥又川を渡って、取り付けそうな場所を探しに行きました。テン場の上流側は取り付ける場所がないことは分かっていたので、下流側を探して1カ所だけ取り付ける可能性があると思う場所を見付けました、私は胴長を履いたままそこを登り、途中から岩壁状となったところにへばりつきながらも、どうにか行けそうと判断し、今日はここまでとしました。決して快適とは言えない幕営地にテントを設営し、秘境の奥地の夜を満喫したいところでしたが、何しろ沢床の幕営地から周囲の景色を見ることができず、谷底から望む小さな夜空は明日への不安をかき立てるばかりでした。激しく流れる水の音に何度も寝返りを打ち、寝返りをするたびに低い方へと体が滑っていき、滑れば体勢を整えるためにさらに寝返りをするといったことを繰り返しながらも、いつの間にかすっかり寝ていたようで、目覚ましの音に飛び起こされました。

2日目、あらかじめ偵察していた尾根に取り付いてみると、思った通りどうにか行けそうでした。登りはいいのですが、下りでルートを間違えるととんでもないことになってしまうと思案した結果、スーパーの買い物袋を細長く裂いてテープ標識代わりにルート上の木々に結んでいくことにしました。結ぶのは出だしの部分だけで十分なので10本ほど準備して、いよいよ堀切峰登頂に向けてスタートです、登り始めの崖となった岩斜面を怖々しながらクリアし、尾根上に出たところでホッと一息つきました。

ここからしばらく急な藪尾根となっていて、密集した木々に摑まりながら進んでいくと、少しずつ踏み跡が現れるようになります。古い文献によると、この尾根も奥三面の人たちが狩猟や山菜確保のためにかつては往来していたとのことです。「そんな古道を歩くことになるなんて」と、歴史に埋もれた道を確認し、かつての三面集落の方々を思い偲《しの》んで感慨深くなるのも束の間、古道はすぐに大藪となり、行く手を阻むようになります。時々消えては現れる踏み跡、時には大藪をかいくぐりながら進み、ヒド（自然にできた水路）状のような径《みち》を進みながら尾根変わりを幾度か繰り返して、少しずつですが堀切峰が近づいてきます。しかし大藪に時間を費やし、今日中の下山は難しそうです。無理は禁物、やはり当初の予定通りあのテン場でもう1泊することにしました。

余裕をもって歩けることはとても良いことです。辺りは紅葉真っ盛りとなっており、時々木々の隙間から現れる桝形山や化穴山の彩りに目を奪われます。「それにしてもキノコがないなあ」と、結局、2泊3日だと時間に余裕がありすぎて、登るだけではなく時間潰《つぶ》しも兼ねたほかの楽しみも探しながら歩きました。

堀切峰の山頂手前からは、それまでは時折微かに確認できた踏み跡もまったくなくなってしまい、大藪の中の急登を喘ぎながら進み、ようやく広い堀切峰山頂の一角に出ることができました。しかし、せっかく登頂したというのに、景色がまったく見えません。堀切峰の山頂には、その名の通り大きな堀が切られたような溝があるとのことで、山頂周辺を探ってみると確かに大きな堀が切られておりますが、とにかく大藪となっており、特に蔦が酷くて山頂周辺の移動は困難を極めました。ブナの木々の隙間を縫うように進んで、いくらか開けているところに出ると、わずかではありましたが奥三面の盟主であろう化穴山と、うっすらと雪を纏った以東岳の雄姿を望める場所がありました。しかし、ゆっくり休めるようなところはなく、私は三角点だけを確認してから堀切峰の山頂を後にしました。そして、最後の岩壁でぶら下げたスーパーの買い物袋を回収して、無事に泥又川のテン場へと戻ることができました。

最終日、前日は時間を持て余しながら、することもないので仕方なく早めの就寝となりましたが、朝寝坊はきっちりとします。天気は上々、ゆっくりと下山を始め、無事に最後の猿田川の渡渉も終え、車道を自転車で進んでいきます。途中、数人のキノコ採りの人たちとすれ違い、キノコ情報などを交えながら朝日スーパー林道の自転車走行を終え、無事に下山となりました。

コースタイム

猿田ダムゲート〜1時間30分（自転車）〜猿田川渡渉赤イ沢遡上〜20分〜尾根取り付き〜4時間10分〜泥又川幕営地〜3時間10分〜堀切峰〜3時間〜泥又川幕営地〜3時間50分〜赤イ沢〜20分〜猿田川渡渉〜1時間50分（自転車）〜猿田ダムゲート

10

円《えん》吾《ご》山《やま》（771・7m）

平成30年
6月24日
（日帰り）

村上市

日に日に山の木々は緑が濃くなる一方、ここしばらくは梅雨時季特有のジメッとした日が続いていて、下界は晴れていても、2000mクラスの山々は雲に覆われる毎日となっています。そんな中、本格的な真夏の暑さが訪れる前に、もう少し登山道のない山で遊びたいと考え、奥三面の円吾山へと向かいました。ようやく開通した朝日スーパー林道もすっかり雪がなくなって、初夏を通り過ぎて、もはや真夏の様相となっております。

円吾山を登るにあたって地図を眺めると、どこのルートを取っても必ず1カ所は急な崖状となったところを通らなければならず、これといった良いルートが見当たらずにおりました。そこで、単純に崖の勾配が一番緩いと思われるところを登るしかないと考えて、概ねのルートを決めていたのですが、実際に現地まで来ると、尾根の取り付き場所から急な崖となっていて、私が目星を付けておいたところから取り付くことはできませんでした。

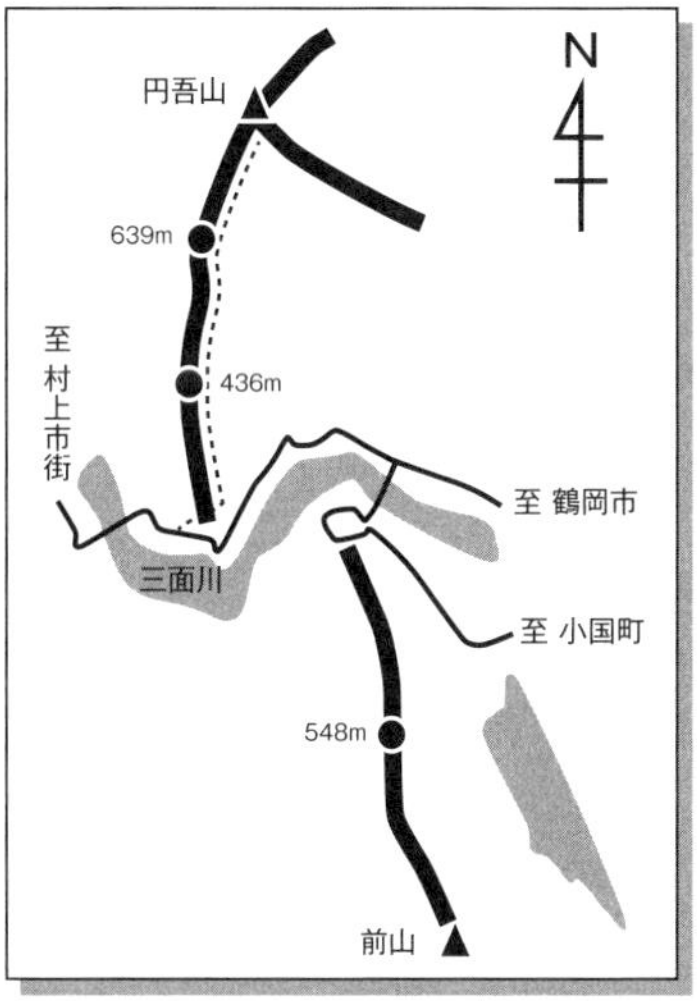

「どこから入山しようかなあ」と付近をうろうろしていると、山菜採りや魚釣り、あるいはドライブであろうと思われる車が、大変に多く通過していきます。この奥三面は秘境であり、以前は簡単に来ることができなかったと聞きます。今はダム湖に沈んでしまった奥三面集落ですが、当時の人たちは、食材の調達などで村上を往復するときは、2泊3日も日数を要したとのことです。これから登る円吾山は、そのダム湖

に沈んだ奥三面集落のすぐ目の前にある山で、奥三面集落の人たちにとっては、生活の糧を得るための、貴重な里山でした。今でこそ朝日スーパー林道のおかげで簡単に訪れることができますが、昭和58年にこの林道ができるまで、普通の人が訪れることはできなかったものと思われます。

結局、入山口は三面橋を渡った先の鉄塔から入ることにしました。鉄塔から先、鬱蒼《うっそう》とした杉林の中を歩きますが、ツバキといった常緑樹林が隙間なく自生していて、大藪となっております。小さな沢筋を見付けてたまらずそこに逃げ込み、しばらくその沢筋を伝って登っていきました。しばらく登ると案の定、ルートは崖っぽくなってきたので、今度は尾根へ取り付こうとしますが、急な岩場に四苦八苦し、冷や汗をかきながら何とか尾根上に出ました。

尾根に出ても岩場が続き、この付近は地図で見たように、どこを登っても崖状になっているようでした。それでも摑まることができる草木は豊富にあるので、ぶら下がりながらも何とか岩場を越えて、しばらく急な尾根の木々に身を預けながら登っていくと、辺りは突然草付き広場となりました。鬱蒼とした密林の中に、ここだけなぜか10m四方の平坦な草付き広場となっており、とても不自然に感じるところです。

この草付き広場で一息つき先に進むと、今度は踏み跡が出現し驚きます。それまでの密林が嘘だったかのように忽然《こつぜん》と現れた踏み跡は、いったいどこから来たものなのでしょう。確かにこの山は奥三面集落の人たちが入り込んでいたのでしょうから、この尾根に踏み跡があることは何ら不思議なことではありません。むしろ、それまでまったく人跡が感じられなかったところに、いきなり踏み跡が現れたので、これには少々驚かされてしまいました。しかしこの踏み跡はいつの物なのか。このまま踏み跡を辿ろうにも、藪化しているところがほとんどで、そう簡単に足を運ばせてはくれませんでした。

大きなブナには切り付けがいくつか見られ、「平成元年九月」と書かれたものもありました。奥三面集落がダム湖に沈んだのは昭和60年なので、その後に付けられた切り付けのようです。尾根は大半がツバキやツツジなどの常緑樹林の灌木帯でしたが、ところどころ背丈が低く、景色が見えるところもありました。山頂付近は日当たりが良いせいか灌木が密集していて、非常に苦労して登頂しましたが、まったく眺望は得られず、景色どころか腰を下ろす隙間がないほどの密林になっています。せめて三角点だけでも見付けようとジャングルの中を右往左往するも、とうとう見付けることができませんでした。

休憩はしばらく下ってからブナの樹林帯で取りました。比較的明るく、清涼感を感じるこの場所は心が落ち着きます。火照った体に爽やかな風が通り抜けていきました。ここは秘境、奥三面の山の中。辺りは何もなくただ木と草が風に揺れているだけ。シーンと静まり返った円吾山で、私は自然を満喫し、自然と戯れ、そして自然と一体化し、明日からの力を授かって、下山をしてきました。

コースタイム

車～3時間50分～円吾山～3時間40分～車

11

前《まえ》山《やま》（777・9m）

平成29年7月2日（日帰り）

村上市

前山はかつての奥三面集落の正面側に位置する山で、昭和60年に集落がダム湖の湖底に沈むまで、集落の人たちの生活の山、いわゆる里山であったと思われます。おそらく山名も、奥三面集落の人たちが前山と呼んでいたものがそのまま残ったものでしょう。また、奥三面集落の裏側には裏山と呼ばれていた山もあったそうですが、それはあまりに小さな山だったようで、地形図に裏山の山名は記載されておりません。

奥三面の人の話によると、道路ができる以前は村上市まで行くのに長い山道を歩かなければならず、まずは集落の目の前に聳える前山を越えていかなければならなかったとのことです。長い冬から解放され、春の芽吹きとともに、集落の人たちは多くの山の幸を背負って村上市に向かいました。その歩程は往復で2泊3日とのことですが、前山に登る途中に日本海を眺めることができる場所があるそうで、いつもその景色を楽しみにしていたとのことです。そんな前山ですが、当時はどこのルートを通って村上市まで行ったのか定かではなく、また生活の糧を得るために付けられた道もあったのでしょうが、それらも今となってはすっかり自然に帰ってしまい、雲散霧消となってしまっているようでした。とはいえ、藪深い奥三面の山々にあって、前山にはいくらか奥三面集落の生活臭が残っているのではないかと、期待をして訪ねてみました。

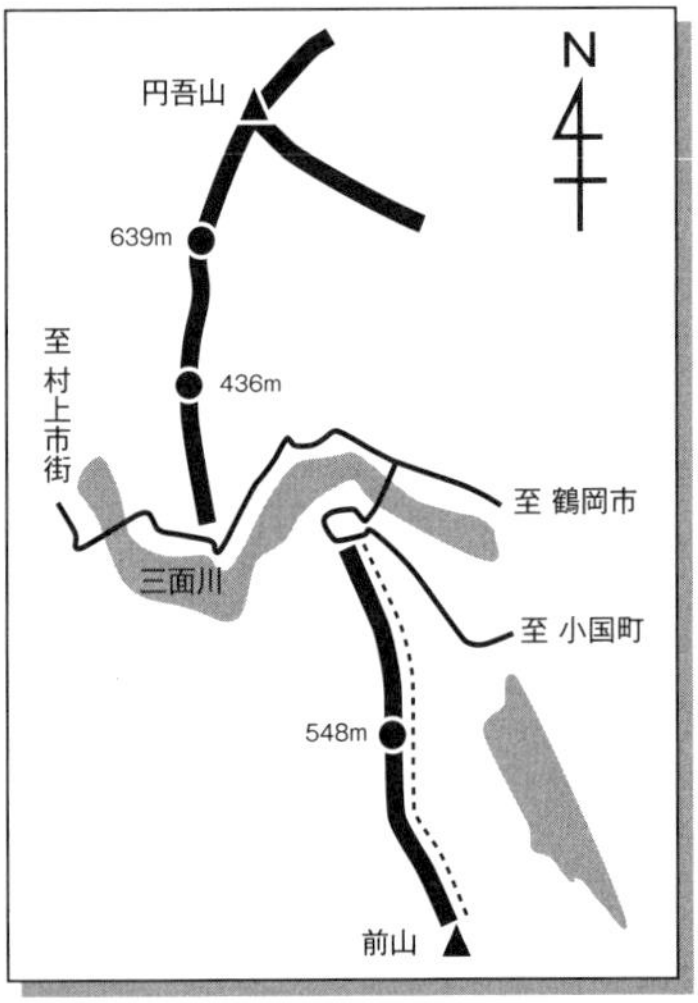

入山口は円吾橋を渡ってすぐの尾根ですが、どこも急斜面となっており、唯一ガードレールの切れ間からが入りやすかったので、そこから斜面に取り付きました。出だしからの急斜面です。しばらくして岩場を越えるとようやく尾根状となり、登りも一段落します。尾根の形がはっきりすると、思った通り踏み跡が現れるのですが、ほぼないに等しいほど不明瞭なものでした。しばらくはその不明瞭な踏み跡を辿っていきますが、徐々に藪が酷くなっていき、途中からは完全な藪と化し、結局は全行程の3分の1以上は大藪の中を歩かされました。ただ、比較的背の低い藪だったので、ルート取りはしやすかったように思います。

山頂は広く、背の低い灌木に覆われ、何が何だかさっぱり分からないままでした。山頂を越えて、幾分下り加減になるところまで探索をしたのですが、三角点は見付からずじまいでした。

コースタイム

登り口~3時間50分~前山~3時間~登り口

12

シラブ峰《みね》（961・8m）

平成25年
3月24日
（日帰り）

関川村

「最近お腹《なか》が出て困っている。体が重く贅肉を減らしたいので、夜のジョギングに付き合ってほしい」と知り合いから言われました。私はそれを聞いて「なにバカなことを言うだ！　もったいないではないか！　腹に多くの栄養を溜《た》め、精いっぱい膨らましておいて、登山時にそれを爆発させるのだ！」『それをジョギングで消費するだとー、この愚か者め!!』と怒りましたが、そうは言ったものの、実は私も近々会社で健康診断があり、体重と血糖値を下げるために、週2回程度ですがジョギングに付き合うことにしました。

　夜のジョギングですから、外に出ると空気は冷たく澄んでいて、空を見上げると二王子岳《にのうじだけ》が月明かりに照らし出されています。その山頂の左下付近には、スキー場のナイター照明が煌々としており、かつて新発田市民に信仰の山として崇拝された姿が台無しになっています。スキー場開発の話が上がったとき、山を愛する人たちはこれに強く抗議反発し、反対の署名活動が広く行われ、私も反対の署名をしました。そんな中、スキー場開発はどんどんと進み、無残にも山は切り刻まれました。その姿を見るたびに、今でも残念な思いが込み上げてきます。二王子岳は新発田市を象徴する山であり、山麓に2番目の王子権現様が祀られたとされ、登拝路が作られました。古くから信仰されて

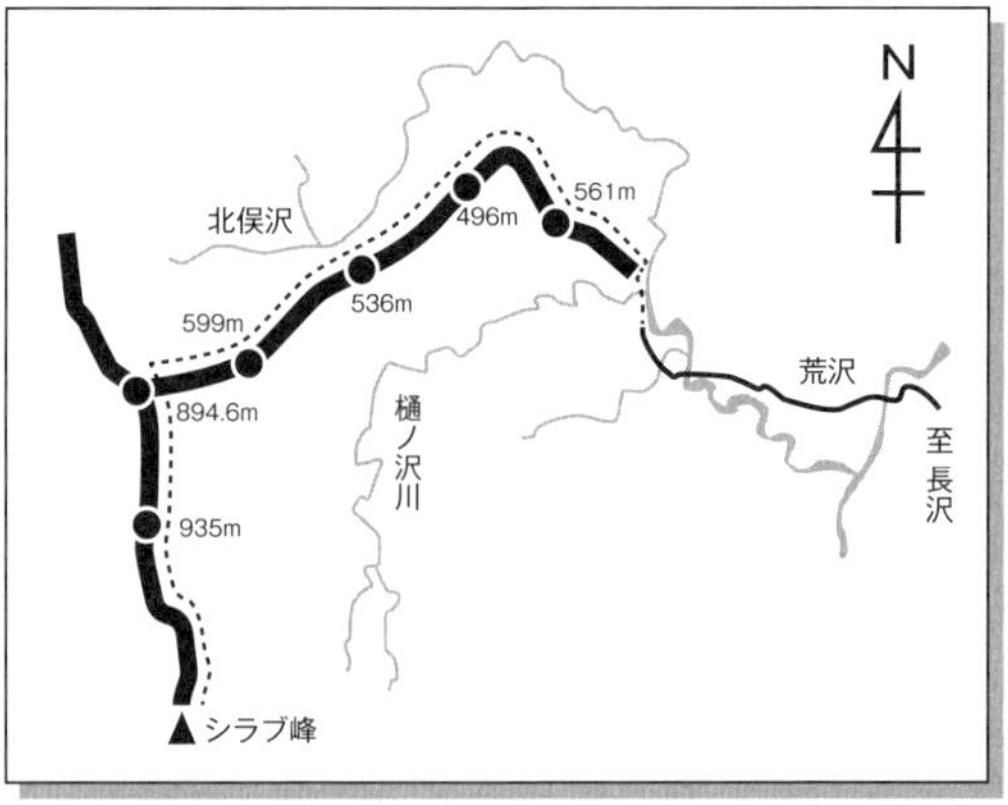

シラブ峰

きた山であり、スキー場開発は神をも恐れぬ行為だったのではないでしょうか？

さて、話を本題であるシラブ峰に移しますが、シラブ峰は新潟県関川村と山形県小国町の県境尾根上にあり、国土地理院地形図に山名は記載されておりません。この山域では最高峰が頭布山《ずきんやま》となっていて、ほかには唯一登山道のある光兎山《こうさぎさん》などがあり、シラブ峰はその2座に次いで3番目に標高が高い山で、県境尾根上では最高峰となっています。このシラブ峰を擁する山域は標高の高い山がない割に奥が深く、麓集落から大きく見えないからなのか、調べてみても信仰といった形跡がありませんでした。しかし、地元民にとっては大切な生活の糧となる山菜が豊富に採取され、猟師にとっては重要な狩り場でした。さらには鉱物資源が豊富に採れるということで、麓の人々にとっては宝の山であったのではないかと思われます。そして、この豊かな山の恵みを争ったのか、いまだに新潟県と山形県で県境が確定されていないところが一部残されているようです。

そんな県境尾根の最高峰であるシラブ峰には、以前からずっと行ってみたいと思っており、いよいよこの早春に訪れる時が巡ってきました。経験がまだ浅い私ごときが言うのも何ですが、ほかの山域の登山道のないところと比べると、この山域は格段に難しいように思えます。女川《おんながわ》流域の尾根は、全体的に狭い尾根で支配され、時にはとんでもない、まるで氷でできた綱の上を渡っていくような痩せ尾根があります。また、あまりにも尾根が痩せすぎているためか、地面が崩落してなくなり、細い木の根がむき出しに伸びているだけのところがあって、危険な通過を余儀なくさせられます。さらには、標高の割にアップダウンが激しく、壁状になった雪を何度も乗り越えなければならないなど、通過困難な箇所があまりにも多く、私はいつも恐れおののきながら登っている次第です。

そんな厳しい山域に聳えるシラブ峰は、当然入山者が少なく、その分データも乏しいのは仕方がないことです。まずはどのルートで行くべきか、その選定から始めなければなりません。登山道のない山は、決められた登山道を歩かされるのと違って、自分でルートを自由に決められるところに醍醐味があります。自分で考えたルートが上手くいって、無事に登頂したときの喜びは、いつも以上に大きく感じます。人と会うことがまったくなく、大自然の中で「山に来たんだ」という実感が湧き、日常の喧騒から離れて本当に楽しいひと時を過ごすことができるのは、登山道のない山に足を踏み入れたときにしか味わえないものだと思っております。

そして、ルートを選定するために地図をよく眺めていると、いろいろな山の姿が見えてきます。山や川の形などはもちろんのことですが、古道や踏み跡まで考えるようになります。地図上には書かれておりませんが、この周辺には柳生戸《やなぎうど》街道といわれる道が付いていました。村上市の塩野町《しおのまち》付近から塩を運ぶための道で、柳生戸集落から大峠を経て県境尾根の烏帽子岩付近を通過し、樋ノ沢を渡渉して山形県小国町荒沢集落に抜ける道です。この古道は今もなお残っているそうです。それ以外にも、小国町と関川村、あるいは村上を結ぶ峠道などが縦横に付いていたとされており、そんな地図に載っていない歴史の道が、いろいろ調べているうちに浮上してきます。さらに山菜採りや猟師などによって踏み跡が付けられていそうなところまで考えるようになると、楽しみは無限大に広がっていきます。

シラブ峰に登るには、地図上では取り付けそうなところが多くありすぎて、どこにすればいいか、これといった決め手がなかったので、現地まで偵察に行くことにしました。その偵察では、栃倉集落の民家裏辺りから取り付く尾根か、荒沢集落から3本派生している尾根のうち、一番奥の三面寄りの尾根が取り付きやすそうだと判断したのですが、しかしまだ、私の中で何か絞りきれないところがあって、中条の亀山さんに意見を仰いでみることにしました。その結果、荒沢集落最奥のワラビ畑から尾根に取り付いて、途中から柳生戸街道と合流して県境尾根の894・6m峰に出るルートがいいのではないか、ということに落ち着きました。私が選定していたルートは、地図を見ると確かにどれも山頂手前が崖状になっており、通過ができるかどうか分からない感じで、その部分に関して、実は私も懸念していたところがありました。亀山さんのアドバイスのおかげで、心のもやもやは消え、距離はかなり遠回りになりますが、確実なコースを辿るということで、自分の中で決着できました。しかもこのルートですと、地図上に山名記載はありませんが、三角点のある894・6m峰と、地元で赤芋と呼ばれる935m峰のピークを通過することができます。

登山当日、朝4時に起床するつもりが、いつの間にか目覚ましを止めてしまっていたようで、5時すぎに起きてしまいました。急いで登山口に向かいましたが、歩き始めは6時40分になってしまいました。荒沢集落の終わりから林道を進みますが、林道上の雪はいわゆる腐れ雪というやつで、ずぼずぼと足首から脛くらいまで潜ります。しかも表面だけが凍っていて、足を置いたときは潜らず、体重がかかると潜るという非常に始末の悪い状態でした。

ワラビ畑まで来ると、樋ノ沢川に架かる橋を渡らなければならないのですが、遠回りになるので浅瀬を渡渉して尾根に取り付きました。尾根に取り付いても相変わらず腐れ雪は変わりません。しかもワラビ畑から先はすぐに、この山塊特有の痩せ尾根が始まりました。地図で見る分にはそれほどでもないのに、いつもこの山域はこうなります。両側がスパッと切れ落ちた幅30㎝の痩せ尾根上に、幅1m、高さも1mほどの雪がバランス良くというか、ちょうど悪くというか、ポコポコ乗っかっていて、その雪の上を通過しなければならない箇所が次から次へと現れました。距離的には3mくらいから、長いところで15mくらいだったと思います。しかも登り下りが激しく、木の枝や根っこに掴まって、後ろ向きに歩かなければならないようなところも多く通過しました。「こんなことではシラブ峰の登頂は無理。ただでさえ寝坊しているのに……」

歩けど歩けど肝を冷やすような厳しい箇所の連続に、いい加減にしてほしいと思い始めた頃、ようやく痩せ尾根が終わり、しかもこの辺りから踏み跡と鉈目が出てきました。位置は地図の561m峰の一つ先、無記名のピークです。ここが樋ノ峠というところなのでしょうか？　おそらく柳生戸街道と合流したのでしょう。柳生戸街道は素直に尾根を通らず、樋ノ沢川沿いをしばらく進んでから、トラバース状に斜面を登って尾根上に出るように付けられているようです。素直に尾根通しに道を付けなかったのは、もしかしたら今ほど通過した悪場を避けるためだったのかもしれません。とにもかくにもやっと歩きやすくなりました。

徐々に尾根も広がり、美しいブナ林に安堵《あんど》しました。これからは今までのロスを取り返さなくてはならないので、先を急ぎました。アップダウンがあってなかなか高度が上がらず、最後に長い長い急登を終えると、ようやく県境尾根の894・6m峰に出ました。ここから烏帽子岩に向かう柳生戸街道と分かれ、左の赤芋と言われる935m峰方向へと向かいます。烏帽子岩方面に延びる尾根は、それほど悪場がなさそうに見えます。ところが、左に延びる尾根は違いました。せっかく厳しい区間は終わったと思っていたのに、左に延びている尾根は痩せていて、ぼろぼろに崩れた雪庇《せっぴ》が私を迎えてくれます。ここは予測していた立派なものとは違い、県境という主尾根なのに、細く荒々しく切り立った厳しい県境尾根でありました。

時間はかなり予定より遅れていて、この状態では本当に登頂は諦めなければならないのでは、と考えるようになっていました。この先、肝を冷やすような危険箇所はそれほどありませんでしたが、細い尾根に藪、それから嫌な残り方をしている雪のせいで、とにかく歩きにくく、行けるところまで行こうと思って進みました。幸いなことに、赤芋からはルンルン気分で歩けるような広い雪原状になり、距離を稼げるようになりました。苦あれば楽ありです。ただ、日没までに下山するとなると、おそらく山頂手前で引き返さなければなりません。どうしようか迷いながら進んでいき、一つ手前のニセシラブ峰を越え、本当の山頂手前で愕然《がくぜん》となるような悪場が待ち構えておりました。「もうここまで来たら行くしかない」。そう決心し、木の枝に慎重に摑まり、最後の細い壁を登りきると、ひときわ高い山頂へとやっと辿り着きました。山頂に着いても、かなりの痩せ尾根となっており、常に木々に摑まっていないと滑り落ちそうなほどのところでした。

山頂からの景色はというと、新潟県側は頭布山が大きく屏風のようになっていて、光兎山の姿はほんのわずかしか見えません。頭布山の脇に2㎝程度ちょこんと三角形の山頂が辛うじて見えました。山形県側は小国市街が見えます。赤芋や894・6m峰からは下界がほとんど見えず、おそらく五味沢辺りの一部分が見える程度でしたが、シラブ峰まで来ると、小国の街並みが見えるようになりました。朝日連峰が間近に大きく見え、飯豊連峰は遠くに見えます。

シラブ峰とは新潟県側の呼称だそうで、山形県側は蟻ノ塔《ありのとう》と呼んでいるそうです。確かにこの細い峰は蟻の門渡《とわた》りを連想させられるところです。また、シラブ峰は漢字にすると白布峰となるのでしょうが、これは山頂の岩肌が白っぽく見えるところからか、雪を纏った姿が白い布を被《かぶ》せたように見えるところから付けられたものではないかと思われます。山形県側から見ると、シラブ峰の奥に頭ひとつ飛び出して頭布山が聳えています。通常ずきんとは「頭巾」の漢字が当てられますが、この山は「頭布」となっていて、白布峰より頭ひとつ高い山という意味なのではないかと推測します。女川流域に聳える主峰が二つ合わさって山名を築いている、そんな山名由来の面白さも感じながら山行を楽しめました。

さて、時間的な問題から、あまり登頂の余韻に浸ることはできませんが、今日は私の所属する山岳会がここから2㎝だけ見える光兎山に登っています。見えたか見えないか分かりませんが、私は光兎山に大きく手を振ってから山頂を後にしました。これからまたあの嫌なところをたくさん通過しなければならないと思うと気が滅入りましたが、仕方がありません。我慢して通過し、何とかまだ明るいうちにワラビ畑まで下り、渡渉を終えたところでヘッドランプを出すくらいの暗さになっていましたが、あとは林道を歩くだけです。再び腐れ雪に汗をかかされながら、荒沢集落へと戻ることができました。下山後、体はかなり疲労しておりましたが、心は充実しておりました。肝を冷やすような危険箇所も多くありましたが、こういった冒険的登山は本当に楽しいものです。

シラブ峰山行から3日後、会社では健康診断が実施されました。私の体重と血糖値は下がり、ウエストは3㎝近くも減っておりました。これはジョギングをしたことによるものではありません。このシラブ峰山行で、溜まっていたお腹の栄養分を爆発させたことによるものです。

コースタイム

荒沢集落〜6時間15分〜シラブ峰〜4時間〜荒沢集落

13

鷹《たか》ノ《の》巣《す》山《やま》(911・2m)〜烏《え》帽《ぼ》子《し》岩《いわ》 その1

平成26年3月23日(日帰り)
3月29日(日帰り)

村上市

　長い冬がようやく終わり、春の陽射しに誘われるように私は、関川村の女川流域の山塊やその周辺の地図を出しては、かねてから思い温めてきた山々に登る計画を立てています。以前は春先になると、冬の鬱憤《うっぷん》を晴らすかのように飯豊や朝日連峰の地図を出し、思い焦がれてきた山々へ向かうための爪研ぎを始めたものですが、ここ数年は女川や奥三面周辺の地図を見る機会が多くなっております。ここでは平成26年、そんな女川流域と奥三面の境目付近に聳える鷹ノ巣山と烏帽子岩を二度にわたって訪れたときの記録を綴ります。一度目は悪天候により途中で引き返しましたが、二度目に鷹ノ巣山を越えて烏帽子岩の基部まで行ってきました。

　3月23日(日)、新潟県はこのところ日曜日になると天気が崩れ、この日もまた太陽の陽射しは期待できそうにない日でした。しかし、昨日から降っていた雨は止み、視界もそれほど悪くなさそうなので、山形県小国町から三面に抜ける最奥集落の入折戸《いりおりと》へ車を走らせました。除雪終点の広場に車を止めて歩き始めると、すぐに折戸川に架かる橋を渡って、左の尾根に適当に取り付きました。当初は正面の尾根に取り付く計画でしたが、沢に阻まれて取り付くことができず、左側に大きく回り、迂回して取り付くこと

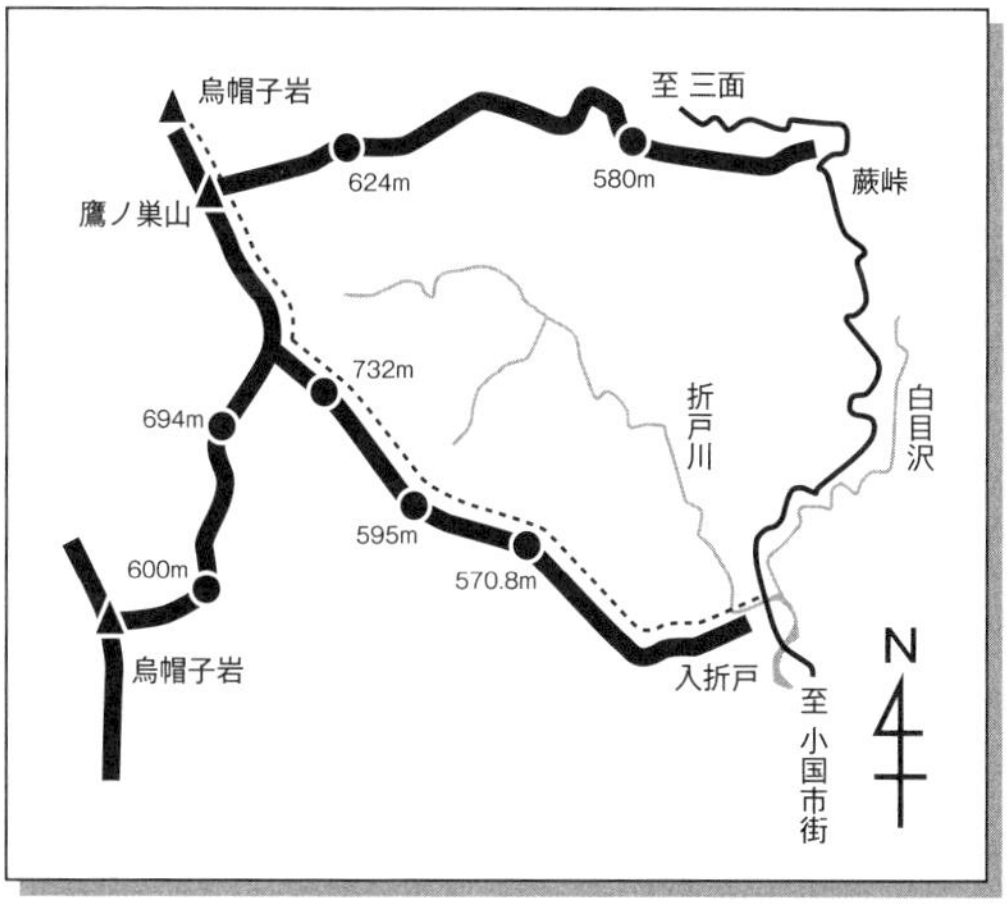

鷹ノ巣山へと続く尾根

にしました。

3月にもかかわらず、数日前から降り積もった雪は深さ50㎝ほどもあり、ラッセルに苦労します。空はどんよりとした曇り空で、時々ちらほらと雪が舞い降りてきます。それでも視界は十分にあり、この先の進むべき方向をしっかり確認することができるので、その点はあまり心配しなくてもよさそうです。しばらくは「これが女川流域の山塊なのか?」と思うような広い尾根が続きます。鉈目などの人為的な物はまったくないのですが、標高570・8mの峰で「平成四年春五月」というブナの切り付けを見付けました。この辺りから、天気は徐々に荒れ模様になり始め、時折吹雪《ふぶ》くようになります。ラッセルにてこずりながらも、午後1時くらいを目途に行けるところまで行くことにして、先を進むことにしました。

標高732m峰付近まで来ると、急に尾根は痩せ始め、この山域特有の姿が正体を現し始めます。天候は悪化の一途を辿るばかりで、先ほどまで見えていた鷹ノ巣山の山頂が見えなくなってきました。目の前にある雪庇をかわしながら、痩せ尾根を恐る恐る越えると、徐々に迫りくる大きな壁。クレバスを避けながらようやく痩せ尾根を越え、県境尾根の手前まで来ると、目の前には鷹ノ巣山の断崖絶壁が飛び込んできました。恐ろしいまでに不安定な雪庇の先に、どう取り付けばいいのか分からない雪の壁。壮絶な景色をしばらくじっと見入っていると、やがてその断崖絶壁に稲妻が走りました。私はその光景に退散するしかありませんでした。大きな雷鳴とともに急速に吹雪が強まり、遮られる視界。逃げようにも非常に不安定な足元。再び迫りくる稲妻の恐怖でおしっこをちびりそうになりながらも、どうにかこうにか車まで戻ることができました。この日以来、どうやってあの断崖絶壁を通過しようか、じっと考え込み、腕組みをしたまま1週間が過ぎました。

3月29日（土）、翌日は荒れ模様の天気になるということで、この日にあの断崖絶壁を越えようと、再び入折戸集落へと車を走らせました。途中まではいえ、同じルートを一度登っているため、スムーズに進めます。ラッセルも足首かせいぜい脛程度までで、いくらか前回よりも楽でした。でも、やはり一番良かったのは天気です。春の暖かな陽気に加え、前回見えなかった朝日連峰が大きく見え、女川山塊の荒々しい峰々と、その奥に飯豊連峰の大きな姿が遠く霞《かす》んで見えています。しかし、この先やって来るであろう困難を思うと、あまり楽しんでもいられません。再び570・8m峰のブナ切り付けの付近までやって来ると、先週あれほどあった雪がなくなり、地面の上を歩くようになりました。尾根には踏み跡なのか獣道なのか分かりませんが、とにかく小径が確認できます。これは猟師道なのか、あるいは山菜の道なのか、この山域には幾筋もの古道があったとされており、それら古道の名残なのかもしれません。

尾根は570・8m峰から一度大きく下り、小さな峰を越えて次の峰まで登りきると、595mの峰となります。径形もここまで確認できました。やがて雪で径形は埋もれて分からなくなりましたが、この先ところどころ地面が出ているところでは、二度と径形を確認することはできませんでした。前回と同じように途中から痩せ尾根の連続となるのですが、雪庇は小さくなり、雪が落ちて藪を歩くようになった場所もあります。おかげでいくらか危険は回避できました。そして、目の前にはあの断崖絶壁が飛び込んできました。穏やかな天気のうえに、雪解けが進んで、心なしか少し荒々しさが薄れたように感じます。やはり天気が良いと山の様相はまったく違うようで、それほど怖さを感じずに進むことができました。

断崖絶壁の箇所は、一番通過しやすいところをあれこれ思案しながら進み、絶壁を大きく左側に回り込んで尾根上に取り付いたところ、今度は一転して素晴らしいブナ林へと様相は変わりました。広く穏やかなブナの尾根は安堵感があり、まるで母に抱かれているような心休まるところであります。厳しいところをいくつも越えてきて、ようやく迎えた安らぎの尾根は、鷹ノ巣山へと真っ直ぐに延びるウイニングロードでありました。鷹ノ巣山の山頂は非常に広く、とても素晴らしいところであります。非常に厳しいところがあって、そして素晴らしいブナ林と静かな景観、いろんな要素があるからこそ、この山域は楽しさがあり、訪れるだけの価値があるように思います。

今回の山行はここで終わりではありません。ここから烏帽子岩へと向かいます。ここから先は県境尾根を外れるということで、ますます人跡は稀なところとなってきます。烏帽子岩は目の前に見えるのですが、難所が連続していて、困難なことが一望してすぐに分かります。それでも、藪と雪庇が混在する嫌らしい痩せ尾根と、急な突起をどうにか越えて、烏帽子岩直下へと辿り着きました。

烏帽子岩は手で触ると岩肌がぼろぼろと四角い塊となって落ちてくるので、危険極まりなく、取り付くことは不可能です。「直登は諦めるしかない」。そう思いながらふと左側を見ると、巻けそうな回廊が付いていて、実はこの回廊、人から「左側が巻けそうだ」と聞いていたところであります。「ははーん、こうなっているのか。よし、行ってみよう!」。烏帽子岩を巻くように付いている回廊でしたが、非常に細いもので、足元は絶壁です。しかし、その回廊も結局急な沢筋にぶつかり、行く手を阻まれてしまいました。

木の枝や根っこに掴まって沢を越え、先にある岩尾根に取り付き、無事通過できるようなら、烏帽子岩も見事手中に収めることができます。私は沢を越えようと試みましたが、急峻な沢筋に生えている木々は少なく、掴める物もほとんどありません。足場もない状態で非常に危険であり、失敗すれば何十メートルも落ちるでしょうし、遺体も上がらなさそうです。まったく歯が立たなさそうというわけではありませんでしたが、登るより下りる方が難しいもので、ここは無理をせず、引き返すことにしました。「どうやってあそこを通過したらいいのか?」。またここに来る日まで、ずっと腕組みをしていなければならなさそうです。今後の宿題ができました。それもまた楽しいものなのです。

鷹ノ巣や烏帽子といった名前や地名は、日本全国どこにでもある平凡なものです。鷹ノ巣という地名は一般的に鷹狩りをしたところに因むといわれております。また、鷹ノ巣は当て字で、本来は高州という漢字が当てられ、高い土地を意味するともいわれているようです。

今回は入折戸集落からルートを選んで登りましたが、鷹ノ巣山へは晩秋の頃に三面との県境に派生している尾根を伝って登っておられる方もいるようです。晩秋に登るというのは、そこに小径があるのだそうで、鷹ノ巣山も以前に鷹狩りが行われ、小径はその名残なのかもしれません。

コースタイム

入折戸集落～3時間10分～県境尾根合流～1時間～鷹ノ巣山～45分～烏帽子岩～45分～鷹ノ巣山～28分～県境尾根～2時間25分～入折戸集落

14

鷹ノ巣山《たかのすやま》(911・2m)～烏帽子岩《えぼしいわ》 その2

平成28年
3月27日
(日帰り)

村上市

新潟県の関川村から三面にかけての区間、尾根上には烏帽子岩と呼ばれる岩峰が2カ所あります。私は女川から三面にかけての山域に魅力を感じて、数年前から通うようになりましたが、何しろこの山域は異様な山容をしており、通過にも相当な困難を伴うところであります。その中で、この二つの烏帽子岩が特に難所となっております。

そんな二つの烏帽子岩のうち、北に位置する烏帽子岩につきまして、こちらは県境尾根から外れたところにあり、かつて三面マタギが入山していたとのことを聞いたことはありますが、資料として古《いにしえ》の径や旧道、街道といった歴史にまつわるようなものは一切見付けることができません。結局のところ、この烏帽子岩へ行くには、小国側から鷹ノ巣山を越えて行くか、あるいは新潟県側であれば、三面の鷲ヶ巣山《わしがすさん》を越えてはるばる尾根を伝って行く以外に手立てはないようです。しかし、尾根伝いといえども、地図を見る限りではありますが、そこは厳しい痩せ尾根や急峻な崖が多くあるようですし、尾根上には奇岩の峰々がいくつも連なっており、見るからに訪れることは非常に難しいと予測することができます。

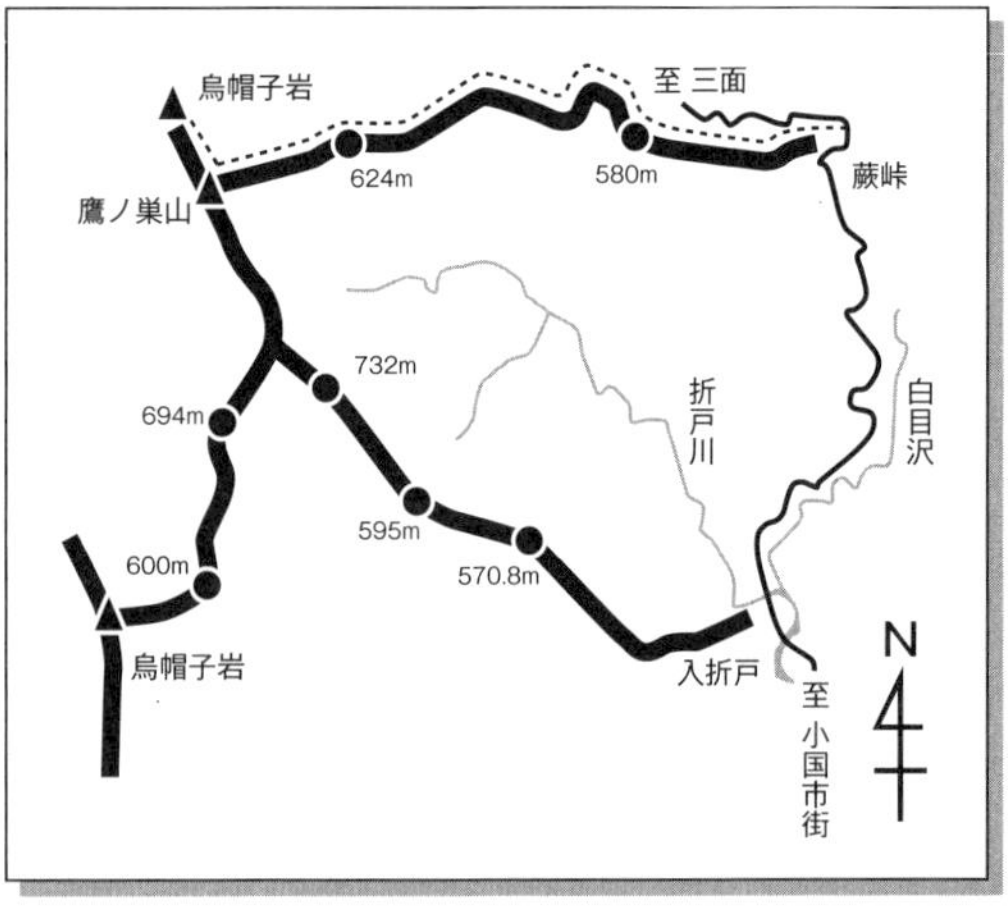

私自身は2年前に、小国の入折戸集落の村外れからす

鷹ノ巣山から烏帽子岩（中央）

ぐに左の尾根に取り付いて鷹ノ巣山に登り、そこから烏帽子岩を訪れております。そのときは、烏帽子岩の下まで行って登ることができずに帰ってきました。オーバーハング状になった烏帽子岩は、触るとボロボロと表面が剝がれ落ちてきます。直登することはとてもできないと判断し、周囲を見ると左側に回れそうな回廊があったので、そこを行ってみましたが、そこも途中で沢に寸断されていました。結局そこを通過することができず、登頂を断念したのです。

あれから烏帽子岩をどうやって登頂するか、ずっと考え続けておりました。月日が経つにつれ、「もしかしたら登れるところがあったのに、見落としていたのかもしれない」。あるいは「前人未到というわけではないだろう。必ずどこかから登れるところがあるはずだ」といった思いが大きくなっていきました。そして、もう一度行ってみて、もっとよく周囲を見渡してみようと考え、再び鷹ノ巣山を越えて烏帽子岩へ向かってみることにしました。入折戸集落から鷹ノ巣山には、実にもう四度も登っております。しかし、あそこは何度行っても大変なところでありまして、避けて通りたいのですが、ほかにルートがないのでそういうわけにもいきません。鷹ノ巣山の周囲は痩せ尾根が張り巡らされており、また岩峰のようなところも多くあって、それらの通過は容易なことではありません。毎回のように肝を冷やしながら、恐る恐る通過している次第です。そんなところをまた行かなければならないと思うと、憂鬱で仕方がありません。

そこで、おそらく大差はないであろうと思いましたが、今回はちょっとルートを変えて、入折戸集落から林道を2㎞ほど進んで、三面との県境尾根を辿って鷹ノ巣山に行き、そこから烏帽子岩に向かうルートを取ってみることにしました。林道歩行は苦手なスキーを使いましたが、今年の正月にボーナスで買って新調したばかりのスキー靴を履いてのスキー歩行でした。しかし当然ながら、どんなに良いものを身に着けても、私自身のスキーが下手くそなのだからどうにもなりません。せっかく良いものを買ったのに、私にはそれを使いこなせるだけの技術がありません。このときもポパイがホウレン草を食べたときのようなわけにはいきませんでした。

ところで、少し話がそれてしまいますが、私はサプリメントを飲むと必ずと言っていいほど下痢をします。以前に登山用品店の店員さんから、「これを飲むと飛ぶように山を歩けるようになる」と言われて試してみたのですが、飲んだ後に山中でいきなり始まった耐えがたい腹痛に、「早くトイレに行かなければ」と、飛ぶように山頂の山小屋のトイレを目指したことがありました。また、機能性タイツの類いも足が痛くなって、とても履いていることができません。あの不快な窮屈加減は、どうも私には合わないようで、疲れも倍増しているように感じます。以前はサプリメントなど一切なかったし、またタイツなどといった類いの物も一切なく、自分の足の筋肉だけを頼って山を歩いていました。それだけ登山用具が良くなったということでしょうけれど、それらの新しいものが体に合えば活用することは大いに結構であると思うのですが、古い体質の私にとってはあまり合うものがないようです。

さてさて山の話に戻りますが、放射冷却でアイスバーンとなった林道は、微妙な登り坂になっていて、私のスキーではなかなか前に進まず、普通に歩けば30分程度で到着するところ、じたばたしながら1時間もかかってようやく県境付近まで辿り着くことができました。困ったことに、今日の体力はここで半分以上使ってしまいました。これからようやく山登りとなりますが、昨日まで新雪が20㎝も積もっていて、結構ラッセルに苦労します。

出だしは広い尾根がしばらく続きますが、登り下りが激しく、なかなか高度を上げることができません。ただ、ブナの木々に囲まれた尾根はとても綺麗で、朝日連峰の山並みも見えて、とても素晴らしい尾根でありました。途中までは、ですが……。

やがて鷹ノ巣山の要塞が間近に見えると、前方に割れた雪が嫌らしく付いた藪の壁が見えます。「あそこはどうやって通過したらいいのだろうか?」。そう思いながら進もうとすると、目の前が開け、そこには延々と続くとんでもない痩せ尾根が現れました。いよいよ核心部に入ったようですが、あまりに厳しい様相に、本気で帰ろうかと考えたほどです。それにしても、どうしてこんなところが県境尾根になっているのでしょう? 貧相なほど痩せ細った尾根は、落ちれば瞬間に命はなくなります。とにかく安全に、時間をかけて一歩一歩丁寧に進んでいくしかありませんでした。

やがて雪が割れた藪の岩壁をよじ登ると、再び怖い痩せ尾根が続きます。そんなことを数回繰り返してようやく山頂直下、最後の急斜面へ出ました。まだまだ高度にして300m近く登らなければならないのですが、不思議なことに、この急な斜面には木がまったく生えていませんでした。今度は一転して、まるで飯豊の石転び沢のような広い斜面を、本来ならば気持ちよく登るはずなのですが、2日前から積もった新雪が膝までのラッセルとなり、私の足腰は悲鳴を上げながらの登りとなりました。それでも急斜面から背後に広がる朝日連峰の峰々は大変素晴らしく、時々景色を眺めては気を紛らわし、何とか最後の急斜面を登りきって、鷹ノ巣山の山頂へと辿り着きました。

広々とした鷹ノ巣山の山頂は、とても心安らぐところです。要塞のような崖や尾根、奇岩で囲まれた周囲からは考えられないほどの穏やかさで、どこまでも展望を得ることができ、ところどころに点在するブナの木々が見事なコントラストを見せてくれます。しかしホッとしたのも束の間、これから向かう烏帽子岩は異様な形で立ちはだかり、さらに手前の痩せ尾根が、まるで蛇がのた打ち回っているかのように、うねうねと登り下りを繰り返しています。時には不安定にちょこんと白く雪を付け、時には黒々と藪で覆われたその姿に、私は恐怖心を覚えました。「本当にあそこまで行けるのだろうか?」。何だか前に行ったときに比べて一段と怖さが増しているような気がします。それでも、せっかくここまで来たのだから帰るわけにはいきません、木の枝に摑まりながら、斜面を登り下りし、不安定な雪の上を恐る恐る通過して、私は再び烏帽岩直下に辿り着くことができました。

2年前に来たときに比べて岩の崩落が進んでいるようで、岩肌がボロボロと崩れ落ち、その残骸が烏帽子岩の根元を埋めています。オーバーハング状だった部分が崩れてきているようで、随分と登りやすそうに見えました。岩の左も右も、どう見ても巻いていくことはできなさそうで、この岩を直登するしか手立てはないようです。2mか3mも登れば、後は少し斜面が緩んで灌木もあります。どうにか登れそうな雰囲気でしたので、無理やり登ろうとしましたが、登れたとしても、下りられるか分かりません。それにこんなところで滑落すれば、遺体は上がることはないだろうと思うと、ここにきて体が動かなくなってしまいました。ロープがあれば、上からロープさえ垂らせば何とかなったかもしれない。そう思いながら、今回もまた烏帽子岩の基部までということで下山を決断しました。

佳境に入った登山ブーム。秘境と呼ばれるところに多くの人が入るようになってきました。近くに聳える頭布山あたりは脚光を浴びて、人が多く出入りし始めているようです。鷲ヶ巣山から貂戻岩《てんもどしいわ》、頭布山へと続く秘境の峰々。私としては、これらの山域が脚光を浴びることなく、いつまで秘境であることを強く願いながら、無事に入折戸集落へと下山することができました。

コースタイム

入折戸集落～1時間～蕨峠～4時間～鷹ノ巣山～40分～烏帽子岩～50分～鷹ノ巣山～3時間30分～蕨峠～1時間～入折戸集落

15

烏帽子岩《えぼしいわ》（県境尾根上）（762m）

平成27年
3月21日
（日帰り）

村上市

「うーん……。ここ行けるかな～」。私は数年前からずっと気になっていたところを、腕組みをして地図を眺めながら、あれこれと思案しておりました。新潟の長い冬もようやく終わりが見え、今まで雪で閉ざされていた山と身と心は、春の兆しの訪れとともに、残雪の山々に向かっていよいよ準備を始めます。

新潟県関川村の女川から山形県小国町の県境尾根を経て三面に至る山域は実に面白く、奥が深いので気軽に行くことができないところですが、実際に行ってみると尾根は驚くほど荒れており、あの不思議な形状にはただただ圧倒されるばかりです。衝立を立てたような薄っぺらの痩せ尾根は、風が吹けば今にもバタンと倒れてしまうのではないかと思われるほどであったり、ところどころ尾根上には針のようにそそり立った岩があったり、あるいは尾根が完全に崩落した箇所などがあったりで、こんな大荒れの尾根が県境となっていて、どうしてこんなところを県境尾根に認定したのか不思議に思ったりします。そしてさらに、そこにへばり付いた雪は奇怪な形をしており、もしそこを歩くとすれば、どうやって通過したらいいものか、あの壮絶な景色を思い浮かべては思索し、そして地図を眺めては思いを巡らせておりました。

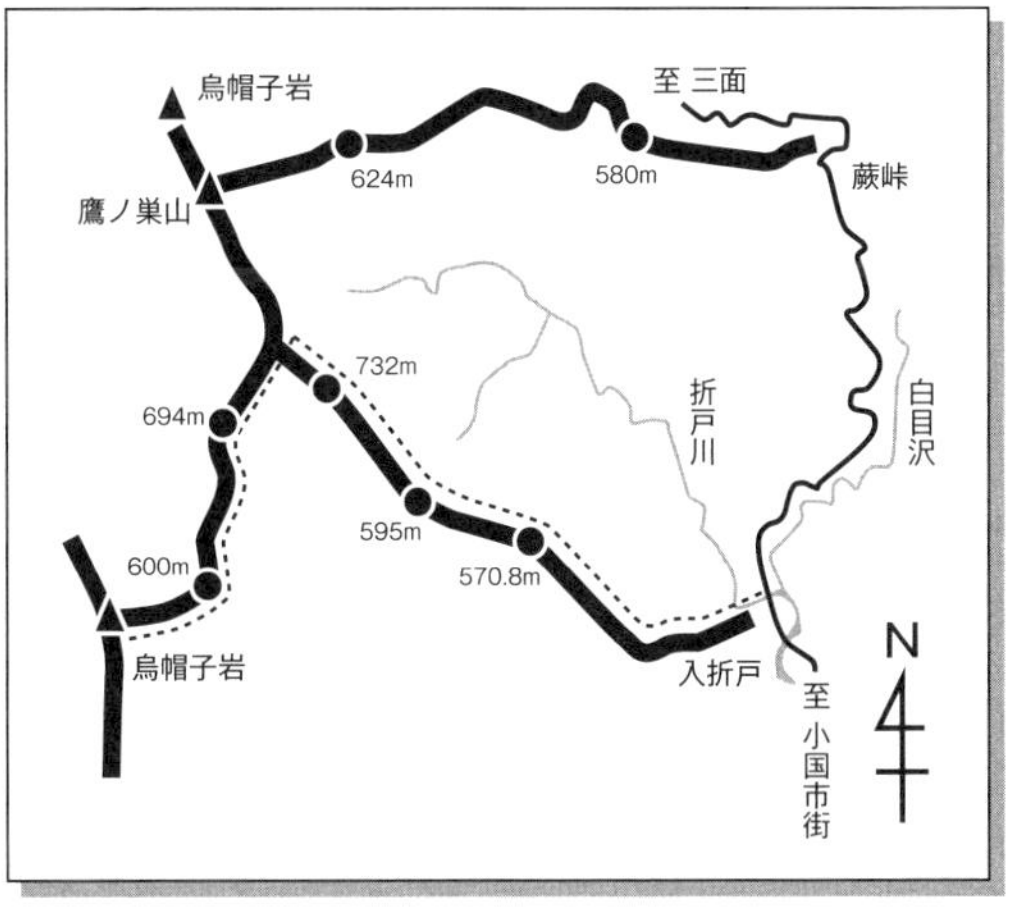

烏帽子岩からシラブ峰方面の県境尾根

この険悪極まりない山域には、岩の名前が付けられた山頂が3カ所もあり、その三つの岩頂がこの山域最大の難所であることは、簡単に予測することができます。実際、近くまで行って眺めてみると、それはむき出しの自然の姿そのもので、脅威という言葉しか思い浮かんできませんでした。この付近は、新潟県と山形県の間でたびたび県境紛争が起きているところであり、国に提訴までして争った記録が、『関川村史』に克明に記載されています。そこに掲載されている地図によると、最終的に双方が主張する場所の中間の尾根を選んで県境に認定したような形になったそうです。

さて、そんな厳しい尾根上に存在する3カ所の岩峰のうち一つは、大きな岩峰の貂戻岩で、いかにも難所そうな名前であり、ほかの二つは烏帽子岩と名付けられています。去年、小国町の入折戸集落から鷹ノ巣山を越えて、県境尾根から少し外れた北に位置する烏帽子岩に行ってみましたが、オーバーハング状になった烏帽子岩本体は、触っただけでぼろぼろと剝がれ落ち、手掛かり足掛かりがまったく得られず、とても通過できるものではないと判断して戻ってきました。そのとき遠くには、県境尾根上にもう一方の南に位置する烏帽子岩が、文字通り鶏冠のような形をして、恐ろしげに屹立《きつりつ》しているのが見えました。北の烏帽子岩から南の烏帽子岩を見ると、手前は崖状となっており、ここからあの烏帽子岩へ向かうには、あの絶壁を登らなければなりません。新潟県側からは、かつての柳生戸街道といわれる塩の道を、柳生戸集落から大峠を通過した後に逸《そ》れて烏帽子岩に登ることができるということですが、その反対側である入折戸集落側から県境尾根上を伝っていくのは、大変に難しそうに見えます。

そういえば、日本山岳会が発行している『越後山岳第6号』に、県境尾根踏破記録が掲載されており、非常に興味深く読ませてもらいました。しかし、尾根の状況等についてはあまり明確に書かれておらず、「やはり自分で行ってみなければ分からない。いつか行ってみよう」。そう思っておりました。そしてその思いは、鷹ノ巣山や北の烏帽子岩から眺めたときに、さらに増していったのでした。正直なところ、あの山塊に行くのはすごく怖くて、春先になると気が重くなり、とても嫌になります。普通に飯豊辺りにでも行っていれば体も気持ちも楽なのに、どうしてあんな妙な山域に行ってしまうのだろうか？　我ながら、「もっと楽な山登りをすればいいのに」なんてことを思ったりもします。

通い慣れた入折戸集落の外れに車を止めて、早々に歩き始めます。顔や頭頂部にはいっぱい日焼け止めを塗り込みました。ここは鷹ノ巣山に登るときに何度も歩いているところなので、スムーズに尾根に取り付きます。道迷いの心配はほとんどありませんが、半分ちょっと進んだ辺りから酷く荒れた痩せ尾根になります。とんでもない形をした雪庇があったりして、そこを通過するのに先が思いやられました。しばらくは綺麗なブナの原生林の中を進んでいきます。遠くには県境尾根が見えますが、あの凄まじさは、ここからではよく分かりません。正面には鷹ノ巣山も崖を従えて聳えておりますが、やはりあの壮絶な崖の恐ろしさは、ここからではよく分かりません。

右手に朝日連峰の全容が見えるようになると、いよいよ核心部へと突入します。ここは何度も歩いているのですが、やはり怖い。今にも崩れ落ちそうな雪壁にしがみつき、恐る恐る雪庇の脇を通り過ぎ、雪が落ちて崖になったところを木の枝や根に掴まりながら、少しずつ進みます。そして、何とか県境尾根の合流点まで来ました。眼前には鷹ノ巣山の凄まじい絶壁が全貌を露わにしています。しかし、今回はそこを通ることはありません。仮に今あそこを通過するとするならば、どうやって行けばいいのだろう？　以前に何度も通過しているのに、鷹ノ巣山を前にしてついついじっと考え込んでしまいます。とにもかくにも、今日のところはここから県境尾根に沿って左に曲がり、烏帽子岩へと向かいます。

　最初は広い雪面を下りますが、すぐに痩せ尾根となって非常に歩きにくくなりました。しかし、尾根があまりにも痩せているのが幸いして、雪がすっかり落ちて藪になっています。中途半端に雪が付いているのなら、いっそ藪の方が歩きやすいです。それでも、岩尾根の急な登り下りに手掛かり足掛かりが見付からず、かなり苦労して進みました。気温は上がり、日焼け止めを塗った頭頂部からは、滑るように汗が流れ落ちてきます。しばらく進むと、ようやく尾根は広くなり、かなり歩きやすくなりました。私はここで再び日焼け止めを塗りました。今日はこの暑さで汗が流れ落ち、一緒に日焼け止めはすぐに流されると思うので、小まめに塗ることにしています。できることなら私は、青白い顔の、病弱で神経質そうに痩せ細ったお兄さんになりたいです。

　尾根はある程度広さを保ったまま、烏帽子岩の鞍部《あんぶ》へ向かって徐々に高度を下げていきます。近づいてくる烏帽子岩とその手前の絶壁に「果たして登れるのだろうか？」。私は歩きながら絶壁を眺めては、自然とルート工作をしております。そしていよいよ、その絶壁の前に立ちました。直登は無理ですが、左側に雪が付いているので、その雪面を利用して何とか登れそうです。今日、無事にここまで来られたのは、この山域特有の通過困難なところが少なかったためで、悪い箇所は県境尾根と合流した最初の部分のみ、後は比較的歩きやすくて助かりました。ここまで来たら行くしかありません。

　時間は昼の12時までが限界です。12時を過ぎても烏帽子岩に到着できないようであれば、引き返さなければなりません。気温が上がっているので、この雪壁は雪崩の心配もしなくてはなりません。上部から崩落した雪のブロックが雪面に突き刺さり、それらを避けるように雪壁をよじ登りました。かなり長い登りでしたが、何とか烏帽子岩左側直下まで辿り着き、最後は雪の切れ間からジャンプして、木々に掴まりながら崖を越えることができました。そして、藪の痩せ尾根をしばらく登り、烏帽子岩の山頂に立つことができました。

　非常に狭い山頂は、３６０度の展望が得られ、とても気持ちが良いです。相変わらず県境尾根はすごい形で切り立っており、その奥に県境尾根の最高峰シラブ峰、女川流域の最高峰頭布山や名峰光兎山などが間近に見えます。そして、遠くには朝日連峰が一望でき、村上や岩船港の辺りも良く見えます。ここは遮るものがないため、残雪期でなくても非常に良い景色が望めそうです。

今回は雪が付いていたので、懸念していた最後の絶壁は何とか登ることができましたが、もし雪がなかったらどうなるのでしょう？　もしかしたら、通過は不可能になるのかもしれません。「今日は運が良かった」。そう考えざるを得ませんでした。

山頂に到着したのが11時50分だったので、10分ほど休憩したのち、すぐに下山を開始しました。日没には悠々間に合うと楽観視しておりましたが、行きではほとんど休まなかったため、帰り道は疲れてバテ始めていました。何回か休憩を取った結果、行きも帰りも6時間ずつかかってしまい、結局日没ギリギリでの下山となりました。車に着くと、すぐにミラーで自分の顔色を確認します。鏡の向こうには、真っ黒に日焼けしているのに、真っ白な日焼け止めクリームが塗りたくられた、まだらな灰色の顔がありました。色白の、神経質なお兄さんへの道のりは遠いようです。

コースタイム

入折戸集落～3時間～県境尾根合流～3時間～烏帽子岩～3時間～県境尾根合流～3時間～入折戸集落

16

八《や》ツ《つ》橋《はし》山《やま》（464・2m）

平成30年
3月14日
（日帰り）

村上市

　旧朝日村の塩野町で精製された塩は、いわゆる「塩の道」を通って、山形県小国町荒沢集落へと運ばれました。現在は廃村となってしまった新潟県最奥の集落、柳生戸を越え、新潟と山形の県境である大峠を経由する「柳生戸街道」です。途中で通過する大峠では、周辺は厳しい峰々が切り立っており、当時は大変な思いをして塩、あるいは物資を運んだのではないでしょうか。現在は廃道となっておりますが、今でもその踏み跡が残っているそうです。

　私自身、廃村後の柳生戸集落に仕事で訪れたことがありますが、あまりにヒルが多く生息しており、仕事などとてもできるような状態ではありませんでした。また、柳生戸集落手前付近からは、鷲ヶ巣山に向かって大きな尾根が派生しており、そこを登って鷲ヶ巣山へ行ったことがありました。以前は鷲ヶ巣山の裏登拝路として道があったそうですが、今となってはその面影は見当たらず、そこにはただただ自然の厳しさだけが残されています。

　八ツ橋山は、小揚《こあげ》集落と柳生戸の間に聳えている山で、小揚集落先の除雪終了地点に車を止めて向かいました。大きな山の斜面に挟まれ、狭い隙間を縫うように流れている小揚川沿いの林道は、春まだ浅く、雪で埋め尽くされています。それでも、雪が落ちた林道脇の斜面のところどころに、小指の先ほどの小さなフキノトウが、ようやく芽を出していま

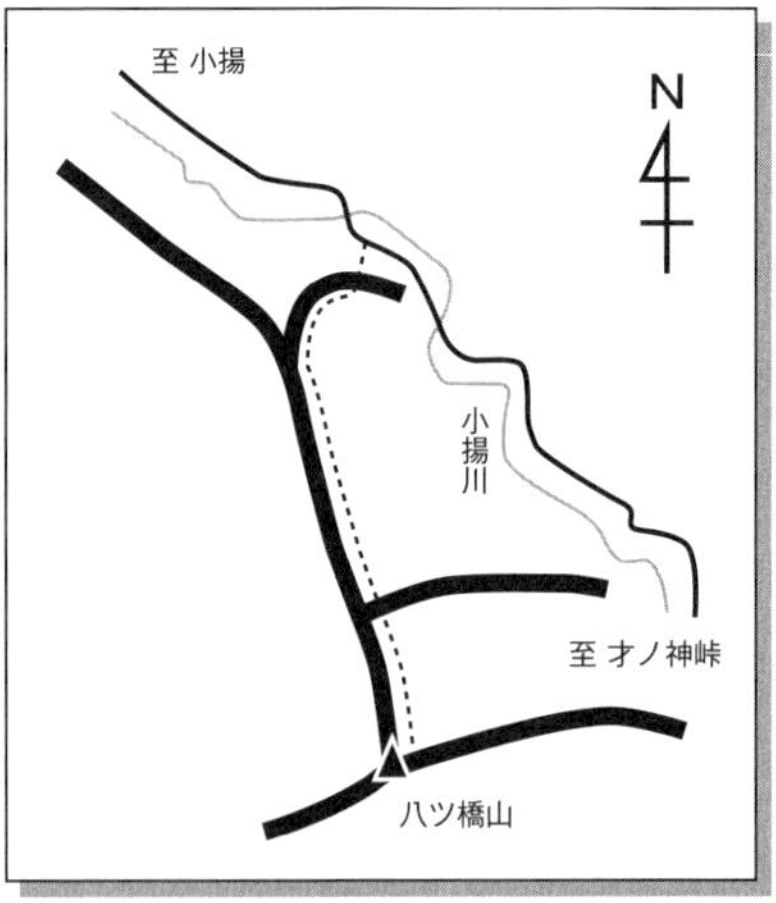

八ツ橋山山頂から奥三面方面を眺める

した。ふと右側の斜面を見上げると、県境に聳える厳しい峰々の前衛にあたる山々が連なっています。その中で代表格にあたるのが、今回紹介する八ツ橋山です。八ツ橋とはご存じ、京都の名産品ですが、それがなんで旧朝日村に聳える一塊の山に付けられたのか。京都の八ツ橋はというと、実は人の名前ということなのですが、この八ツ橋山も人名から来ている可能性がありそうです。

　話は前後しますが、小揚集落の除雪終了地点に車を止め、登山服に着替えているとき、またズボンにベルトを付けてくるのを忘れていることに気が付きました。先日、芝倉山に登ったときも、ズボンにベルトを付けるのを忘れていて、ズボンがずり落ちてきて歩きにくかったということがあったばかりです。最近は忘れ物が多く、気を付けなければなりません。そういえばいつだったか、せっかく準備したのに、ザックを車に積み忘れて、玄関に置きっぱなしで出掛けたこともありました。

　ズボンを適当に紐《ひも》で縛り、気を取り直して林道を歩くこと約40分、小揚川に架かる橋を渡ったところで尾根に取り付きました。本来はオノ神峠辺りから尾根に取り付きたいところですが、それだと林道歩きが長距離となり、数時間もかかりそうです。杉林の尾根はすぐに雑木林となり、急な斜面を、雪を拾いながら登ります。やがてピークに出ると、ここから尾根は痩せ気味になり、雪は落ちて、しばらく藪尾根を歩くようになりますが、薄いながら踏み跡も見られます。藪の急坂を我慢して登りきれば、尾根は広がって雪原を歩くようになり、広い斜面に静かな雑木林となって気持ち良く歩けるようになります。そして、一つ手前の大きなピークに騙《だま》され、八ツ橋山の山頂に至ります。

やや小広い山頂は、相変わらず雑木林となっていて、残念ながら展望はそれほど利きません。しかし、木々の間から鷲ヶ巣山がすぐ近くに見え、鷹ノ巣山から奇岩烏帽子岩にかけて、奥三面の秘境が遠くに見えます。今回は小揚集落の先から登ってみましたが、藪化するものの車が奥までは入れれば、才ノ神峠から登れますし、距離は遠くなりますが、比較的歩きやすそうな釜杭《かまぐい》集落から登ってみるのも面白そうです。

コースタイム

小揚集落〜40分〜尾根取り付き箇所〜1時間10分〜八ツ橋山〜35分〜尾根取り付き箇所〜35分〜小揚集落

17

湯蔵山《ゆぞうやま》（726・4m）〜横松《よこまつ》（823・8m）

平成21年
3月8日
（日帰り）

関川村

山形県小国町発行の『小国の交通』によると、江戸時代の頃に新潟と山形を結ぶ幾条もの街道の中で、女川街道という道があったそうです。女川街道は関川村の小和田《こわだ》集落から三角点山を通過し、湯蔵山から横松を経て女川本流に下り、清水の渡り場、五淵平を経由して蕨《わらび》峠に至るといった古道のことです。永承5（1050）年、出羽守《でわのかみ》兼秋田城介《じょうのすけ》である平繁成《たいらのしげなり》（城《じょう》氏の祖）が小和田集落を整備して奥山荘《おくやまのしょう》を築いたとされていますが、このときに女川街道も整備したとされております。荒れ川から名前が付けられた男性的な荒川に対して、穏やかな渓相から女川と名付けられたとされるこの流域は、ルートを付けやすかったのではないかとされています。また上から川筋を眺めると、その割れているような景観から女川と名付けられたとの説もあるようです。

登山用品店に行くと、以前の客層は年配の方々ばかりだったように思うのですが、今は若い買い物客で溢れ、それまで中高年が中心だった登山者の年齢層が多岐にわたり始めているように思います。先日、仕事で二王子岳に行ったときも、明らかに若者の登山者が増えておりました。店員さんによれば、売り上げは以前に比べると格段に落ちているとのことですが、登山ブームは依然続いているのではと感じます。そんな登山ブームにより賑わい

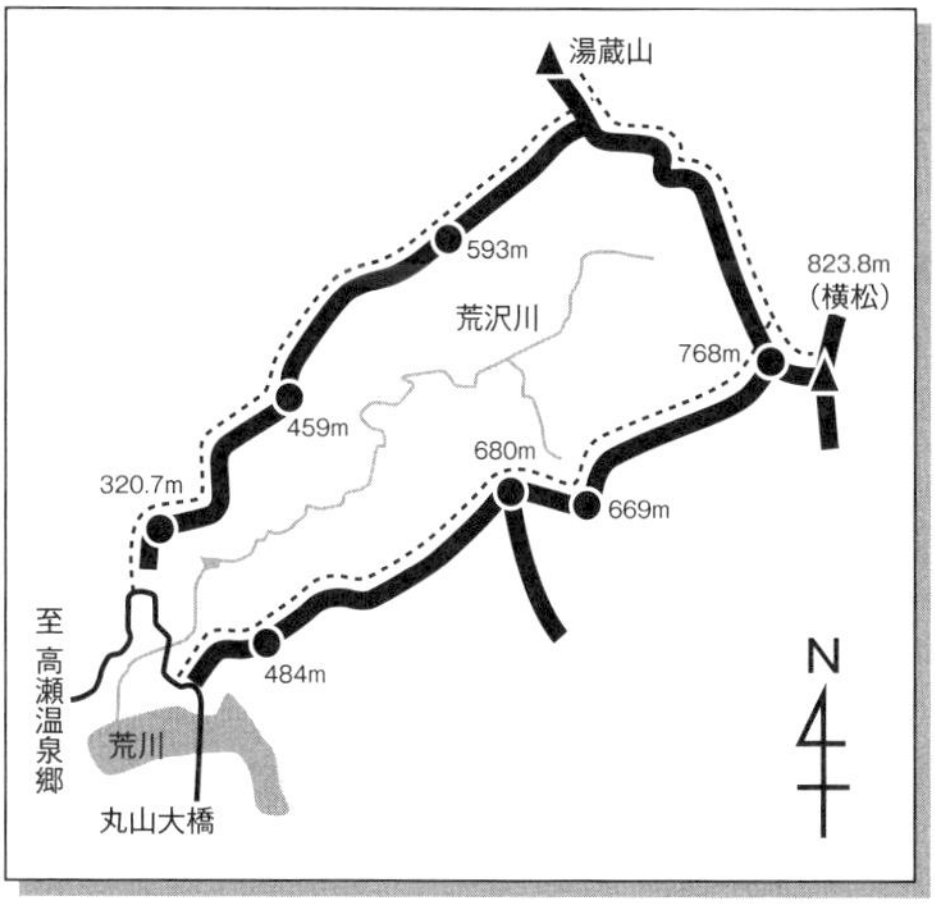

横松を望む

を見せる山々を外目に、幸か不幸か女川流域の山々は見向きもされずにひっそりと聳えております。この静かな山域を満喫しようと、丸山大橋を基点に湯蔵山から横松を回ってくることにしました。

今年は原因不明の微熱が続いたりして、医者の薬を服用しても良くならず、ずっと体調不良で山に行くことができずにおりましたが、先日、夢枕に祈禱師《きとうし》が現れ、「墓が傾いておる。直しなさい！」とのお告げがありました。祈禱師のお告げにより墓修繕の準備を始めたところ、体調が回復の兆しを見せ、やっと今回の山行となりました。やはり病気のときは祈禱師か霊媒師に限るようで、霊験あらたかです。

丸山大橋脇の丸山公園に車を止めて高瀬温泉の方に少し歩いて行き、橋を渡った辺りから右の尾根に取り付き、320・7m峰を目指します。最初は踏み跡を歩くも笹薮が酷く、朝の雨で笹が濡れており、ズボンがびしょ濡れになります、持ってきた雨具はゴアテックスなので、もったいないから着用しません、安いゴムガッパを持ってくればよかったと後悔します。ついでに軍手も濡れると嫌なので、しないで歩きました。道端にはフキノトウが伸びており、とてもうまそうです。フキノトウには本種と亜種があり、亜種の方が少し苦味が強いようです。ここに自生しているのは本種なので、いっそう美味しそうですが、時間がないので見なかったことにして進みます。

標高400m付近で、なぜだかイチジク浣腸《かんちょう》が落ちていました。こんなところまで浣腸を持ち歩くなんて、さぞかし辛かったことでしょう。きっと頑固な便秘の方がここを訪れたのでしょう。この付近から広い雪原の尾根になり、ワカンを着けて歩きます。急な登りもなく低山特有の複雑な尾根のおかげで2回ほど道を間違えながらも、楽しくハイキング気分で湯蔵山に着きました。

以前、古い本を読んでいたら、その本には「ゆぞうやま」ではなく「ゆくらやま」と書いてありました、山麓には高瀬温泉、雲母《きら》温泉、湯沢温泉といった温泉郷があり、これらと関係あるような気がします。少し話が横に逸れますが、湯蔵山に一番近い湯沢温泉についてこんな話があります。小山直嗣著、『新潟県伝説集成〈下越篇〉』によれば、「朴坂《ほおさか》三山のひとつ、薬師岳の麓にある湯の沢という集落での話。ある日村はずれの大木に怪我をした一羽の鷹がとまっていて動かなかった。数日後に鷹は元気になり飛び立っていった。木の根元付近にはお湯がコンコンと湧き出ており、鷹は湯治に来ていたようだった。それからここを湯の沢温泉といい、地元民が利用し始めた。年月が流れ、戦国時代に入り、平家の落人がここに逃げ隠れて住んでいた。源氏軍は湯治客を装い、様子を見ながら平家の落人を壊滅させようと企てた。それに気付いた落人のリーダーが馬に乗り、この湯治場に来て馬の首を刀で切り落とし、湯治場の中へ投げ込んだ。すると、今まで湧き出ていた温泉が急に止まり、それと同時に現在の湯沢温泉で突然お湯が吹き上がった」。それが湯沢温泉の由来だそうです。

話を戻します。さて、湯蔵山まではハイキング気分で歩けましたが、いよいよここから核心部に突入します。ここから先は危険極まりない痩せ尾根で、雪が中途半端な付き方をしており、とても大変でした。慎重に歩を進め、何とか無事にこの痩せ尾根を越えることができましたが、運動不足なのか、それともお墓の祟《たた》りなのか、この辺りからどうしたものか左足が動かなくなってしまいました。5分休憩し10m歩き、また5分休憩し10m歩くを繰り返し、かなりの時間をかけて、やっと横松に辿り着きました。しばらく休憩し、足をマッサージしていたら少し回復してきたようです。

山頂はブナの木しかありません。山名の由来を探そうと横を見みましたが、松の木はありません、四方八方探しても松の木は生えていませんでした。下山前に山頂で小用を足そうとズボンのチャックに手をかけると、疲れと寒さで私の松ぼっくりは小さく縮こまってどこにあるか分からず、あちこち探したらパンツの横からはみ出しておりました。くだらないことを書いてしまってすみません。

下りの最初は広々とした雪原でとても歩きやすく余裕がありました。しかし標高700m付近から、またとんでもない痩せ尾根になり、急な登り下りを繰り返しました。尾根上は不安定に雪が付いていて、とても危険です。仕方ないので、ここで初めて軍手を着用しました。標高660m付近、マッターホルン状の鋭鋒が忽然と姿を現した辺りは圧巻で、その後も激しい登り下りに悪戦苦闘し、1時間歩いても高度が20mほどしか下がりません。それに時々動かなくなる左足、日没前の下山は難しい状況になってきています。休憩時にヘッドランプを点検すると、頭部に固定するベルトが付いていません。そういえば洗濯しようと思って外したままでした。「どうしよう。何かないか?」とザックの中を探すと接着剤が出てきました。これは雨具を修理したときに使ったボンドです。これで直接額に貼り付けてみたらどうだろうか？この接着剤は木工用ボンドです。とにもかくにも明るいうちに下山できたらそれにこしたことはないので、必死に下りました。標高484m付近の峰まで来ると、急に足が動くようになり、駆け足で下り、結果ギリギリ目が利く日没前に下山することができました。

コースタイム

丸山公園駐車場～3時間30分～湯蔵山～2時間40分～横松～4時間40分～丸山公園駐車場

18

横《よこ》松《まつ》（823・8m）

平成24年
4月10日
（日帰り）

関川村

荒川とその支流である女川流域に聳える峰々には、唯一登山道がある山塊の盟主光兎山や最高峰の頭布山、隠れた登山道がある湯蔵山、荒々しく聳える県境尾根上のシラブ峰や蕨峠などといった山々が連なっており、秘境という面ではあの有名な川内《かわち》山塊を上回るものだと思います。

今回行ってきた横松は、そんな女川山塊の中でも中心的な場所に位置しており、人跡稀な女川山塊の奥深く、どこまでも静かに、そしてひっそりと聳えている山なのであります。この横松は、国土地理院地形図に山名は記載されておらず、標高823・8mと三角点の標《しるし》だけが表記されているところです。私自身この横松に登るのは2回目となります、以前に訪れたときは、丸山大橋を基点に湯蔵山経由で周回ルートを辿りました。今回は聞出《ききいで》集落から登り、八ツ口《やつくち》集落へ下山するルートを取ることにしました。

かつて横松には番所が設けられていたとのことで、別名を番所山というそうです。江戸時代、この横松から聞出、八ツ口の双方に道が付けられており、物資を運ぶ人たちにとっては通行料を免れるための抜け道として使用されていました。それを防ぐためにも横松には番所が必要だったとされているようです。

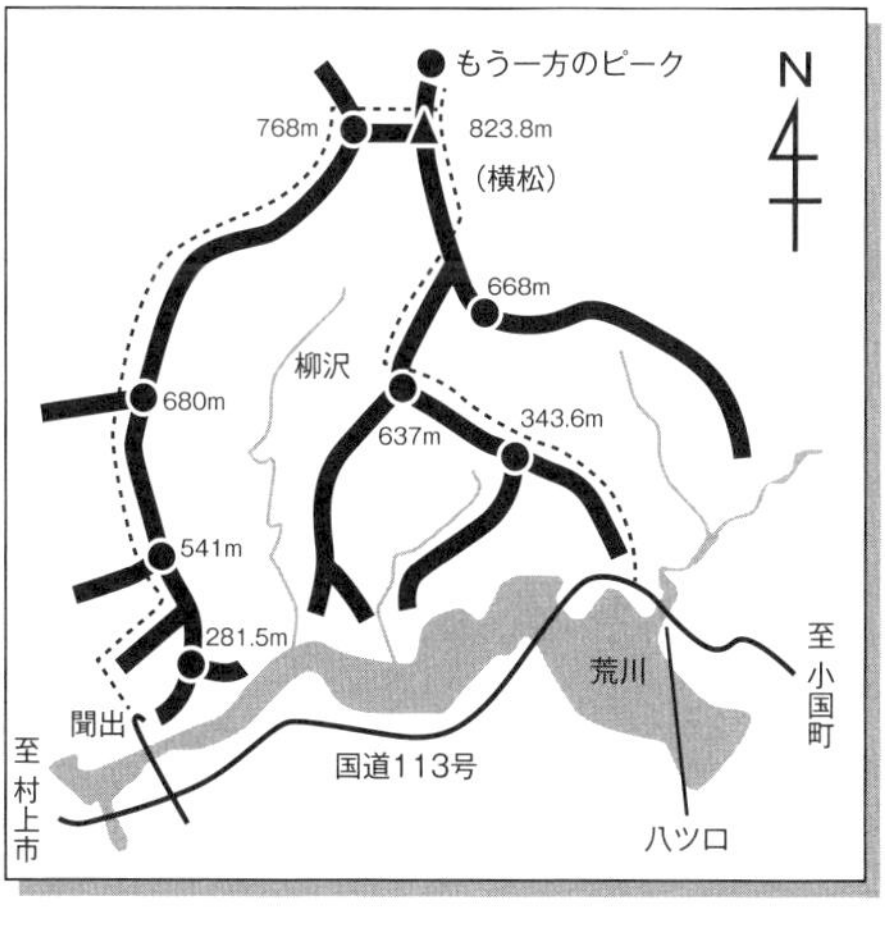

さて、登り口である聞出という珍しい集落名は調べて

もよく分かりませんでしたが、一般的に出の付く地名は、本村があってそこから出た分家のような集落に付けられることが多いそうです。また『関川村史』によれば、「越後国絵図」には「ききゐた村」とあり、ききゐたとは山や峰に囲まれた場所に形成された小集落の意に解される、と記載されております。その聞出集落の左手に林道が延びていて、荒川に架かる橋を渡ったら真っ直ぐにそのまま集落内を通過し、林道をしばらく辿ると聞出集落の裏手に出て、そこには小さな尾根がいくつか派生しているので、一番手身近な林道から左側の尾根に適当に取り付いて登りました。地図を見ると、どの尾根に取り付いても良さそうでしたが、結果的に一番登りやすい尾根に取り付いたのではないかと思います。後は忠実に尾根を辿っていくだけです。

ブナで埋め尽くされた伸びやかな広く素晴らしい尾根はとても静かで、誰もいないこんなところを歩くのはとても楽しく思います。集落のすぐ裏手にもかかわらず、まるで奥地に来たと思うようなほど静かなブナ林の中を、緩やかに尾根は登っていきます。３９０ｍ付近で主尾根に乗りますが、相変わらず穏やかな様相の中を進むことができます。やがて６８０ｍ峰で丸山大橋からの尾根と合流します。ここからとんでもない痩せ尾根が連続するようになります。この一帯は広く伸びやかな飯豊や朝日に挟まれているというのに、どういうわけか痩せ尾根が多く支配しており、通過に困難を極めます。

そして、最大の難所であるマッターホルン状のピークが現れました。地形図を見る分には分かりませんが、尾根上に鋭鋒が聳えており、位置としては尾根が広がる前の付近で、高度は６６０ｍ程度となっております。この鋭鋒は前回かなり苦労して通過しましたが、当然今回も前回と何ら変わらずでした。雪の壁を恐る恐る登り越え、その後は尾根が少し広がるものの、痩せ気味の尾根が続いて、横松の少し手前まで緊張は続きました。そして湯蔵山の分岐を経て、最後の斜面を登り、横松山頂に辿り着くことができました。

山頂からはわずかに金丸《かなまる》集落の一部が見える程度で、下界はほとんど見ることができません。越後金丸駅の上には蛇崩山《じゃくずれやま》があり、その名の通り蛇がのたうちまわっているような尾根に崖崩れが見られます。この蛇崩という地名は各地にあるそうですが、これはまさに地形を表す言葉なのだそうです。横松には土塁や空壕《からぼり》が築かれているということですが、雪に埋め尽くされた山頂でその形跡を見ることはできませんでした。

ここまで来たついでに、すぐ隣で双耳峰気味に聳えるもう一方のピークまで行ってみて、それから八ツ口集落へと向けて下山を開始しました。今日の陽射しで締まった残雪も随分と軟らかくなり、ワカンを着けていても膝まで潜るようになりました。横松から少し進んだ辺りで尾根を右に曲がるルートを取り、637m峰を経由して下りましたが、果たしてこちらのルートが正解なのかは分かりません。もしかしたら、真っ直ぐ素直に尾根を下った方が歩きやすかったかもしれません。そして343・6mのテレビ電波塔の立っているピークを経由し、八ツ口大橋の脇へと無事に下山することができました。

この八ツ口とは、「八方口」から来ているそうで、どこからでも入れる集落を意味するとの説や、良質の砂鉄が産出し、砂金掘りの穴が随所に口を開いていたことに由来するとの説があるそうです。また、村の下手には雷権《いかずち》現様が祀られており、光兎山の山の社に対し里の社として分霊し、遥拝所としたといわれています。ここには、日本神話に出てくる主神アマテラスオオミカミの兄弟の一人、スサノオノミコトがヤマタノオロチを退治したときの場所がこの八ツ口集落という伝説があるのだそうです。

この聞出と八ツ口を結ぶ古道については、昭和42年の羽越水害時に荒川の橋が流失し交通が遮断されたとき、八ツ口の男性2名が番所山を越えて聞出に下り、さらに荒川沿いに湯沢に行って用件を済ませた、と『小国の交通』という書物に記載されています。今回はその逆ルートとなる聞出集落から登って八ツ口集落に下山しました。かつての抜け道、あるいは羽越水害時のお助け道として利用された古道を辿り、その形跡を見ることはできませんでしたが、先人たちが見たものと同じ景色を見て、同じように汗をかいて、少しだけではありますが当時の人たちに思いを馳せることができたような気がしました。

国道に降り立つと、聞出集落に戻るために交通量が激しい113号を約1時間歩かなければなりません。藪を歩いて泥だらけになった姿でザックを背負い、黒い顔にぼろ雑巾のようないでたちで、とても恥ずかしい思いをしながらとぼとぼと国道を歩き、聞出集落に止めておいた自分の車に戻ったときは、肉体疲労よりもかなりの精神的な疲労を感じておりました。

コースタイム

聞出集落～4時間20分～横松～3時間10分～八ツ口集落～50分～聞出集落

19

巣戸々山《すどとやま》（1216m）

平成26年5月24日～25日（1泊2日）

村上市

巣戸々山に登るには二つの大河を渡渉しなければなりません。それを考えると雪代が出始める前か、落ち着いてから向かうのが良いと思います。一つ目の大河、荒川に関しては水位が下がっている時間帯に本流を渡るほか、下流のものすごく怖い一本吊《つ》り橋を渡るか、あるいは上流へ回り、針生平《はんなりだいら》から大きく迂回して対岸に出るといった方法があり、もし増水していて最悪の場合となっても何とか通過することができます。二つ目の末沢川は荒川ほどの大河ではありませんが、迂回路がなく、渡渉を余儀なくされます。一度、とあるゴールデンウイークに向かったものの、この末沢川を渡ることができず、すごすごと引き返してしまいました。その後、雪代が落ち着いた頃を見計らって再度向かいましたが、これはそのときの記録です。

気温が上昇し、日に日に山は緑が増していく中、なかなか増水は収まらず、相変わらず川は濁りの入った雪代が流れておりました。今回はゴールデンウイークの敵討ち山行となるわけですが、しかしこのままだと、また川を渡渉することができず、返り討ちにあってしまうかもしれません。雪代が収まってからでは、すでに勢いづいた藪を打ち破ることなど、まったくもって無理な話です。もしかすると秋まで待たなければならない。いやひょっとすると来春になるかも……。とりあえずダメもとで向かう

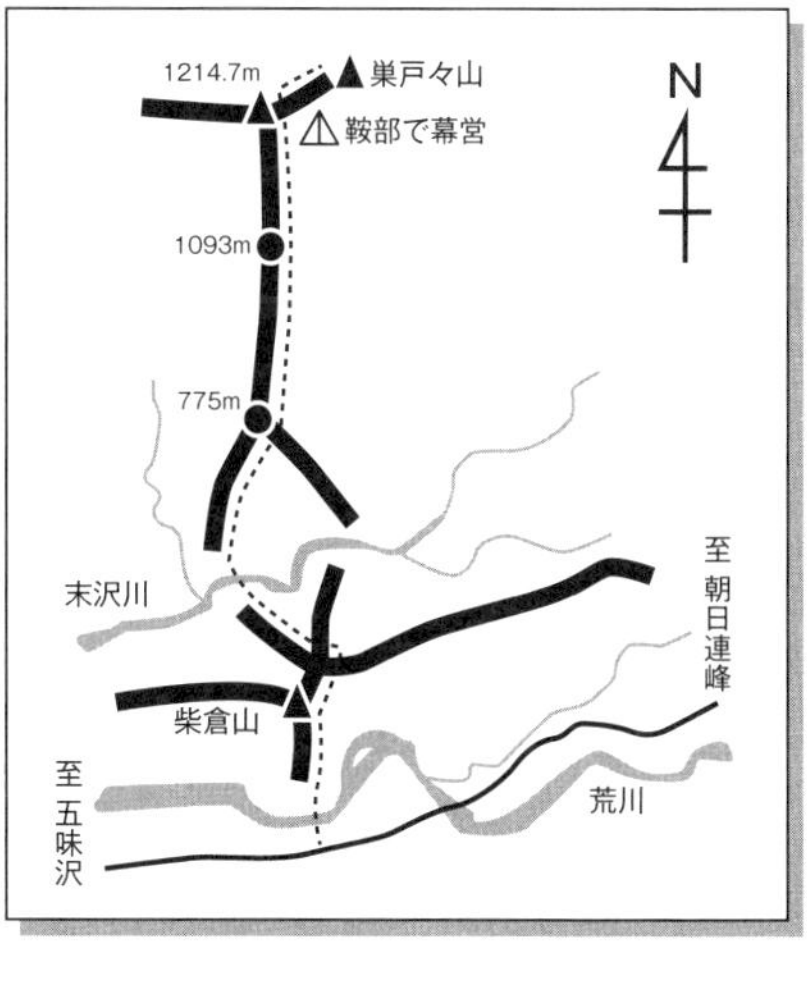

巣戸々山

ことにしました。気温が上がった午後になると川は増水すると思うので、午前中のできるだけ早い時間に渡渉するようにしなければなりません。

まずは荒川の渡渉ですが、開通した林道の荒川渡渉点近くに車を止め、朝一番すぐに渡渉を終えることができました。その後、獣道があるようなないような急坂を登って県境尾根を目指しますが、ここは非常に歩きにくい藪の中の急登で、とにかく必死に我慢して登りきります。ようやく尾根に出ると、ここには踏み跡が付けられており、五味沢の方から聞いた話によれば、地元のゼンマイ採りの人たちによって付けられたものであるということです。そして急な尾根を登り、再び末沢川渡渉点に向かって急降下。辿り着いた末沢川はゴールデンウイークのときと比べると、水位は明らかに落ちています。今なら渡渉可能、すぐに渡り終え最大の難所を通過することができました。しかし帰りを考えると、明日の朝、できるだけ早い時間にここまで戻り、末沢川を再び渡渉しなければなりません。もし渡渉できなければ、帰れなくなってしまいます。川が細くなった箇所には2本の10㎜のワイヤーが張られていますが、ワイヤーの下は濁流で、落ちれば流されてしまい、それは怖くてとても渡れません。

下山の心配をしながら巣戸々山山頂へと向かって歩き始めました。ここの尾根は、しばらく鉈目や踏み跡は出てきませんでしたが、標高が低いので藪は薄く、それほど歩きにくくはありませんでした。標高700m付近から鉈目が見られるようになり、踏み跡も明瞭になってきます。ところが900mを過ぎた辺りから、日当たりが良くなったおかげで、背の低い灌木帯となってきました。標高1000mを越えた辺りからは完全に踏み跡はなくなり、厳しい藪の中を彷徨《ほうこう》することになりました。しかし高度差からいけば、あとたったの250mで念願の巣戸々山頂に辿り着きます。今日中に山頂まで行き、どこかに泊まって、明日早くに末沢川に戻って渡渉を終えなければなりません。

自然と急ぎ足になるものの、木々が密生する尾根上を宙に浮いた状態での前進は困難です。疲れ果てましたが、何とか双耳峰である巣戸々山頂の中間部へと出ることができました。ここからまずは本峰を目指しますが、とんでもない痩せ尾根に灌木と蔓が絡んで大変です。最後に岩の上に出ると、そこが最高点のようでした。その先の一段低いところに三角点を確認して、双耳峰であるもう一つの山頂に向かいますが、途中は雪原となっており、水を取ることもできるのでテント場には最適でした。今日はここ、双耳峰の鞍部にテントを張ることにしました。テント設営後、二つ目の山頂に出ると朝日連峰が間近に見え、圧倒されます。巣戸々山頂からは遠く奥三面ダムの湖水が見える以外、下界は見えませんでした。夜になりテントから顔を出すと日本海の船の灯火でしょうか？　遠くに点々といくつかの灯りが見えます。「登頂が難しい」と言われ、人が寄り付かない山だからこそ、密かに人気のあるこの幻の巣戸々山頂で、静かな夜を楽しみました。

そして翌日は追われるように末沢川へと下り、少々増水はしていたものの、無事に渡渉して帰ることができました。ただ荒川の渡渉が午後近くになっていたので、案の定渡ることができず、大きな遠回りを余儀なくされてしまい、この遠回りが一番疲れたように感じました。

ところで、巣戸々山という山名は妙な名前です。これはこじつけかもしれませんが、巣を「洲」に、戸を「渡」に置き換えると、山名に納得がいきます。洲は川に囲まれた土地のことで、小国や三面から巣戸々山を登るには荒川や末沢川、三面川を渡らなければなりません。そして、この巣戸々山は奥三面流域の山で、奥三面では相模様という道祖神のような神様が崇められていたことは桝形山のところで書きました。奥三面では「相模様（相模山）より奥に行ってはいけない」というしきたりがあるわけですが、見方によって巣戸々山は相模山の奥に位置します。相模様の禁を犯し奥へ入ろうとした結果、一度目は敗退させられてゴールデンウイークをふいにしました。そして今回の二度目、ようやく巣戸々山に登ることができ、相模様がやっと許してくれたのだと思いました。

日本の大半の山は残雪を利用すれば登れるといわれております。しかしそれは7割か8割程度であり、2～3割くらいは残雪を辿ったとしても登頂するには厳しい、あるいはアプローチ等の問題で不可能であろうと思われます。この巣戸々山は、今回はどうにか行ってくることができましたが、安易に残雪期に入山しようと思ってもなかなか難しいところであります。一生懸命考えて、突破口を見付けて登頂するといった楽しみがあるところだと思いました。

コースタイム

荒川渡渉点～3時間50分～末沢川渡渉点～5時間10分～巣戸々山～3時間20分～末沢川渡渉点～3時間10分～荒川渡渉点（迂回路を辿る）

20

沼山《ぬまやま》（815m）

平成21年12月13日（日帰り）

関川村

　ここを登った当時を思い出すと、確かそのときは持病の糖尿病が悪化していたときで、入院をするために病室の空きを待っている状態だったと記憶しています。糖尿病とは不思議なもので、家で安静にしていると悪化し、山に登るなど好きなことをして体を動かしていると病状が回復に向かうようです。

　この日も具合が悪かったのですが、体を動かそうと思い、まずは大蛇伝説のある大里《おおり》峠へ向かいました。わかぶな高原スキー場脇の道路を通り、悪路を騙し騙し車を走らせ、途中で以前は畑集落があり畑鉱山跡と思われる場所を過ぎ、林道最奥に駐車場らしき広くなっている場所に車を乗り入れました。『小国の交通』によると、この大里峠は越後十三街道の本道として重要な役割を果たしたとされる米沢街道の一部であり、関川村の沼集落と小国玉川集落を結ぶ区間の最大の難所だったとのことです。大里峠は、置賜地方を掌握していた伊達氏の14代稙宗《たねむね》によって、越後との経済的、軍事的な目的で大永元（１５２１）年に開削されたそうです。当時、武将の考えは防御に重きを置いており、外敵の備えから道路の便を開くことには消極的だったので、この大里峠を開くことは破天荒な政策だったようです。現在は国道の開通とともに使われることがなくなっていき、古道の歴史保存といった形で管理されているとのことです。

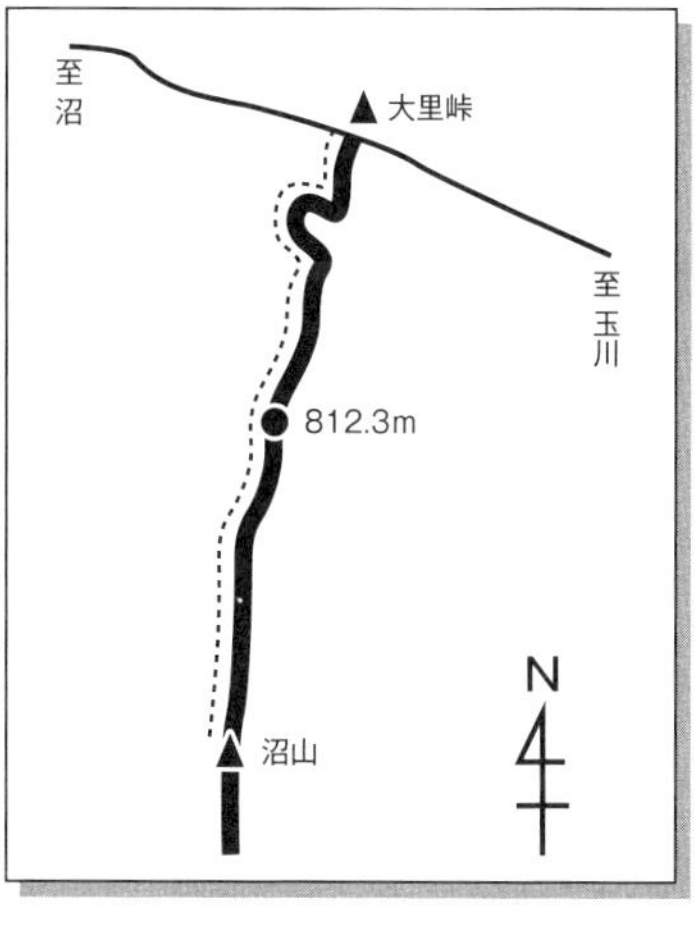

　そんな古道を歩くこと約30分、大きな祠の立つ大里峠

沼山と奥に大境山

へ辿り着きました。この大里峠は関川村の「大したもんじゃ祭り」の由来となる大蛇伝説があるところです。その大蛇伝説について関川村発行の『越後せきかわ大蛇伝説』から抜粋して紹介します。「新潟県関川村の蛇喰《じゃばみ》という所に炭焼きをしている忠蔵・おりの夫婦と波という娘の三人家族が住んでいた。ある日、忠蔵が山で昼寝をしていると大蛇が襲ってきた。忠蔵はその大蛇を殺し、切り刻んで家に持ち帰り、味噌漬けにした。十三樽半あった。忠蔵は家族の者に樽の中の物は見ていけないと厳命する。しかし、おりのは忠蔵の留守中に一串焼いて食べ、あまりの美味しさに全部食べてしまう。喉が渇いたおりのは女川に行って水を飲んだが、水面に映った自分の顔が蛇になっているのに気付き、夫の言い付けを破ったことを詫びながら女川の上流に上っていった。それから何年も経った秋に近い夏の夜、蔵市という座頭が米沢街道を歩いていた。蔵市は蒲原の赤塚出身で検校の位を受け故郷に帰る途中だった。大里峠で夜になり祠の前の石に腰掛け、琵琶を弾き始めた。そこへ女が来てもう一曲と所望する。何時か経って、女は身の上話をする。実は大蛇であるが、前には夫と子供がいた人間だった。そして自分は体が大きくなり住む場所が狭くなったので荒川や女川一帯を湖にして住むつもりだ。しかしこれは決して人に語るな、と告げて消える。座頭は夜道を急ぎ下関の大庄屋渡辺三左衛門に峠での出来事を語り、蛇は鉄が嫌いだと言って息を引き取る。琵琶と杖だけが残った。庄屋たちは鉄を集め大里峠一面に鉄釘を打った。大蛇は七日七晩苦しんだ後死んだ。村人は自分の命を捨てて村を助けた座頭を神様として祀った。今でも関川の大蔵様には琵琶を神宝として祀ってある。そして、バリエーションが多くある大蛇伝説の中で『村勢要覧せきかわ』に掲載されていたものが多くの人に読まれていると思われる」とも記載されておりました。

この大里峠から県境尾根に沿って藪に突入することになりますが、雑木林の藪はそれほど濃くありません。しかし、出だしは判然としない尾根となっていて分かりにくいところもあり、登りはいいのですが、帰りは道迷い要注意です。少し進むと葉の落ちた木々の間からエノカッチと言われる812・3m峰への急な登りが見え隠れするようになります。エノカッチへの登りは急ですが特に登りにくさもなく、相変わらず藪も思ったほどの濃さではありません。エノカッチの手前のピーク辺りから背の低い灌木となり、ところどころ蔦が出てきて藪に苦戦するようになります。この日は体操ズボンを履いておりましたが、病気のおかげで痩せこけていて、ズボンはぶかぶか。それが木の枝に引っ掛かってずり落ちてしまいました。ズボンばかりか当然パンツもぶかぶかになっているわけですから、ズボンとパンツが一緒にずり落ち、何度も直しながら歩かなければなりませんでした。

エノカッチから先はところどころ木々の間から長者原の景色が見え、奥には沼山とおぼしき山頂が見えます。しかしその奥の大境山《おおざかいやま》は灰色の雲の中にあり、山頂を望むことはできません。葉の落ちたブナの灌木に、ところどころ緑色の葉で覆われたツツジの群生林を抜け、さらに時々現れる蔦藪に喘ぎながら何とか沼山山頂へと辿りつくことができました。山頂は自分の身長よりも低い灌木に覆われているので、景色はすこぶる良いところです。しかしこの日は小雪がちらつくような生憎《あいにく》の天気となっていて、多くの景色を望むことはできませんでしたが、別の日に別ルートで登ったときは晴天の空の下、間近に飯豊本山を、遠くに朝日連峰を望むことができました。

沼山へはもっと簡単に手っ取り早く登れそうな尾根がほかにありそうなものですが、沼山に限らずこの付近の山一帯は、山麓の人たち、特に長者原の人たちの生活圏の山ということもあり、不用意な入山は慎まなければならないと考え、あえて今回は古の道である大里峠から長距離を歩いて登ったときの記録を書きました。峠道としては大里峠からのほかにも、小国片貝集落と関川村の沼集落を結ぶ峠道が沼山山頂をかすめて付けられていたそうで、以前はその道を使って集落同士の往来があったとのことです。どちらが先なのか分かりませんが、いずれにしても集落名と同じ山名がついているところから、この沼山は山麓に住む人たちにとって身近な山だったのではないかと思います。

最後に冒頭で書いた糖尿病の件に関して、これがまた実に不思議な話で、沼山に登って気分が良かったからなのか、その後病院に行ったところ奇跡的に病状が改善しており、入院を回避することができました。

コースタイム

車〜30分〜大里峠〜1時間50分〜エノカッチ〜2時間〜沼山〜1時間50分〜エノカッチ〜2時間10分〜大里峠〜25分〜車

21

黒《くろ》手《で》ノ《の》峰《みね》（827・8m）

令和2年
1月26日
（日帰り）

関川村

記録的な少雪となった今年は、例年この時季になると数メートルもの積雪がある奥胎内もまったく雪がなく、道路がむき出しになっております。黒手ノ峰に登るには3km近く車道を歩かなければなりませんが、雪のない奥胎内道路の異様さに気候変動の不安を抱きつつ、歩きやすさの恩恵を得て、労することなく撫《ぶな》平橋のたもとまで行くことができました。

　黒手ノ峰に登るにはいくつかのルートが考えられますが、無難に数年前に登ったところと同じルートを選択しました。撫平橋手前から左側に砂防ダム建設用に造られた林道が延びており、そこを進んでいきます。砂防ダムの建設が終わり、今は使われなくなった林道は大荒れに荒れておりましたが、歩けないこともない程度なので藪の中を我慢して進んでいきました。ヒューム管が設置された小さな沢を越え、砂防堰堤《えんてい》が施された沢にぶち当たると、そこには簡易的な橋として鋼矢板《こうやいた》が置かれております。幅が40cmほどの鉄製の板は不安定であるものの、赤くさびが付いているおかげで、滑ることなく渡ることができました。誰にも管理されることなく雨ざらしになったこの鋼矢板の簡易橋は、やがて朽ち果て、いつか渡ることができなくなる時が来るのでしょうけれど、まだしばらくは大丈夫そうです。この小さな仮橋を渡ると、土砂が崩れ落ちないように擁壁を施した急斜面を登りま

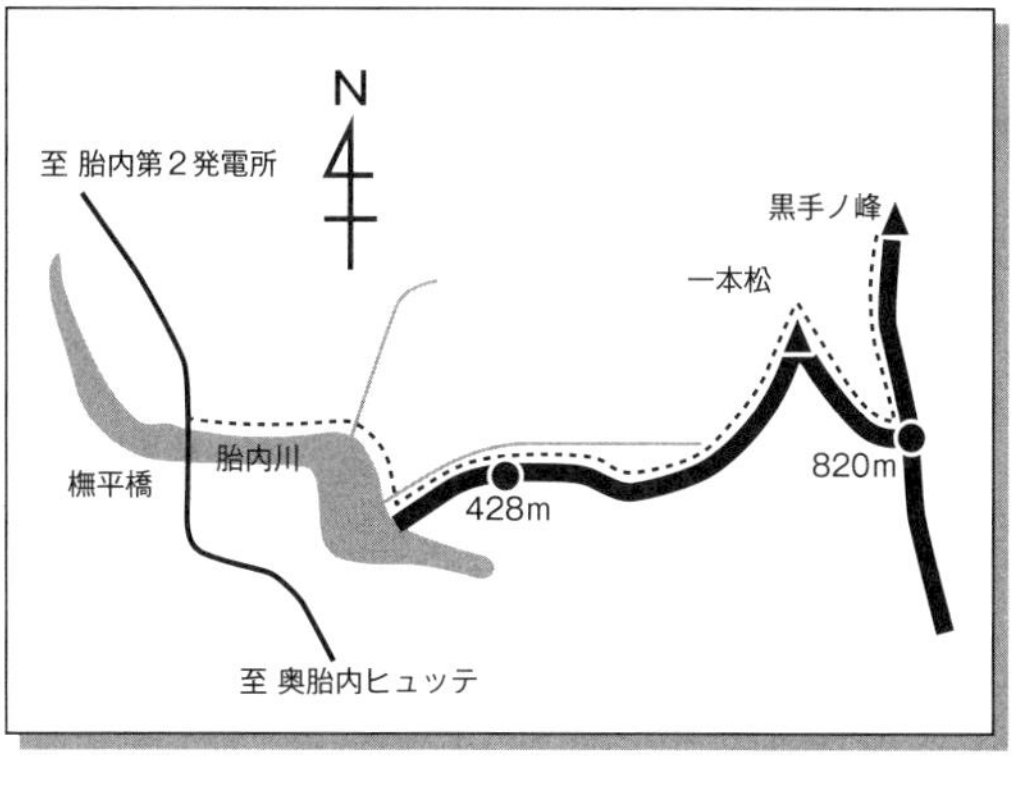

近づいてきた黒手ノ峰

すが、ここが今回の山行の一番の難所だったのではないかと思います。尾根に出るまではかなり急で、木や草に掴まりながら何とか這い上がるといった感じで、斜面というよりも崖を登って尾根の上に出ました。

尾根上に出れば歩きやすくなるだろうと思っていたものの、案外急な登りとなっていて、踏み跡のないところにシャクナゲや倒木などが邪魔をするうえ、中途半端に積もった雪に足をとられ、体力の消耗を強いられながら進まざるを得ませんでした。登るにつれ徐々に積雪が増えていくのと同時に、斜面も緩やかになっていき、428m峰からようやくワカンを装着して進みました。斜面の先には大きく一本松の山頂が壁のように聳え、まずはそこを目指します。この時季だと本来なら膝、あるいは腰までのラッセルと大格闘しながら進まなければならないはずですが、薄く積もった雪は朝の放射冷却で凍り付き、ワカンを履けばまったく潜ることはありませんでした。青く澄んだ空の下、周囲の山々を淡い陽射しが包み込み、とても気持ち良く歩くことができます。

やがて急な坂を登りきると広い平原となり、一本松に到着。このオアシス状の台地でホッと一息つきました。木々の間から目指す黒手ノ峰が間近に見えるようになり、その先には太陽に従えられた朳差岳《えぶりさしだけ》が光り輝いています。一本松から大きく下りますが、一部痩せ尾根となっているところがあり、慎重に下ります。かなり長い急な下りで、帰りの登り返しを考えるとうんざりします。最低鞍部まで下りきると820m峰が眼前に壁のように立ちはだかり、標高815mの一本松から、たった今下った分をそっくりそのまま登り返すことになります。急な登りに辟易しながら、最後は露岩を越えて820m峰に到着するも、山頂はペラペラに痩せており、まるで雪で作った平均台の上にいるようで、ゆっくり休憩することができません。しかし、ここの展望は素晴らしく、目の前には朳差岳が大きく聳え、はるか遠くには真っ白な大日岳《だいにちだけ》の姿も見ることができます。

これから進む先に黒手ノ峰が指呼の間にあるにもかかわらず、飯豊連峰の大きさに圧倒され、黒手ノ峰が小さく見えてしまいます。820m峰からは再び大きく下り、827mの黒手ノ峰に至ることになるわけですが、ここは飯豊山塊にしては珍しく、登り下りの起伏激しい尾根だなと思いながら、痩せ細った尾根に注意して進みます。最後に喘ぎ喘ぎ急斜面を登りきると、狭い黒手ノ峰山頂に出ることができました。当然のことながらここの展望も820m峰と同様に素晴らしく、飯豊連峰や関川郷、奥胎内の山々を眺め、静かな山を満喫して往路を下山してきました。次に来るときは別ルートで来たいなと思いましたし、このまま鳥坂峰《とっさかみね》を周回して下山することも日帰りで可能です。

黒手ノ峰については『関川郷の民俗』によると、雨乞いの儀式が執り行われていたとの記録があります。大正3年7月上旬から100日間日照りが続き、その翌年も日照りが続いたため、蛞谷《かじかだに》集落では村中各戸から男一人ずつを出して黒手ノ峰に登り、葬式のような儀式をして山を荒らしたとのことで、そうすると天が怒って雨を降らす、と記載されています。関川あるいは胎内の奥地に聳え、蛞谷や金俣《かねまた》、大石集落辺りから遠望できる程度で、特に目立つことのない黒手ノ峰ではありますが、少なからず雨乞いといった形で信仰の形跡があったことをうかがい知ることができます。

しかし、それ以上に興味深いことは、『関川村史』によると、黒手ノ峰から流れ落ちる小川には砂金が採れたという記録があり、以前は金俣集落が砂金採りで賑わったと記され、流域には現在も砂金採掘穴が確認されるそうです。ということは、ひょっとすると黒手ノ峰で金が採掘できるかもしれません。そんな黄金伝説のある黒手ノ峰には、金塊を求め雪のない時季にスコップ持参で数日間滞在してみたいなんて腹黒いことを考えてしまいました。黒手ノ峰はそんな腹黒くなるところから付けられた山名、なんてことはあろうはずがなく、西俣川支流の黒手沢の源頭であるところから名付けられた山名とのことです。その西俣川流域でも鉱物資源が多く採取されていて、多くの人が出入りしたことによって、黒手ノ峰付近の金塊はすでに採取し尽くされているかもしれません。

コースタイム

胎内第2発電所〜45分〜無平橋〜1時間50分〜一本松〜1時間10分〜黒手ノ峰〜50分〜一本松〜1時間30分〜無平橋〜45分〜胎内第2発電所

22

胎内《たいない》〜ガラク峰《みね》（1006・1m）〜黒《くろ》石《いし》山《やま》（1100m）

平成24年4月15日（日帰り）

胎内市

2万5千分の1地形図を眺めていると、登山として訪れる山はもちろんですが、それ以外にも非常に多くの山名が見られます。登山をしようと思って地形図を見た場合、その対象となる山にしか目が向かないことは当たり前のことです。しかし、少し目先を変えて地図を眺めてみると、目的の山の周辺には非常に多くの山名が書き込まれており、誰が名付けたのであろう妙な山名が多く、逆にそちらの方が気になり始めてきます。それらの山々は、私の中で眠っている探究心を目覚めさせ、「この妙な名前の山は、いったいどんなところだろう？　行って確認してみよう」という行動の原動力となっていることは間違いありません。

しかし、地形図にはあまりにもおびただしい数の山名が記載されていて、登りたいと思う山を挙げているとキリがありません。それは山ばかりならまだしも、いろいろなルートも多くあって、そのルートまでチェックしていると大変なことになってしまいます。休日は限られていて、しかも必ず晴れる日ばかりとはいきません。登りたいと思った山は、いったいいくつ行けるものでしょうか？

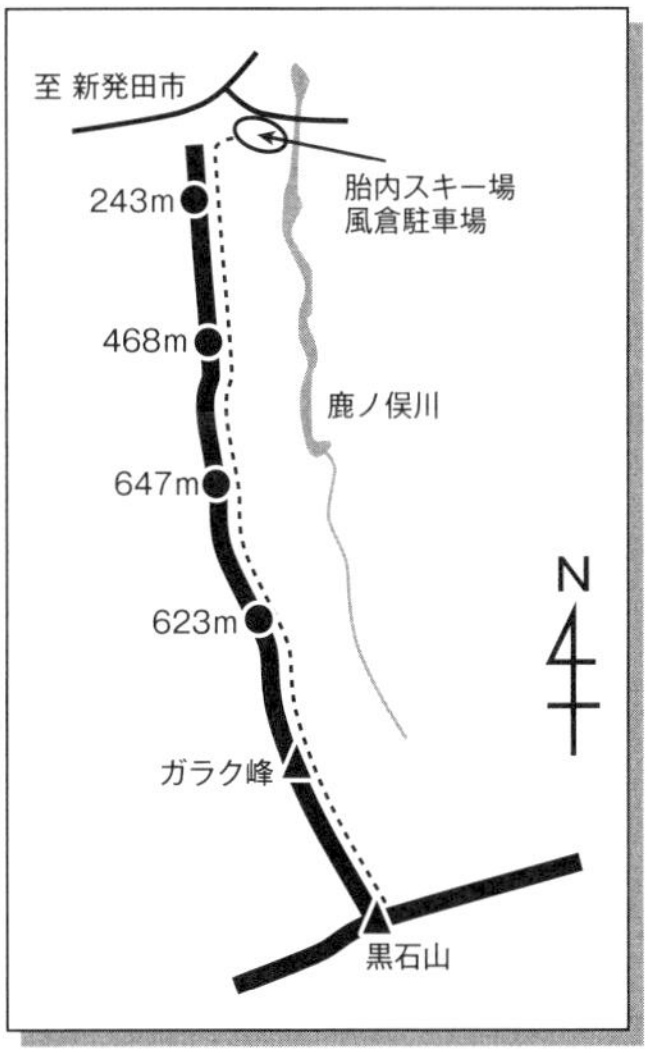

今回行ってきたガラク峰や黒石山は、それが目的地ということではなく、ルートが目的であり、前々から行ってみたいと思っていた尾根を歩くといったことで向かいました。そのルートは、胎内スキー場の風倉駐車場を起点に、右側の尾根に取り付き、新発田市と胎内市の市境尾

根を忠実に辿って、二王子岳から派生する尾根上の黒石山に登るというものです。そこから二王子岳に向かうか、ナリバ峰側に向かうか、車の問題なども考慮しつつ、行けるところまで行ってから考えるつもりでおりました。

登山当日の天気は快晴の予報で暑くなりそう。夜が明ける4時半くらいから歩き始めたいところでしたが、どうしても一人だと寝坊してしまいます。5時15分発で風倉駐車場から出発しました。最初は尾根が広くて分かりにくく、尾根変わりがあったりして、注意深く進まなければ間違えてしまいます。この状態が468m峰まで続き、ここから尾根が痩せ気味になります。痩せている分、雪が落ちきってしまい、藪を歩くようになります。標高600m付近から藪尾根の登り下りを激しく繰り返し、歩いても歩いても標高は600mから700mの間で、多くの木々が春を待ちわびたかのように元気に枝を伸ばしており、そんな尾根を苦労して進んでいきました。少し進むと右手には二王子岳が見え隠れするようになり、左手にはまだ真っ白い飯豊連峰が終始見えるようになります。ガラク峰は気が遠くなるほどはるか先、大藪の通過に時間を割いてしまい、果たしてどこまで行けるのか、ガラク峰でさえ届くのが危うくなってきました。

気温はぐんぐん上がり、日焼け止めをザックに探すも入っていません。どうやら忘れてしまっているようです。今日は私の所属する山岳会の皆さんが白山に登っており、そこに参加する新人さんに「日焼け止め、忘れちゃだめだよ」とアドバイスを送ったばかりです。それに先日、会社の人たちに「あんたはチョコボールのようだ」と言われたので、「美しい白い肌になる！」と宣言した直後でした。仕方なく日焼け止めを諦めると、いよいよガラク峰手前辺りから、太陽の照り返しが激しい雪の上を歩くようになります。そして、急な長い坂を登りきれば、雪で覆われた360度大展望のガラク峰の山頂に出ます。

ガラク峰は広く長い山頂をしており、新発田市からもよく見える山で、飯豊連峰が間近に見え、二王子岳も指呼の間にあります。ここから黒石山を通過して二王子岳まで登って下山するには、時間的にぎりぎり間に合いそうです。ガラク峰からは、悪い雪面の登り下りを3回ほど繰り返し、ようやく黒石山の山頂に出ました。

黒石山はいくつもあるピークの中の一つにしかすぎず、特に目立った山ではありません。黒石山頂着が12時

30分、おそらくどんなに遅くとも夕方6時には二王子神社に着くことができます。今来た道を戻るなら、下山は6時半くらいになりそうですが、あの藪道の登り下りを何度も繰り返し、苦労して通過したところを戻ろうとする気が起きません。「そういえば、今日は山岳会の仲間が白山に10人も行っているので、誰かが迎えに来てくれるかもしれない」。そう思って仲間の一人、しげ子さんに電話をしてみましたが、電波状況が悪くて話ができません。このまま二王子まで向かい、どこかで電話してみることも考えましたが、迷惑を掛けるわけにもいかないと思い、結局来た道を戻ることにしました。

　行きと違い、帰りはよりいっそう藪の登り下りが長く辛く感じます。強い春の陽射しの中、大粒の汗と藪の埃《ほこり》を浴びて真っ黒になりながら「あ～あ、二王子に向かえば良かった！」と思ったところですべては後の祭り。どんなに後悔すれども、ここまで来れば来た道を戻るしかありません。太陽の沈む速度と競争をしながら、風倉駐車場を目指しました。

　長時間の歩行で疲れきり、休憩をしているときにふと私の手を見ると、3㎜くらいの小さな虫がもぞもぞと這っています。よーく観察してみると、思った通り足が8本ある……マダニだ。ダニとひとくちに言っても、地球上では現在およそ5万種類のダニが確認されていて、まだその何倍もの新種がいるとされています。そのうち人の血を吸う種類は、マダニ属とチマダニ属、キララマダニ属1種のみといわれています。通常のダニは肉眼で確認するのが難しいくらいの大きさですが、吸血性のあるマダニ属は3㎜程度と大型です。台所や布団にいる衛生害虫として、喘息《ぜんそく》などのアレルギーの原因となっているのは主にコナダニ、ホコリダニ、ニクダニ、トゲダニ、サトウダニといった種類だそうです。

　マダニに刺されると皮膚に炎症が生じるそうですが、痒《かゆ》みがなく、無理に引き離すと口先が皮膚内に残り、炎症がいつまでも治まらないので、数日間放っておいて自然と離れるのを待つのがいいと聞きました。後で家に帰って調べてみたら、私の手の中で這っていたのはタカサゴキララマダニという種類で、日本国内での被害例はヤマトマダニ、シュルツェマダニと並んで最も多い種の一つでした。

　マダニの怖いところは、感染症を媒介するところで、刺されると重症熱性血小板減少症候群やライム病、紅斑熱などを発症することがあります。ライム病にかかると体がだるくなり、初期のうちは悪寒、発熱、倦怠感といった風邪に似た症状が出るらしく、これがいつまでも続き、特効薬がないため治りにくいそうです。そういえば私も会社で仕事をしようとすると急に体がだるくなって動かなくなりますが、これもライム病の一種なのかもしれません。ちなみによく山で見かける赤い大型のダニはアカケダニといって、ほかのダニを食べる種だそうで、人間にはまったく無害だそうです。

さてさて、こんな山中でダニにくわれていては大変。疲れた体にムチを打ちながら必死で歩き続け、何とか日暮れ寸前に駐車場に下山することができました。思っていたより雪解けが進んでいて、思いのほか歩程に時間が掛かってしまいました。「行けるところまで行ってから、どうするか考えよう」といった無計画さが、今回の山行をよりいっそう難しくしてしまったように思います。どんな状況になっても逃げ道を確保しておかなければ、場合によっては大変なことになってしまいます。今回は事なきを得ましたが、これを教訓に今後はしっかりと計画を立てて入山しようと思いました。大汗をかいたら何だか甘いものが食べたくなったので、帰りにチョコボールでも買って帰ることにしました。

コースタイム

風倉駐車場～6時間25分～ガラク峰～50分～黒石山～45分～ガラク峰～5時間30分～風倉駐車場

23

鍋《なべ》倉《くら》山《やま》（1137・4m）～談《だん》合《ごう》峰《みね》（1039m）

平成31年
4月29日
（日帰り）

阿賀町

新潟県阿賀町と福島県只見町の県境尾根上に鍋倉山という山がありますが、多くの人から「この山に登頂することは非常に難しいよ」という話を聞かされました。私自身もいつかは行ってみたいと思っていて、数年も前からルートをいろいろ検討してみているのですが、どこを通っても遠く、有効なルートが見当たりません。仮に一番分かりやすい、言わば正規ルートである沼越峠から向かったとしても、距離が長くて藪も大変そうだし、怖そうな岩場もありそうで、そんなことを考えると私程度の技量では、言うに及ばず敗退することになるでしょう。

　地図を見ていると結構な距離ではありますが、井戸《いど》小屋山《ごややま》から残雪期であれば比較的歩きやすそうな尾根が延びています。井戸小屋山までうまい具合に行くことができれば、こんな私でも鍋倉山に登頂できるのではないかという淡い期待を抱いておりました。

　井戸小屋山については、かの有名な御前ヶ遊窟《ごぜんがゆうくつ》の裏手にあたる山であり、道もあると思われますが、まさか御前ヶ遊窟から向かったのでは時間が掛かりすぎるでしょうし、それに岩場も怖いです。それでは、たきがしら湿原の辺りから尾根を登っていったらどうだろう、と考えました。藪と残雪の状況次第では、案外早く井戸小屋山に着けるかもしれません。ちなみに地形図を見ると、たきがしら湿原付近から井戸小屋山に向かって途中まで2本の林道が延びており、阿賀町山岳

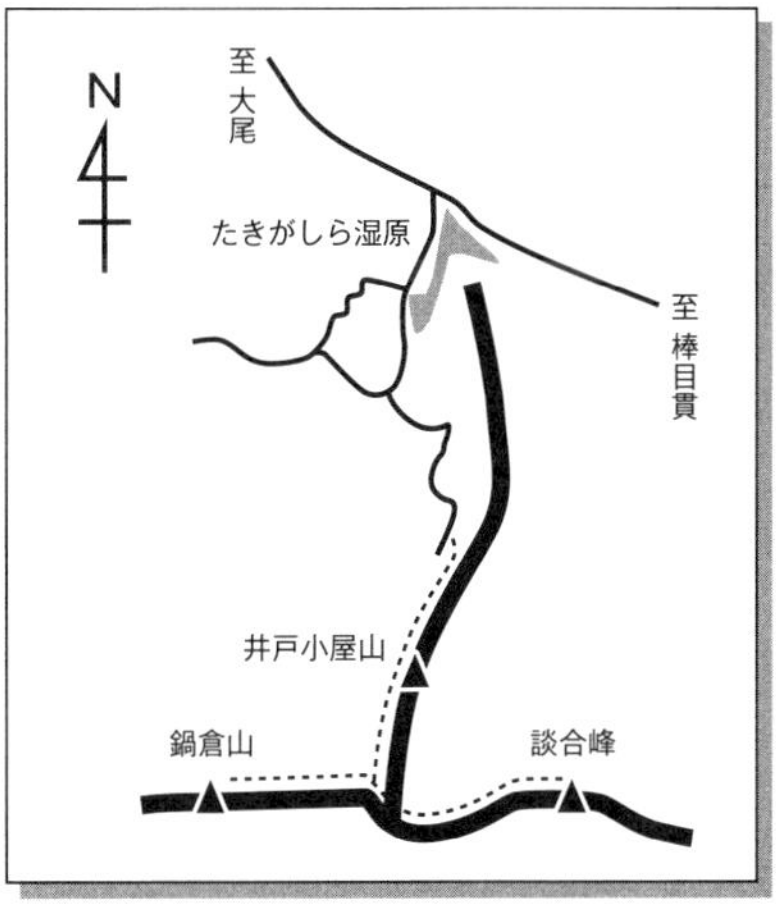

鍋倉山へ最後の登り

ガイドマップを見ると、一方の林道は井戸小屋ルートと書かれ、赤い線が引いてあります。

しかし、実際に現地に行ってみると、「関係者以外立入禁止」の看板が設置されていました。そこは津川地区振興事務所が管理している林道とのことで、確認してみると、やはり「そこは私有地であり、立ち入らないでください」とのことでした。立入禁止表示のところを通っていくわけにはいきません。では、たきがしら湿原付近から延びるもう一方の林道はどうなのか、役場に問い合わせをしたところ、「町と集落が管理している林道で、立入禁止ではありません。歩いても構いません」とのことでした。

そこで念のため、入山前に情報収集をと思い、麓の集落に行って話を聞いてみることにしました。しかし、麓の集落といってもどこを訪ねて行けばいいのか分からないので、集落内にある七福温泉に行って、施設の中にいる人に話をしてみました。すると、数名の地元の方が集まってくれて、話を聞いてくれたのはいいのですが、皆さん口々に「クマが出る」としか言いません。特に私有地ではなさそうなので、入山そのものは大丈夫そうなのですが、あまりにも何度も「やめときなさい。クマ、危ないよ」とか「鈴がいるよ。最近もクマが出たんだよ」といったことを言うもので、ちょっと怖くなってしまいました。結局のところ、何だかんだ言って私は行くことになるわけですが、当日は熊鈴を忘れ、静かにまずは最初の目的地である井戸小屋山に向かって歩き始めました。

林道最奥から適当に藪に入りますが、杉林に腰丈ほどの笹藪の中を歩きます。ところどころ残雪が現れ、藪と残雪を交互に進みながら緩い斜面を登っていきます。鳥の仕業だと思うのですが、藪の辺りがガサガサと音を立てるたびにビクッとしてしまいます。実は私は登山道のない山でクマに遭ったことがありません、クマに遭うときはいつも登山道のあるところばかりです。今日に限っては、どこかにクマが潜んでいるのではないかと怯えながら歩いておりました。

やがて急な斜面が現れ、そこを登りきってまずは無事に最初の目標である井戸小屋山に辿り着きました。杉で囲まれた井戸小屋山山頂は人が5人ほどしか休めないくらいの狭い山頂でした。何でもこの山には井戸のように湧いてくる清水があるというところから、この山名が付けられたとされておりますが、この狭い山頂のどこから水が湧いて出てくるのでしょう？

井戸小屋山から先はしばらく痩せ尾根となっていて、藪が予測されましたが、そこを越えると広がった尾根上には多くの残雪があるだろうからそこまでの我慢と考え、広い杉林の急斜面を下り始めました。斜面を下りきると案の定、尾根は痩せ始めますが、何とここでもまたはっきりとした道が現れ、簡単に痩せ尾根の区間を通過することができました。ほどほどに整備された尾根道を登りきると900m峰に出て、ここから尾根が広がって杉や松の針葉樹の中にブナやナラが混ざった林の中を、残雪を踏みながら悠々歩くことができるようになりました。ここで安心するのはまだ早いのですが、もうここまで来れば難なく県境尾根に出ることができるはずです。後はその先がどうなっているかでした。

遠かった鍋倉山もいつの間にかすぐそこに見えていて、あの難しいとされている只見県境の秘峰登頂に、ついつい胸を躍らせている自分に気が付きます。やがて雑木林に囲まれた広い尾根は終わり、県境尾根に向かって最後の登りとなりますが、やはりここまで来ると先ほどまであった道はかなり薄くなって、藪の中に辛うじて踏み跡の痕跡が確認できる程度となっておりました。もう道なんてどうでもいい。ただただ山頂に向かって、がむしゃらに登るだけでした。

やがて県境尾根の合流点まで来ると、西の方向に鍋倉山が目の前に大きく聳えています。その名前の通り鍋を伏せたような山容は、小さな峰々が連なるこの山域の中では大きく立派な姿をしていました。山頂まであとわずかというところまで来ましたが、ここから先の尾根は痩せ、そこに杉と松が所狭しと立ち並び、いくつも枝を張り出して私と鍋倉山の間に立ちはだかっております。痩せ尾根の上で木々を避けるために右に左に体をかわして進むも、一歩間違えば奈落の底へと滑落してしまいます。足元に注意し、あくまで慎重に一つひとつ張り出した枝を越え、木々を越えて山頂直下の雪原へと到着し、残雪がへばりついた最後の斜面を登りきると、ようやく広い鍋倉山の山頂に立つことができました。山頂は半分が杉で覆われておりましたが、飯豊方面がよく見えます。今日は陽射しが強かったので、杉林の中はちょうどいい休憩場所となりました。

今日はこれで終わりでありません。県境尾根の合流点まで戻ったら、その先に聳える談合峰も手中に収めるつもりでした。当初、厳しいと予想していたので、鍋倉山だけでもと考えていたのですが、思いもかけず簡単に来ることができたので、もう一つの登頂が難しいとされる談合峰にも行こうといった考えに方針が変わっていました。再び足元に注意しながら県境尾根合流点まで戻り、今度は東に向かいますが、ここから尾根は一転して広がり、談合峰に向かってしばらく雪原を悠々と歩を進めることができました。それにしても、この付近の県境尾根は小さなピークが連なっていて、もう近くまで来ているはずなのに、どれが談合峰なのか地図をよく確認しないと分かりません。

広い雪原が終わり、急な藪斜面を後ろ向きで下って、下りきったところから痩せた藪尾根を再び登りきると小さなピークとなりました。そこが談合峰の山頂でした。まったく目立たない談合峰の山頂は非常に狭くて、そこには枯れた松の木が1本あるだけでした。狭いうえに藪となっている山頂は座ることもできません、ほんの少し先に向かうと狭い岩尾根となりますが、ここは見晴らしが良く、岩の上に寝転がって休憩をすることができました。それにしても周囲には細かなピークが多くあり、ここよりも大きくて高いところだっていくつもあるというのに、どうしてこんな目立たない小さな頂に山名が付けられたのでしょう？　しかも、〝談合〟という妙な山名を……。

ここは新潟県と福島県の県境となっているところですが、明治19年に東蒲原郡が新潟県に編入されるまでは福島県だった場所です。いろいろ郷土史等を読んでみると、編入に際して当時は多くの物議があったことをうかがい知ることができます。付近には国土山《こくどやま》、土地倉山《とちのくらやま》などといった領土問題のにおいのする山名がちらほらあって、この談合峰もそんな県境争いを垣間見るような山名となっています。談合という山名は、数は少ないもののほかにもあって、ほかの談合の付く山名については、「だんこ」のあるところ、いわゆる山が段々になっているところから付けられたとされる説が一般的なようです。この談合峰や国土山、土地倉山といった山名については定かではありませんが、編入といった歴史のある場所にこのような地名があるのだから、どうしても領土問題を疑ってしまうところです。

そうそう、ところで夢中で歩いているうちにすっかり忘れておりましたが、いつもは残雪上に必ずクマの足跡を見付けるのですが、不思議なことに今日に関してはまったくクマの足跡を見付けることはありませんでした。クマは人里の方にでも下りているのでしょうか？　こんな奥山では寒いし、クマの食料になりそうなものも見当たりません。そんな理由からなのかは分かりませんが、とにかく今回の山行でクマの痕跡を見ることはありませんでした。

コースタイム

車道ゲート～15分～たきがしら湿原～1時間35分～井戸小屋山～1時間35分～県境尾根合流点～35分～鍋倉山～30分～県境尾根合流点～45分～談合峰～40分～県境尾根合流点～1時間30分～井戸小屋山～1時間30分～たきがしら湿原～15分～車道ゲート

24

福《ふく》取《とり》岳《だけ》（583m）

令和2年
11月27日
（日帰り）

阿賀町

仕事の用事で津川まで来たついでに、昼休みを利用して以前から気になっていた福取岳に登ってみることにしました。国道49号から見る福取岳は異様なほどの鋭鋒となっており、小さな山ながら岩壁を抱いたその姿は圧巻のひと言に尽きます。そんな山容をひと目見て「果たして登れるのか？」と思わされますが、福取集落に聳える里山であることからして、踏み跡くらいあるのではないかと考えて向かってみました。

国道49号から福取集落に向かうと、すぐに福取の一里塚という史跡があり、看板が設置されています。その看板によると「江戸時代、お江戸日本橋を起点として全国の主要な道路に一里塚が作られた。一里（約4km）ごとに道をはさんで二つの塚（土を盛った壇）を築き、木を植えた。旅人は一里塚を道中の目標としたり、憩いの場とした。現在残っているのは新潟県では11個しかない。この一里塚は形がよく残っているものである。寛文7（1667）年に会津藩では領内に一里塚を築いたので、その頃のものと思われる」となっておりました。

集落に入ると福取岳が大きく見え、壮絶に屹立している岩壁の光景を間近に見ると、ついつい不安を抱かずにはいられません。集落を過ぎて道路の末端まで行き、そこに車を止めて、仕事用の作業着から山登り用の作業着へと着替えてから出発です。道路を少し集落側へ戻るような形で歩き、杉林の中を適当

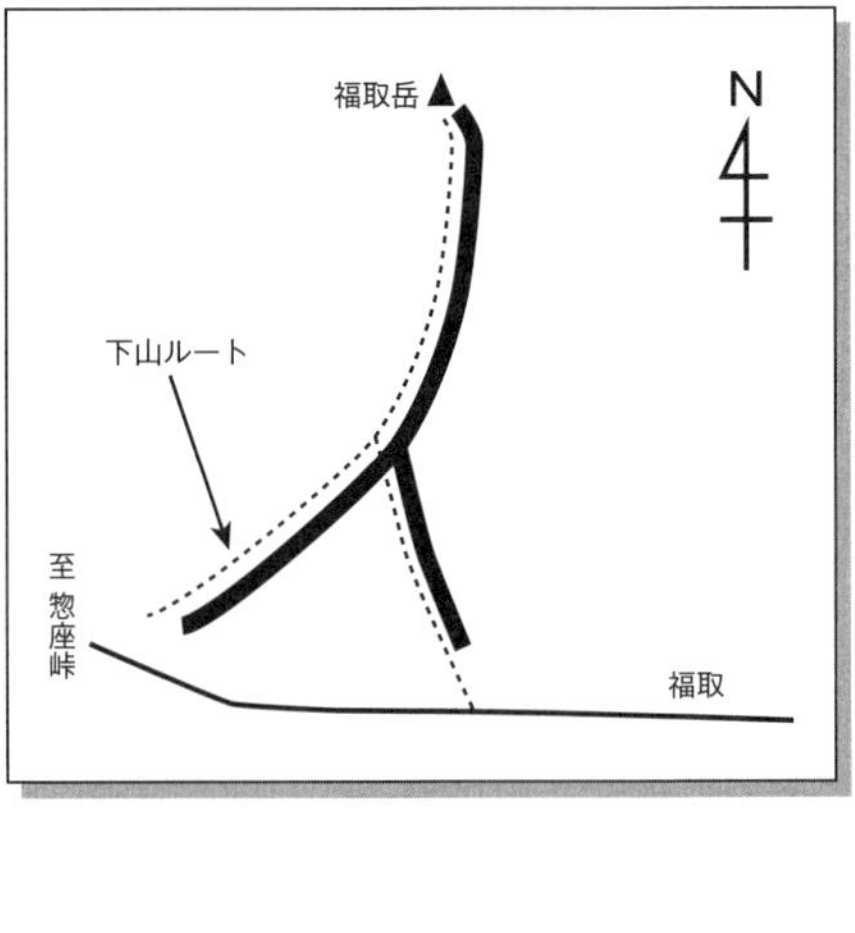

福取岳

に取り付きやすい場所から斜面に登り付きました。

　落ち葉に埋もれた急斜面を滑りながらも木々に摑まりながら何とか登っていき、木々が最初の杉林から細いブナ林へと変わっていく頃、獣道のようなものがあるような気がしておりましたが、上に行くにつれて、それはいつの間にかはっきりとした踏み跡へと変わっています。踏み跡はやがて集落から見えた岩壁のへりを歩くように付けられていて、右側が断崖絶壁となっており、そこに急な登りと滑る足元に少し緊張させられながら進みました。今日は仕事の合間を縫って昼休みにひっそりと山に来ているのだから、落ちたりして怪我などするわけにはいきません。

　やがて尾根はちょっとした岩尾根となり、そこを通過すると1本の松の木がくねくねと道を塞ぐように立ちはだかり、その幹の隙間を抜けると左からの尾根と合流する場所に出ます。左から派生する尾根を見ると、そこにも踏み跡が続いているので、下山はそちらに行ってみようと思いました。秋の爽やかな陽射しの中をゆっくりと進み、木々の葉が落ちていたこともあってか、展望の良い尾根を山頂に向かっていきます。尾根合流点からそれまでの急な登りがなだらかになりましたが、ここからは痩せ尾根となり、相変わらず滑落に注意しながら進まなければなりません。しかも灌木と笹がうるさくなり、つまずいて転ばないように慎重に進んでいきました。山頂手前からはさらに灌木がうるさくなって、木々をかき分けながらもどうにか山頂へ着くことができました。

山頂は狭い範囲で刈り払われており、下草が茂っていましたが、数人程度ならゆっくり休憩することができそうです。展望は180度ほど得ることができ、北に飯豊連峰の大日岳が白く雪を抱いて聳えているのが見え、吾妻《あづま》連峰や磐梯山《ばんだいさん》から南会津方面の山々を見渡すことができます。少し藪のうるさいところもありましたが、概ね踏み跡があり、天気の良いときに登るとなかなか気持ちの良い山だと思いました。今日は縁起のいい山名の福取岳に登って福をいただくことができました。

下山は予定通り途中から左の尾根を下りてみましたが、一部痩せた岩尾根の箇所があった程度で、緊張するような場所はほとんどありませんでした。しかし、登りに使った尾根と違って展望はなく、しかも藪が思ったより酷く、特に下の方は踏み跡すらまったくなくなってありました。昼休みを利用して登ったものの、少し時間をオーバーしてしまい、慌てて業務に戻りました。

コースタイム

車〜2分〜尾根取り付き場所〜40分〜福取岳〜35分〜車

25

土地《とちの》倉《くら》山《やま》（925m）～金《かね》凍《こり》山《やま》（924・7m）

平成29年3月25日（日帰り）

阿賀町

　3月も最後の土日となりましたが、今年は一向に暖かくなりません。例年であれば雪は落ち着いて徐々に締まり始め、いわゆる凍《し》み渡りといった残雪歩きができるようになるのですが、今年はこの時季になっても山には新雪が積もり、いつまでもワカンやスノーシューを手放すことができません。そんな気候が災いし、巷では雪崩遭難などの事故が発生し、山岳の専門家、評論家はやれビーコンを持っていなかっただの、なぜ中止にしなかっただの、さまざまな物議を醸している姿をテレビや新聞で見かけます。まあ、専門家の方たちはそうおっしゃいますが、何しろ自然が相手なものですからねえ……。分からないことがたくさんあって、その場での判断はなかなか難しいものではないかと思うのですが……いかがでしょうかね。

　装備にしても「備えあれば憂いなし」ですが、備え過ぎもまた考えものです。いずれにしても登山はリスクの非常に高い遊びなので、とにかく他人に迷惑を掛けるわけにいきません。それなりの準備や計画を行い、十分に気を付けて臨まなければならないことはごく当たり前のことであります。

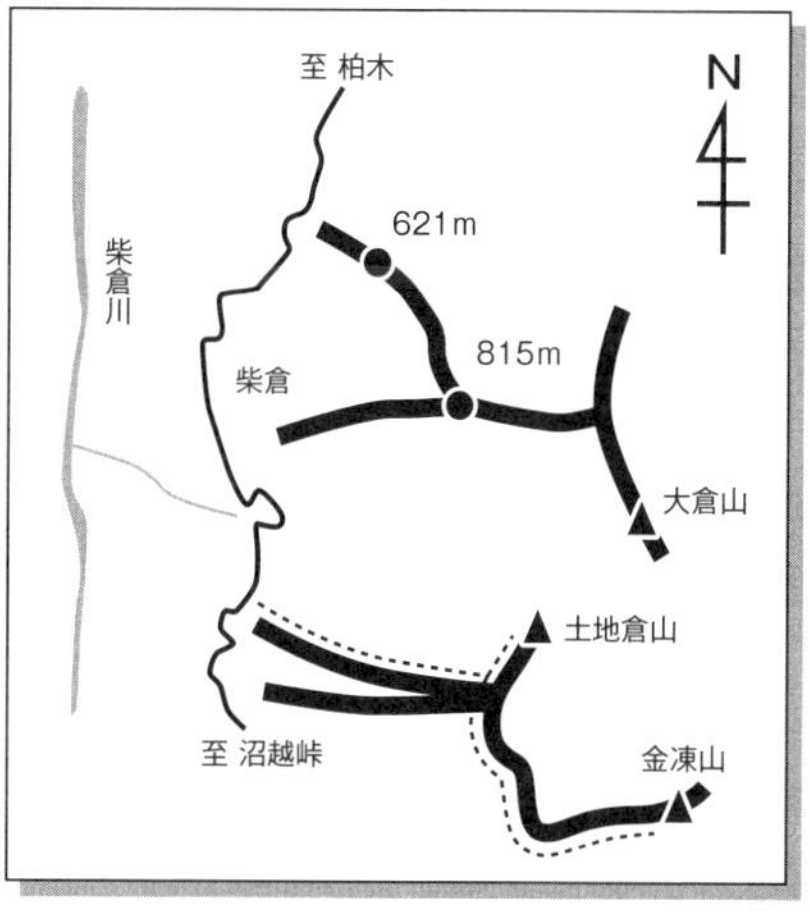

　そんなことで、前述したように今年は天候が安定せず、残雪も落ち着かないことから、大きな山行の計画を立ててもそこに向かうことができず、天気が安定するまで延期せざるを得ない状況となっております。そこでこ

土地倉山付近から金凍山を遠望

のところ、比較的手軽に向かうことができそうな福島県境に近い東部の山々へ足を踏み入れる機会が増えています。それにしても東蒲原は山の数が多く、高峰や秘境の雰囲気はないものの、楽しめそうなところがたくさんあります。今回もいつか登ろうと思っていた東蒲原の金凍山に向かい、途中から派生する土地倉山にも寄り道をし、2座の山に登ってきました。

金凍とは会津や東蒲原では「つらら」のことを言うのだそうです。また、この付近は以前越後国ではあったものの、会津領に置かれていたそうです。その後、明治19年に新潟県に編入されたという歴史があるそうですが、近くには国土山や談合峰といった土地にまつわる紛争を思わせるような峰々が立ち並んでおります。この土地倉山について、よく地名では「栃」という字が使われるところが多い中、ここは土地という字が使われているので、やはりここも県境紛争等があったのではないかと思わせるような山名となっております。

「とち」とは古語で〃すっぽん地形〃ということが『地名の語源』という本に書いてありましたが、このすっぽん地形とは何なんでしょう？　かえって分からなくなってしまいましたが、よくよく調べてみると、どうやら動物のスッポンではなく、トイレが詰まったときに使うあのゴムに柄が付いた道具のことを言うようです。土地倉山に関しては栃の木が特に多いということでもなさそうですし、すっぽん地形と言われればそのようでもあり、そのようでもないような、どうも判然としません。ここはやはり過去に土地の紛争といった歴史があった場所だったところからきているのかもしれません。

入山は柴倉《しばくら》集落から沼越峠に向かう林道を進んでいきます。しかし柴倉集落の積雪はすごい。東蒲原は、三面など新潟県北部よりも雪が少ないように思うのですが、ここは別のようです。それに昨日からの積雪は30㎝くらいあったと思われます。林道は雪崩の巣窟であり、特に大倉山《だいくらやま》の岩壁付近に差し掛かると、林道は新雪雪崩とブロック雪崩がミックス状態となって埋もれておりました。「こんなところで雪崩に遭って新聞沙汰になどなろうものなら、何を言われるか分からない」。危なそうな大倉山岩壁は急いで通り抜け、早々に立ち去りました。

林道途中から尾根に取り付きますが、それこそこの時季はちょっと難しそうな尾根だと雪崩の危険があるので、事前に地図をよく眺めて一番安全そうな場所から、まずは土地倉山に向かって斜面を登り始めました。土地倉山と金凍山分岐までは結構きつい単調な登りが続きます。ここは静かなブナの樹林帯となっていて、東蒲原にしては豪雪地帯の山といった雰囲気があります。分岐まで来ると土地倉山山頂まではいったん緩やかに下って、そして緩やかに登り山頂に至ります。

土地倉山山頂付近は杉とブナの混成林となっていて、北は木々の隙間から飯豊方面が少しだけ見えます。南の方角は金凍山が手に取るように見え、その奥に沼越峠や談合峰、国土山などが聳える県境尾根と、只見や南会津の峰々が遮るものなく望むことができます。再び分岐まで戻って金凍山を目指しますが、大きな雪庇は踏み抜きに注意しなければならず、一部の尾根は痩せていて、それほど難しいというほどでもありませんが、何が起きるか分かりません。常に緊張感を持って先に進みます。やがて尾根は広い登りとなって、そこを登りきると金凍山山頂に到着しました。

山頂からは土地倉山から見えた県境尾根がぐっと近くなり、尾根続きの夜鷹山《よたかやま》にはこのまますんなり行けるのではないかと思うくらいで、福島の名峰、磐梯山や安達《あだ》太良山《たらやま》、吾妻連峰まで見えるようになりました。飯豊方面は相変わらず木々が邪魔をして隙間からしか望むことはできませんが、大日岳が真っ白な姿で輝いているのが見えました。この金凍山は実のところ標高はすぐ近くに聳える土地倉山や大倉山よりも少々低いのですが、見晴らしは土地倉山より良かったです。

　金凍山は、つららのように尖《とが》った鋭鋒なのではないかと思っていましたが、意外にもなだらかで丸みのある山頂でした。そんなこともあって、金凍の山名は、つららからではなく、金の漢字が示すように、金属など鉱物資源があり、そこから山名が来ているのではないかと考えました。県境の紛争には、鉱物資源が争点になる場合が多々あるようです。そんなことをいろいろと考えながら、張り出した雪庇からにょきにょき伸びているおびただしいつららを横目に見て、ようやく長い林道を歩き終え、無事に柴倉集落へと戻ることができました。

※柴倉集落から沼越峠に向かう林道は、かつて会津藩の大沼郡と河沼郡へと向かう古の道であり、私が登ったときは森林管理署管轄で、特に入山を禁止していなかったと思われます。しかし現在では、個人所有地ということで、入山する場合は確認が必要と思われます。

コースタイム

柴倉集落～1時間～尾根取り付き箇所～1時間～土地倉山分岐～10分～土地倉山～10分～土地倉山分岐～1時間10分～金凍山～1時間30分～尾根取り付き箇所～1時間～柴倉集落

26

大《おお》石《いし》山《やま》（634・6m）

平成29年
3月26日
（日帰り）

阿賀町

東蒲原郡は道のない多くの山々が聳えており、その大半は低山となっております。ほかの山域と比べると厳しいところが少ないように思え、私としては気楽に入山できる山域です。この日は糸魚川の海谷《うみだに》山塊の方にでも足を延ばそうかと思っていたところでしたが、午後から天候が崩れるということで断念し、東蒲原の大石山というところに登るため、荒沢集落へと車を走らせました。

今回訪れた大石山は、2週間ほど前に小荒《こあら》集落から高井峠を訪れたときに、大石山を周回して小荒集落に戻ろうと目論んだのですが、あまりの腐れ雪で足腰が疲れるという理由から周回を断念した山です。あれからいろいろ考えましたが、小荒集落からではなく荒川集落から周回する方が歩きやすくて良いのではないかと考えました。そこで天気の良い午前中に、荒沢集落からとりあえず大石山を往復してこようと思い、向かうことにしました。

大石山は荒沢集落からの往復だと、ざっと見積もっても半日かからないだろうといった目論見で、さらに下越地方は夕方までもちそうな予報ということもあって、朝はゆっくりと家を出ました。登山者の皆さんは驚くほど朝が早いのですが、私の場合は基本的にせっかくの休日に、時間的に大丈夫であればわざわざ早起きして行動することもないだろうといった考えでいます。それに夏ならいざ知らず、この時季の早朝は寒いです……なんてこ

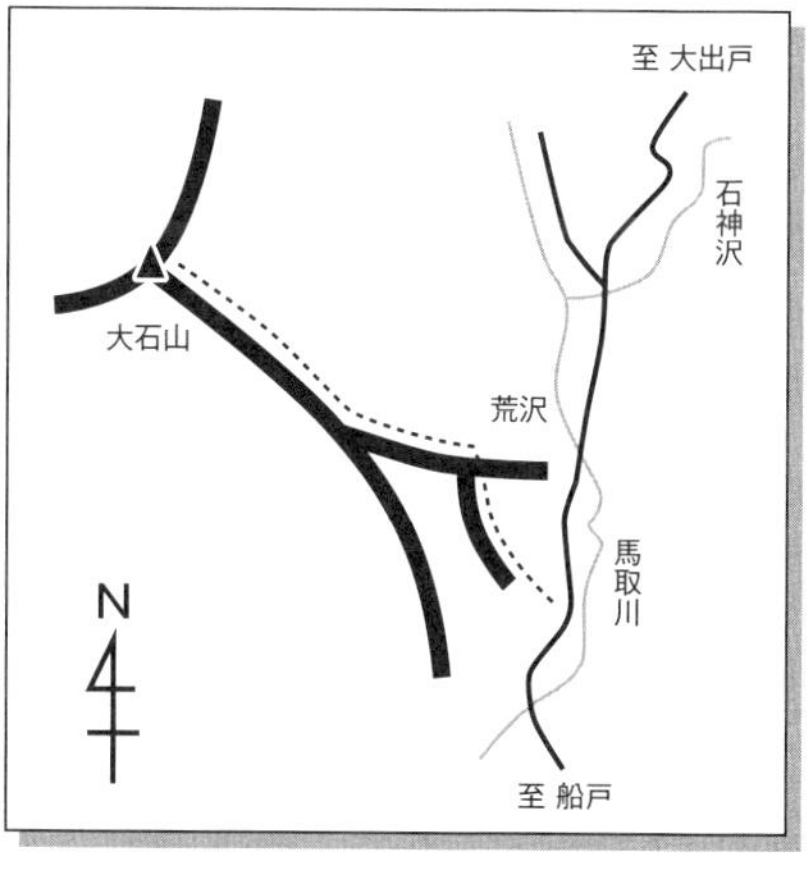

大石山山頂からの景色

とを書くと、いろいろな人に怒られそうですがねえ。ただし、ギリギリの行動が良くないというのは重々承知しているつもりで、一応これでも山に入るときはいつも時間に随分と余裕を持っているつもりなんですが……。元来、怠け者の私は朝が苦手でして、大変にお恥ずかしい話を暴露いたしますと、高校生のときに毎日朝寝坊をして、遅刻の連続で停学処分になったことがあります。社会人になってからも新入社員の身分で毎日遅刻をしていたところ、社長に呼び出され厳重注意をされたのですが、それにもかかわらず翌日もまた遅刻をするというような非常にダメな毎日を過ごしていました。そんな私が朝早くから起きて山に向かえるはずなどありません。無理な行動をすれば、楽しいはずの山登りも楽しくなくなり、長続きがしなくなるってものです……なんて、言い訳です。

さて、大石山へは地図で見たところ細かい尾根が多く派生しており、その中の一つ、荒沢集落の民家の裏山から尾根に取り付くのが一番手っ取り早いようですが、それでは人様の家の庭を通ることになってしまうので、集落の少し手前の尾根から入山することにしました。ちょうど取り付こうと思った尾根の下が広く除雪がされていて、そこに車を止めて、大石山に向かって登りました。

尾根の最初のうちは痩せ気味で、少し藪も出ていて登りにくかったです。しばらく登ると広い伐採地となり、山肌が露わになったところに出ます。このエリアは林業関係の人たちの作業場となっているようで、木々が綺麗に切り取られ、丸裸になった斜面が眼下に広がっています。尾根上まで伐採されているので、木がない分見晴らしが良く、南会津の山々や御神楽岳《みかぐらだけ》とその奥に広がる川内山塊が見通せます。

林業作業場を過ぎるとブナの林となり尾根も広がり、安堵感のある山歩きとなります。広くてなだらかな斜面にブナの美林の尾根はとても気持ち良く歩くことができます。樹林帯の中なので景色は見えなくなりますが、それでも飯豊方面が木々の間から見え隠れするようになり、それほど苦にならない程度の小さな登り下りを繰り返し、最後に山頂と勘違いするニセ大石山に騙されて、やがて少し広めの山頂に到着することができました。ここから高井峠はまだまだ先ですが、心休まるブナの美林はこのまま高井峠まで続いているように見えました。2週間ほど前に小荒集落から高井峠を訪れたときは痩せ尾根の連続で、蔦混じりの針葉樹林帯だったのに、こちらの荒沢集落側は広くて歩きやすいブナの尾根となっていて、ちょっと場所が変わっただけで随分と植生が変わるものだと感心しました。あまりの静けさと綺麗なブナ林、安心感に包まれた尾根筋を眺め、山頂からこのまま予定を変更して高井峠まで歩こうか迷いましたが、天気予報通り厚い雲が立ち込めてきたし、午後から用事を作ってしまっていたので、ここは無理せず下山することにしました。

荒沢集落から大石山までは非常に良いところでした。おそらく大石山から高井峠へと通じる尾根も非常に良いところでしょう。ぜひ歩いてみたいと思い、山頂を後にしました。

コースタイム
荒沢集落～2時間～大石山～1時間40分～荒沢集落

27

大段山《おおだんやま》（895・1m）

平成30年3月18日（日帰り）

阿賀町

飯豊連峰から派生する尾根の末端に大段山という山があります。登山道もなく、あまりにも末端すぎるため、多くの人はこの山があることに気が付いてないのではないでしょうか。登山道のない山は、大抵は不遇であると思うのですが、それでも矢筈岳《やはずだけ》や毛猛山《けもうさん》など第一級の登山道のない山は、とても不遇とは思えません。ましてや景鶴山《けいづるやま》のように道がないにもかかわらず300名山に名前を連ねているような山もあり、藪山にもさまざまなところがあるものです。

　飯豊の末端近くに聳える山に関しては、例えば蒜場山《ひるばやま》から大日岳、あるいは二王子岳から門内岳《もんないだけ》、または水晶尾根といったバリエーションルートで通過する山はたくさんありますが、大段山に関して言えば、確かに飯豊の末端に聳えてはおりますが、さすがに距離がありすぎてバリエーションルートからは外れています。ただでさえ不遇の山が多い道なき山の中でも、ひときわ不遇な山なのではないかと思います。そんな大段山もたまに脚光を浴びてもいいのではないかと思い、訪ねてきました。

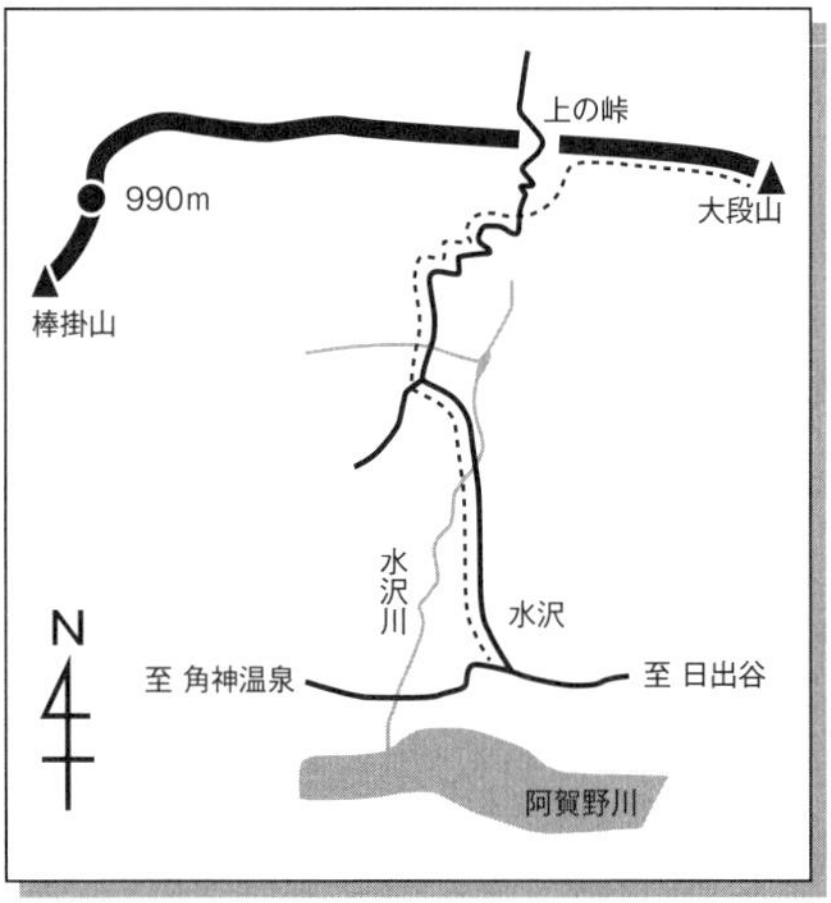

　旧鹿瀬町水沢集落から林道奥まで進み、峠から左に向かうと棒掛山《ぼうかけやま》となりますが、右に折れて大段山に向かいます。とにかく林道歩きが非常に長いルートです。この林道に関しては、以前に棒掛山に登ったときも歩いておりますが、沢水が林道上を走っていて、ほとんどの雪が解け、雪の上を歩くのは

後半3分の1程度でした。しかし今年は大雪。林道は雪で埋め尽くされていると考えた私は、スキーを持参しました。

最初の100mくらいは私の下手なスキーで杉林の中の雪に埋もれた林道を、ひょこひょこ進みましたが、すぐに雪はなくなり、スキーを担いで進むことになりました。行けども行けども林道上に雪はなく、これでは何のためにスキーを持ってきたのか分かりません。ただ担いでいる分、重いだけですし、しかもスキーブーツを履いているので歩きにくくて仕方がありません。かなり奥まで進みましたが、いい加減歩きにくさに辟易した私は、結局スキーとスキー靴をデポして、登山靴に履き替えて歩くことになりました。

やがて林道は勾配を増し、峠に差し掛かります。峠に着いても大段山は見えず、ここから距離は随分ありそうです。緩やかで広い斜面の尾根はスキーで来れたら最高のところではないでしょうか。私のような下手な者でも楽しく滑れそうな斜面が延々と続いております。

最初のピーク辺りから杉の木が増え、ブナやナラとの混成林となっているようです。目標の大段山も遠くに見えるようになり、飯豊の大日岳と秘境烏帽子山も見えるようになります。緩やかな登り下りを数度繰り返して、時には御神楽岳や川内の山々、すぐ近くには蒜場山、峠を挟んで対峙する棒掛山などを望みながら、いつしか杉林に囲まれた広くなだらかな山頂へと到着することができました。

尾根の途中では展望の良いところがありましたが、山頂付近の展望は会津方面の一部しか望めません。ただ、この先飯豊へと続く尾根が見えるので、「いつかここから飯豊に登ってみたい」。そんなことを考えながら山頂を後にしました。しばらく戻り、展望の良いところで休憩をして、そして無事に下山することができました。

大段山の意味については、はっきりしたことは分からないのですが、大段と書いて「だいだん」と読む地名は大きな台地といった意味があるそうです。確かに広くてなだらかな尾根の先にある大段山は、大きな台地と言ってもおかしくないと思いました。

コースタイム

水沢集落～1時間30分～上の峠～1時間～大段山～50分～上の峠～1時間10分～水沢集落

28

大倉山《だいくらやま》（９５０・３ｍ）

平成30年
2月10日
（日帰り）

阿賀町

地形図を見ると、阿賀町に記載されている山の数は無数にあります。飯豊連峰をはじめとした峰々から、川内山塊至近の深い峰々まで、さまざまな山が聳えておりますが、そんな峰々で里近くに聳える、いわゆる集落の裏山にあたるような山も数多くあるように思います。

今回登ってきた大倉山は、旧上川村柴倉集落の裏山にあたるところではないでしょうか。柴倉集落からは沼越峠を経て、福島県只見町へと抜ける峠道が延びておりますが、その峠道を歩いていると、柴倉集落からほどなくして大きな岩壁脇を歩きます。落石に注意しながらその脇を通過するのですが、この大きな岩壁の上に大倉山は聳えております。そんなこともあり、私は大倉山に対しては岩峰のイメージを持っておりました。名前からしても、倉とは岩のことですので、言い換えれば大岩山ということになります。

そんな大倉山に登るには、柴倉集落手前から派生する鉄塔の見える尾根から取り付くのが登りやすいのではないかと、以前に柴倉集落を訪れたときから取り付き場所の目星を付けていました。しかしこの年の積雪は深く、道路沿いには２ｍ以上にもなる垂直な雪の壁ができており、当日は尾根に取り付く場所を探すのに苦労しました。鉄塔のある尾根より１００ｍほど柏木集落方面に戻ると、一部分だけ雪壁の高さが自分の目の高さくらいになっていたので、そこの雪を削って階

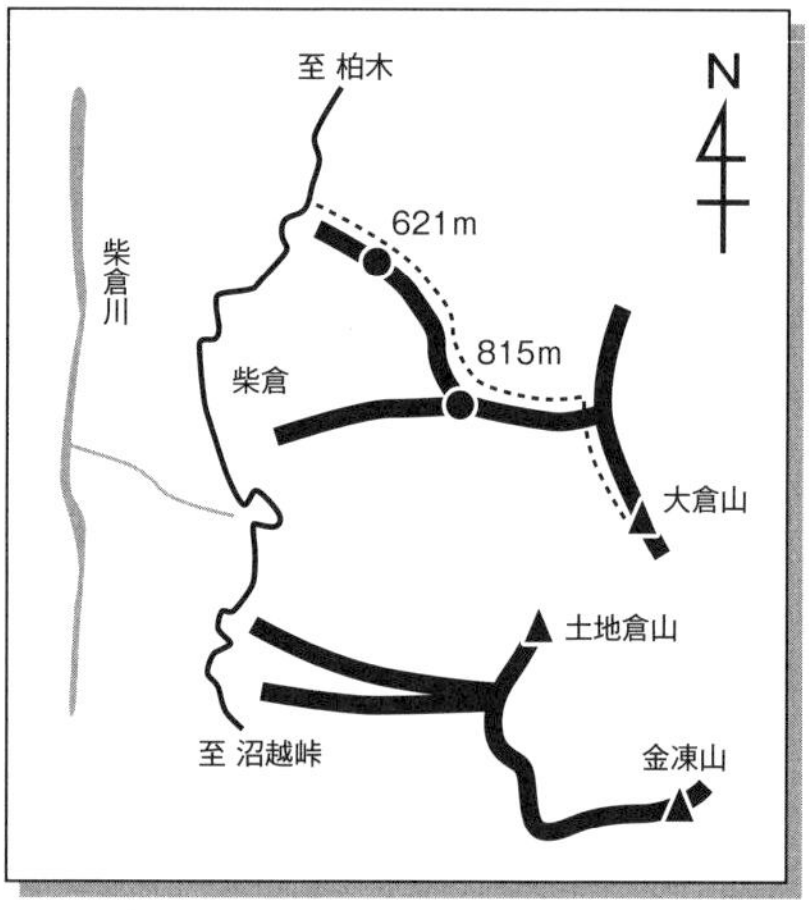

段を作り、何とか雪壁の上へと登って尾根に取り付くことに成功しました。ここ最近は、連日の大雪でどこもかしこも除雪に明け暮れており、今日は束の間の晴れ間を縫っての山行です。予想していた通りラッセルは深く、腰まで潜りながら最初の急斜面を登りきりました。

尾根は広い杉木立の中の急登でしたが、ブナやナラといった広葉樹も見えるようになり、ブナやナラのあまりの大きさに驚かされるほどでした。６２１ｍのピークから深雪をしばらく進むと、なぜか雪が浅くなり、８１５ｍの登り手前からは地面が露出するほどになりました。どういった加減なのでしょうか？　杉林の急坂を登りきれば広い８１５ｍ峰に着きますが、ここからようやく県境の峰々と思《おぼ》しき山並みが見えるようになってきます。途中でかなり急な勾配の尾根を登らなければなりませんが、そこを登りきると急に尾根が平坦になり、道に迷いそうなほどの開けた県境尾根へと出ます。ここから最後の斜面を登りきると、広くて景色の良い大倉山の山頂に出ることができました。

岩峰のイメージの強かった大倉山ですが、丸くて広い山頂はゆっくり楽しめる場所でした。残念ながら山頂から飯豊連峰を望むことはできませんでしたが、遠く磐梯山や吾妻連峰、近くには只見の山々を眺めることができました。東蒲原の山はいつも私を優しく出迎えてくれます。この大倉山の意外と広くてなだらかな山頂は、私にとって憩いの場となりました。

帰り道では柏木集落の人たちが総出で雪下ろしをしていて、奥深い集落ではありますが活気があり、嬉《うれ》しくなりました。またそれと同時に、何だか皆さんが一生懸命雪下ろしに励んでいるのに、私は山遊びをしていたことに恥ずかしさを覚え、そそくさとその場を後にして帰ってきました。

コースタイム

柴倉集落～2時間30分～大倉山～1時間25分～柴倉集落

29

霧《きり》ヶ《が》谷《たに》山《やま》（763・7m）

平成30年
6月24日
（日帰り）

阿賀町

霧という幻想的な名前の響きに憧れて、前々から上越市浦川原区の霧ヶ岳に登ってみたいと思っておりました。ところがいつの間にか霧ヶ岳には登山道が切り開かれおり、調べてみたところ、平成10年頃に地元山岳会によって刈り払いが行われていたようです。近年、登山ブームということもあって、町おこしのために地元の山に登山道が切り開かれるケースが多々あるようで、普通なら道が付けられたことによって人がそこを訪れるようになるのですが、私のようなへそ曲がりは道が付けられたことによって、途端に行く気がなくなってしまいます。

ならば、ということで阿賀町旧東蒲原の室谷《むろや》集落の奥にある霧ヶ谷山に登ってみることにしました。ルートとしては大久蔵沢に架かる赤い橋手前から尾根に取り付くのですが、地形図上ではかなりの急登となっているうえに岩マークまで書かれており、登れるかどうか分からないままスタートをしました。ところが急な登りを進むと、すぐに鉈目が現れ、踏み跡か獣道のようなものが出てきました。人の痕跡により不安は払拭されるのですが、面白味はなくなってしまいます。少し登ると岩場が現れますが、特に難なく登れ、この岩場を越えると徐々に急登は緩やかになっていきます。辺りはブナの木々の中にアカマツが時折見えるといった樹木に覆われていますが、あまり鬱蒼としたものではなく、初夏の陽射しが降り注いで爽やかな風が通る、そんな尾根となっています。

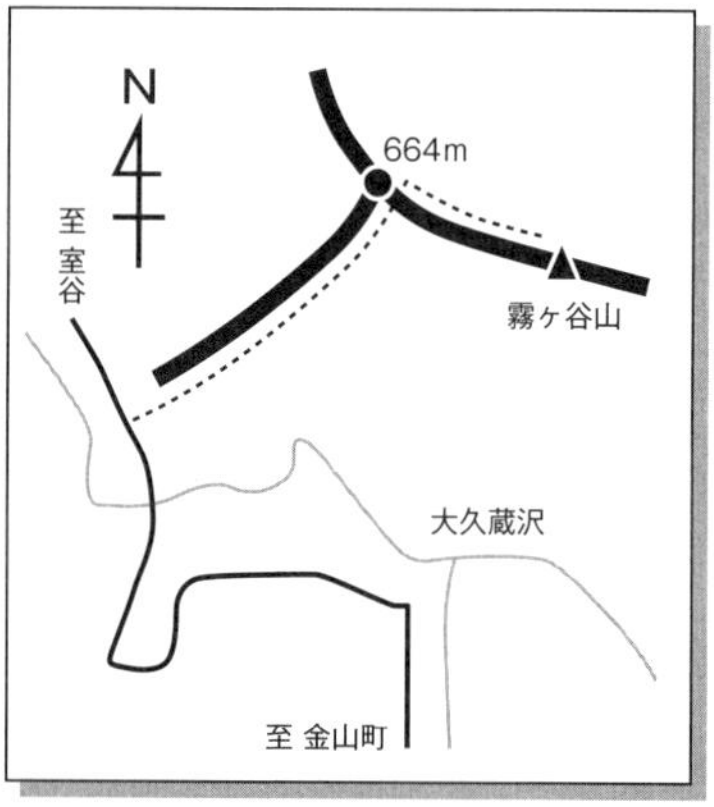

自生する松の木の根元からは、早くもハツタケの種類

と思われるキノコの姿が見えます。梅雨時の長雨によって早生ハツタケが発生したようです。キノコにはナメクジがまったく付いていないものと、それとは逆にやたらと付いている種類のものがあるようです。特にハツタケ類やアミタケ、イグチあたりのキノコに多くついているように思います。小川真著、山と渓谷社発行の『きのこの自然誌』という本から抜粋すると「ナメクジが食べているのはベニタケ属やチチタケ属、テングタケ属などのキノコで、どれも組織が柔らかなもののようである。繊維質のキノコや硬い組織は嫌うのかもしれない」『ナメクジがなぜキノコ好きなのかは分からないが、キノコには糖類やアミノ酸、蛋白などが豊富に含まれているので、かなり上等のえさであるあることは間違いない』『ナメクジの腸管の中を見ると、無数のキノコの胞子が詰まっていて、糞になっても消化されないまま残っている。土の中へ潜って、松の根の上に糞をすると胞子が発芽し、すぐに根菌を作ることができる。腸管を通る間に胞子の表面が溶けて発芽しやすくなっているのかもしれない。体の表面に付いて運ばれる胞子の数もばかにならない」とのことだそうです。

やがて松に覆われた小さなピークに出ます。そこから少し下り、下りきった辺りからツバキの海となって、少し歩きにくくなります。このツバキの海を越えると664m峰となります。この664m峰には朽ちたワイヤーが倒れた大木に巻き付けられていて、ここにはかつて木を伐り出した索道があったと思われます。こんな山奥に踏み跡がなぜあるのか、これで疑問は解けました。その踏み跡はさらに続き、上に行けば行くほど明瞭になっています。664mからまた少し下り、ツバキの藪をかき分け、そしてまた登っていきます。時折踏み跡はか細くなりますが、見失わないように進み、最後にシャクナゲの海を越え、急登を登りきると、狭い小さな山頂に立つことができました。

山頂はブナの木に覆われていましたが、木々の間から周囲の山々を垣間見ることができます。山で霧に覆われるのは嫌ですが、今日は梅雨の晴れ間が広がった清々《すがすが》しい霧の山を訪れることができました。

コースタイム

大久蔵沢に架かる赤い橋〜1時間15分〜664m峰〜40分〜霧ヶ谷山〜30分〜664m峰〜1時間〜大久蔵沢に架かる赤い橋

30

傘《かさ》山《やま》（740・7m）

令和元年
6月2日
（日帰り）

阿賀町

室谷集落から室谷林道を進んで矢筈岳方面に向かう分岐をそのまま只見方面に少し進むと、目の前に大きな岩峰が圧倒的な威圧感を持って聳えているのが見えます。三角錐《すい》の端正な姿形をしたその山を見ると、いつか登ってみたいという意欲に駆られますが、私程度ではあの急峻な岩場はとても登れそうにありません。綺麗な三角錐から傘山と名付けられたのであろうその山は、大変に魅力的であり、見るたびに登高意欲が沸き立ち、いつかは行ってみたいと思っていて、ほかの山を登るために付近を訪れたときは、傘山の裾に沿って付けられた室谷林道を進みながら登りやすそうな場所を探してみますが、どこから取り付いても急な斜面となっていて、しかも鬱蒼とした濃い藪が手強そうに斜面を覆いつくしております。

「急斜面の中で少しでも等高線の間隔が広いところを選んで登るしかないかな」なんて考えながら、ぼんやり地図を眺めていると、室谷川の支流、打出川沿いに付けられた林道が目に留まりました。この林道の打出川本流に架けられた橋を渡ったところから登れば、距離は随分長くなるものの、緩い尾根のまま傘山の山頂に立つことができそうでした。結局のところ、短距離の急斜面を登るか、長距離の緩斜面を登るか、どちらを取るかでしたが、そのどちらを取るかで迷いました。実は登る数日前に何気なく羽田さんの本を見たとこ

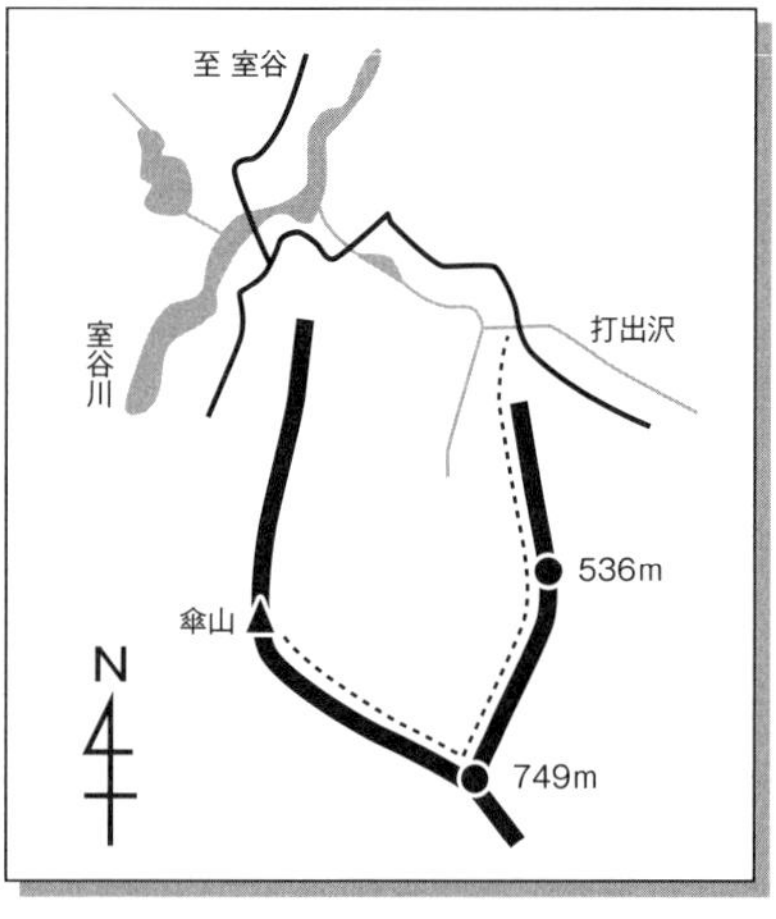

途中の岩尾根と傘山

ろ、そこには傘山に登った記録が書かれていて、羽田さんは小久蔵沢に架かる橋の手前から急斜面を登るといったルートを取っており、そこは踏み跡があってトラロープがぶら下がっていた、といった内容のことが書かれていました。その記録を読んでへそ曲がりの私は、「それなら自分は打出川沿いのルートを登ろう」と考えました。

室谷集落は山菜採りの時季になると集落の手前に検閲所を設置し、入山料を徴収するので、ゼンマイの時季が終わるのを待ってからの決行となりました。車を運転しながら、「急斜面を登れば早く帰れるよな」なんてことを考え、少し未練を残しながらも打出川沿いの林道に向けてハンドルを切りました。打出川に架かる橋を渡って少し行くと、車を駐車できるところがあったので、そこに止めました。入山口は通常一番登りやすそうなところを選んで行くものですが、駐車場から斜面を眺めると、どこから登り始めても大差なさそうだったので、すぐ目の前の斜面を適当に登りました。もちろん道などあろうはずもなく、最初は杉に囲まれた斜面を木や草に摑まりながら夢中で登りました。

やがて杉林が終わり雑木林となる頃には、斜面もはっきとした尾根状となり、あるのかないのか分からない程度の踏み跡らしきものを確認するようになりますが、鉈目や切り株といったものは一切見受けられず、相変わらず人跡は確認できません。藪はこの踏み跡のようなもののおかげで薄くなり、大きな苦労をせずに進むことができます。そして急斜面を登りきると背の低い松と灌木に囲まれた５３６ｍ峰に到着します。

５３６ｍ峰は日当たりが良く、今日は暑いので逃げるように５３６ｍ峰を後にします。そしてここから先は地図で見る以上に尾根が痩せ細り、時折慎重に進まなければならないような場所がいくつもありました。また、ちょっと怖い岩場の通過もあって、距離が長いだけでなく、通過困難な場所も多くあったのは意外でした。

そんな痩せ尾根が終わると、最後はかなり急な尾根を登りきって傘山から延びる稜線に出ることができました。稜線に出ると鉈目や切り株があり、完全なる踏み跡が出てきましたが、そこに灌木藪が覆い被さるように生い茂り、せっかく踏み跡が出てきたというのにかえって歩きにくくなってしまいました。ここからは痩せ尾根や岩場といった怖い箇所はなく、ただただ藪の中を我慢して進むほかありません。時折、ブナの大木や針葉樹の大木が自生しているエリアがあり、そこは日当たりが悪いせいか灌木や下草が生い茂ることなく、しかも大木の枝が強い陽射しを遮ってくれ、ちょうどいいオアシスを形成してくれていました。

木陰に腰掛け休憩していると、太いマムシがにょろにょろとゆっくり逃げていきます。丸々太ったマムシはとてもうまそうに見え、そういえば今日もまた何も食べずに歩き通しということに気が付きます。それにしてもこの山はマムシが多く生息しているのか、歩きながら藪の中で何度もマムシを見付けました。以前、マムシに咬《か》まれたという人に話を聞いたことがありますが、咬まれると猛烈な痛みが走り、咬まれたところが腫れてくるそうです。しばらくすると咬まれた周りに蛇の鱗《うろこ》のような模様が浮き上がってきたとのことです。私自身は子供のころにおそらくシマヘビだと思うのですが、足を咬まれたことがあります。無毒の蛇なので腫れるようなことはありませんでしたが、それでも激痛がしばらく続いたことを覚えております。マムシは動きが遅く、間違って踏んでしまいそうで、踏まれると当然痛いだろうから、かわいそうなので注意して歩くようにしました。

時折、木々の間から魚止山《うおどめやま》から太郎山に続く尾根と、その奥におそらく青里岳《あおりだけ》と思われる峰が残雪を纏っているのが見えますし、場所によって五剣谷岳《ごけんやだけ》や銀太郎山、銀次郎山と思しき峰々も見えますが、実際はどれがどの峰なのかは定かではありません。

傘山は位置的に阿賀町室谷集落の奥に聳える只見の山ということになろうかと思われますが、只見町関連の書物を調べてもその山名を目にすることができません。川内山塊からもわずかに外れているということもあって、いろいろな川内山塊関連の書物を見ても、そこに傘山の名前はありませんでした。しかし周辺を見渡すと、ガキガキと曲がりくねった細い岩尾根が幾重にも重なっていて、まるで川内山塊のような様相を呈しております。

尾根は小さな登り下りを繰り返しながら進んでいき、やがて鉄でできた櫓《やぐら》が忽然と目の前に現れます。その櫓は飯豊のギルダ原に現在でも残されている昔の雨量観測所と同じ櫓なので、もしかしたらここにも雨量観測所があったのかもしれません。それであれば稜線上に付けられた踏み跡の謎も解けます。その櫓から3ｍくらい離れたところに三角点があり、間違いなくここが傘山の山頂ということが分かりました。登りきった後に辿り着いた山頂という感じではなく、小さなアップダウンを繰り返して進んでいたら三角点があったといった感じで、あの林道から見る精悍《せいかん》な姿をした山の上に立っているといった気分にはなりませんでした。しかも山頂周囲は大藪となっていて、見晴らしはまったくないまま登頂の感動を味わうことなく下山の途につきました。

コースタイム

車〜3時間10分〜傘山〜3時間〜車

31

東岐《ひがしまた》山《やま》（1008m）～小金井《こがねい》山《やま》（961・2m）

平成30年
5月6日
（日帰り）

阿賀町

連休最終日、ようやく晴れ間がのぞき、せっかくのゴールデンウイークにどこにも出掛けられなかった鬱憤を晴らすかのように山へと向かいました。今日は東蒲原の室谷集落の奥に聳える東岐山から尾根を伝って小金井山を登る予定です。この時季は室谷集落入り口に山菜関所が設置されており、山菜採りではなく山登りだということを告げると、簡単に通してくれました。室谷林道からは川内山塊の魚止山を経由して矢筈岳に向かうことができ、矢筈岳への最短ルートとして人気があります。例年であれば、県外からの登山客も多く見られるところなのでしょうけれど、今年は雪解けが早かったうえに、連休後半の天候不順といったことから、閑散としていたものと思われます。

車は矢筈岳に向かう林道分岐を直進し、最後は雪で通行不能となる手前の待避所に駐車しました。駐車場所から車道を歩くこと約30分、概ね予定通りの場所に到着しました。尾根の末端ではなく、少し手前脇の杉林が取り付きやすかったのでそこから入山することにしました。最初の杉林の斜面を登りきると、斜面は広く平坦になり、奥に見える尾根を目指して進みました。

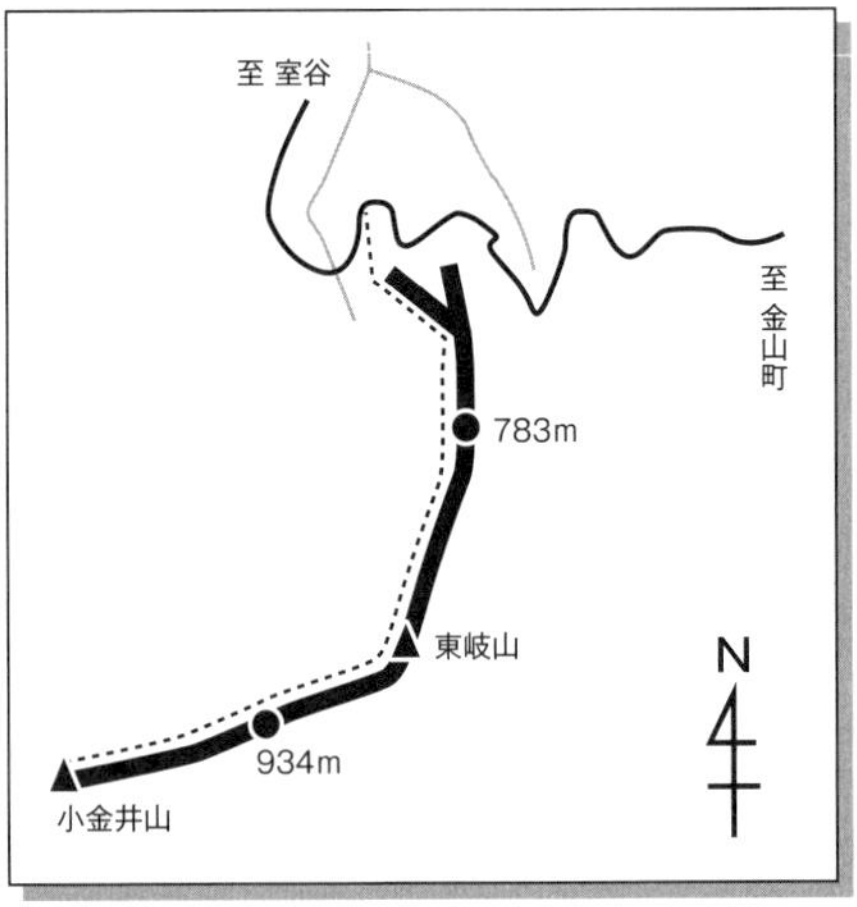

尾根上に乗ると、結構な藪となっておりましたが、徐々に踏み跡が現れ、快適に歩くことができるようになりました。斜面は少しずつ急になっていきますが、「まさ

小金井山山頂から小金花山方面を望む

かこのまま快適な踏み跡を辿って小金井山まで行けるのだろうか？」と思えるほど、しっかりとした踏み跡が付けられています。７８３ｍ峰に近づくと、鉈目がやたら多くあり、切られた木が踏み跡上に散らばっていてかえって歩きにくくなっています。そして、７８３ｍ峰で突然ピタッと踏み跡はなくなり、ここから藪との格闘が始まります。時々、残雪を拾って歩くことはできるのですが、それもほんのわずかな区間です。尾根も急勾配が続き、我慢に我慢を重ねて、ようやく東岐山手前から残雪を歩いて山頂へと出ました。

東岐山の山頂は広く、残雪に覆われているということもあって、只見や川内の山々から飯豊、あるいは魚沼方面の山まで見通せました。東岐山は東の分岐の山という意味なのでしょうけれど、これは沢筋の分岐を意味しているものであろうと思われます。

東岐山から先も藪は続きますが、先に見える９３４ｍ峰と小金井山の穏やかな山容を見て、励まされながら藪を進んでいきます。最初は緩やかな長い下りが続きますが、帰りはこの藪を登らなければならないと考えると、先が思いやられます。いったん下った後に緩やかに登り始めると、いよいよ９３４ｍ峰の残雪広がる穏やかな斜面が間近に見えるようになり、残雪を登って934m峰の山頂へと出ました。ここの山頂は遠くから見るより意外と細長い山頂となっています。ここまでくれば小金井山もうすぐです。ひと踏ん張りして、小金井山の山頂へと到着することができました。

少し広めの山頂は、松の木が1本あって、その枝の下の辺りに三角点が見付かりました。残雪に覆われたところよりも、三角点の藪になっているところの方が景色は良く、風通しも良いので、そこで休憩することにしました。山頂からは駒形山がすぐ近くに見え、その奥に矢筈岳が大きく、そして今年の4月に訪れた毛無山《けなしやま》までもがよく見えます。それぞれ以前に登った記憶がよみがえり、どれもが苦労して登った山なので、とても懐かしく思えます。山名の由来については、小金井山、あるいは近くに小金花山《こがねはなやま》といった名前の山があり、どちらも山名からして鉱物資源にまつわるものと思われますが、多くの文献等で調べても、この二つの山名は出てきません。

昨今、秘境登山をするハイカーが増加する中で、越後の秘境として知られる川内山塊は、ますます注目を集めています。今日訪れた峰々はその陰で、川内よりもどちらかと言えば只見に近く、中途半端なところに位置しており、非常に地味でマイナーな山ですが、それがまた大きな魅力となっているということを実感して山頂を後にしました。

コースタイム

室谷林道～25分～尾根取り付き箇所～2時間～東岐山～1時間50分～小金井山～1時間50分～東岐山～2時間10分～尾根取り付き箇所～30分～室谷林道

32

大峰《おおみね》（929・2m）〜鍋《なべ》倉山《くらやま》（1106・9m）

令和3年
3月7日
（日帰り）

阿賀町

川内山塊の東蒲原に位置する場所には、鍋倉山と大峰という山が聳えております。この鍋倉山と大峰に関して、稀にではありますが、誰かが「登ってきた」という話を耳にすることがあり、川内の山々の中では圧倒的人気の矢筈岳ほどではないにしても、比較的多くの人に登られているように思っていました。しかし、私的には鍋倉山や大峰といったあまりにも平凡な山名から、どうにも登ろうといった意欲が湧きませんでした。そんな意欲の湧かない峰々に今回登ろうと思ったのは、先日すぐ近くに聳える人ヶ谷山《ひとがたにやま》に登ったときに、大きくて広い立派な山体の大峰を間近に望み、さらにその奥にひときわ威圧的に高く聳える鍋倉山を目の当たりにしたことが要因となっています。それ以来、自然と私の気持ちはそちらへ向かっておりました。

ルートについては二つ考えられ、一つは楢山《ならやま》集落から林道を進み、小瀬ヶ沢《おぜがさわ》の橋を越えてから右の尾根に取り付くルート、もう一つは栃堀集落から御番沢川沿いの林道を約2㎞進んで、御番沢川が蛇行している辺りで橋を二つ越えたところから尾根に取り付くルートです。地形図を見る限りだと、どちらに登っても大差がないように見えます。いろいろ考えましたが、結局のところ特に理由がないまま、ただ何となく後者の御番沢川ルートを行くことに決めました。

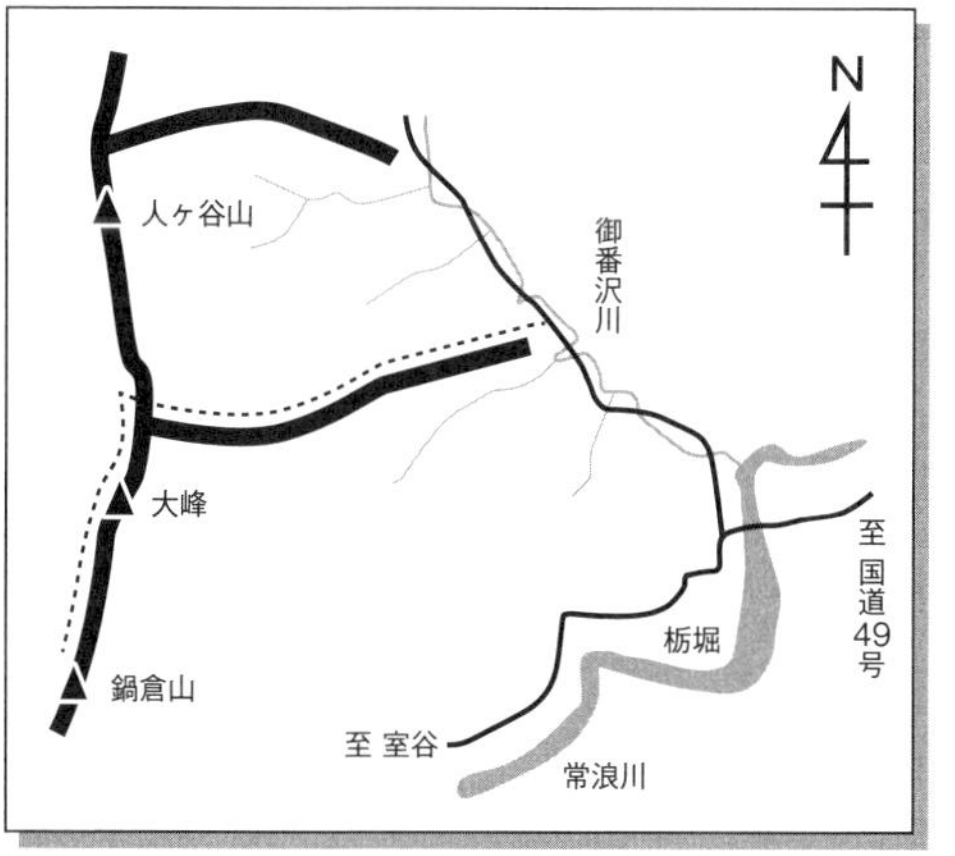

尾根の先の鍋倉山

地形図を見ると結構な距離を歩くことになりそうなので、寝坊せずにしっかり起きるつもりで前日は早めに布団に入りました。しかし、そんな私の気持ちをもてあそぶかのように翌朝は目覚ましが鳴らず、うつらうつらしながら「目覚ましが鳴らない。まだ寝られる」と、ぬくぬくと布団の温かみをいつまでも感じている次第でありました。そして気が付くと外はすっかり明るくなり、小鳥のさえずりも心地よく、「おかしいな」と思いながら時計を見ると、起床予定から1時間半も過ぎており、大慌てで準備をして出掛ける羽目となりました。

栃堀集落に到着してからも間髪入れず準備を始め、早々に御番沢川沿いの林道を進み始めました。この日は、天気は良かったのですが気温が低く、雪面がカチカチに凍結しており、嫌な林道歩きもラッセルがないぶん早く歩くことができ、寝坊した時間を幾分か取り戻すことができました。尾根に取り付いてからも雪面は硬く、ワカンを装着しておりましたが、ツボ足でも大丈夫そうでしたし、場所によってはアイゼンが欲しくなるようなところもありました。尾根に取り付いてからすぐに小さな崖状となったところにぶち当たり、ここは雪が解け落ちて藪となっており、木の枝に掴まりながらどうにか越えていきます。崖を越えると今度は小沢を越えて尾根に取り付いていかなければならい場所となりますが、心細いスノーブリッジを探してそこを越えると尾根は広がり、ようやく歩きやすくなります。杉林とブナ、ナラの混成林を繰り返しながら、登り下りを3回ほど繰り返しますが、この区間は広い尾根で歩きやすかったです。

やがて一直線の登りとなり、これが延々と続くようになります。いつまでも変わらない急な登りに疲れを感じるようになりますが、雪面は相変わらず凍り付いていて、それが上に行けば行くほど硬さが増してきているようです。ラッセルがなくて体力的には助かるものの、ワカンの爪が刺さらなくなり、非常に歩きにくくなってきりました。変化のない急な長い登りと、刺さらないワカンの爪にバランスを崩して滑らないように進んでいると、足が痛くなってしまいます。

標高600m辺りから、今度は尾根が痩せて雪が割れ始め、尾根通しに登れなくなるような場所も現れます。そこは尾根から外れた雪壁にステップを切りながら、何とか通過していきましたが、どんどん増していく足の痛みに嫌気が差してきます。その後も、広くもなく狭くもなく、やや急な登りが稜線まで続いているのが見えてうんざりしますが、広大な山肌に自生するブナの木々は霧氷となってキラキラ輝き、それを眺めながら気持ちを紛らせて登っていきました。やがて稜線尾根と合流し、そこからは広がった平和な尾根と雄大な景色の中を進みますが、ほどなくして大峰の山頂となり、とりあえずここで一息つくこととしました。

大峰の山頂は広く、ブナの木々が疎らに生えている程度で、ほぼ360度の大展望を得ることができます。そして山頂からはまず飯豊連峰の姿に目を引かれます。そして、雲を従えた御神楽岳が間近に聳え、特徴的な山容の日本平山《にほんだいらさん》も矢沢川を挟んで対峙するように聳えているのが見えます。大峰の山頂のあまりの素晴らしさに、山名だけを見て登る気になれなかった自分の愚かさに気が付かされました。ここから目指す鍋倉山は随分と遠くに見え、「あそこまで行くのか」と思うとうんざりしてしまいます。

大峰の景色にいつまでも見とれているわけにはいきません。わずかな休息となった大峰から、長く大きな下り斜面を進んでいきました。鞍部まで下りきると尾根は痩せ加減となり、左側が急峻な谷となっているので、右側をトラバース気味に歩くようにします。痩せ尾根のまま小さなピークを二つ越え、三つ目のピークから再び広い尾根となって、安堵感に包まれながらの稜線漫歩となります。特筆すべきは霧氷となったブナ林で、まるで桜並木の中を歩いているようです。それが鍋倉山山頂手前まで続いています。陽が当たり、霧氷が少しずつ剝がれ落ちると、それは桜吹雪となって私の周りを舞います。やがて桜吹雪の先に、その名の通り山頂部だけがポッコリと鍋を伏せたようなドーム状の鍋倉山が近づいてきます。

山頂に向けて最後の登りは、カチンカチンに凍りついていて、しかも急斜面となっているので、そこだけ慎重に登っていきました。そして、無事に登頂を果たすことができましたが、山頂は狭くて雪庇が張り出し、危なくてあまりうろちょろできません。雪庇に乗らないようにして山頂に立つも、木々が邪魔をして飯豊連峰の雄姿を見ることができず、展望を得ることができたのは御神楽岳や奥会津方面だけでした。山頂から日本平山に続く尾根の方を少し進むと、休憩ができそうな場所となりますが、そこは景色がまったく見えなかったです。少し残念な気持ちになりながら、早々に鍋倉山を後にし、霧氷の花びら舞い散るブナ林の中をとぼとぼと下っていきました。

下山してから今日登ってきた山々を眺めつつ、山麓から意外と見えにくい鍋倉山は厳しさばかりが印象に残り、憩いの場とは程遠い山だと思いました。一方の大峰は、それを補って余りあるほど心休まる憩いの場所でした。山麓の栃堀集落からも大きく見え、威厳に満ちたその姿は、まるで集落の屋根のようでもあり、守り神であると思いました。

コースタイム

栃堀集落~1時間~尾根取り付き箇所~2時間50分~大峰~1時間30分~鍋倉山~1時間~大峰~1時間45分~尾根取り付き箇所~1時間~栃堀集落

33

人《ひと》ヶ《が》谷《たに》山《やま》

（833m）

令和3年
2月21日
（日帰り）

阿賀町

日本の大秘境として全国的にも有名な川内山塊。その中で人ヶ谷山は最東端に位置する山ですが、矢筈岳を中心に県内外から多くの登山者が訪れるのをよそ目に、静かに人知れずひっそりと聳えています。そんなこの山を、私的にはぜひとも訪ねたいと思っているところでした。人ヶ谷山に登るには、地形図を見ると栃堀集落から延びる林道を約3・2㎞歩いたのちに左尾根に取り付けば簡単に登れそうで、あわよくばその先の大峰まで足を延ばすつもりで向かいました。

今年の1月は大雪に見舞われ、2月に入ると春を感じるような暖かい日もありましたが、まだまだ山は冬の装いとなっており、ようやく雪解けが進み始めた阿賀町も、ひとたび山村に入ると、そこには冬の情景が広がっておりました。冷たい冬の雨が上がったばかりの辛い寒さの中、車から降りて身支度をしようにもなかなか車内の暖かい温《ぬく》もりから逃れられず、いつものように予定より遅い時間の出発となりました。私は山に行くときは間違いなく寝坊をするので、特に今朝は寒さが身に染みてしまい、いっそう遅い出発となってしまいました。

どうにか準備を終え、雨上がりのどんよりとした灰色の冬空の下、私は重い足取りで林道を歩き始めました。この林道は旧上川村と旧三川村を結ぶ道路であり、以前は双方に番所があったとのこと

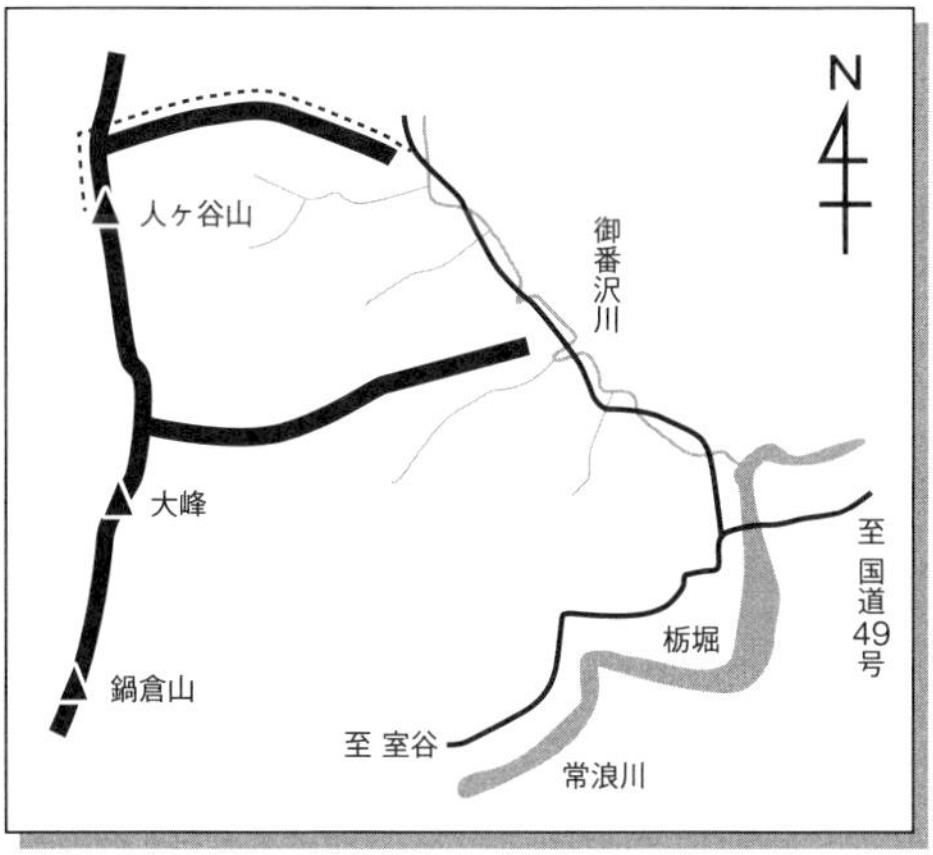

尾根の先の人ヶ谷山山頂

です。そんな歴史のある道のようですが、今となっては冬季除雪が行われず、最初のところのみの除雪となっており、少し進むと道路上には自分の背丈ほどの雪が積もっております。除雪終点からスノーシューを付けて進みますが、水分を多く含んだ重い雪は膝近くまで潜ってしまい、先ほどまでの寒さなどすっかり忘れて、大汗をかきながら林道を歩きました。私は毎年正月に大朝日岳に登ろうと日暮沢から約7㎞の林道を歩きますが、あの地獄の林道歩きを思い起こさせるほど苦しいラッセルとなりました。

必死に歩けど一向に進まない林道ラッセルに辟易する頃、ようやく目指す尾根の取り付き点に到着することができました。もうこの時点で体はかなり疲弊しており、大峰までの予定は私の中で既に頓挫しておりました。とりあえず人ヶ谷山までは行こうと考えて尾根を登りますが、尾根上のラッセルも膝まであり大変に苦しい思いをしながら登りました。

尾根はしばらく杉林の中を歩きますが、杉林の中を真っ直ぐに進んでブナ林となったところで視界が開け、ここで尾根を間違っていることに気が付きました。杉林の途中から左に曲がらなければならなかったようで、ここで軌道修正し、急斜面を登って尾根に取り付きました。広くなだらかな尾根は非常に登りやすく、深いラッセル以外は何の問題もなく登ることができました。痩せ尾根や急な登りもほとんどないのですが、林道を歩き終えた時点で疲弊していた足腰が、さらに深まるラッセルに悲鳴を上げるようになります。柔らかく重い雪が疲れた体にのしかかり、はやる気持ちとは裏腹に足が前に出なくなり、立ち止まる時間が長くなってしまいました。

ブナに囲まれた尾根の左側には、木々の間から目指す人ヶ谷山の山頂とその奥に大峰と鍋倉山が一望できます。動きが非常に鈍くなった足を騙し騙し進んでいくと、標高750mの稜線付近でようやく雪面が凍り付き始め、膝までだったラッセルが足首程度となりました。するとそれまで瀕死状態だった、まるで病人のような私でしたが、ここで一気に息を吹き返し、ぐんぐんと進むようになりました。不死鳥のようによみがえった私は、ほどなくして美しいブナに囲まれた広い人ヶ谷山の山頂に立つことができました。朝の寒さが嘘だったかのように気温が上がり、峰々は春の霞に包まれております。山頂は180度の展望を得ることができますが、付近は白く霞んで煙った景色となっており、遠くを望むことはできませんでした。

この妙な名前の人ヶ谷という地名の成り立ちはよく分かりませんが、山麓には人ヶ谷岩陰遺跡があり、縄文時代の終わりから弥生時代にかけての埋蔵物が出土しているとのこと。そこは人が住んでいたのではなく、狩猟のキャンプ地として岩陰を利用していたとされています。

稜線からは足首程度のラッセルとなって歩きやすく、このまま大峰まで行くことも一瞬考えましたが、夕方頃から一時的に天気が悪くなるといった予報だったので、素直にもと来た道を戻りました。広くてなだらかだった尾根が山頂まで続いていた人ヶ谷山は、今回の山行ではラッセルに苦しみましたが、雪が落ち着けば登りやすいうえ、山頂は広くて静かなので、とても楽しめるところなのではないかと思いました。

コースタイム

林道入り口～1時間55分～尾根取り付き箇所～3時間～人ヶ谷山～1時間15分～尾根取り付き箇所～1時間45分～林道入り口

34

志無燈山《しぶとうやま》（601・4m）

平成29年
3月19日
（日帰り）

阿賀町

旧上川村の御神楽岳前衛に志無燈山という山があります。それにしても、この志無燈という奇妙な山名はどこから来ているのでしょう？　山の名前は妙なものが多いのですが、同じ阿賀町に聳える人品頭山《じんぴんとうやま》と、すぐ隣の川内山塊に聳える奈羅無登山《ならんとやま》は、言わば新潟県の変な山名ベスト3なのではないかと思います。そういえば「しぶとう」と「じんぴんとう」「ならんと」、これらはどこか名前の響きが似ているように感じます。志無燈山をそのまま読むと、「志の無い灯の山」ということになりますが、いったいどういう意味なんでしょう？

山名は地元の人たちが名付け、方言が盛り込まれている場合が多くありますし、あるいは元々は違う名前だったものが転訛されたり、当て字を当てられたりする場合が多々見受けられます。多くの書物類を読んでみましたが、手掛かりとなる風土や風習についても、近くに聳える御神楽岳の影響があまりにも大きいためか、その傍らに小さく聳えている程度の志無燈山については何もなく、この不思議な山名を解明するような記述は見当たりませんでした。ただ一つだけ、何か手掛かりになるかもしれない記述が、『東蒲原郡史蹟誌』の中の「百八燈山」という題目で記載されているのを見付けました。それによると、中山集落の御廟山《ごびょうやま》と対峙して聳える山で、以仁王《もちひとおう》が修行のためなのか山に隠棲《いんせい》し、百八の燈火をつけたとのことです。八十里越《はちじゅうりごえ》から吉ケ平《よしがひら》に至り、その後に東蒲原へ辿り着いたとされる以仁王が、志

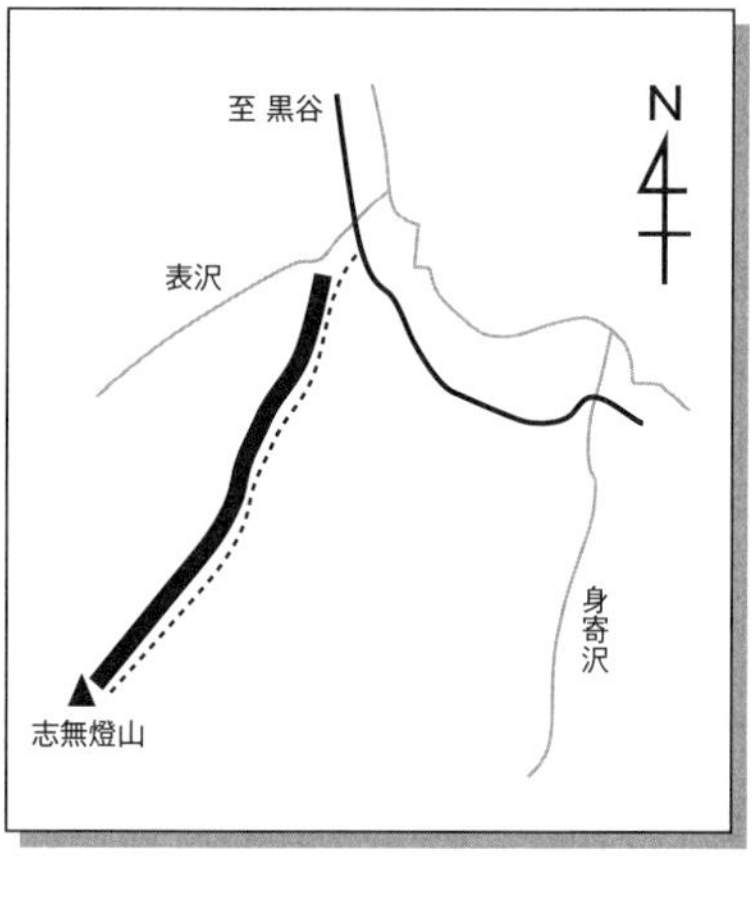

志無燈山

無燈山で修行をしたのかどうかは分かりませんが、この百八燈がいつのまにか志無燈に転訛したのではないかと思い、ここに紹介してみました。また、笠原藤七氏著『川内山とその周辺』には次のように記されています。志無燈山の東南に沢を挟んで一岩峰があり、昔この二つの山に相寄って戦が行われた。そのときに岩峰の方は矢を射尽くしたので「矢尽くし山」と呼ばれ、志無燈山の方は死人の山を築いたので「シビト山」と呼ばれるようになった。本来は「死人山」とするところ「志無燈山」を当てた、という内容です。

登山当日、朝は冷たい雨が降っていて「今日はゆっくり家で過ごそう」、そう思っていましたが、雨が止んで空が徐々に青空になりました。そこで急いで支度をして、阿賀町の黒谷《くろだに》集落へと車を走らせました。黒谷集落にはすんなりと到着したものの、急に向かったものですから、尾根に取り付くためにどこへ行けばいいのか分かりません。もちろん出掛ける前に家で地図を眺め、大よその取り付く場所を決めていたのですが、初めて訪れた集落ということもあって、そこにどうやって行けばいいのか分からず、集落の付近を行ったり来たりしておりました。地形図上では林道を３㎞ほど歩くのですが、間違ってほかの林道を歩いたりして、結局志無燈山に向かう林道の入り口に立ったのは11時近くになってしまいました。

3月も中旬だというのに、ここのところ寒気が流れ込む日が多いせいか、いまだに林道の積雪は増えているようです。脛まで潜る3㎞の林道歩きに辟易しながら、ようやく尾根の取り付き点へと到着しました。これから登る山は下越の谷川岳といわれる御神楽岳の前衛峰です。いくら低山とは言え、おそらくは岩尾根であろうと、ここから気を引き締めて急な雪壁に取り付きました。

最初の急壁を登り終えると、しばらくなだらかで広い尾根が続きますが、やがて尾根は痩せ細り、ずたずたに切れ落ちた雪の隙間から岩盤が見え隠れするようになります。雪が落ちた痩せ尾根には古い鉈目が確認され、どうも薄いながら踏み跡があるように感じます。このことから、少なくとも地元の人は何らかの理由でこの山に入っていることが確認できます。少し怖い思いをしながら難所を通過し、山頂手前から再び尾根が広がるようになって、太いブナ林となり、立派な天然杉もたくさん見られるようになります。そして膝まで埋まりながら急坂を登りきると、ようやく立派な天然杉が自生している山頂に着きました。

一応、これで登頂を果たしたと思うのですが、地図を見ると三角点の位置は細長い山頂の向こう端にあるようでしたので、もう少しラッセルを頑張って、点在する天然杉の間をすり抜けて、雪の下に三角点があると思われるところへと辿り着きました。天然杉とブナに囲まれた山頂の隙間からは、御神楽岳が間近で見えるはずなのでしょうけれど、今日は雲の中のようです。天気が回復すると思ってせっかく訪れたのに、なかなか天気は回復しませんでした。それどころか、また雪が降ってきたので、急いで下山に取り掛かりました。林道に下りる頃には雪が雨に変わり、本降りとなりつつある雨と競争しながら車へと戻りました。

コースタイム

林道入り口〜1時間30分〜尾根取り付き〜1時間30分〜志無燈山〜1時間〜尾根取り付き〜1時間20分〜林道入り口

35

悪場峠《あくばとうげ》～木六山《きろくやま》（825m）～七郎平山《しちろうだいらやま》（906m）～銀次郎山《ぎんじろうやま》（1052m）～銀太郎山《ぎんたろうやま》（1112m）～五剣谷岳《ごけんやだけ》（1187.6m）～割岩山《わりいわやま》（1110.7m）、青里岳《あおりだけ》（1215.5m）

令和3年
4月10日
～12日
（2泊3日）

五泉市

川内山塊に遊びに行くなら、私的にはやはり旧村松町側からが良いと思っております。旧村松側から川内の山を歩いてみて思うことは、ここが単なる峰続きの山脈ではなく、一つひとつの山が個性豊かに、それぞれに大きく主張し、ひしめき合っているということです。そのさまはとてもダイナミックであり、素晴らしい景観の中を歩くことができます。ゆえにアップダウンが激しく、歩程も長いため、体力的に非常に厳しいものを強いられます。にもかかわらず、川内山塊本来の奥深さ、秘境といった雰囲気を味わいたくて、私は悪場峠へと再び足を運びました。

今回はそんな秘境の中でもさらに秘境である割岩山へ登りたいと思っておりました。割岩山は川内山塊の中でも展望はピカ一で、日本のマイナー12名山にふさわしいのは矢筈岳ではなく、本当は割岩山だと言う方さえいると聞きました。割岩山は縦走路から大きく外れているということもあって、訪れる人はほとんどいないようで、その貴重な山頂をぜひとも踏んでみたいと前々から考えておりました。

登山道具が進化した昨今、荷物を精いっぱい軽くして、暗い時間帯から歩き始める方もおられるようですが、暗い時間帯の山歩きけ感心したものではありません。それに私は単なるピークハンターというわけでは

割岩山山頂から青里岳を振り返る

なく、行程も楽しみのうちの一つであると思っており、またそれが本来の山の登り方でもあると考えています。せっかくですから、日本一の秘境をゆっくり楽しみたいと考えると、1泊2日ではあまりに中途半端な日程となり、忙《せわ》しない山登りとなってしまいます。そこで、天気も良いようですし、会社には休暇届を出して2泊3日で向かうことにしました。この山行では、七郎平山に幕営するという山仲間も途中まで一緒で、すっかり雪がなくなった悪場峠から2人で歩き始めました。

4月も半ばに差し掛かろうというのに、この日は季節外れの雪がちらつき、久しぶりの大荷物でありましたが、汗をかかずに歩くことができ助かりました、それにしても、やはり荷物が重いと思うように足が前に出ません。年齢とともに楽をすることばかりを考えるようになり、ここ数年は自分でも気が付かないうちに疲れるような山登りを避けておりました。そんなツケが今日のような山行のときに回ってきます。いつもはすぐに到着する仏峠なのに、今日はすっかり疲れ果てた状態で仏峠に到着しました。仏峠はまだ入り口で、これからようやく山登りが始まるというのに、この先大丈夫なのか、一抹の不安を抱きます。仏峠で荷物を下ろし、神様に手を合わせ、これから始まる山行の無事をお願いしてから、再び歩き始めました。

カタクリが咲き誇る、歩きにくいへつり道を水無平まで進み、雪解けがすっかり終わって木々の枝が少しうるさくなり始めた急斜面を、木六山に向かって登ります。いつもはこの登りで道を失い、大藪の斜面をボロボロになりながら登りきって尾根上に出るのですが、今回は雪がなくなっていて、踏み跡がある程度露出しています。おかげで道を失うことなくすんなりと尾根上に辿り着き、大峰の神様のところで一息つきました。ここはかつて鉱山道ということもあって、鉱夫の安全を祈願するための山の神、いわゆる道祖神が道端に鎮座しておられます。川内では、ほかの登山道でもこの道祖神が多く見られ、当時の面影を偲ぶことができますが、今となっては鉱夫ではなく、我々のような登山者が山行の安全をお祈りして手を合わせているようです。今回もまた手を合わせようとしましたが、驚いたことにこの大峰の神様の姿がありません。台座はあるのですが、肝心の祠がどこにもなく、辺りを探しましたが、その姿はどこにもありませんでした。もしかすると、鉱山作業のために出入りする人がなくなった今、遊びで入山する登山者に神様は不要ということで、どこかへ行ってしまったのかもしれません。私は消えた神様との思い出を心の中でぐるぐると巡らせながら、悲しい気持ちのまま木六山へ向かいました。

さて、木六山の山頂では、持ってきたシュークリームを食べました。シュークリームのようなやわらかい食べ物だとザックの中で潰れてしまい、通常は煎餅のようにぺっちゃんこになるものですが、今日は丸いシュークリームが四角いシュークリームに変形した程度で済みました。同行者には「ここのシュークリームは四角いんだよね」と言いながら渡しました。

今回一緒に登った山仲間は七郎平山で幕営ということですが、七郎平山は昭和初期まで鉱夫の飯場があったというほど平原状になっており、さらに水場もあって、快適な幕営を約束してくれる場所です。私は五剣谷岳まで進んで幕営を予定しており、先を急がなければなりません。ここで同行者とはお別れし、長大な川内の核心部を独り寂しく進むことになりました。

時折現れる雪堤上には、2名の先行者の足跡がありました。また、木六山で休憩している間に後方から追いついて来られた1名の登山者がいて、その方とは抜きつ抜かれつで進み、しばらくして先行の2名にも追いつき、結局銀次郎山の手前で4名の登山者が揃《そろ》うこととなりました。４名はすべて単独です。天気の良い連休であり、また全国的に秘境と言われ人気のある川内山塊ですが、今日の入山者はわずか4名しかいません。お手軽に入山できる室谷側に比べて、こちら側は静けさを保っているようで、少し安心しました。私個人的には、山で人と会うことなど滅多にないことであり、それが４人もの人といっぺんに会うなんて、とても珍しいことでした。４人の登山者は離れることもなく、銀次郎山を越えて銀太郎山へ到着しました。ここまでは9割方雪が解け、すっかり露出した登山道上を歩くことができました。

この銀太郎や銀次郎といった人名を模した山名は、『日本山名事典』によると「初めて採鉱をした人が銀太郎と銀次郎という人」と記載されておりますが、ほかのいろいろな書物を調べると「家老清野銀太郎、銀次郎兄弟が案内人である七郎兵と共に藪をかき分けてようやく登頂した山」とあります。やはり今日では秘境と言われている川内の山々も、鉱山史だけに留まらず、さまざまな歴史が埋もれているようで、古くからの峠道、あるいは抜け道といった古道があって、人々に利用されていたことをうかがい知ることができます。

銀太郎山では、皆さんそれぞれ昼食を取っておられたようですが、私は相変わらずいつものように腹が減りません。特に食べる必要がないので、先に五剣谷山へと向かいました。ここからは道がなくなり、藪歩きを覚悟していましたが、一部を除いて、心細いながらも雪堤の上を歩くことができました。そして、雪原が大きくうねった最低鞍部の窪地《くぼち》を越え、密藪の尾根を進んでいくと、五剣谷岳直下の急斜面へ出ることができました。そろそろ体も疲れを覚え始めているところですが、この急斜面を登りきれば本日の幕営地となり、ようやく腰を落ち着けることができます。あとひと踏ん張りと自分に言い聞かせて登りました。藪歩きを想定して、ここまでアイゼンを着けませんでしたが、いい加減足腰も疲れてきたので、最後の急斜面はアイゼンを装着して登りきりました。

五剣谷岳山頂は藪となっており、そこはスルーして雪原の大海原となった山頂台地を少し青里岳側へ向かって進み、一番景色の良いところにでーんとテントを張りました。天候は午後からこれ以上にない青空となっており、今日と明日は風の心配もなさそうです。４人の入山者のうち1人は銀太郎山と五剣谷岳間の鞍部で幕営とのことでしたが、ほかの2人はこの五剣谷岳付近でそれぞれ思い思いの場所に幕営されておりました。とても静かな夜にテントから外に出ると、明日行く割岩山や青里岳、その奥に矢筈岳がシルエットとなって浮かび上がり、頭上には幾千数多《あまた》の星が大粒となってちりばめられ、下界は煌《きら》びやかに夜景が輝いておりました。

そして翌朝、いよいよ数年前から温めてきた割岩山へと向かいます。これまで何度か予定を立てるも、天気が悪くて訪れることができなかった割岩山登頂の夢が叶《かな》う時がやって来ます。空が白け始めました。シルエットだった峰々の輪郭が赤い斜光線に染まり始めると同時に、はやる気持ちを抑えながらテントから出ました。近くで幕営していたお二方も、矢筈に向かって歩き始めたようです。私も後を追うように進んでいきました。

五剣谷岳から藪と雪堤を交互に歩きながら一度大きく下り、そして次のピークを登りきる手前から主稜線を外れ、左の急斜面を下っていきました。割岩山へ向かう尾根には大きな露岩があり、この急斜面を少し下って露岩を巻いて尾根上に乗ろうとしました。しかし、露岩の基部付近で雪堤が切れ落ちており、そこを越えることができません。すんなり割岩山へ延びる尾根上には乗ることができず、ここで少し困ってしまいました。

おそらく今年はあまりにも雪解けが早く、雪堤が落ちてしまったのだろうと思います。例年であればすんなりと尾根に乗ることができるものと思われますが……。辺りは急な沢筋となっていて、とても下っていくことができそうにありません。さて、どうしたものか。いろいろ思案した結果、少し離れたところのわずかに尾根状となったところまで行き、その尾根を辿って下りながら沢筋の傾斜がいくらか緩んだ辺りから沢をトラバースし、尾根に乗るといったルートを選択してみました。わずかな尾根には木々が生えているので、そこはどうにかこうにか下ることができ、少しでも傾斜が緩んだ沢筋を見計らってトラバースをして、対岸へ移ります。しかし、このトラバースがとんでもなく怖かった。雪面は固く締まっており、ステップを刻もうにもわずかなステップしか付けることができません。それでも時間をかけて、何とか対岸へと渡りました。

しかし、割岩山へ延びる尾根上に乗るには、あと二つの沢筋を越えなければならず、その光景を目にしたときは、「もうやめようか」と思ってしまいました。それでも恐怖に震えながら一歩一歩慎重に進み、どうにか残る二つの沢筋を越えて尾根に乗りました。心底ホッとすると同時に、帰りも通らなければならないことを思うと、とても気持ちが重くなりました。とにもかくにも、とりあえず尾根上に乗ることができました。ここからはひたすら藪の中を歩きます。

最低鞍部は痩せた岩尾根となって、一時的に藪から解放されましたが、それ以外はずっと藪でした。それほどの密藪ではなかったと思いますが、踏み跡といったものが一切ないことから、割岩山は鉱夫や猟師といった方たちの出入りすらなかったのではないかと思われました。灌木に身を委ね、木々に摑まりながら斜面を登りきると、やがて尾根は広がって小さな雪原となり、「ああ、来たんだな」と、そこでようやく割岩山の山頂に来たことを悟ります。雪原の先に藪があり、そこの標高が一番高いようなので行ってみると、思った通り三角点を灌木の中に見付けることができました。

割岩山の山頂には、山名に因んだ悪岩は見当たらず、割岩沢の沢名から山名が来ていることがうかがえます。確かに足元を見ると、急峻な割岩沢に大きな岩肌が屏風のように突立していて、いかにも悪そうな沢に見えました。肝心の景色はというと、とにかく矢筈岳が大きく見え、この角度から矢筈岳を見ることができるのはとても貴重なことであろうと思いました。青里岳も同様に珍しい角度から見ることができました。しかし残念なのは、山頂の灌木が邪魔をして、360度の大展望というわけにいかなかったことです。移動しながら360度の展望を得ることはできましたが……。

それからもう一つ残念なことは、どこかで日焼け止めを落としてしまったらしく、今日のような強い陽射しが降り注ぐ日に、日焼け止めを塗ることができなかったことです。「まずいな」と思いましたが、すでに後の祭り、ここは潔く諦めて、なかなか来ることができない割岩山の山頂をしばらく楽しんでから、来たところを戻り始めました。そして、気温が上がったおかげで少し緩んだ雪面に、大きめのステップを刻みながら、恐る恐るではありましたが、午前10時過ぎに何とか主稜線尾根へと戻ることができました。あまりにも急斜面だったので、雪崩も怖かったのですが、雪が完全に緩む前で良かったです。

そして、ここからすんなりとテントへ戻るには早すぎるので、久しぶりに青里岳まで足を延ばしてみることにしました。割岩山の分岐から先は、尾根上の雪はなくなり、右側斜面をトラバースしながら雪を拾って歩きました。しかしそれも束の間、すぐに雪はなくなり、いよいよ川内の藪歩きが始まりました。藪といっても尾根上には踏み跡があるので、それほど酷いものではありませんでしたが、やはり時間はかかります。目の前には青里岳の大斜面が大きく聳えておりますが、藪に阻まれた尾根により、それが一向に近づいてきません。

　藪歩きもいい加減に飽き飽きしてきた頃、ようやく雪原となって、それがうねりながら青里岳へと大斜面を形成して聳えているところまでやって来きました。この最後の斜面を登りきれば青里岳の山頂に立つことができます。雪面は固く締まっていて、アイゼンでステップを切りながら登ります。体はかなり疲弊しており、何度も立ち止まって呼吸を整えながら、一歩一歩進むしかありませんでした。やがて斜面が緩むと、いよいよ山頂は目の前となり、ほどなく細長い青里岳の山頂へと立つことができました。

　後日調べてみると、私自身ここを訪れるのは12年ぶりのことだったのですが、久しぶりの青里岳はやはり素晴らしい景観のまま、秘峰として川内の中心部に君臨しておりました。川内山塊は矢筈岳ばかりが注目されていますが、青里岳もとても素晴らしいところです。周囲を五剣谷岳、粟ヶ岳《あわがだけ》、矢筈岳といった川内の名峰に囲まれて佇《たたず》むその姿は、人が多くなった矢筈岳よりも秘境の趣を感じます。

　青里岳からは、急峻な谷と尾根が折れ連なった川内の山々をしばらく眺め、テントへと戻りました。テントに戻ってアイゼンを干したりテントペグを直したりしていると、矢筈に向かったお二方も戻ってこられ、「お疲れさま」と声をかけると、私を見るなり「真っ黒い顔」と言いました。日焼け止めをどこかに落としてしまい、春の強い陽射しにさらされ続けたのだから仕方がない……。でも、黒い顔の人に言われるくらいだから、私は相当に日焼けしていたのかもしれません。彼としばらく山の話で盛り上がってから、夕食の支度を始め、今晩もまた静かで快適な秘境の一夜を過ごしました。そして最終日は陽射しが照り付ける中、満ち足りた心で下山の途に着きました。

コースタイム

《1日目》
悪場峠手前~3時間10分~木六山~1時間45分~七郎平山~1時間5分~銀次郎山~1時間15分~銀太郎山~2時間20分~五剣谷岳幕営地

《2日目》
五剣谷岳幕営地~30分~割岩山分岐~2時間45分~割岩山~2時間10分~割岩山分岐~2時間20分~青里岳~3時間5分~五剣谷岳幕営地

《3日目》
五剣谷岳幕営地~1時間40分~銀太郎山~1時間10分~銀次郎山~50分~七郎平山~1時間35分~木六山~1時間45分~悪場峠手前

36 駒形山《こまがたやま》（1071・7m）

平成21年4月19日（日帰り）

阿賀町

3月の彼岸の頃に川内山塊を縦走してきました。本来は縦走ではなく、矢筈岳と駒形山に行き、往路下山の予定でした。ところが、たまたま同じ日に縦走を計画していた山岳会の大先輩2人と矢筈分岐までご一緒させていただくことになり、結局そのまま一緒に矢筈岳を越えて粟ヶ岳まで縦走し、水源池へと下山しました。

最初から単独ならこうはならないのですが、気心知れた2人の大先輩と途中から離れて別行動というのも、その過酷な条件の中では不安な思いもありました。それにベテランの先輩たちは、未熟者な私に対して常に優しさを持ちあわせておられ、こんな薄情者の私でさえ、途中から別行動するのが寂しく感じたのです。「いつも山は単独で登るのが簡単でいい」なんてうそぶいていますが、実はそうでもないのかもしれないと我ながら思ってしまいました。これまで2人には甘えた行動をしてきたつもりはありませんでしたが、でも多分、気が付かないうちにいろいろとお世話になっていたのではないかと思います。

そんなわけで、そのときはお二方と最後まで縦走をご一緒させていただき、駒形山は次回ということになりました。それからというもの、駒形山は私の中でくすぶっておりました。ガラス張りのトイレで用を足したような、何か落ち着かないような、すっきりしない、心の中に忘れ物をしているような気持ちでおりました。「山は逃げない」という言葉をよく耳にしますが、やはり行ける

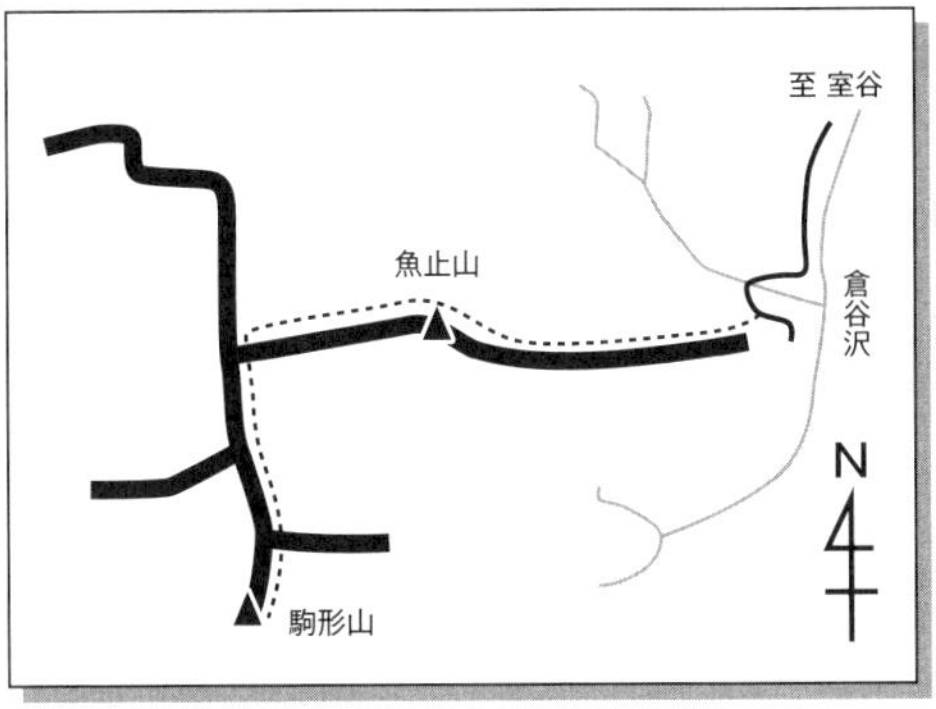

尾根途中から駒形山方面を望む

ときに行っておくべきで、一度タイミングを逃すと、なかなか次の機会が回ってこないような気がするので、駒形山の早期実現を目指しました。

しかし、地図を見てもすぐに分かりますが、そう簡単に登頂できるような山ではありません。距離は矢筈岳よりも遠く、そして深そうです。誰に聞いても「日帰りでは無理だ！」と言います。それでも「鉄は熱いうちに打て」で、19日の日曜日は天気が良さそうだし、無理なら途中で引き返すつもりで、駒形山の日帰りに挑戦することにしました。

朝まだ暗いうちから準備を始め、夜明けとともに歩き始めました。今回はできるだけ装備は軽量にしました。実は私は装備を軽量にするようなことはあまりしません。辛いことなのですが、軽量に体が慣れてしまうことが嫌だからです。装備の軽量化について、研究をしていないわけではありません。いつもしています。ただしそれは、本当にここぞというときのための研究です。人から「絶対に日帰りは無理」と言われた駒形山を、「絶対に日帰りで行ってやる」という意気込みで臨みました。

室谷林道はある程度雪解けが進んでいて、林道の歩きは15分程度で済みましたが、相変わらず魚止山までは急勾配の登りが続きます。こんなに急登が続く山はほかに類を見ないのではないでしょうか？

魚止山に着いても安心できません。その奥に魚止山より約40ｍ標高の高い立派なピークがあり、さらにそこから登り下りが続きます。道は藪っぽいものの、踏み跡があり、残雪と踏み跡を交互に歩きながら、矢筈の分岐に到着しました。ここから見る矢筈岳はとても雄大です。駒形山はここからはまだ見えません。

分岐にはテントが二張りあり、皆さん矢筈岳を目指しているようです。矢筈岳の手前くらいまでは踏み跡があるようですが、私は反対方向に向かわなければなりません。踏み跡はなくなり、この辺りから藪歩きの始まりです。この山域を歩いて感じることは、見渡す限り山々で、山の深さを痛感するということは言わずと知れたことですが、それ以外に感じるのは、谷はスパッと深く切れ落ちており、峰は鋭く立ち上がり、稜線の見通しが利かないということです、随分と浸食作用が進んでいる地域で、明らかに飯豊や朝日とは違った山容を見せています。私は谷川連峰に似ているように感じていますが、どうでしょうか。

それから、やたらとカモシカなどの野生動物が多いと思いました。多分、今日だけで少なくとも５匹のカモシカを見かけています。地図を見ていると、程近い場所に下田のカモシカ生息地とか、笠堀のカモシカ生息地と書いてあり、ここはそれほどカモシカが多く生息している地域なのでしょう。野鳥も多いように思います。野鳥に関しては、近くに聳える守門岳《すもんだけ》が有名ですが、この川内山塊は人の手があまり入ってないので、これら野生動物にとってはきっと安息の地になっているのでしょう。最近、矢筈岳をはじめ、この川内山塊には人が多く入山するようになっています。私としては山が荒れないよう祈るばかりです。

矢筈岳分岐からの尾根は、地図上では広く歩きやすそうになっています。最初は雪原を歩きましたが、すぐに雪は消え、長い藪尾根の登り下りを繰り返しました。この登り下りは地図では分かりません。藪も結構きつかったですし、部分的に蔦がうるさかったところもありました。さらに一部ですが、細尾根と岩場があり、雪の状態によっては通過困難な箇所になりそうです。

駒形山の手前のピークまで来ると、頂稜付近は雪を被っており、雪原からやっと駒形山の姿が見え、駒形山以外の川内山塊の隅々までも見渡せるようになりました。今日、豊栄山岳会の方々と五剣谷岳に向かっている下越山岳会の同士である中村さんや石井さんと無線で連絡を取ってみました。彼らは彼らで楽しそうです。この晴天の下、川内山塊を満喫している様子です。私も間近に迫った駒形山を目指し、山の歌を歌いながら、元気に登頂に向け、最後の歩を進めました。

最後はブナの木々の中を、薄くなった藪斜面を登りきり、10時40分に山頂に到着。歩き始めから約6時間で山頂に立ちました。山頂は背の低い灌木に覆われていますが、ポツンと斜めになった三角点の周りだけ木が生えていませんでした。登頂は以外とあっけなく果たすことができました。正直、歩き始めは随分と燃えていたのですが、あっけない登頂に気が抜け、燃えカスのような状態になってしまいました。とにもかくにも、とりあえず山頂で「万歳!」をし、一人で一本締めをしました。

それにしても、三角点がある駒形山にしろ、魚止山にしろ、とても貧相な山です。双方とも隣のピークの方が標高は高く、立派な山容をしており、そちらの方が見通しも利きます。

それから不思議に思うのは、こんな奥深い山に、誰が駒形山と名付けたのでしょうか? 因みに日本全国の駒の字の付く山や峠は48座あり、そのうち駒形山は3座あります。この川内山塊の駒形山以外ですと、飯豊本山の隣に駒形山があり、登山が趣味の方であればご存じの方も多いでしょう。それから岩手県にも駒形山があるそうです。駒ヶ岳に代表される山名は、大半は馬形の残雪模様から来ているようですが、この駒形山は人里から遠く、馬の雪形《ゆきがた》からではないと思われます。もしかしたら、山の形が独楽《こま》の形に似ているところから名付けられたのかもしれません。こんな奥深い山域にも、以前はまたぎを生業とする地元の方々が多くおられたものと思われます。駒形山はそんな人たちが山の形を見て、名付けたものなのではなかろうかと思いました。

駒形山頂を満喫した後、私はもぬけの殻状態で下山を始めました。追い討ちをかけるように、気温は高くなり、汗をかきながらダラダラと歩きました。この尾根、実は駒形山より魚止山の方が少しですが標高が高く、行きよりも帰りの方が時間がかかるだろうと予測しておりました。思った通り6時間の登りに対し、下山には7時間もかかってしまいました。

コースタイム

車～17分～登山口～1時間45分～魚止山～1時間12分～矢筈岳分岐～2時間35分～駒形山～2時間46分～矢筈分岐～1時間50分～魚止山～1時間29分～登山口～19分～車

37

奈羅無登山《ならんとやま》
（892m）

平成30年
4月14日
（日帰り）

五泉市

奈羅無登山は川内山塊の一角に聳える、特に目立たない小さな山です。にもかかわらず、この山を知っている方は多くおられるのではないでしょうか。それはこの山の奇妙な山名によるものと思われます。なぜこのような山名が付けられたのかいろいろ調べてみると、『越後山岳第弐号』の中で村松町出身の笠原藤七氏が「川内地名考」を寄稿されており、そこで「この地図の上に漂う軍人臭――それは地名の用字の上に現れている」として、奈羅無登山というこの変な山名は、陸地測量部が地図上に当て字で表記してから、これが定着してしまったと記されております。確かにカタカナでナラント山と表記されるより、奈羅無登山で表記された方が強く印象に残るものではないかと感じます。

いずれにしても、この〝ナラント〟にはどういった意味があるのでしょう？　「川内地名考」の中では、川内の名の知れた熊撃ちに聞いた話として、「ナラント山の西斜面は熊狩りに行ってはナラントコだから、そのような名前が生まれたのではなかろうか」とあり、笠原氏曰く「何となくこじつけのような気がする」とのことです。

私自身、この変な名前の山にはいつか行ってみようと思っていたのですが、ガキガキと切り立って複雑に蛇行する尾根と、険しく聳える峰々が連続しており、近くに

広くて細長い奈羅無登山の山頂

ある割には、その山頂に立つまでかなりの遠回りをしなければなりません。果てしない距離を歩かせられることから、訪れる機会がなかなか巡ってこないといったところでした。藪山の先駆者である羽田さんは、著書『知られざる山々』の中で、「近づいてはならん山だったのか」と副題を付けておられましたが、私にとっては「行かなければならん山」として、いつまでも心の中にあった山でした。

そして、いよいよ数年の年月を経て、奈羅無登山に登る日がやって来る運びとなりました。今年は早くから悪場峠まで道路が開通したということで、余分な車道歩きを回避することができて助かりました。というか、その分寝坊することができて良かったです。悪場峠にはちょうど10年ぶりに訪れるので、あの山道の中のどの辺りが悪場峠で、どこから山に入っていけばいいのか分かるだろうか、また悪場峠から水無平を越えて木六山に至るまでは地形図を見ても判然とせず、私にとって、そこの部分が今回の山行の中で一番の不安要素でした。

車は早出川《はやで》ダムへ向かう県道を衣岩から右に折れ、峠道へと差し掛かります。昔、訪れたときの記憶を辿りながら、何となくですが、ここが悪場峠だと思える場所に到着しました。車から降りて周囲を見渡すと、雪の斜面に辛うじて確認できる足跡を見付け、無事に悪場峠に来られたことを確信しました。ここは標識類が何もないのに加え、辺りは雪に覆われていて、どこをどう登って行けばいいのかよく分かりません。地形図を見ても破線（登山道）は書かれていませんし、出だしの地形も複雑です。悪場峠の登り口付近にあった足跡もすぐになくなり、適当に上に向かってうろうろと歩きました。しばらくすると、ようやく雪の切れ目から登山道を見付けることができ、ひと安心して先に進んでいきました。

　登山道に沿って歩きにくいへつり道を進むと、ほどなく広い水無平へ出ます。ここは雪に覆われているので道が分からなくなってしまいますが、適当に進んで向かい側の急斜面を登り、尾根上に出るしかないと考え、歩を進めました。ただし、この急斜面のどこを登ればいいのかは概ね見当を付けていたので、藪であろうがとにかく構わず登り、尾根上に出ました。そして、山頂方面に向かうと、思った通り再び登山道を見付けることができました。仮にこの急斜面のどこを登るか見当が付けられなかったとすると、大きく道を踏み外してしまった可能性があり、面倒なことになっていたと思います。

　ここから先は、普通に登山道に沿って比較的平坦な道を進めば、最後に急斜面を登って木六山に出ることができます。木六山から奈羅無登山はすぐ近くに見えるのですが、中杉川を迂回するため、大きく遠回りをしなければなりません。最初の通過点である木六山は、展望もまずまずで、それなりに良い山であると思うのですが、なぜか訪れる人が少ないようです。確かにヒルがいるようなので、時季を選ばなければなりませんが、この時季はもっと賑わっても良さそうに思います。

　この木六山は、古くから登山道が整備されている山で、古いガイド本を見ても木六山は掲載されております。ただ残念なことに、昭和57年発行の『新潟の山旅』というガイド本を久しぶりに本棚の奥から出してきて見てみると、「グシの峰までは登山やハイキングとしての魅力があるが、そこから先、木六山は登山の対象に乏しい山」と書かれておりました。この古くから整備されてきた登山道は、以前は山菜採りや炭焼きに利用されてきた古道だそうです。そんな古くから利用されてきた道を進んでいくと、道沿いには待ちわびた春を楽しむかのように、イワウチワとカタクリが咲き乱れていました。

　七郎平山などの峰々を大きく登り下りすると、やがて銀次郎山に辿り着きます。ここから古道と別れて、いよいよ核心部へと突入するわけでありますが、道がない方がかえって自由に歩けて好都合のような気がします。まずは銀次郎山から急斜面を下りますが、ここでアイゼンを着け、山頂の少し七郎平山側の辺りから壁状の雪面を恐る恐る下りました。下りきると、しばらくは平坦な雪堤を歩くことができます。行先には二つの山頂が見え、手前の山頂が赤犬と名付けられたところで、奥の山頂が中杉山のようです。

赤犬には、まず一度下って登り返すことになりますが、広いブナが生い茂るところで、ホッと安堵するような場所であります。少し話が逸れてしまいますが、赤犬で思い出した話を一つ。以前、私が犬を拾ってきたところ、1週間後くらいにその犬が8頭もの子犬を産みました。家は犬だらけになってしまい、困ってすぐに里親探しを始めました。そんな折、近くのスーパーへ買い物に行こうと歩いていると、すれ違う女子高生が私を見て「きゃー、かわいい！」と声を上げました。私は「やっぱりな！」なんて思いながらスーパーに着いたのですが、ふと足元を見ると、生まれたばかりの子犬が、ぞろぞろと私の足元にいるではありませんか。どうやら家からずっと私についてきていたようです。子犬を引き連れたままスーパーの中に入るわけにいかないので、いったん家に戻ることにしましたが、戻る途中でもすれ違う人が私を見て「かわいい」と言います。正確に言えば私の足元を見て「かわいい」と言っていたのかもしれません。途中、側溝にはまったりしてピーピー泣く子犬をどうにか家に連れて帰り、再び買い物に行こうとしますが、私の後を追いたいのか、今度は玄関先でピーピー泣いて大変。仕方がなく買い物を断念したなんてことがありました。このときに拾ってきた犬も赤い犬でした。

なぜ地元の人がここを赤犬と呼ぶのか分かりませんが、山で犬の地名が使われているところは、オオカミが関連している場合が多いようです。しかし、昔の人の話を聞くと、戦時中の食糧難のときに日本でも犬を食べていたと言い、中でも赤い犬が美味しかったと聞きます。まさかこの地名はそんな美味しい赤犬から来ているわけではないのかもしれませんが、そんなことを考えると、どうもここはあまり好きになれません。そんなこんなで、広い穏やかな赤犬でホッとするも、長く留まる気にはなれず、すぐ隣の中杉山へと向かいました。

中杉山へは再び大きく下り、そして大きく登り返すことになり、しかも藪尾根となっております。尾根上は薄い踏み跡が付いているので何とかなりますが、ところどころは濃い藪となっていました。苦労してようやく中杉山の山頂に辿り着くと、そこは雪に覆われていましたが、山頂を少し通過した辺りからまたしても大きく下り、しかもこれまた大藪の斜面となっています。下りきると、心細い雪堤を拾って何とか歩くことができましたが、尾根上は天然杉の大木が隙間なくびっしりと覆っていて、雪堤がなかったらかなりの苦労を強いられていたものと思われます。

最低鞍部からは、いくらかの藪歩きもありましたが、意外と苦労することはなく、雪堤と藪を繰り返しながら手前に聳える峰を越え、遠かった奈羅無登山へと到着することができました。広く細長い山頂は、粟ヶ岳方面がよく見えなかった以外は展望も良好で、日本平山がすぐ隣に大きく聳え、五剣谷岳や奥に矢筈岳の姿も見えます。ここでしばらく休憩しますが、帰りの長い道のりを考えると気が重くなります。早々に休憩を切り上げて、なかなか訪れることができない奈羅無登山の山頂を惜しみながら、果てしなく長い道のりを引き返し、無事に悪場峠へと戻ることができました。

今回は日帰りでどうにか行ってくることができましたが、これは中杉山から先が雪堤を多く拾って歩けたからであり、もし雪堤が落ちてなくなっていたら、あの薄い踏み跡では日帰りすることは難しいのではないかと感じました。日本有数の秘境といわれる川内山塊の峰々は、それぞれが個性的に聳えていますが、その中でも奈羅無登山は、小さいながらもほかの峰々に負けまいと、己を主張するかのように、空に向かって聳える姿が印象的でした。

コースタイム

悪場峠～1時間45分～木六山～2時間～銀次郎山～55分～中杉山～1時間15分～奈羅無登山～1時間20分～中杉山～1時間20分～銀次郎山～1時間45分～木六山～1時間15分～悪場峠

38

坪《つぼ》ノ《の》毛《げ》

（652m）

平成31年
4月17日
（日帰り）

五泉市

　私の数少ない山仲間から「川内に変な名前の山があるよ」と聞かされました。確かに地形図を見ると川内山塊の隅、あまり目立たない辺りに〝坪ノ毛〟という奇妙な地名が書かれています。通常、山名であれば山、岳、峰といった文字が付くのに、毛とはいったい何なのだろう？　よく木の生えていない山が毛無山と名付けられるなど、毛は樹木を表す言葉として使われますが、果たして坪ノ毛はどうなのでしょうか？

　国土地理院発行の地形図では、昭和55年発行のものに坪ノ毛という地名はなく、そこには標高だけが記されております。平成以降に入ってから発行された地形図には坪ノ毛の表記があり、そのことから一般的には古くから認知されていた地名ではないものかと思われます。昭和40年発行の『川内山とその周辺』という本によると、「修正前の御神楽岳図幅に将牙岩山《しょうがいわやま》という山があって、地元では坪ノ毛と呼ぶ」と書かれています。将牙岩山に関しては、そこにコガイワというところがあって、それが小ヶ岩になり、将牙岩に転訛されていった内容のことが記載されています。昭和40年の時点で、地元ではすでに坪ノ毛と呼ばれていたこの山は、果たしてどんなところなのでしょう。名前のように窪地に木が密集しているのでしょうか？　ちなみに、女川流域の最高峰に頭布山というところがあります

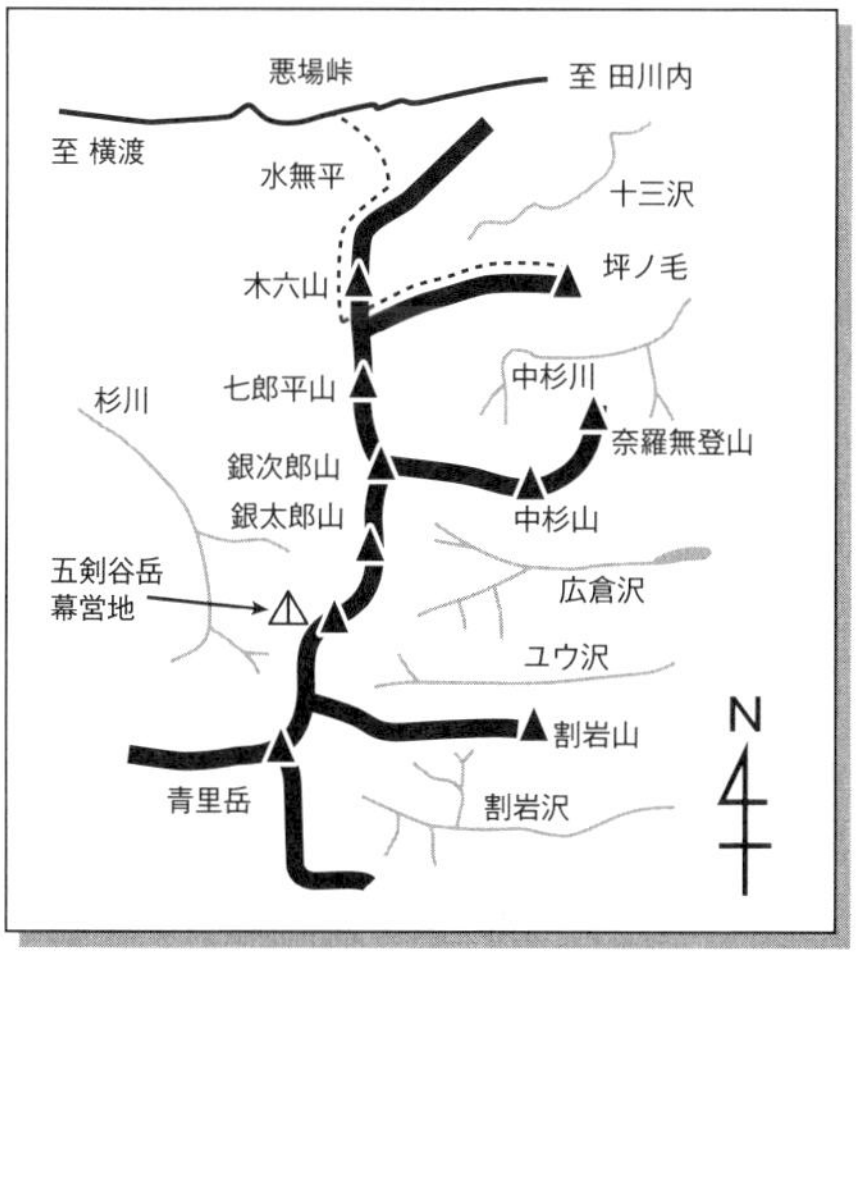

坪ノ毛

が、そこはかつて地元の人に「坪毛」と呼ばれていたそうです。また、以前は耕地の面積を表すときに「坪付」といった言葉が使われていたそうですが、この川内山塊の坪ノ毛とは何か関係があるのでしょうか？　とにかく実際に行ってみようと思い、いよいよその日がやって来ました。

当日は開通したばかりの悪場峠まで車が入り、夜明けを待って早々に歩き始めます。いつもは30分以上寝坊するのに、今日は15分しか寝坊しませんでした。かなり雪がなくなった悪場峠から仏峠まで登り、裏手に祀られている山の神に手を合わせようと祠の前に立つと、杉の根を踏み抜いて祠の前で転んでしまいました。安全を祈願しようとして転ぶとは不吉ですね。今回は幸先の悪いスタートとなりました。

カタクリが群生するへつり道を進んで水無平へと降り立つと、雪はまだらに残っていて、毎度のことなのですが、ここで道が分からなくなってしまいます。できるだけ雪を拾って進みますが、ここですでにちょっとした藪歩きとなってしまいました。水無平で道が分からなくなった私は、もちろん木六山への登りもどこなのかさっぱり分かりません。本来、道があるはずなのですが、このルートは今までまともに道を歩いたことがないので、その道がどこにあるのか皆目見当がつかない状況で、いつも泣く泣く藪の斜面を登っています。今回も少しでも藪が薄いと思われるところを登りますが、それなりに難渋します。

藪の中を苦労しながら登っていると、もうすぐ稜線というところで、ひょっこり道が出てきました。今回の山行は木六山から先が核心部になるはずなのですが、もうすでにいっぱい核心部を歩いたような気分です。ようやく道と合流した先で、再び道の傍らに山の神様を祀る祠があり、手を合わせようとしたら杉の根に足をぶつけて転びそうになりました。やはり今日は不吉です。「この先無事に行けるといいのだが」と不安がよぎりました。

山の神様から木六山まで、登山道と残雪を交互に拾いながら進み、最後に急斜面を登りきって無事に木六山山頂に到着しました。左後ろを見ると、はるか先に坪ノ毛が見え、去年訪れた奈羅無登山が、中杉川を挟んで対峙しています。どちらも直線距離だと近いのに、尾根伝いとなるとかなりの距離を歩かなければなりません。木六山から次のピークまでは雪原を歩けますが、ピークを過ぎるとすぐに尾根は狭まり、いよいよ藪との格闘が始まります。

狭い尾根は雪がすっかり落ちていて、天然杉が生い茂る藪の中を猛烈な勢いで下ります。しかし案の定、踏み跡が付いているので、どうにもならないほどの大藪ではありません。急な痩せ尾根を一度鞍部まで下りきると、今度は急坂を登ります。登り下りが急で、しかも杉、松に灌木混じりの藪は先の見えるところが少なく、位置関係が分かりにくい尾根となっており、二つ目のピークを登りきったところのやや広めの尾根は二つに分かれていて、どちらに進めばいいのか少し迷いました。その後も相変わらず登り下りはいちいち急ですが踏み跡があるので、これには非常に助かります。

しかし、そんな踏み跡も徐々に薄くなってきているようで、中間付近の609m峰を登りきると、山頂はシャクナゲの海となっており、とうとうここで踏み跡がなくなってしまいました。609m峰からの下りも相変わらず完全に道は途切れたままで、さらにちょっとした岩場があって下りにくかったです。それ以降も途切れた道は時々姿を現すものの、薄い踏み跡程度のままで、思うように距離が稼げず、時折見える山頂もなかなか近づいてきません。今日は気温が随分と上がるとのことでしたが、体がまだ慣れていないこともあってか、暑さでバテバテの状態です。それでも、ほとんどが藪の中を歩いているので、直接陽射しを受けずに済んだのはせめてもの救いでした。

やがて山頂に向けて最後の登りとなりましたが、ここからが長かったです。登れど登れど、いつまでたっても山頂は見えず、次を登りきればと我慢して登っても、またその先に長い斜面が見えます。そんなことを数度繰り返して、ようやく斜面は終わり、平坦となったところで山頂に着いたことに気が付きました。大きな杉に囲まれた細長い山頂は、景色を見ることができず、足元は灌木に覆われて藪となっており、ゆっくり休憩することすらできません。ただ、山頂から少し先まで行けばいいところがあると聞かされていたので、もう少し頑張ることにしました。

しばらく山頂付近の痩せた尾根を進んで杉林を抜けると、残雪広がるブナ林へと様相は一気に変わり、そこは広くなだらかな平坦地になっていました。ブナの木々の間から日本平山とマンダロク山が間近に見え、場所によっては真っ白い飯豊連峰も見えます。ここで休憩しようと、残雪の解けきった小高いところにどっかり座り、一息つきました。山稜を吹き抜ける風は心地よく、木陰で寝転んでウトウトしました。

しかし、登頂したからといって安心するわけにはいきません。今日は神様を拝もうとして二度も転んだのだから、とにかく事故のないように細心の注意を払って帰らなければなりません。帰り道の途中で一度軽く昼寝をしてしまいましたが、無事に木六山へ戻ることができました。そして、再び神様の祠の前に立ち、今度は転ぶことなく、神様に下山の報告をしました。これでようやく神様とのわだかまりが解け、すべてを水に流し、お互いが分かり合えたような気持ちになりました。

コースタイム

悪場峠～2時間30分～木六山～3時間10分～坪ノ毛～3時間10分～木六山～2時間～悪場峠

コラム1　冬の飯豊連峰と朝日連峰と頼母木の石仏

私はかつて正月休みの期間を利用して飯豊連峰に通い詰めており、飯豊本山には山岳会の仲間たちとともに登頂を果たし、北股岳《きたまただけ》には単独での登頂を二度果たすことができました。その後は朝日連峰の大朝日岳を狙い続けておりますが、長い林道歩きといったアプローチに苦しみ、今のところ小朝日岳までが精いっぱいといった現状です。

正月に飯豊や朝日に登ろうとすると、登り始めから森林限界付近までは、概ね膝上から胸までのラッセルとなり、そこを克服すると、今度は凍てついた氷と強風との闘いが待ち受けています。厳しいラッセルのため、稜線まで到達するには数日必要で、飯豊本山であれば道中に山小屋が点在するので安心して山中での寝泊まりができますが、北股岳や大朝日岳に登ろうとする場合には、山中での幕営は必至となります。

テントでは夜通し除雪作業が繰り返され、一時的にテントの中に落ち着ける時間ができたとしても、轟音を伴って吹き荒れる強風に慌ててテントを押さえ、このままテントが壊れるか、飛ばされるか、あるいは雪に埋もれて押しつぶされるか、といった恐怖の中で精神的にもおかしくなり、お恥ずかしい話ではありますが、「俺、このまま死ぬのではないか……」と思ったことが何度もありました。

それでもどうにか地獄のような時間を耐え、ようやく訪れたわずかな晴れ間を狙って山頂アタックをし、たまたま運よく登頂を果たすことができました。本来であれば正月の頃に晴れるなんてことはほとんどなく、毎年のように正月になると天候を気にしていますが、私の統計では正月期間に晴れ間が訪れるのは10年に1日もないくらいだと思います。

近年は温暖化の影響からなのか、年によってばらつきもありますが、1月でも降り積もった雪がある程度落ち着き、晴れる日も出てきて、飯豊でも日帰りが可能となりました。日帰りで行けるということは、荷物が軽くなるのは当たり前、前述した幕営の心配がないばかりでなく、何よりも天気の良い日を選んで一日勝負ができるということは、厳冬期登山において非常に有利なことであります。

それにしても数年くらい前までは、飯豊辺りですと早くても3月以降にならないと、とても登ることなどできませんでした。平成20年の3月第1日曜日に、私は天気を見計らって頼母木山《たもぎやま》に登りましたが、どうやらその年に飯豊の稜線まで登ったのは私が最初のようでした。山頂で記念撮影をして自身のホームページに載せると、瞬く間に拡散され、その翌週から多くの方が西俣尾根を使って頼母木山へと登られたようでした。

その中の登山者の一人が、頼母木山にあった立派な御影石で造られた石仏がなくなっていることに気が付き、どこにいったのか登山者の間で話題となりました。その話を聞いたとき、そういえば前の週に私が登ったときにも石仏がなかったように思いました。確かに前の年の秋に、私の知り合いが頼母木の石仏へお参りに行った話を聞いていたし、知り合いのおばあさんからは、赤い前掛けを交換しに行ったという話も聞いておりましたので、その頃には石仏があったはずです。それ以降、登山者の間では誰かが壊したのかもしれないといった噂《うわさ》が広まり、その年の最初に登ったやつが犯人だということがまことしやかに囁《ささや》かれているようでした。

そんな折、私が新潟市内の本屋さんで山岳雑誌の類いの本を立ち読みしていたところ、まったく見ず知らずの人が近づいてきて、「お前か、頼母木山の石仏を壊したのは？　なぜ壊したのか！」と詰め寄られたことがありました。その人は私のことを知っているようで、私は覚えていないのですが、どこかでお会いしたことがあったのかもしれません。また、知り合いのおばあさんには、「前掛けを交換しに行くのを楽しみにしていたのに、なんてことしてくれるんだ！　この罰当たり者が!!」と怒られたりして、世の中では私がすっかり犯人となっているようでした。

その後の調査で、頼母木山の石仏は雷が落ちて大破したことが判明し、ようやく私の疑いは晴れたわけですが、あれから十数年経っているのに、いまだに私に「どうして頼母木山の石仏を壊したのか？」と聞いてくる人がいて、驚くときがあります。ちなみに雷によって大破した石仏の欠片を回収した人の話によると、頭部だけがどうしても見つからなかったとのことです。

しかし、もとはといえば誰かが冗談で話した私の犯人説ですが、またたく間に噂話として広まってしまい、つくづく「登山界って世間が狭いものだなあ」と思い知らされた次第です。

中越の山

39

烏帽子岳《えぼしだけ》（679・9m）

平成31年
2月23日
（日帰り）

三条市

私自身、ここ近年の正月は朝日連峰に通っており、正月の朝日連峰を登るには苦しいラッセルや激しい地吹雪など、とても言葉では言い表せないほどの厳しい条件を克服しなければならず、そのために急造ではありますが、秋口辺りから自分なりにトレーニングを積むようにしておりました。ところが、そのトレーニング中にふくらはぎを肉離れしてしまい、残念なことに今回は正月の朝日連峰を断念せざるを得なくなってしまいました。

肉離れについて、これがまた意外とやっかいなもので、発症は12月初旬のことでしたが、1週間もすると痛みがなくなり、普通に生活できるようになったため、「もしかしたら正月に朝日連峰に行けるかもしれない」といった希望を持つようになってしまいます。確かに今まで念入りに計画と準備をし、自分なりに課したトレーニングを重ねていたわけですから、なかなか諦めがつかないのも事実です。そんな心理をあざ笑うかのように再発を繰り返す肉離れという怪我は、非常に残酷なもので、痛みがなくなるとまたトレーニングを再開し、そして肉離れが再発して悪化の一途を辿る、といったことを繰り返しておりました。

そしてとうとう動くことを諦め、痛みが治まってもじっと安静を保ち、いよいよ本格的に癒えてきたと思う頃、鈍《なま》った体を少しずつでも動かそうと、村上市の臥牛山《がぎゅうさん》に登りました。冬晴れの素晴らしい天気に誘われたのか、村上市民憩いの山は多くの人で溢

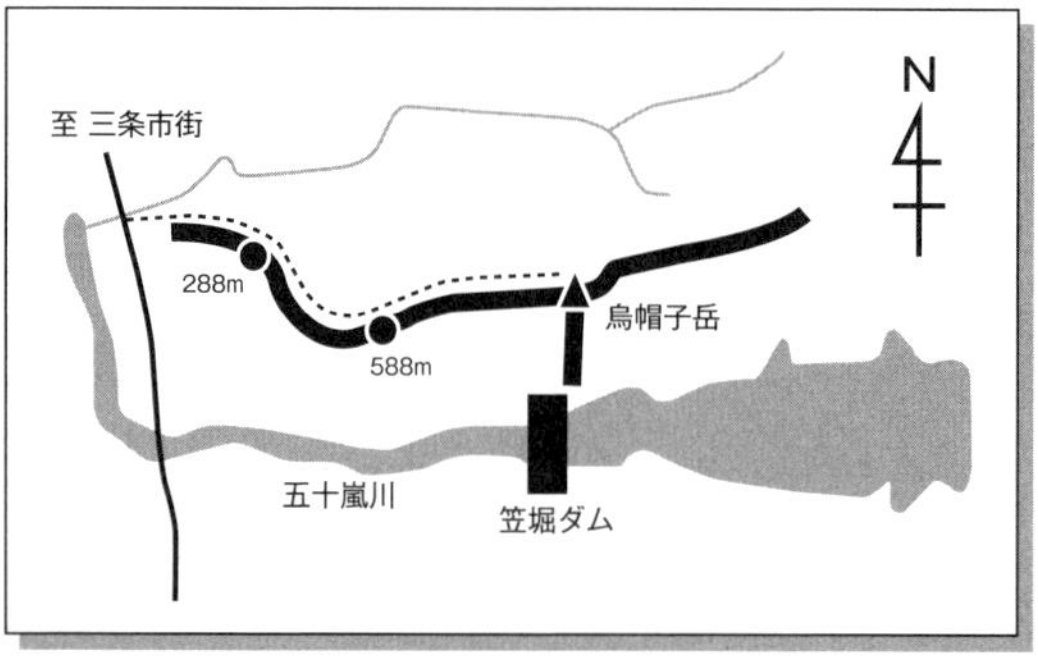

烏帽子岳

れていました。その中には女子高生のグループがいて、凍った足元に「キャーキャー」と叫びながら歩いている横を、私は颯爽《さっそう》と駆け抜けました。するとどうでしょう、「あの人すごいよ」といった会話が聞こえてきて、私は女子高生の一躍人気者になっているようでした。調子に乗った私は、そのときだけ涼しい顔を装い、華麗に爽やかな風のように何度も往復して、女子高生グループの脇を駆け抜けたわけですが、肉離れは見事に再発してしまいました。何だかんだ良くならない肉離れではありましたが、結局この冬は正月山行どころか、山に登ること自体を諦めることとしました。

そんな折、2月の後半に暖かな日が続くようになると、肉離れはまだ多少の不安がありましたが、ぼちぼち山に登るようになりました。そして以前から登ろうと考えていた、笠堀ダムを見下ろすように聳える烏帽子岳へと足を運んでみました。

『下田村史』によると、笠堀は砥石《といし》の大産地であり、砥石を産出、運搬するために付けられた砥石道と呼ばれる道が幾条も付けられているそうです。伝承によると、今よりおおよそ250年以前、四郎、五郎、三太、松平工の4人が塩木伐《き》りに行き、露出の砥脈を発見したといわれています。とても良質な笠堀砥は五十嵐砥と言われ、日本一の中砥として名声を博し、江戸時代「越後産物くらべ」という番付にも名を連ねていたそうです。運搬は軌道を敷いてトロを利用したとのことですが、トロを利用するまでは人力で行い、多い人は男で33貫あまり、女で17貫あまり背負ったとされています。33貫を換算すると123・75kgとなるので、昔の人のすごさを改めて知らされます。

この笠堀烏帽子岳についても笠堀ダムから踏み跡が延びており、それが砥石道だったものかは分かりませんが、この踏み跡を辿って多くの方々が登られているようです。しかし、現在の笠堀ダムは途中から立入禁止となっているため、今回は笠堀集落から延びる尾根を登ることにしました。

また、笠堀ダム周辺にはヤマビルが生息しており、菅名《すがな》山塊から川内山塊を経て下田山塊にまで及ぶヒルの一大生息地も、現時点ではこの付近が南限となっているようです。しかし、ヒルの生息域は急速に広がっているようで、菅名山塊からついに阿賀野川を越えて五頭《ごず》山塊の宝珠山《ほうしゅさん》辺りでヒルが見られるようになりました。そういえば、飯豊連峰裾野である奥胎内でも一部にしか生息していないと思われていたヒルが、以前、胎内スキー場で作業をしていたとき、私の右手に付いていて、少し出血していました。ヒルはそのまま会社に持ち帰って、観察することにしました。

私の手から引っぺがしたヒルを紙の上に乗せておくと、ヒルは紙の裏側へと行き、小豆状に丸くなったままじっとして動きません。紙をひっくり返すと、再び紙の裏側へと移動して、小豆のように丸まったまま動かなくなります。乾燥しているときは物陰に潜んでいて、雨が降るなどして湿ってくると動きが活発になるようです。もっと観察をしたかったのですが、事務員が嫌がるので仕方なくヒルを始末することにしました。まずは除菌用アルコールを吹きかけてみますが、ウニョウニョと動くだけで生きています。次に虫よけスプレーをしてみましたが、これもアルコールと同様の結果です。最終的に塩をかけたところ、あっという間にご臨終となりました。観察とはいえ、少しかわいそうなことをしたように思っております。昨今、ヒルが大幅に生息地を拡大しているので、何かしらの対策が必要になってきていると思い、実験のため1匹を犠牲にしてしまいました。

さて、季節は冬と春の境目。暖気と寒気がせめぎ合い、寒さが減退する兆しが見え隠れするようになりました。これから暖かくなるといった予感を秘めた空模様の中、私は国道289号を笠堀集落に向かって車を走らせました。景勝八木ケ鼻《やぎがはな》を過ぎて、笠堀集落手前から取り付こうとしていた尾根の前まで来てみましたが、どうやら付近一帯は私有地のようであり、そこを通らないと尾根に取り付くことができません。地主様を探して許可をもらうのも大変ですし、結局予定していた尾根よりもさらに手前、塩野渕《しおのふち》集落へと曲がる道路の辺りから派生する尾根に取り付くことにしました。ここからスタートする場合は距離が長くなりますが、緩やかに延びる尾根は幾分歩きやすくなります。

まずは遠くに見える588m峰に向かってラッセルを開始しました。冷え込んだ空気で足元は凍り、あまり沈み込むことなく進んでいくことができます。この日はスノーシューを着けておりましたが、すでにスノーシューの時季は終わり、ワカンに切り替える時季に入っているようでした。歩いているとウサギが目の前を横切り、カモシカが尾根の先から急に逃げ出し、ここは動物が多いと感じます。そういえば笠堀はカモシカの生息数が多く、カモシカの楽園と呼ばれているそうで、この山域に入り込めばカモシカに合う機会も多いのだろうと感じました。

588m峰の登りはかなりの急坂となっていて、雪も落ち地面が露わになっております。地面が出てきて初めて気が付きましたが、そこには踏み跡が見えますし、鉈目や切り付けも確認できます。古いものではありましたが、道を手入れしたような跡もあり、荒れてはいるものの、以前は明確にあったと思われる踏み跡に少々驚いてしまいました。

588m峰からいよいよ核心部へと突入しますが、まずは大きく下ります。急な下りではありますが、しっかりと雪が付いていて、それほど怖さはありません。帰るときの登り返しを考えて、小刻みにしっかりとステップを付けながら下りきりました。その後、三度ほど登り下りを繰り返しますが、この区間が最大の難所となりました。ちょっと怖い痩せ尾根と、踏み外せば一巻の終わりといった岩場を2カ所ほど越え、いよいよ山頂に向かって最後の急登の下に降り立ちます。あまりの急斜面に雪はほとんど落ちてしまい、露わになった笹と灌木の藪尾根には、以前に付けたであろう踏み跡が、わずかに確認できる程度となっています。この急斜面を喘ぎながら登りきると、尾根は雪原となって緩やかに山頂へと導いてくれます。そして、この広く緩やかな斜面をしばらく進むと、狭い烏帽子岳の山頂に出ることができました。

山頂からは鉛色の空の下に、川内の山々と下田山塊が広がり、左に粟ヶ岳と白根山《しらねさん》、右には光明山《こうみょうさん》と奥に守門岳が聳えております。川内の山は灰ヶ岳《はいがだけ》辺りがよく見え、下田山塊は秘境毛無山が遠くに確認できます。まるで近年の登山ブームから隔絶されているかのような静まり返った山頂は、時折吹く風の音しか聞こえてきません。私はこの心細くなるほどシーンとした静けさに包まれた山が好きです。人里近くに聳え、眼下に笠堀ダム湖を従えたこの岩峰の烏帽子岳は、奥深さこそありませんが、とても静かな山旅を楽しむことができる山だと思いました。

コースタイム

塩野渕集落曲がり角～2時間～588m峰～1時間45分～烏帽子岳～1時間10分～588m峰～40分～塩野渕集落曲がり角

40

烏帽子山《えぼしやま》

（1350m）

平成30年10月21日（日帰り）

三条市

烏帽子という名の付く山名はやたらと多く、『日本山名事典』で調べてみると、108座も記載されておりました。本書の中でもいくつか出てきて紛らわしく、とりあえず標高を表記して分かるようにだけはしておりますが……。

烏帽子というと、概ねその山容から名付けられているものと思われますが、この烏帽子山に関して『日本山名事典』では「山頂付近の岩が烏帽子に見えるところから名付けられた」と書かれています。烏帽子とは神主様の被り物のことを言うのだそうですが、この烏帽子山については信仰といった形跡の記録は見当たりません。しかし、いずれにしても烏帽子といった山名は神事に纏《まつ》わることが往々にしてあるようです。

さて、この烏帽子山は、以前に八十里越の番屋乗越《ばんやのっこし》というところから尾根伝いに道刈りが行われたことがあったそうで、藪化は進んでいるものの、踏み跡があるとのことです。地図上ではかなりの距離があって、通常の藪なら山中で1泊くらいしないととても無理そうなのですが、道刈りのおかげで日帰りも可能なようです。ただし、踏み跡も荒れ具合によっては苦労の度合いが変わってきます。一応、12時間以内の設定で、吉ヶ平より古の道である八十里越を番屋乗越に向けて歩き始めました。

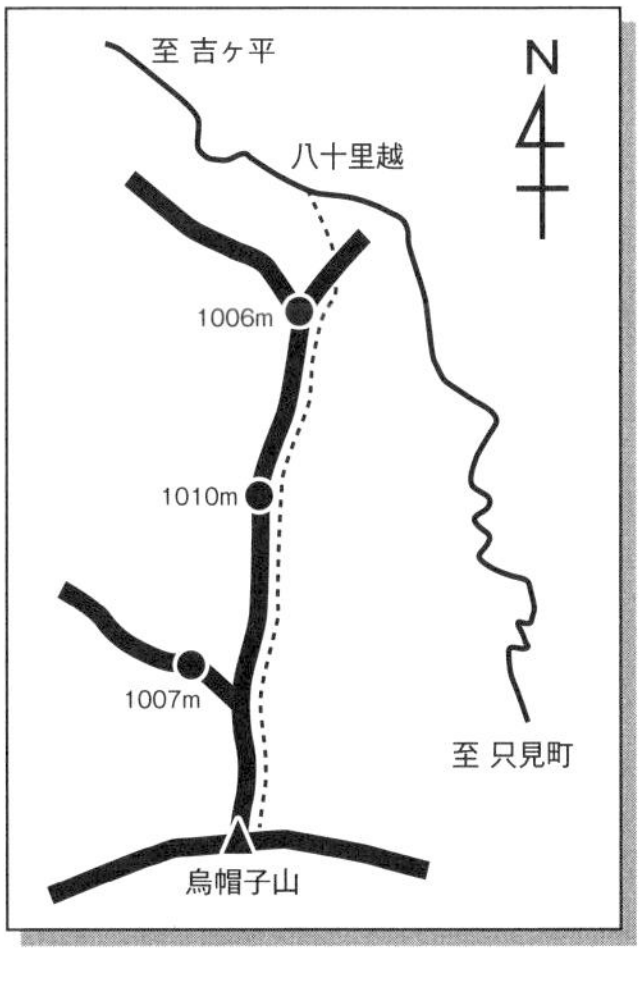

歩き始めると、すぐに源仲綱《みなもとのなかつな》墓標といった伊豆守仲綱関連と思しき石碑があり、この峠道の歴史を感じます。

色づいた烏帽子山

『下田村史』や吉ヶ平関連書物には、それぞれ必ずと言っていいほど八十里越の歴史について記載されていますが、ここは『図説・新潟県の街道』という書物から紹介させていただくと、「1180年に後白河法皇の第二王子高倉宮《たかくらのみや》以仁王の一行が平氏追討の企てに失敗し、伊豆守仲綱とともに東国に落ち、叶津《かのうづ》から八十里越を通ってしばらく吉ヶ平に居住した。さらに遡って縄文時代早前期の柿の木遺跡（栃尾市）出土の土器が福島県常世《とこよ》式土器に類似していて、この時季すでに吉ヶ平、八十里越を経て只見に至るルートがあり、縄文時代のカモシカ道として利用されていたと推測されている」といった記述がありました。いずれにしてもこの峠はかなり古くから利用されていたことが分かります。

　八十里越で真っ先に思い当たる人物といえば長岡藩家老の河井継之助《かわいつぎのすけ》です。北越戊辰戦争で長岡城落城の際に左膝を撃ち抜かれ、戸板に載せられてこの峠道を通行しているときに残した「八十里　腰抜け武士の　越す峠」という句は有名です。負傷箇所はすでに酷い破傷風に見舞われていたとのことで、戦に敗れ、傷ついた体となって通過したこの峠道、どんな思いで通ったのでしょう。河井継之助あるいは高倉宮以仁王や墓碑が残る仲綱といい、相当な思いでこの峠を通っていたのではないでしょうか。いずれも戦に敗れた者が追手から逃げるようにここを辿っているあたり、それだけ八十里越は劇的であり、人の思いが強く残された古の道であるものと思います。

私程度のような愚か者が軽率に歴史を語ることはできませんが、少なくともこの峠道を歩いていると、歴史の重みを偲ばずにはいられません。奇しくもこの八十里越が舞台となった、役所広司扮《ふん》する河井継之助が主人公の「峠」という映画が、ちょうど時を同じくしてロケを行っていたようです。この文章を書いている時点では、コロナ禍の影響により公開が延期となっておりますが、公開された暁には、ぜひ私も見に行ってみたいと思います。

話を元に戻します。道はよく管理されていて、特に番屋山《ばんやさん》登山口と書かれた標識のところまでは道刈りされていて歩きやすくなっています。その先は登り下りが多くあり、沢をいくつも越えて、最後は急な坂を登って番屋乗越となります。峠道のところどころには石標が置いてありますが、この番屋乗越にも石標が設置されておりました。ここで峠道から逸れて、いよいよ烏帽子山へと向かうわけですが、高度差はわずか500mの割に距離がかなりあって、だらだら登りが続くということが簡単に予測できます。

入り口からちゃんと分かりやすく道があり、ご丁寧にテープまでぶら下がっていて、迷うことなく向かうことができます。道に沿って尾根を登っていくと、すぐに右側に逸れて、水路のようなところを進んでいきますが、藪がうるさくて少々歩きにくいものの、頻繁に鉈目があって、明らかにここが道だということが分かります。少し進むと、水路っぽい道も普通の尾根道に変わり、藪も薄くなって非常に歩きやすくなります。

地形図を見ると、烏帽子山に至るまでピークを3カ所越えていかなければならないようですが、どこの山でも概ねピークは日当たりが良く、藪がうるさくなっています。ここも最初に到達する1006m峰（ゴンデ山頭）は、踏み跡が藪で途切れ途切れとなっていましたが、注意深く観察すると、辛うじて道を見付けることができました。ピークを越えれば、再びしっかりとした踏み跡が復活し、周囲は密度の濃いブナ林となります。木々は紅葉で黄色に色づき始め、その梢《こずえ》からこぼれる陽射しが心を満たしていきます。

尾根は意外と広く、踏み跡がないと道に迷いそうなところもあります。道は概ね登り進行方向の右側に付けられているようで、尾根に忠実に付けられているので、少々藪がうるさくても、普通に尾根伝いに進んでいけばすぐに道が現れるといった感じでした。それでも1010m峰でいよいよ道は完全になくなり、藪と化しておりました。少し進めば尾根が細くなるようなので、そこまでは我慢のしどころと覚悟しましたが、あまり長い藪漕ぎを強いられることもなく、意外とすぐに再び道が出てきました。

そして、1007m（新兵エ平山頭）ピークを越えて最後の急登へ入りますが、依然としてはっきりとした踏み跡があるので、それほど苦労はしません。ここまであっさり辿り着き、山頂まではあとわずかです。「思ったより簡単に登頂できそうだ。こりゃ楽勝だな」なんて考えながら残りの急登に取り付きますが、ここからが大変でした。非常に急勾配な斜面となっていて、山頂を目の前に、文字通りの足踏み状態が続きます。踏み跡も山頂が近づくにつれ薄くなっていきますが、それでも途切れることはなく、何とか山頂の一角へと出ることができました。

山頂は背の低い灌木に覆われ、あまり景色がよくありません。灌木藪の中をうろうろしていると、守門岳方向にやや藪の薄いところがあり、そこから守門岳が一望できました。道中もほとんど展望が得られるところはなく、期待した山頂も展望はほとんどありませんでした。

藪山の醍醐味といえば、地形図と照らし合わせながら山あるいは地形を読み、時にはコンパスを駆使し、あれこれと推理しながら進み、はるかな頂に立つことです。その喜びは感慨ひとしおなのですが、ここでは踏み跡を見失わないように、ただただ踏み跡に沿って歩くだけの、味気ない山歩きになってしまいました。

近年道刈りされたといわれる烏帽子山への尾根ですが、地元発行の地図には、最初の峰に「ゴンデ山頭」、3番目の峰には「新兵エ平山頭」と名前が付けられており、尾根にも「関屋ツンネ」とか「小松ツンネ」、「風穴ツンネ」といった名前が付けられていることから、かなり古くから踏み跡が存在していたということが推測されます。そして、そんな踏み跡が出てこないか探しながら歩いたくせに、踏み跡があると一気に興ざめしてしまう自分に、我ながら何とわがままなのだろう。そう思いながら無事に吉ヶ平へと下山しました。

コースタイム

吉ヶ平〜4時間50分〜烏帽子山〜4時間30分〜吉ヶ平

41

芝《しば》倉《くら》山《やま》（572m）

平成30年
3月11日
（日帰り）

三条市

平成30年もすっかり春めいてきて雪解けが進む中、3月の第2土曜日は雨の一日となり、翌第2日曜日は午前中のみ晴れるということで、去年の秋に飯豊連峰の門内小屋管理人時に知り合った女性を誘って、近くの里山に行くことにしました。行き先はいろいろ考えましたが、旧下田村まで足を延ばし、葎谷《もぐらたに》集落から芝倉山を登ることにしました。

今回は集落入り口付近にある浄化センターに車を止めて、そこから橋を渡って尾根に取り付くといったルートを選びました。浄化センターの場所は簡単に分かりましたが、意外に小さな建物でした。浄化センターのすぐ横に流れる川を渡りますが、橋は新しく造られたばかりの立派な橋でした。川を渡ると、すぐに尾根に取り付きますが、少し登ると鉄柱が立っています。誰が何の目的で建てたのか、おそらく林業関係の業者が木材を運び出すために建てたものと思われますが、こんな誰も登らなさそうな山に人工物があると妙な感じがします。

尾根はここから登り下りを繰り返しながら、徐々に高度を上げていきます。部分的に雪が解けた尾根上を観察すると、どうやら踏み跡が付いているようです。

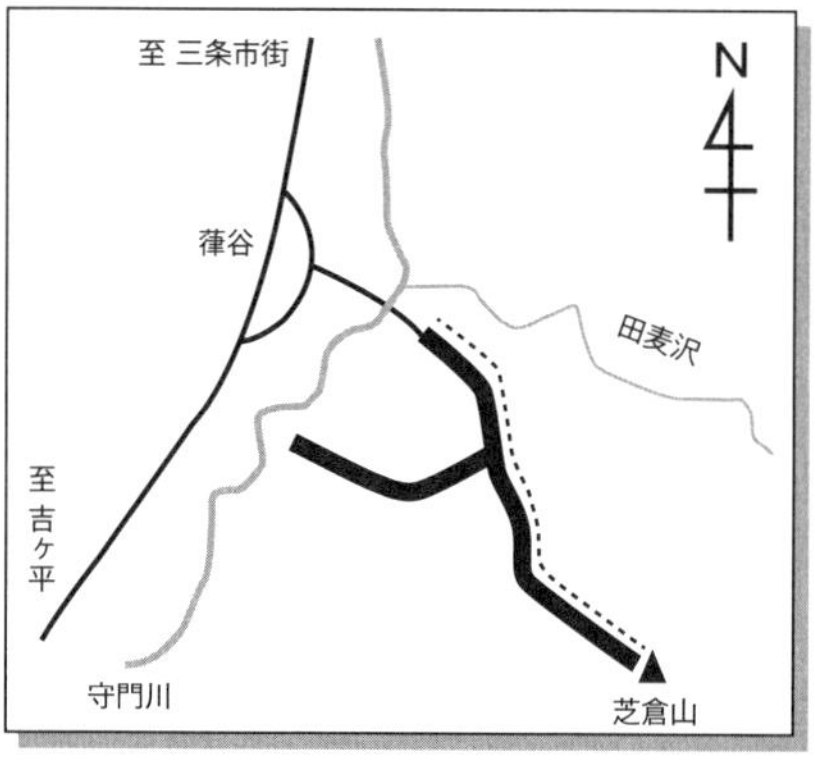

危険なところや通過困難なところはまったくありませんが、最後の登りが非常に急でした。急な登りの尾根に雪はほとんど付いてなく、木に掴まりながらどうにか登りきり、山頂へと出ることができました。

山頂は細長く、川内の山々がすぐ近くに見え、横には

芝倉山山頂から守門岳を望む

早くも雪が解け落ちた蕗山《ふきやま》が黒々と聳えております。細長い山頂を越えて平坦な尾根を少し進むと、そこは守門岳の大展望台となっていて、雪があるおかげで非常に良い景色を見ることができました。雄大な守門岳の姿が広がる山頂では、雪を削って即席の椅子とテーブルをこしらえて、昼食を食べました。

「しばくらやま」という山名は、「柴倉山」という漢字で日本全国に多く見られます。単純に岩山に芝生広場が広がるといったところから、柴倉山と名付けられた山もあるようですが、この芝倉山はどうなのでしょうか？芝倉山自体はおそらく岩山ではなさそうですが、すぐ近くには猿ヶ城《さるがじょう》といった岩峰が聳えております。山頂も芝生広場とは思えません。また、山麓の人たちが柴木を採取する山という意味もあるようです。ほかに何か理由があるものか、いつか機会があったら葎谷集落の人にでも聞いてみたいと思いました。

コースタイム

葎谷集落～3時間15分～芝倉山～2時間45分～葎谷集落

42

青岩山《あおいわやま》（631・3m）

令和2年2月27日〜28日（1泊2日）

三条市

以前に中《なか》の又山《またやま》や、あるいは毛無山に登ったときに、大谷《おおたに》ダムからの長い道路歩きに辟易し、立ち止まって何とはなしに右側に聳える山を眺め、「あの山に登れないだろうか？」と考えていました。大谷ダムから続く道路の先に聳える山と言えば、誰しもが日本平から五兵衛小屋《ごへえごや》を経て中の又山に続く峰々を思い浮かべるものと思われます。しかし、この山深き秘境には青岩山という別の峰が聳えています。その山に誰も関心がないのか、登ったという話を聞くことがありません。登られた記録がほとんどない山ということであれば、登りたくなるのは私だけでしょうか？　私はいつもここへ来るたび、そんな青岩山を見上げておりました。

そして、今年こそはとの思いを胸に、たまたま女性の山仲間と大谷ダム脇の大山《おおやま》に登ったとき、「青岩山に近々登ろうと思っている」と話をしたら、彼女も前から登ろうと思っていたとのことだったので、一緒に登りにいくこととなりました。先ほども書いたように、青岩山に登るには最初に長い道路を歩かなければならず、これがかなりネックとなっております。車道上のラッセルが深ければ大変なことになりかねず、本来のところ日帰りでも行けそうなのですが、ゆっくりと山を楽しみたいという気持ちもあって、1泊で向かうことにしました。

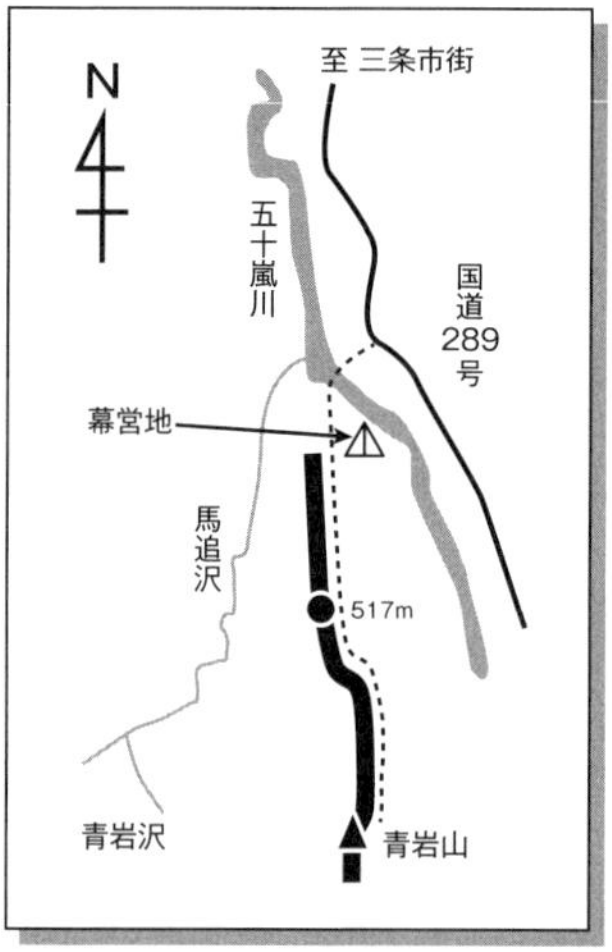

私としては、久しぶりの泊まり山行となるのですが、荷物が重いのは車道歩きだけだからと、いろいろな物を

青岩山山頂から下田の山々を眺める

ザックに詰め込みました。久しぶりの重い荷物を背負っての車道歩きは、これからシーズンが始まるにあたって、ちょうどいい足慣らしでもありました。

車道歩きはいつものように長く過酷でありましたが、1人で黙々と歩いているのに比べると、今日は話し相手がいるので気が紛れていくらか楽です。付近には大谷ダム建設に伴いダム湖に沈んだ大谷集落と大江集落があり、今でも墓地が残されているほか、記念碑や神社跡もあります。たまに小雪がちらつく中、車道を歩くこと4・3㎞、車道歩きに飽き飽きし、いい加減に嫌気がさし始めてきた頃、ようやく車道から右へ五十嵐川を渡る橋に到着しました。橋を渡りながら五十嵐川を眺めていると、川床の岩が青光していて、そこを2匹のシカが走り去っていくのが見えました。山名の由来が沢筋から来ているものも多くありますが、私は川床の青岩を眺めながら、あの岩盤層が青岩山の由来になっているのかもしれないと思いました。後日、調べてみると、五十嵐川中流から上流域は、新第三紀の津川層と斜長石英粗面岩地帯が広く分布しているとのことで、斜長石英粗面岩は淡青灰色をしている場合が多いということですので、これにはなるほどと思いました。

橋を渡るとすぐに広い台地状となり、ここにテントを設営することにしました。幕営地の奥には目指す青岩山が聳え、すぐ脇には絶壁状の峰々が威圧的にそそり立ち、見事な景観をつくり出しております。かつて大江付近にはいくつかの鉱山があり、大江満俺《マンガン》鉱山など純度の高い二酸化マンガンが産出されておりました。ここはそれら鉱山採取関連施設でもあった場所なのでしょうか、テントが何百張りも張れそうなほど広く、しかも風がなくて静かな空間となっています。危険な雪崩の心配等がない、理想的な幕営地でした。

今日はとりあえず青岩山の尾根取り付き箇所を確認して行動を中止し、その後にテントを設営して、夕食の支度となりました。そもそも山ではあまり飲み食いしない私ですが、今回は同行者がいるのだからそうはいきません（しかも女性）。ザックの中の目玉商品として、メスティンとリンゴを持参しており、1人だと絶対に作らない焼きリンゴを作ろうといった魂胆でおりました。

自分でも不思議なのですが、なぜか私はメスティンを購入しておりました。私の山歩きスタイルとして、「山でご馳走を作って食べる時間はもったいない。その時間を歩くのに費やす」といった考えでいるものですから、当然メスティンを使う機会などあろうはずがありません。しかし、そんな私だってたまには見栄を張りたいわけで、リンゴを半分に切りながら、「俺が得意とするメスティンで、焼きリンゴを作ってあげるよ」なんて一丁前に格好つけたことを言いましたが、まさにこのとき、初めてメスティンを使ったのでした。

緊張しながら震える手でメスティンの蓋を開けていると、それを見ていた彼女から、「メスティンは今日初めて使うんだろ。何が得意だよ」と言われ、それはもうすでにバレてしまっているようでした。いくらか改善の余地はありましたが、それでも焼きリンゴはまあまあ何とか食べられる程度に仕上がり、いよいよこれで私は本当にメスティンの達人となりました。

その後も鍋料理をつつきながら夜も更け、星空の写真を撮るという彼女には付き合わず、私はさっさと寝袋に入り、カチンカチンに凍ったテントの中ではありましたが、まあまあゆっくり寝ることができました。

翌朝、珍しく私は夜明け前に起床し、早々に寝具類の片付けに入りました。昨日から雪面がカチコチに凍っていたのにもかかわらず、ピッケルやアイゼンを持ってきていませんでした。それが少し気がかりとなっていて、自分もそうですが同行者を危険にさらしたくないといった思いで、せめて早めに行動をして、ゆっくり時間をかけてステップを刻みながら登ろうと考えていました。それでも何だかんだしているうちに、出発は7時半ほどになっておりました。日が当たれば雪面はいくらか軟らかくなるだろうから、まあ、いいのですが……。

出だしはいきなり急斜面から始まります。尾根に乗る手前は特に雪が割れていたりして、注意しなければなりません。まだ2月だというのに、雪面は硬く締まっていて、ある程度安心できそうなステップを付けるには、何度も蹴りこまなければなりませんでした。しかしそれも束の間、ほどなく尾根上に乗ると勾配は緩んで、それほど神経質にステップを付ける必要はなくなり、そのまま５１７ｍ峰まですんなりと登ることができました。しかし、５１７ｍ峰の下りに少し痩せ尾根があって、さらに急斜面といった難所になっていました。慎重に鞍部まで下りきると、それまで細いブナ林だった尾根が杉林へと変わりました。杉は天然杉ではなく植林されたもののようで、尾根上には鉈目もあったことから、もしかしたら以前に林業関係の方たちがここまで入り込んでいたのかもしれません。

最低鞍部の杉林を通過すると、再びブナの林となって尾根も広がり、安堵を感じながら登っていきます。そして高度５００ｍのピーク手前で、再び痩せ尾根となった小さな難所があり、どうにかそこを過ぎると、いよいよ山頂に向けて最後の登りとなります。昨日は結構な積雪があったようで、上に来るほど硬い雪面上に新雪が厚みを増すようになり、数センチほど足が潜るようになって、ステップを刻む必要がなくなってきました。それまで細い印象のブナ林も山頂近くまで来ると大木となり、それが疎らに自生し、実に綺麗で神秘的なブナ林となっていました。

やがて最後の急斜面を登りきると、野球ができると思うほどの広い山頂に到着することができました。見事なブナに囲まれた山頂は、とても静かで気持ちの良いところです。広い山頂台地を奥まで歩いていくと、木々がなくなるところがあり、大展望となって私たちを迎えてくれます。日本平から中の又山、毛無山へと続く山並みの奥に、川内山塊の青里岳と矢筈岳が聳え、左には粟ヶ岳が白く輝いています。反対側に目を向けると、荒々しい烏帽子山とその右に守門岳が屋根のように聳え、番屋山までもが立派な姿を見せてくれました。

今日は雲ひとつない晴天の一日で、日曜がこんなに晴れるなんて久しぶりです。多くの登山者がそれぞれ山に登り、同じ青空の下で素晴らしい景色を楽しまれていることでしょう。スマホを見ると、さっそくほかの山へ登った人たちの賑やかで楽しそうな写真がアップされていて、ここから間近に見える守門岳に、今日は数百人規模で登山者が訪れているとのことです。私の所属する山岳会の面々も、いくつかのグループに分かれて飯豊連峰や吾妻連峰、二王子岳に登っていたようで、グループラインを見ると、それぞれ思い思いの山を楽しんでいることがうかがえます。

色濃い群青の空となった今日は、どこの山も賑わっていたようですが、見渡す限り山しか見えないこの奥深い青岩山は、青空山となって私たちを迎え入れてくれました。私たちは、我々以外は誰もいない静かな山頂で、いつまでも雄大な景色と大自然を満喫しました。賑やかな山も楽しいけれど、静かな山もまた楽し。山はいろいろな楽しみ方があるということをつくづく感じ、次はどこへ行こうかと考えながらテン場まで戻り、暑くなった陽射しに疲れを感じながら、長い長い車道を歩き終え、無事に車へと戻りました。

コースタイム

大谷ダム～1時間50分～尾根取り付き広場～2時間25分～青岩山～1時間40分～尾根取り付き広場～1時間35分～大谷ダム

43

日本平《にほんだいら》～五兵衛小屋《ごへえごや》～中《なか》の又山《またやま》（1069.8m）～毛無山《けなしやま》（1043.7m）

平成30年
3月30日
～4月1日
（2泊3日）

三条市

今日は3月だというのに気温が25度近くまで上がりました。ようやく山に訪れた春の装いは、この冬が大雪だったことを忘れさせるほど加速しています。今回は2泊3日の計画で、旧下田村の最奥、毛無山を目指しました。

大谷ダムから先、まだ積雪の多いところは1mほどもある冬季閉鎖の国道を、暑い陽射しに汗を拭き拭き歩いていると、時折五十嵐川に沿って吹いてくる風が心地よく感じられます。雪代で灰色に濁った五十嵐川を眼下に見下ろし、まずは川クルミ沢へと向かいます。足首まで埋まる雪に辟易しながら、2時間近くもかかって川クルミ沢手前の雨量観測所へと到着しました。左側上部に設置されている雨量観測所の建物は、普通に歩いていると見付けることができません。この雨量観測所の脇から本来は川クルミ沢に沿って道が確認できるのですが、さすがに3月では雪に埋もれて道はまったく見えなくなっていました。

川から離れすぎない程度に何となく尾根上を進んでいると、左側に急斜面が現れますが、この斜面は登らずに右側から現れた小沢に沿って進んでいきます。ほどなく小沢を渡ると、川クルミ沢に下降する場所へと辿り着きます。川クルミ沢も雪代でかなりの水量となっておりましたが、何とか渡りきることができました。そしてすぐ正面の斜面を登り、しばらくしてから適当に歩きやすいところを

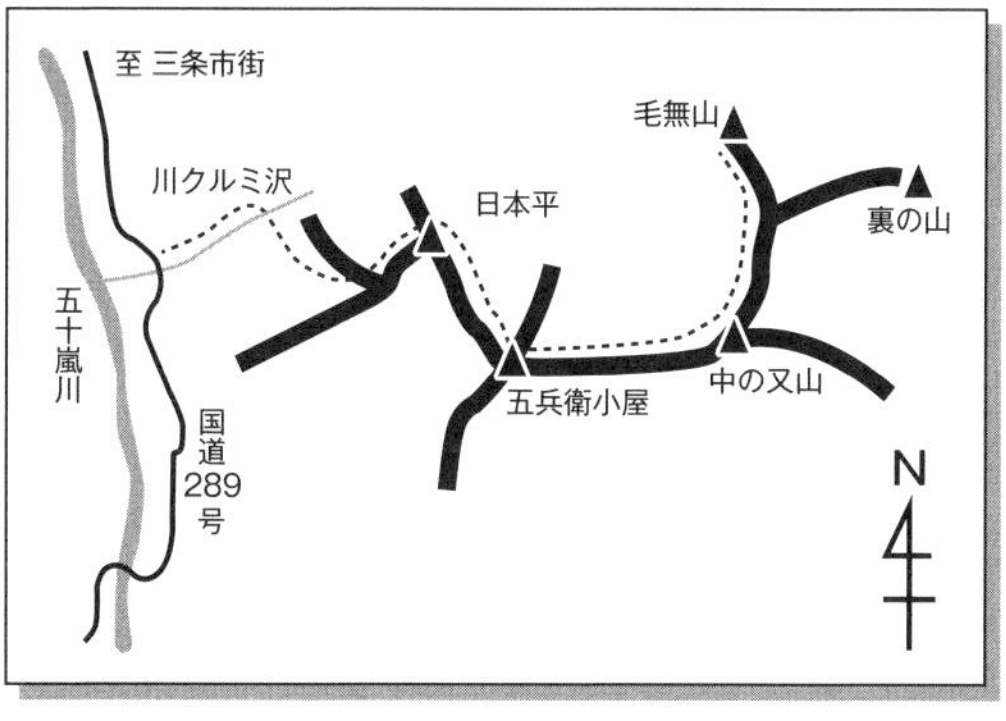

秘境の地に聳える毛無山

左にトラバースし、小さな沢を越えて日本平に向かう尾根に取り付きました。

日本平までそれほど距離はないのですが、なかなか思うように進めません。尾根にはしっかりと踏み跡があるのですが、結構うるさい藪と化しておりました。やがて広い平原に出ますが、ここからもしばらく登り続け、疲れを感じ始めた頃にようやく日本平山頂へと着くことができました。日本平からはるか先に目指す五兵衛小屋と中の又山が見えます。左には毛無山が矢筈岳の前に立ちはだかるように屹立しているのが見え、そのあまりの遠さに気が遠くなりました。

まずは最初の五兵衛小屋を目指しますが、日本平から先は痩せ尾根の連続で、アップダウンを繰り返します。尾根上には比較的明瞭な道が確認できますが、この道は八十里越の裏道と称されているそうで、古い地図を見ると五兵衛小屋の先辺りまで付けられていて、沢筋へと下降する破線が書かれています。本来のところ、それほど苦労することはないルートなのですが、今回は雪の状態が悪すぎました。中途半端に残った残雪が、雪庇やクレバス、痩せ尾根の上にナイフリッジを築いており、恐々と進まなければなりませんでした。

やがて870m峰の右側を巻いて通過すると、ようやく少しだけ尾根が開け、雪堤を拾って歩けるようになりました。そして最後に急斜面を登りきり、五兵衛小屋の山頂に辿り着きました。この付近一帯は、古い地図を見ると幾条もの踏み跡が見られます。前述したように五兵衛小屋にもかつては沢筋を伝って只見と笠堀を結ぶ峠道が通っていたそうで、その頃の話なのでしょうか、ここに五兵衛小屋という建物があったそうです。その小屋の名前が山名として残りました。

ところで、小屋の用途は何だったのでしょうか？　ここは峠道以外にも鉱山道あるいは砥石道も通っていたとのことで、峠の茶屋あるいは休憩所などが考えられます。もしかしたらゼンマイ小屋だったのかもしれません。それにしても、この細長い山頂のどこに小屋が建てられていたのでしょう？　不思議です。

陽射しが暑くて日焼け止めをここで塗りました。ついでに唇も乾燥するのでリップクリームを出そうと、ザックの奥に手を入れると印鑑が出てきました。最近、準備がなあなあで疎《おろそ》かになり、忘れ物もしがちになっています。今回はパッキングするときに暗いところでやっていたので、形が似ているリップクリームと印鑑を間違って持ってきてしまいました……。

気を取り直して中の又山に向かうと、しばらくの間は雪原を歩くことができますが、登り下りを繰り返すのみで高度はさっぱり上がりません。やがて岩場が現れると、今度は岩場に付いた不安定な雪のおかげで四苦八苦させられます。苦しみから解放されたのは、右から尾根が合流する辺りで、ここからようやく悠々雪原歩きとなり、長い斜面を登りきると中の又山の丸い山頂へ辿り着きます。ガキガキと細く折れ曲がった尾根と急峻な谷に囲まれた山々の中で、丸くどっしりとした中の又山は異彩を放っておりました。

山頂からこれまで歩いてきた長い尾根を振り返ると、自分の歩いてきた足跡がどこまでも豆粒のように続いています。この中の又山は、日本山岳会越後支部初代会長、藤島玄氏の著書『越後の山旅』にも紹介されていて、これを愛読している方たちには結構人気のある山のようです。ただ残念なことに、この『越後の山旅』は、現在は絶版になっていて手に入れることが非常に難しくなっています。

さて、山名の由来ですが、川筋が分岐するところにある山にはよく〝また〟という字が当てられています。この中の又山は、只見の蒲生《がもう》川と叶津川を分ける山として名付けられたとのことで、『越後の山旅』の中では平凡な名前として紹介されています。また、尾根を見ても只見の県境と川内の核心部へと向かう三差路に位置し、川筋から見ても尾根筋から見ても分岐点にあたる山のようです。

今日は少し早めに休んで明日に備えようと思い、この中の又山で幕営することにしました。日中は暖かいのですが、さすがにまだ3月、日没とともに冷え込みが厳しくなります。寒さで夜中に目が覚め、テントから顔を出すと、川内の峰々が月明かりに照らされ、星空の下できらきらと輝いています。夜中だというのにヘッドランプが不要なほどでした。

翌朝、テントの中で水筒の水が凍っていました。どうりで寒かったわけです。寒さでよく眠れなかったものの、何とか起床して外に出ると、夜明け前の空には夜の終わりを名残惜しむかのようにたくさんの星が煌めいていました。そして、雲一つない空に明るさが増してくると気持ちも逸《はや》ります。今日はいよいよ毛無山を往復する日です、早朝から準備を始め、明るくなると同時に歩き始めました。歩き始めると朝日が昇り、左手に荒々しく聳える光明山が照らし出されています。朝日の当たる光明山は、木喰上人《もくじきしょうにん》が修行をした御来光信仰の山だとされています。

尾根は複雑に入り組んでいて、この先をうかがうと困難な様相を呈しているように見えます。中の又山付近で広かった尾根はすぐに細くなり、１０４０m峰で右に折れた辺りから難所が続くようになりました。難所は、裏《うら》の山《やま》という、これまた究極に平凡すぎる名前の山との分岐まで続きました。

分岐まで来ると、そこは少し広くなっており、テント一張りか二張り程度なら張れそうな感じでした。分岐を過ぎるとようやく雪堤を拾えるようになり、毛無山がどんどん近づいてくるようになります。やがて最後の急登に差し掛かると、少し明瞭な踏み跡が出てきました。しかし、今度は岩場の急登の連続で、山頂直下まで来ているというのに、なかなか毛無山に辿り着くことができません。ようやく山頂というところまで来ても、最後はオーバーハングした大きな雪庇が邪魔をして山頂に出ることができません。仕方なく急な斜面を灌木にしがみつきながら左方向にしばらくへつり、雪庇が低くなったところでステップを刻んでようやく乗り越えることができました。そして、乗り越えたと同時に山頂に立つことができました。

丸くて広い山頂は木がなく、360度の大展望となっています。目の前には川内の盟主、矢筈岳が近くに聳え、その傍らに青里岳の姿も望めます。そして、御神楽岳と春の霞の奥には飯豊連峰が白く聳えていました。北に目を向けると粟ヶ岳と三条市街地、西は守門岳と浅草岳《あさくさだけ》が立派な雄姿を見せ、番屋山の急峻な岩壁と異様な形で聳える烏帽子山の姿も確認できます。

この毛無山は裏の山と並んで下田山塊の最奥に聳えており、随分と遠い山となっております。秘境のレベルでいうと、訪れることが最も困難な大秘境に聳えています。それにしても、毛無山といった山名は、何て素敵な名前なのでしょう。毛無という名の付く山は『日本山名事典』を見ると全国に36座もありましたが、「毛無」と言っても実際は木のない「木無」というのが本当のところでしょう。『世界山岳百科事典』によると、「立ち木のない禿山《はげやま》をケナシというのは、禿頭を連想したばかりではなく、樹木が大地の毛であるという観念から出ている」と書かれています。

この下田に聳える毛無山は、山頂が丸みを帯びており、頂稜部は雪を被って白く光っています。そして周囲は灌木に覆われており、まるで本当に人の禿頭のように見えます。前頭葉と頭頂部が雪に覆われた部分、側頭葉と後頭部が灌木帯といった次第です。雪で白く輝く山頂は、ワックスで磨かれた禿頭を連想してしまいますが、そこに黄砂でも降り注ぎ、雪が肌色にでもなると見事に人と同じようになるのになあ、と思いました。そんなくだらないことを考えながら中の又山まで戻り、まだ昼前ということもあってテントを回収し、五兵衛小屋手前でもう1泊して、下山してきました。

さて、無事登頂を果たした毛無山ですが、私にとっては縁起の悪い山だったのかもしれません。その証拠に、あれほど何度も日焼け止めを塗ったにもかかわらず、それがまったく効かなかったようです。頭の部分が日焼けして皮がむけ、下山した後に鏡を見るとますます禿が進み、毛なしの部分が多くなったように感じた次第です。

そういえば、上越には大毛無山《おおけなしやま》というワンランク上の山名の山があります。残念ながら大毛無山はロッテアライリゾートスキー場として開発されているところなので、登山として私がそこを訪れることはないと思いますが、仮にもし私がそこに行ったらどうなるのでしょう? 考えただけでもぞっとします。

今回、秘境中の秘境に聳える毛無山を訪ねてみて、以前にNHKスペシャルという番組で北海道の熊撃ち猟師の放送を見たのを思い出しました。その番組の中で猟師は、「山では異質であってはならない。山と同化しなければならない」ということを話しており、強く印象に残っています。それは猟をするために獲物に気付かれないようにするためだけではなく、人が山に入るということは野生動物の領域に入るのだから、「入らせてもらう」といった気持ちで入らなければならないと言っているように感じました。

私は改めて「秘境と言われる山々には気軽な登山気分で入山してはいけない」「野生の領域に入らせてもらって、楽しませてもらうのだ」。そして、「下山後は無事を感謝して山行を締めくくらなければならない」『いつも山に入るときは畏敬の念を持って接するようにしなければならない』。そう心に刻みました。

コースタイム

《1日目》
大谷ダム～1時間50分～川クルミ沢～8時間40分～中の又山（幕営）

《2日目》
中の又山～3時間～毛無山～2時間50分～中の又山～1時間50分～幕営地（930m峰）

《3日目》
幕営地～3時間25分～川クルミ沢～1時間45分～大谷ダム

44

日本平《にほんだいら》～五兵衛小屋《ごへえごや》～中《なか》の又山《またやま》（1069.8m）～裏《うら》の山《やま》（912.8m）

令和4年
4月1日
～3日
（2泊3日）

三条市

日本国内随一の秘境として人気の高い川内山塊。その川内山塊と背中合わせのように峰々の連なりを見せるのが下田山塊です。下田山塊は人の多い川内山塊と違って静かに佇んでおり、そのどれもが川内の峰々に負けず劣らず個性的な山容となっています。

そんな下田山塊と川内山塊を結ぶ渡り廊下の中間付近に、「裏の山」という簡素な名前の山があり、そこを訪れようとすれば必ず下田か川内のどちらかの山塊を越えなければなりません。マニアの間では、登頂を叶えるにはかなり厄介な山といった存在であろうと思います。なぜならば、川内にしろ、下田にしろ、痩せ細った尾根がガキガキと複雑な山襞を形成しており、残雪期ともなれば不安定な雪庇や深いクレバスに覆われ、無積雪期となれば激しい藪と岩場に支配される〝要塞〟だからです。その要塞の一番奥にこぢんまりと小さく裏の山は聳えております。標高は912mしかなく、奇しくも新潟県民憩いの山である五頭山と同じ高さとなっており、山における険しさと標高はいかに比例しないということが顕著に思い知らされるところでもあります。

そんな裏の山を訪れるには最低2泊必要であり、私は数年前からチャンスをうかがっていました。そして、ようやく土日と晴れ間が重なり、そこにもう1日休暇をとって裏の山へと向かうことができました。

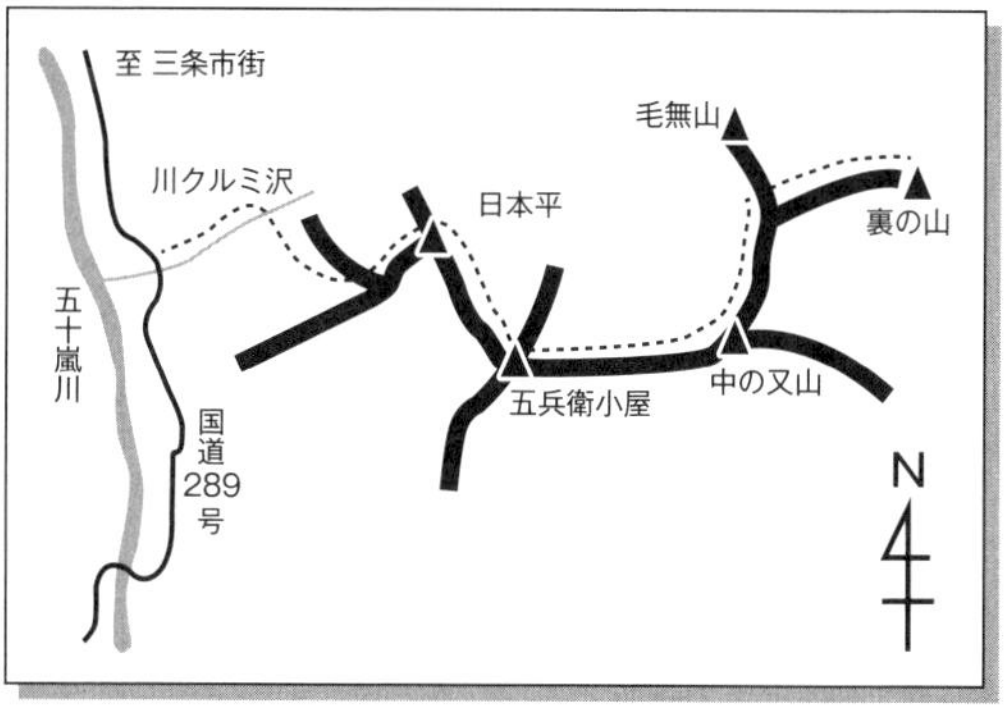

昨日の夜まで降っていた雨が止んで、日本列島には寒

中央に裏の山

気が流入しており、この時季としては珍しく小雪がちらつく中、大谷ダムに車を止めて長い車道を歩き始めました。以前、大谷集落は紙の製造が盛んであり、五十嵐川の河岸段丘は紙の原料となる楮《こうぞ》の木が多く栽培されていたそうです。また、最奥の大江集落は良質のマンガンが採取される大江満俺鉱山で一時は賑わっていたそうですが、時代の流れとともに衰退しました。現在はどちらの集落も大谷ダム建設に伴い移転し、集落の一部はダム湖の底に沈んでいます。それでも車道脇にはその面影が見られ、当時の隆盛を偲びながら歩くことになります。

この長い車道歩きには毎回うんざりさせられるので、今回は少しでも辛さを和らげるためにスノーシューで歩きましたが、木の芽沢を過ぎて道幅が狭くなると、ところどころ雪崩ている場所があり、デブリとなったトラバース状の林道を進まされる羽目となりました。今回のスノーシューはＴＳＬを使用しましたが、硬い雪面のトラバースや、ちょっとした下り坂に差し掛かるとものすごく滑って怖いほどです。林道のような平坦な道だと思ってのＴＳＬでしたが、やはり大変でした。浮力はあるのですが、グリップ力でいきますと、今のところライトニングに勝るスノーシューはないようです（好みの問題もありますが）。

それにしても、雪崩で林道が埋め尽くされるようなことは今までありませんでした。今年はいかに多くの雪が残っているかが歩き始めの時点で判明し、これから先が思いやられます。川クルミ沢の雨量観測所までは、いつもは2時間もかからずに到着するのですが、雪のせいなのか、体力が落ちたからなのか分かりませんが、2時間半もかかってようやく到着しました。ここでスノーシューを外して雨量観測所の下にそっと隠し、ここからツボ足で川クルミ沢上流に向かって杉林の中を進んでいきました。

川クルミ沢の渡渉点へは、はっきりとした道筋は覚えていないのですが、なぜかいつもスムーズに着くことができます。今回も何となく歩いていたのですが、いつもと同じように自然と川クルミ沢へと降り立ち、いつの間にか昨日の雨で増水した川クルミ沢の渡渉点を探しておりました。そして、いつもより上流側に歩いて無事に渡渉を終えて、本来ならもうしばらく川クルミ沢沿いに付けられた踏み跡を上流側に歩いてから尾根に取り付くのですが、今はどこでも歩けるので、雪で埋まった斜面を上へ上へと真っ直ぐに登りました。


急な斜面を登りきると尾根上に出て、徐々に斜面は広がり歩きやすくなります。そして、喘ぎ喘ぎ我慢しながら大きな日本平へと到着しました。時折、小雪がちらつく中、頬に冷たい風が当たると気持ちが良いと感じるほど、日本平への登りは長く辛く感じました。その名が示す通り、広くて平和な雰囲気の日本平からは、壮絶な下田の山並みが見え、いつまでも春の訪れの兆しが見えず、よりいっそうの厳しさを感じます。ここから先は、五兵衛小屋まで痩せ尾根が続きます。踏み跡はしっかり付いておりますが、この雪ではどうなっているか分かりません。すっかり雪に埋め尽くされた日本平の様相を眺めながら、一抹の不安を抱いておりました。

痩せ尾根に邪魔な灌木を避けながら進んでいると、案の定、尾根上には不安定な雪がナイフエッジを形成しております。バランスを崩さないよう、またナイフエッジの崩落に注意しながら進んでいると、今度はおびただしいほどのクレバスが稲妻のごとく雪面に走っております。標高が1000mにも満たない山域なのに、まるで飯豊連峰のクレバスみたいに深くて、底が見えないほどで、こんなところ落ちたら絶対に上がれません。それにいつもは藪だった垂直の岩の登り下りも、今回は薄く雪が付いていて、ステップを刻むために強く蹴り込めば崩落しそうだし、ステップを付けなければ滑落しそうで、恐る恐る神経をすり減らしながら進まざるを得ませんでした。そして、最後の雪で埋め尽くされた苦しい斜面を登り終え、いつもより1時間以上も余計に時間をかけて五兵衛小屋へと到着し、ようやく一息つくことができました。

以前はここまで峠道があったとのことで、その名残のおかげからなのか、ここまでは比較的明瞭な踏み跡が付けられています。藤島玄氏による『越後の山旅』の中で、この道は只見と越後を結ぶ裏道と書かれていました。実際のところ、番所を通らない、脱税のための抜け道だったのではないかともいわれています。そんな抜け道を利用していた旅人が、休憩のために立ち寄った峠の茶屋に因み、五兵衛小屋という妙な山名になったとされています。

さて、ようやく五兵衛小屋へと到着し、「ここから先は随分と歩きやすくなるはず」と思いながら、遠くに中の又山を眺め、拭いきれない不安を胸に抱きながら、雪原状となった尾根を進んでいきました。「あれ、ここってこんなに広い雪原だったっけ?」なんて思いながらふと横を見ると、小さなグランドキャニオンを見ているような岩峰が見え、いつもはあの岩峰を右側に巻いて行くのですが、あまりにも積雪が多くて、通過するまで気が付きませんでした。

岩峰を通過後も、時々ナイフエッジにはなるものの、ほぼ危険箇所がないまま中の又山への登りとなり、強風吹き荒れる山頂に辿り着きました。山頂でテントを張るには風が強すぎるので、10分ほど戻ったところの窪地で今夜は幕営することにしました。夜が更けるとともに風は静かになりましたが、フライシートを這うように雪が滑り落ち、カサカサと不気味な音を立てています。当然これが子守唄になるはずがなく、不安が募る夜となってしまいました。寒さと不穏な雪のメロディーによってなかなか寝付けません。夜更けに水を飲もうと水筒を口に運ぶも、中身が凍り付いて水が出てきませんでした。

翌朝、朝食を食べ終えて明るくなった頃にテントから顔を出すと、まだ陽射しが届ききっていない空は薄い群青色をしており、東の空は赤みがさしてきていて、今日の晴れが約束されました。今日は裏の山のアタック日ですので、俄然やる気が出てきました。逸る気持ちとこの先の不安を抱えながら、いよいよ2日目がスタートとなりました。中の又山の山頂まで来ると、我が同志である毛無山の禿頭が朝日に照らし出されて勇壮に聳え神々しく輝いています。

少し話が逸れますが、私がいつも通っている床屋さんでは、店員さんが毎回「60歳以上の方はシニア割が適用されますよ」と親切に説明してくれます。私は今50代半ばなのですが、「いや、まだ60歳になっていません‼」と、50歳になったばかりの頃から答えています。中の又山を訪れ、目の前に大きく聳える毛無山を見るたびに、「髪の毛が少ないと老けて見られるものだなあ……」と、この床屋さんを思い出し、涙してしまう次第です。

さて、肝心の裏の山といえば、目の前に聳えているはずなのにいまだにどれなのか分かりません。周辺を見渡すと痩せ尾根がくねくねと曲がりくねり、白い雪と黒い藪とで白黒のコントラストを描いています。その中に裏の山は見事に紛れ込み、まるで昆虫が擬態をしているかのようです。近いところまで来ているというのに、急峻な尾根が幾重にも折り重なって、どこをどう登って山頂に着くのでしょう？　本当に裏の山は目立たない、謎多き山です。

広い中の又山を過ぎると、すぐにまた尾根は痩せ細り、素直に尾根上を歩くことが困難となります。藪を避けるように雪の付いた斜面をトラバースしながら木々の間を縫って進みますが、これが歩きにくくて大変です。トラバース斜面に足首をひねりながら進む区間が結構長くて、足が痛くてどうにかなるんじゃないかと思う頃、ようやく毛無山との分岐点に到着。この分岐峰は少し広くなっていて、休憩するにはちょうどいいところとなっています。ここから毛無山に続く尾根には雪堤が多く残っており、非常に歩きやすいスカイラインとなっていますが、裏の山に続く尾根は痩せ細った岩尾根で、地図では分かりにくいのですが、急な崖状の登り下りをいくつも通過していかなければならなさそうです。

地図をよく眺めて山座同定をして、やっと裏の山がどれなのか分かり、これから辿っていく尾根を眺めると、「もう帰ろうか」と思ってしまうほど厳しい岩と藪の痩せ尾根が目の前に広がっていました。まずはすぐ隣の915ｍ峰に向かいますが、笹の中に踏み跡のようなものがありました。私の気のせいかもしれませんが、少なくとも獣道程度には見えました。それにしても、相変わらず歩きにくいトラバースが続いています。

ようやくして、大きく割れたブロック状の雪に埋め尽くされた９１５ｍ峰に到着しました。この山頂からは大きく下ることになるのですが、真っ直ぐに尾根を伝うことができず、山頂を一度通り過ぎてから大きく回り込む必要があります。ブロック雪崩の隙間を縫いながら、急な鞍部への下りに差し掛かると、やはりこの下りと最低鞍部付近が一番の核心部のようでした。恐ろしいまでの急な下りは、アイゼンとピッケルを使って一歩一歩後ろ向きでステップを切りながら下りました。気温も上がり、昨晩積もった新雪が軟らかくなってアイゼンの裏側にくっつく、危険度が増した下りでした。

そして鞍部に近づくと雪がなくなり、今度は痩せた岩尾根の上を歩くことになります。狭い隙間でどうにかアイゼンを外し、ピッケルを収納してから灌木に掴まり、どうにか急で痩せた岩尾根を下りきりました。帰りはここを登らなければならないと思うと、うんざりしてしまいますが、来てしまったものは仕方がありません。もう進むしかありません。

鞍部からもまだしばらく灌木に覆われた岩の藪尾根は続いています。しばらく急な岩場に厳しい藪の痩せた尾根を登って、７７２ｍ峰まで来るとようやく雪堤が拾えるようになりました。硬かった雪面も気温の上昇とともに今は軟らかくなってきていて、ここから先は急な登りが少し緩むようでした。アイゼンは着けずにそのまま登り続け、藪と雪堤を交互に繰り返しながら、最後は雪に覆われた狭い裏の山山頂に立つことができました。周りが高い山で囲まれているので、景色はどうかと思っていたのですが、意外と見晴らしが良く、周囲の山々はもちろん、遠く越後三山方面まで見えます。中の又山や駒形山、矢筈岳は大きく見え、３６０度の展望を楽しむことができました。

それにしても裏の山というシンプルな名前はいったい誰が名付けたのでしょう？　確かに川内から見ても下田から見ても、ここは裏の位置に当たるところです。そして、日本国内の山の大半は残雪を利用すれば登れるとされていますが、これら道なき山を裏とするなら、残雪を利用してもなお厳しいこの山は、裏の中の裏だろうと思いました。

コースタイム

《1日目》
大谷ダム～2時間30分～川クルミ沢～2時間30分～日本平～3時間30分～五兵衛小屋～2時間30分～中の又山

《2日目》
中の又山～5時間～裏の山～4時間50分～中の又山

《3日目》
中の又山～2時間10分～五兵衛小屋～2時間15分～日本平～1時間30分～川クルミ沢～2時間10分～大谷ダム

45

土崩山《つちくずれやま》（753・1m）～こったが山《やま》（913m）

平成30年
3月25日
（日帰り）

魚沼市

会社の出勤前に少し時間があったので、裏山へ出掛けました。雪がまだら模様に残る山肌は、白と黒の世界なのですが、そこにわずかな緑色の小さな色彩が見え隠れするようになってきました。春の使者であるフキノトウがようやく芽を出し始めています。30分ほどでスーパーの買い物袋がいっぱいになるほどフキノトウを採取した私は、胎内市にもようやく早春が訪れたことを実感することができ、少し嬉しくなりました。会社へ行ってフキノトウを洗っていると、ほかの職員たちも春を感じたのか、にこにこ笑っております。

明日は毛猛山塊の一角に聳える山々に登るつもりですが、入山口は旧入広瀬村の大白川《おおしらかわ》集落で、「山菜共和国」と称されるところであります。胎内市と違ってまだまだ残雪が多く残っていて、山菜の季節にはまだ早いのでしょうけれど、それらの山々を訪れて春を満喫できることを楽しみにしておりました。

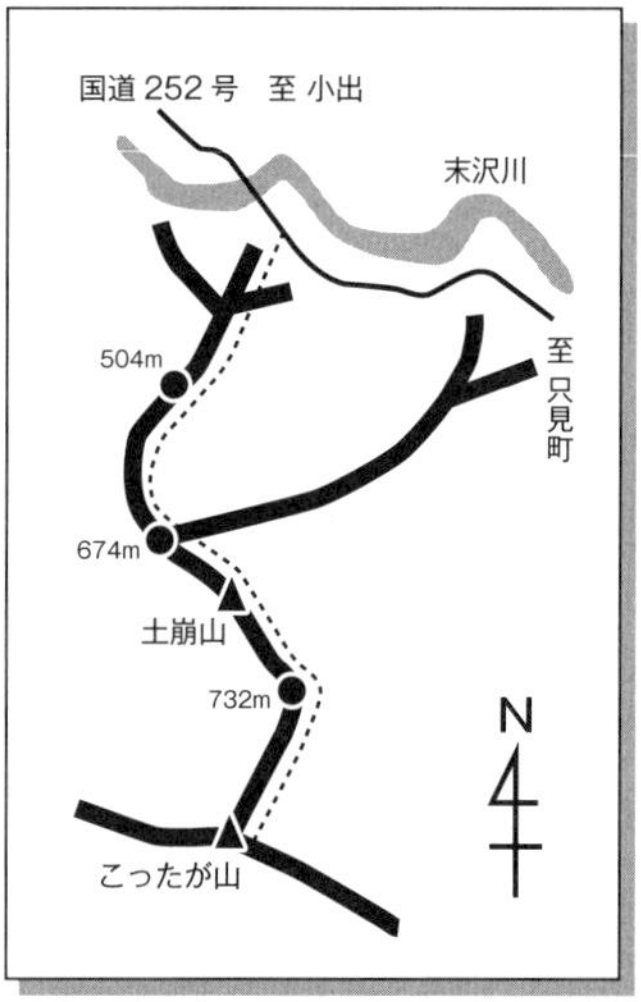

そんな山菜共和国の入り口にある大白川駅から先、国道252号はまだ1mもの積雪で鎖されています。昨夜の雨で路面の雪は腐れていて、国道を歩く足は足首まで埋まりました。非常に歩きにくい国道を30分ほど進み、末沢《すえざわ》川に架かる橋を渡ったところで、地図を見ながらどこから登るか候補の尾根をあれこれ思案しましたが、これ以上国道を歩きたくないので、結局すぐにおあつらえ向きの尾根に取り付きました。

建造物群と、こったが山

最初は急な斜面を登りますが、しばらくすると判然とした尾根上に出ます。地図を見ると、尾根はやや痩せ気味となっているのですが、実際は思った以上に痩せ尾根で、雪はほとんど解け落ちています。ただ比較的明瞭な踏み跡があり、激しい藪というわけではありませんでした。毛猛山塊の尾根には、結構多くの踏み跡が付けられているのですが、この径形は尾根の先にある鉄塔を監視するために付けられたもののようです。広い大地に建てられた鉄塔を過ぎると、思ったとおり径形はなくなっているようでした。

やがて崖を乗り越え、大きな尾根と合流し、地形図を見ると、この尾根には径形が書かれており、それが黒又第一ダムまで続いているようです。しかし、実際は藪化しており、すっかり雪のなくなった痩せ尾根を、藪を漕いで先へと進むしかありませんでした。細い尾根を慎重に進むと674m峰に到着し、一度下ってから登り返して、こんもりと残雪を被った非常に狭い土崩山の山頂へ出ることができました。視界に大きく守門岳が飛び込んできます。浅草岳や毛猛山塊もよく見えるようになりました。

山頂から先は、痩せて藪が出ている尾根を何度もアップダウンしますが、なかなか高度が上がりません。径形はあるものの灌木がうるさく、歩きにくいところに雪が中途半端に残っていて、雪庇やら踏み抜きやら、さらに岩場まで出現し、随分と苦労させられます。ようやく目指す「こったが山」の手前まで辿り着くと、ブロック造りの大きな建造物が尾根上に建てられていました。最初に現れた建造物は小ぶりで、便器が見えることからトイレだということが分かります。それにしてもこのトイレ、痩せ尾根にはみ出して建てられており、よく倒れないものだと思いました。そして、し尿処理はどうしていたのでしょう？　気になるところです。

トイレの奥にはすっかり朽ち果てた大きなブロック造りの建物が3棟ありました。この3棟の建物は広くなった尾根上に建てられていますが、通過するのに邪魔だなと思いながら通り過ぎました。大白川の区長さんによると、この建物は日鉄鉱業という会社の建物だそうです。昭和20年頃まで硅石を採掘しており、そのときの名残だろうと教えてくれました。

ここから「こったが山」の山頂はすぐそこですが、尾根が二手に分かれていました。右に行っても左に行っても岩尾根で、そこに付いた不安定な雪堤を越えて行かなければなりません。地図を見てもどちらに行けば良いのか、判断がつきませんでした。少し考え、左に見える雪が落ちたところが山頂だろうと、左の尾根を選んで進むことにしました。

雪堤を越えると尾根は平原状になり、その先に「こったが山」の山頂がありました。痩せ尾根と中途半端に付いた雪に意外と苦労させられましたが、ようやく到着した「こったが山」は、荒々しい岩峰となっており、非常に複雑な地形に囲まれたところでした。灌木に覆われた狭い山頂からは、足沢山《あしざわやま》から太郎助山《たろうすけやま》、百字ケ岳《ひゃくじがたけ》、桧岳《ひのきだけ》が見えますが、毛猛山は見えません。また、守門岳と浅草岳が大きく見え、越後三山も霞んだ空の奥にうっすらとその姿を見せ、足元には氷で埋め尽くされた黒又ダム湖が見えました。

この山頂のすぐ隣にはもう一つ、広く平原状の山頂があり、先ほど迷った尾根を右に進むとそこに出るようです。どうやら景色はそちらの方が良さそうなので、時間も十分にあることだし、もう一方の山頂へと行ってみました。すると、こちらの山頂には綺麗なブナの大木が疎らに生えており、景色の良い、心休まる空間が広がっていました。双耳峰となっている山頂付近は、峰と峰の間が少し窪地状になっていて、それが荒々しい岩山を築いているような感じになっています。これは鉱物採掘のために山を削った跡のように思いました。

〝こったが〟という奇怪な山名について、地元では「こったが山」付近を〝じょうあん〟と呼んでいるとのことですが、そういえば毛猛山付近に聳える百字ヶ岳は大白川のじょうあんさんが100歳になったときに登った山で、山名はそこから来ているといった話があります。なぜ「こったが山」付近を〝じょうあん〟と言うのかは分かりませんが、百字ヶ岳の件と関係はあるのでしょうか？　山頂から景色を眺めていると、さまざまな疑問が浮かんできます。

山菜共和国と称する自然の宝庫ではありますが、鉱山採掘のために山が傷つけられ、そこに施設が建てられ、そして今となっては廃墟と化しています。結果的に「こったが山」山頂付近は、痛々しい傷跡と朽ちた巨大なゴミが残されるのみとなってしまいました。山頂付近の、採掘跡と思しき大きく割れた山肌を見ると、「早く自然に返せ！」と叫んでいるように見えました。

コースタイム

大白川車止め～34分～尾根取り付き箇所～1時間57分～土崩山～2時間16分～こったが山～2時間～土崩山～1時間52分～尾根取り付き箇所～25分～大白川車止め

46

裸山《はだかやま》（1010・4m）

令和4年11月6日（日帰り）

魚沼市

登っている人はそう多くないのでしょうけれど、少ないながらもロッククライミングの人たちに登られている山が裸山です。私の場合は、岩登りをしないというかできないので、登りたくても登れません。しかし、国道252号を車で走らせていると、大きな岩の塊となった裸山が凄まじい威圧感でそそり立ち、あの岩の頂に立ってみたいと思ってしまいます。そういうわけで、岩登りのできない私は別ルートから登ってみようと企《たくら》んでおりました。地形図を見れば、登れそうな尾根はいくつかあります。かなり前から計画を立てていましたが、ほかの山に登るのが忙しくて、この山を訪ねる機会がなかなか巡ってきませんでした。

令和4年は門内小屋の外壁張り替え工事が行われ、私はその作業の陣頭指揮に追われることになりました。さらには下越地区が水害に見舞われ、私の勤務地の胎内市にもかなりの被害が出ました。建設業は災害復旧にてんやわんやの状態となり、あまり一生懸命に仕事をしない私でさえ、門内小屋工事や災害復興のための作業に追われ、山に登っている暇などまったくない1年でした。しかし、「このままでは体が鈍ってしまう」と感じ、どうにかわずかな時間をつくり、以前から温めていた比較的簡単に登れそうな裸山の尾根ルートを登ろうと、晩秋の晴れた日に向かうことにしました。

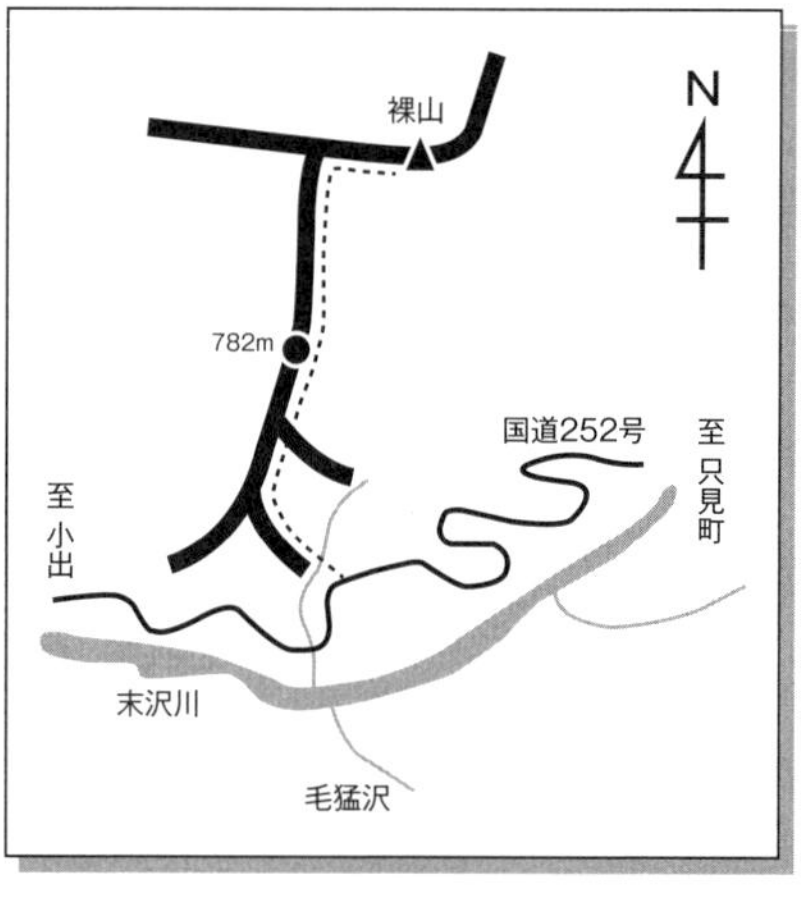

裸山は鉄塔巡視路がある吹峠というところからだと簡

尾根途中から裸山を見上げる

単に登れそうですが、いくらなんでもそこからだと簡単すぎます。かねてから目を付けていた国道252号沿い、毛猛沢の向かい側の尾根を登ることにしました。車は国道がつづら折れになる最初のヘアピンカーブの付近、広い砂利敷きになっているところに止めました。そして、国道を少し歩いてから、左側のガードロープを越えて藪の中へと入っていきました。行き交う車からはキノコ採りにでも見えたのでしょう、興味津々といった感じで車が通り過ぎていきます。私自身も「何でこんなところに登るのだろう……。バカだよな」なんてことを思いながら、藪の中を歩き始めました。

そういえば、以前に欽ちゃんの番組で「兄弟ゲンカを止めようと父親が『バカ者!』と言おうとしたところ、間違って『バケモノ!』と言ってしまい、ますますケンカが酷くなった」といった内容のことを話しておりました。私も若くてまだ体力のあるころは、化け物と言われたことがありました。山の世界で化け物と言われることは褒め言葉であり、ある意味では名誉なことでありますが、体力が衰えてしまった今の私は化け物ではなく、単なるバカ者となっております。整備された歩きやすい道を歩かず、わざわざ一般的でない山の、一般的でないルートを登るのですから……。

さて、歩き始めてすぐに小沢を渡ります。登山靴で渡れるかどうか分からなかったので、長靴片手に沢へ降り立ちましたが、軽々と登山靴で渡ることができました。持参した長靴は目立つ大木の根元に置いて、沢の向かい側から延びる2本の尾根の右側を選んで進んでいきました。尾根はどちらを進んでも良さそうなものですが、右側の方が少し距離的に短いということで、そちらを選びました。

藪の状態としては、細めの尾根を灌木がびっしりと覆い、なかなか手強い藪となっております。藪の隙間から先を眺めると、ところどころ大きなアカマツが見え、この先が岩尾根となっていることがうかがえます。灌木の隙間に体をねじ込みながら、最初に見えた松の木まで登ると、案の定、足元は岩っぽくなりますが、危険というわけではありません。むしろ藪が少し薄くなって、歩きやすくなりました。その後も松の木が現われるたびに藪が薄くなり、ブナの木が現われると藪が濃くなるといった具合で進んでいきました。

やがて歩きやすい岩場の頻度が多くなったところで、歩き始めに越えた沢から派生する左側の尾根と合流しました。782m峰の少し下辺りです。合流点は、なぜかここだけ小広くなっていて、毛猛山方面や裸山がよく見え、休憩するにはうってつけの場所となっていました。ここでしばし休憩をし、今度は松が生い茂る痩せた岩尾根を進むようになります。そして、裸山から直接延びてくる尾根の870m付近を目指しますが、鞍部辺りから藪が酷くなり、尾根も広がるので、進む方向が分からなくなってしまいます。

870m付近まで来るとブナの大木が目立ち、一時的に藪が薄くなるものの、それも束の間、すぐに濃い藪が立ちはだかります。相変わらず広い尾根の中で、進む方向を見失いがちになりながら、もがいて前進を続けました。やがて藪越しに急峻な峰がそそり立ち、果たしてそこを登れるのか不安を抱きます。

問題の急斜面の下まで来ると、左側から尾根が延びており、その尾根を伝っていけば何とかなりそうです。急ではあるものの距離が短かったので、斜面を這い上がるようにして急峻な峰の上へと登ることができました。しかし、ここからも歩きにくい灌木藪がしばらく続き、ようやく痩せた岩稜帯となって少し歩きやすくなります。山頂手前は再び灌木藪で、ひと汗かいてワラビが生い茂る山頂に立ちました。踏み跡や鉈目といった人為的な物が一切見られなかったところから、裸山は国道近くに聳えるものの、紛れもない秘境だと感じました。
　山頂からは、浅草岳や毛猛山方面がよく見えます。秋深くなったこの付近もすでに木々の葉が落ちていて、冬の到来が近いという印象を受けました。足元からは国道252号を行き交う車のエンジン音がひっきりなしに聞こえ、下界はまだまだ行楽のシーズン真っ盛りのようです。枯れたワラビに埋もれた山頂で一息つきながら、眼下に広がる裸地化した東側斜面を眺め、いつもは下から見上げては圧倒されていた岩壁の上に立ったことを実感しました。ちなみに、下山後の私の体には、木の枝葉や泥や埃がびっしりと纏わりついており、国道を歩いて戻る姿に、通り過ぎる車の人たちは〝化け物〟と思ったに違いありません。

コースタイム
車～3時間20分～裸山～3時間～車

47

繁《しげ》松《まつ》山《やま》（658・2m）～あおり山《やま》（784・9m）

令和4年
3月13日
（日帰り）

魚沼市

めったに顔を合わせることがない藪山ネットの皆さんと、年に一度だけ顔を合わせる会が開かれますが、残念なことに今年もコロナ禍により中止となりました。その代わり、各自メーリングリストで近況報告を行い、皆さんの元気な声を聞くことができて良かったと思いました。藪歩きの場合は、早い人と遅い人の差が大きく、基本的に単独行動となってしまいます。そんなことから、皆さんと山に行くことは皆無であり、年に一度の顔合わせ会は貴重です。これから山は残雪期へと入り、会の皆様もまた精力的にどこかへ登られることでしょう。私も「負けてられないな」なんて思いながら、今回の目的地である魚沼市の松川集落へと車を走らせました。

　早朝から道路脇には雪かきをする人たちの姿が見られます。冬場は辛い除雪作業ですが、待ちわびた春が近いとあって、作業をする人たちも心なしか皆笑顔のように見えました。そんな松川集落の最奥に車を止め、まだ1m以上はあろうかという雪の壁を乗り越えて、尾根の取り付き地点に向かうため、松川川沿いの林道を歩き始めました。表面だけが薄く凍った林道上を、そろそろと歩いていると、時々ズボっと脛まで潜り、冷や冷やしながら進みます。今日はどんよりとした曇り空ですが、気温が上がるとのこと。気温が低いうちに、できるだけ進んでおきたいところです。

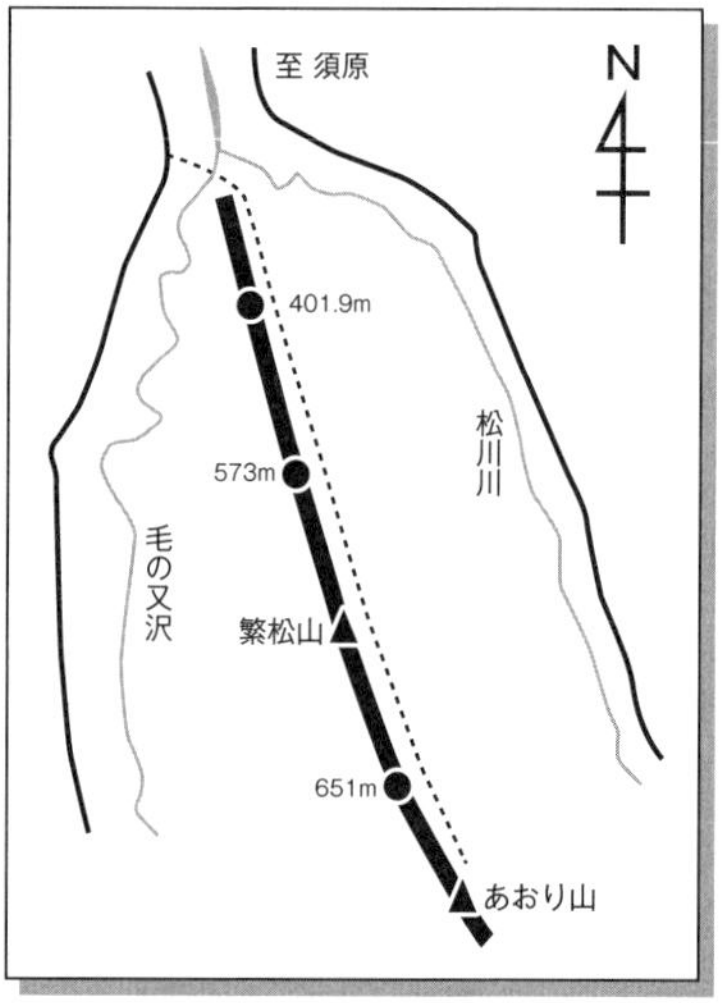

　時々脛までぬかりはするものの、15分ほどで尾根の取

あおり山

り付き箇所へと到着し、杉林の急斜面を登っていきます。杉林に入ると潜る深さはさらに増し、非常に苦労をさせられます。しばらく我慢をして斜面を登りきると杉林が終わり、ブナ中心の雑木林へと様相が変わって、周りの景色もよく見えるようになります。重くて深いラッセルは相変わらずですが、見晴らしが良くなったのでいくらか気が紛れて助かります。目の前には丸い大きなピークが見え、その奥に急峻な鋭鋒が見え隠れしており、この時点ではどれが繁松山なのか分かりませんでした。

地形図を見て、尾根が痩せ気味だと思っていたのですが、これがまた歩きやすい適度な広さの尾根となっており、登りも急なところはあまりなく、淡々とした緩い登りが続いています。これだけ変化のない尾根ですと、逆に面白くないくらいに思ってしまうのはわがままでしょうか。難所という難所がまったくないまま、最初の丸いピークの上に立ちました。地図を見ると、繁松山まではまだかなり距離があります。どうやら先に見える急峻な鋭鋒が繁松山のようです。

辛いラッセルに加え、単調な登りと変化のない尾根に少し飽き気味になりながら、急な斜面を登りきり、まずは最初のピークである繁松山に到着しました。細い繁松山の山頂は、なぜかそこだけその名の通り松が茂っていて、雪庇が張り出して危ない痩せ尾根上を、松の枝を避けながら進むしかありませんでした。通常は尾根が痩せていても、山頂が広い場合がほとんどですが、繁松山は逆でした。

細長い山頂はいったん下って次のピークまで松と雪庇が嫌らしかったのですが、次のピークを過ぎると、再び安堵感のある尾根へと変わりました。「ここでゆっくり休憩でもしたら幸せだろうなあ」なんて思いながら、最終目的地である「あおり山」へ向かって進んでいきました。しばらく進むと杉林が現われ、その奥に「あおり山」が姿を現しますが、奇妙な感じがします。ここから見る「あおり山」はとてつもない岩峰となっており、とても登れる気がしません。「何かがおかしい」と思いながら、ザックを下ろして地形図を眺めると、確かに岩記号が書かれていますが、問題なく登れそうな等高線になっています。「近くまで行けば、登れるルートがあるのだろう」と思って、淡々とした尾根を進んでいきました。

尾根は再びブナの林へと変わり、見晴らしのいい尾根をハイキング気分で進んでいきます。しかし、目の前には「あおり山」の岩壁がどんどん大きくなるばかり。どこをどう登っていけばいいものか、腕組みをして考えますが、やはり近くまで行かなければ分かりません。岩壁の手前から再び杉林となり、目の前に大きく立ちはだかるはずの岩肌が一時的に見えなくなりました。早く杉林を抜けて、突破するルートを見付けたいと思うのですが、深いラッセルに思うように足が進みません。どうにか杉林を抜けると、目の前には突破不可能と思われる垂直な岩壁が待ち構えていました。

最初はこの岩壁を直登しようと試みたのですが、大きな倒木が尾根を塞いでいて、その倒木を乗り越えることができません。それでは左から巻こうと考えましたが、不安定な雪の付いた斜面をトラバースしなければならず、かなり危険です。右側は雪渓となっており、そこに雪が付いているので、雪渓をトラバースして右斜面から山頂に出られないか行ってみましたが、雪渓は尾根の手前で途切れており、尾根上に乗ることができませんでした。それでは雪渓を直登してみようと考えましたが、上部は心細くて今にも崩れ落ちそうです。どうしようか非常に悩みました。確かにピッケルはありますが、登っている途中で、あるいは登った後に雪渓が崩れ落ちてしまえば命取りとなってしまう可能性があります。仕方ありません。ここは無理をせず引き返すことにしました。

山頂まではあとほんの数メートル。頂の上に立つことはできませんでしたが、ほぼ登頂できたも同然です。厳密に言えば登頂はできませんでしたが、登頂がすべてではなく、こんな未開の奥地へ進んでこられたことに意義があると思い、潔く諦めました。最後の岩壁以外のところは、ハイキング的な、比較的気楽な山登りが楽しめました。

「あおり山」をどうしても極めたければ、反対側の尾根を伝って登るといった考えもありますが、そうなると登山道のある唐松山方面から下って山頂に立つことになり、それでは意味がありません。道のない山に自分でルートを考えて設定することがこの山登りの面白さであり、目的です。他人によって付けられた登山道を歩かされることは、私にとって楽しいものではなく、そうまでして行こうという気にはなれません。いずれにしても、頂に立つことはできませんでしたが、以前から気になっていたところに来ることができて良かったと思っています。

ところで、〝あおり〟とは魚沼の方言で、風の通るところという意味があるそうです。ほかにも越後駒ヶ岳のすぐ近くにアオリという名前が付けられたところがありますが、同じ意味なのかもしれません。また、川内山塊には青里岳がありますが、こちらの青は緑が濃いという意味で、要するに深い森を指すということがさまざまな文献に書かれています。果たして、実際のところはどうなのでしょう?

コースタイム

松川集落〜15分〜尾根取り付き箇所〜2時間10分〜繁松山〜1時間30分〜あおり山直下岩壁〜1時間10分〜繁松山〜1時間40分〜尾根取り付き箇所〜25分〜松川集落

48 ほとら峯《みね》（623・9m）

令和2年
5月3日
（日帰り）

魚沼市

去年、用事があって入広瀬に行ったときに、黒又川に沿って上流まで行ってみたのですが、やはり黒又第一ダムのはるか手前で車両は通行止めとなっておりました。北魚沼にも手付かずの山々がひしめいている秘境区間があり、黒又川沿いの道路が使えれば、それら秘境の峰々に登るルートの選択肢が広がると思っていましたが、やはり無理でした、しかし、唯一「ほとら峯」だけは最初のダムの少し先の辺りから登れそうでしたので、いつか行ってみようと思っておりました。

　それから1年の月日を経て、残雪の山も終わってそろそろ夏の陽射しが感じられる頃、草木がまだ盛期とならないうちに向かってみることにしました。黒又川沿いの道路は最初のダムのところで通行止めとなっていたので、そこに車を止めて歩き始めます。右側は切り立った斜面となっていて、取り付けそうなところはありませんが、少し歩くと小さな沢筋にひっそりと小径が付けられています。おそらく鉄塔の巡視路であろうと思い、その小径から急斜面を登っていきました。

　杉林の中に付けられた小径は、思ったほど急登ではなく、普通の登山道並みに歩きやすい道になっていました。杉林を過ぎて、雑木林の中をトラバース気味に付けられた道を登りきると、思った通り鉄塔が現れます。鉄塔の周辺は刈り払いがされていて、景色が良く、正面に守門岳、右奥に浅草岳が白く雪を纏って聳えています。「ほとら峯」の山頂へは、この道のどこかから

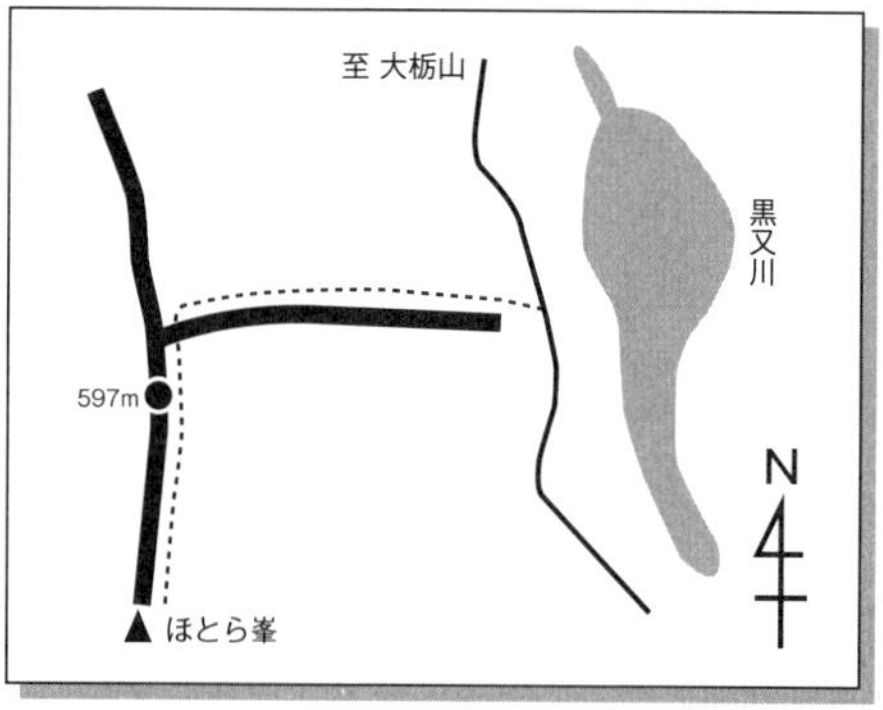

ほとら峯山頂付近は藪の中

左に逸れて藪の中を進まなければなりませんが、もうちょっと小径を進んでみることにしました。「どこから藪の中に取り付こうか」と地図を見ながら進みますが、暑い陽射しと大藪になかなか突入する気になれません。

そうこうするうちに二つ目の鉄塔が現れ、それと同時に付近は整然としたブナ林へと変わりました。二つ目の鉄塔の周辺は、ブナの大木の心地よい日陰となっていて、ここで少し休憩してから左の藪尾根へと入ることにしました。下草の少ないブナ林は、急斜面でも歩きやすく、「ホトラ峯の山頂まで、この調子で続いていてほしいな」なんてことを考えていましたが、当然そんな淡い期待は裏切られました。標高560m峰で尾根上に出ると、そこから大藪との格闘が始まりました。560m峰から先はブナの大木がなくなって、灌木と笹が尾根上を覆い尽くします。蔦がないことがせめてもの救いでしたが、踏み跡皆無の藪尾根と暑い陽射しに朦朧《もうろう》としながら、笹と灌木をかき分け進んでいきました。

597m峰の手前で時々ブナの大木区間が現れ、歩きやすくなることもありましたが、597m峰の山頂は灌木の酷い密藪となっていて、四苦八苦しながら進みました。ただ、「ほとら峯」山頂方向を見ると、ブナの大木が見えるので、そこまで行くと歩きやすくなるのではないかと思い、頑張って進んでいきました。すると案の定、597m峰から下った付近から藪が薄くなって、さらに獣道程度の踏み跡が現れるようになりました。この奇跡的な踏み跡の出現に、「これこそ天の助け」とありがたさを噛《か》みしめ、「ほとら峯」山頂の一角台地へと出ることができました。

山頂台地は再び灌木と笹の大藪となり、広くてどこが山頂なのか分かりません。地図を見ると、三角点は山頂台地の一番奥にあるようなので、藪の台地を奥に向かってしばらく彷徨っていると、落ち葉に埋もれたブルーシートがありました。その先の灌木を乗り越えると、3m四方ほど藪が刈られており、そこに三角点がひっそりと設置されていました。三角点の場所は密集した灌木に囲まれ、無風状態となっているのに、頭上は遮るものがなく、陽射しが強烈に照り付けています。まるでサウナのようでした。熱中症にかかりそうなほど蒸し蒸しと暑苦しく、ここに長居はできません。逃げるかのように急いで藪の中に戻り、山頂を離れました。

『越後魚沼方言集』によると、〝ほとら〟とは細い薪のことを言うのだそうですが、確かに「ほとら峯」は細い灌木の多いところでした。麓集落から近いこの山は、かつて柴刈りの山として山麓民に利用され、親しまれてきたのではないでしょうか。

この時季の低山はまったくの藪となっているところがほとんどだと思いますが、「ほとら峯」も同様で、景色が見えるのは一つ目の鉄塔のところくらいでした。あとはわずかに木々の隙間から周囲が見えるぐらいで、それもせいぜい1カ所、2カ所です。いつかまた、景色がよく見える残雪期の頃に、道の駅いりひろせの付近から派生する尾根を使って登ってみたいと思いました。

追記

令和6年2月に道の駅いりひろせ付近から再び「ほとら峯」に登ってみたら、鉄塔まで道が付けられているうえ、非常に景色の良い尾根となっておりました。

コースタイム

黒俣川沿い最初のダム～1時間55分～ほとら峯～1時間40分～黒俣川沿い最初のダム

49

津《つ》久《く》の岐《また》山《やま》（８１０ｍ）～鼓《つづみ》が倉《くら》山《やま》（１０３６・８ｍ）

令和４年
３月12日
（日帰り）

魚沼市

今にも降り出しそうな黒い雲に覆われた朝、いつもならとっくに明るくなっているのに、今日に限っていつまでも薄暗いままで、こう暗いと体もなかなか目覚めようとしません。眠い目をこすりながら、何とか大湯温泉までやって来ました。

開湯千三百有余年といわれる大湯温泉は、銀山鉱山最盛期に宿場町として栄え、またバブル期には多くの店が立ち並んでいたそうですが、バブル崩壊に伴い店や旅館もかなり減少したそうで、２０２１年には大湯温泉スキー場が閉鎖、さらにコロナ禍が追い打ちをかけました。それでも早朝から湯けむり上がる旅館街は、決して廃れたなんて雰囲気は見当たりません。早朝ということもあって人の姿はありませんが、各旅館には宿泊客のものと思われる多くの車が駐車されています。蔓延防止等重点措置が解除されたことですし、どうにかコロナ禍を乗り切ってほしいと思いながら旅館街を通り過ぎました。

古いひなびた旅館が立ち並ぶ秘湯栃《とち》尾《お》又《また》温泉の手前の見返り橋周辺が広く除雪されているので、ここに車を止めて準備を始めました。それにしてもさすが豪雪の魚沼です。道路両脇の雪壁は優に３ｍを超えるほどとなっており、これには非常に圧倒させられてしまいます。「こんな大雪で、果たして山に登れるのだろうか？」。見上げるほどの高さの雪壁を眺めながら、一つ大きなため息をついてしまいました。今日はどんよりとした曇り空ですが、気温は高くなるとのことで、雪崩に

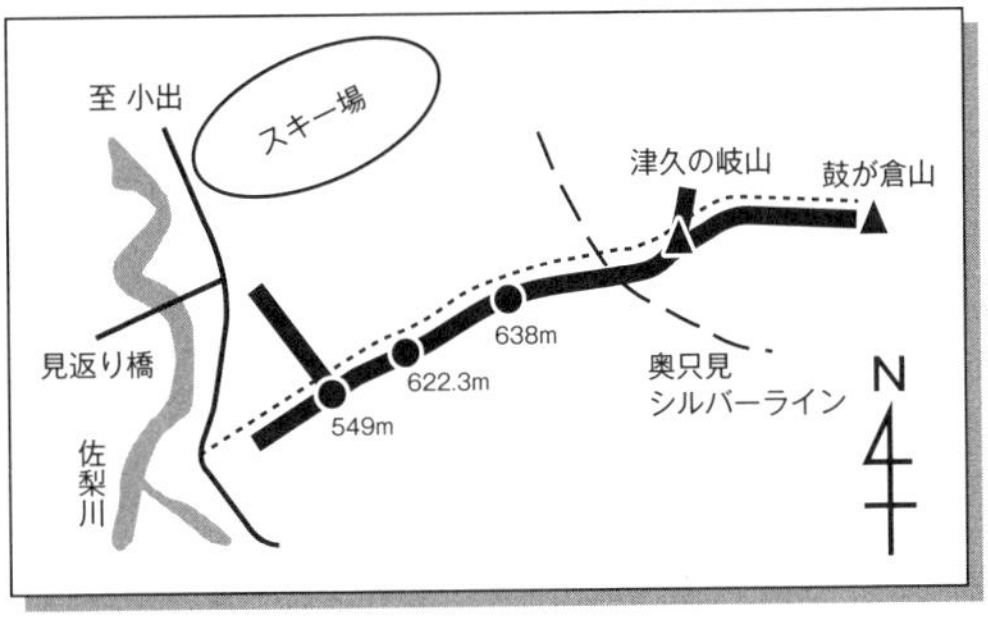

も気を付けなければなりません。「せっかく来たんだし、行けるところまで行ってみよう」と、足元を春の堅雪に備えてスノーシューからワカンに変え、雪壁の低くなった場所を探して登り始めました。

ようやく春の兆しが見えてきたとはいえ、雪はまだ安定せず、腐れたザラメ状の雪は膝まで埋まり、四苦八苦しながら斜面を登ります。しばらく急な登りが続き、大湯温泉郷が見る見るうちに眼下に小さくなっていきます。重いラッセルに喘ぎながら549m峰に辿り着くと、中途半端に雪が落ちて白と黒がまだらになった痩せ尾根が目の前に続いています。「こりゃ、厳しいな……」と、また一つため息をついてしまいました。

549m峰からは、旧スキー場からの尾根と合流する622・3m峰までが大きな難所となっています。地図を見る限りだと、そんなに難所のようには思えません。地形図上では、それよりもその先がもっと細い尾根となっており、果たして無事に登れるのか心配になります。とにもかくにも、足元に注意しながら木々の隙間を縫って、どうにかこうにか進んでいきました。そして、とりあえず最初の難所をクリアし、622・3m峰から先を眺めると、実際はいくらか歩きやすそうな雰囲気です。

まだしばらく痩せ尾根が続きますが、進むにつれて尾根は広がり、鞍部まで来るとようやく歩きやすくなりました。ここにきて辺りは杉林へと変わり、目の前には奥只見シルバーラインが見えるようになります。杉林の中を進んでいき、奥只見シルバーラインといった人工物が離れるに従い、樹相もブナ林へと移り変わっていきました。相変わらずラッセルは深いままですが、ところどころ雪が凍っていて、登り始めに比べるといくらか歩きやすくなっているように感じました。心配していた尾根も特に悪いところはなく、最後の急斜面を登って津久の岐山山頂に立つことができました。

山頂は360度の大展望となっておりますが、生憎の曇り空で、周囲の山々を眺めることができません。背後に聳える駒ヶ岳も、今は雲と霞に遮られ、その姿を見ることができません。広くて安堵感のある山頂にもう少しゆっくりしていたかったのですが、先に続く尾根を眺めると、川内山塊を思わせるような細くてガキガキとうねった尾根に、真っ白い雪がナイフの刃先のように付いていて、その刃先の奥に、急斜面を従えた鼓が倉山が聳えています。そんな光景を目の当たりにすると、どうしても一抹の不安が頭をよぎり、私は早々に津久の岐山の

鼓が倉山へ最後の登り

山頂を後にしました。

先日降った雨は津久の岐山から先は雪だったようで、それまで薄鼠色のザラメ雪だったものが、純白の粉雪へと変わっています。津久の岐山からは、しばらくなだらかで心が休まる尾根でした。広い尾根に疎らなブナの木々、緊張感と静けさの中に束の間の平和を感じます。しかし、鞍部を下りきった辺りから尾根は痩せ尾根となり、いよいよナイフの刃先の上を歩くようになります。とはいえ、緊張感はそこそこで、それほど怖くない程度の痩せ具合。逆に飽きが来ず、楽しささえ覚えるナイフの刃先でした。

高度感を感じる中間の870mピークを越え、腰を下ろして一息つきます。周囲を眺めてみると、霞んだ空気の先に壮絶な山襞が見え隠れしており、谷は深く、尾根はえぐられていて、山の厳しさを感じます。ここが1000m前後の山並みということが信じられません。ここまで来ると、遠かった鼓が倉山の壁が大きくなり、足首から脛、時には膝まで潜る雪に疲れを感じていましたが、あと少しと自分に言い聞かせ、重くなった腰を上げました。

ナイフを越え長い急坂を登り終えると、やがてなだらかな尾根のずっとその先に、鼓が倉山の山頂が見えるようになります。しかし、長い急坂を登りきっても山頂はまだまだ先のようです。深い雪に辟易しましたが、ここまで来ると霞とガスがあるものの、周囲の景色が見えるようになります。ゆっくりと360度の展望を楽しみながら進み、やがて雪が割れて深いクレバスがある鼓が倉山へと辿り着きました。ぽっかり口を開けたクレバスに落ちると大変なので、少し戻ってから休憩をしました。

山頂からは、晴れていれば駒ヶ岳や荒沢岳《あらさわだけ》、平ケ岳《ひらがたけ》などが大きく見えるのでしょうが、今日は生憎ガスの中で、裾野部分しか見えません。おそらく尾瀬の山々や毛猛山塊なども見えるはずですが、すべては霞の中です。「こんなに景色の良いところなら、天気の良い日に来たかった」と思いました。そして、「またいつか、今度は天気の良いときに来なくちゃ」。そう考えて山頂を後にしました。

下山は解けた雪に安定しない足元となり、かなり苦労しました。特に難所だった622・3m峰から549m峰の区間は、登るときに足場となった雪が解け落ちてしまい、面食らいました。次回来るときは、別ルートで来た方が良いと思いました。本来のところ、津久の岐山には奥只見シルバーラインが開通するのを待ってから向かうのだそうで、ルートとしてはトンネルの間から766m峰に向かって登るのが最短で登りやすいそうです。しかし、あまのじゃくな私は、あえて開通する前に別ルートから登りたいと思って今回の山行となりました。

ところで、山名にある〝津〟とは、港とか船着き場のことを言うのだそうで、津久の岐山には津久ノ岐沢に材木などを運び出す船着き場があったのではないかと考えました。気になってあれこれ調べていると、『日本山名事典』では〝津久の岐山〟と書かれていましたが、それよりも古い『コンサイス日本山名辞典』では〝突の岐山〟と記されています。念のため、昔の表記はどうだったのか古地図を調べてみると、津久の岐山の名前は記載されていませんでした。山名がどこから来たものか、依然として謎のままです。

コースタイム

尾根取り付き箇所〜2時間50分〜津久の岐山〜1時間50分〜鼓が倉山〜1時間20分〜津久の岐山〜2時間30分〜尾根取り付き箇所

50

大兜山《おおかぶとやま》（1341m）

令和2年
3月15日
（日帰り）

南魚沼市

地形図を広げて巻機山《まきはたやま》を取り巻く峰々を眺めていると、穏やかな山容の巻機山に対して、その周辺は急峻な谷筋や痩せ尾根に支配されていて、険悪な岩峰が多く連なっています。そんな中でも、ひときわ目に付くのが大兜山であろうと思います。その大兜山にどうにか登れないものか、地形図を眺めながらあれこれ思案するものの、有効なルートを見出すことができません。大体の山は地形図を必死で眺めていると、道筋と言いましょうか、登頂への突破口が何とか見付かるものですが、この大兜山に関しては困ったものでした。全体的に大兜山の東側の尾根が登れそうな感じですが、距離が長くて、特に藪が出ていると行けるかどうか分からない感じです。

そこで、私自身あまり気が進まなかったのですが、多くの人が歩いている野中《のなか》沢の上流でタキ沢を渡渉し、尾根に取り付くルートを選択して行ってみることにしました。

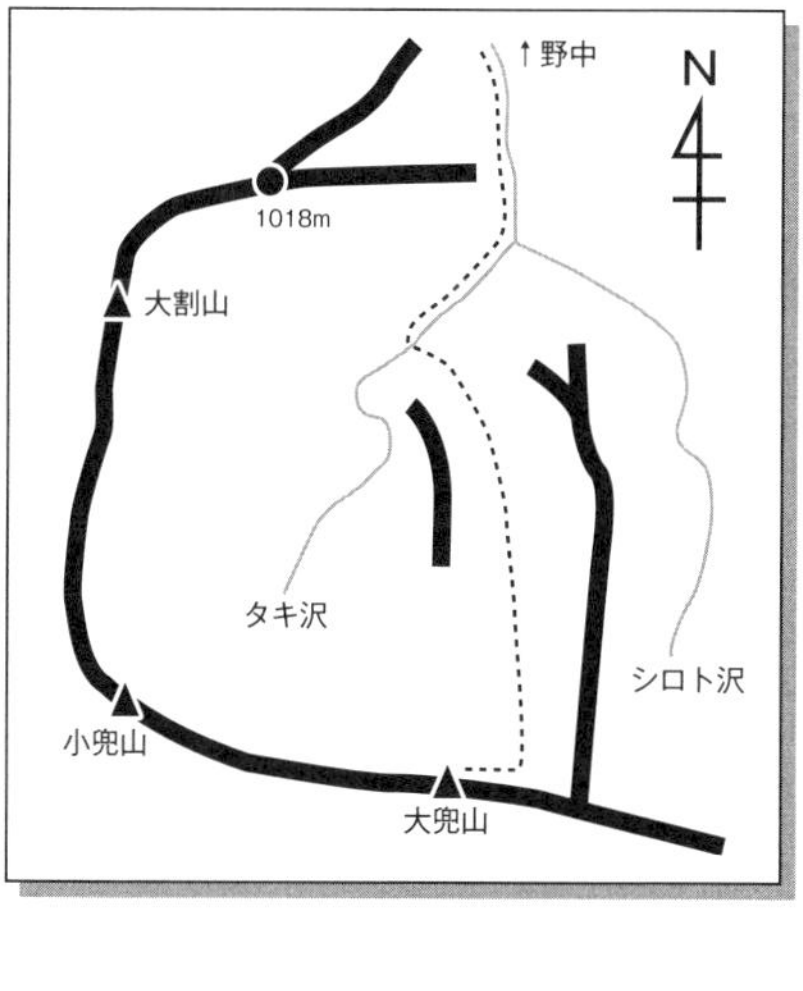

登り口は越後三山、中ノ《なかの》岳《だけ》登山口のある十字峡手前の野中集落からになり、そこから野中沢上流を目指して車を走らせますが、この入り口が分かりにくかったです。集落内の分かりにくい細い道路を右折すると集落外れに大きな銀色のタンクがあり、その脇を直進していきます。少し進むと道は二股に分かれていますが、とにかくどこまでも直進していくと、やがて鋼製ダムにぶつかり、道は行き止まりとなります。道路は

大兜山を見上げる

広めで綺麗に舗装されていて、林道というわりに比較的走りやすく、しかも最終地点には車が数台止められる広めのスペースがあります。今年の記録的な少雪のおかげで、車は最奥まで入ることができましたが、例年であればそうはいかないものと思われます。

ここからまずは野中沢の上流を目指しますが、ダムの脇には階段が付けられていて、難なくダムを越えることができます。ダムから先も釣り人に付けられたと思われるへつり道が川沿いに続いており、少々歩きにくいものの、その道に助けられてタキ沢とシロト沢合流点より少し先の渡渉点に出ることができました。もちろん例年であれば渡れるスノーブリッジも今年に限ってあるはずもなく、河原に出るとここで一度登山靴を脱ぎ、胴長に履き替えてタキ沢を渡りました。気温が高い日が続いているからなのか、川の流れは強くて、渡渉場所を選ばないと渡れません。膝上までの深さを強い水流に耐えながら渡りきり、再び登山靴に履き替えて、すっかり雪がなくなった藪尾根を登り始めました。

尾根の出だしは急で、濃い目の藪となっていて結構苦労します。木を掴むと昨日降り積もった雪がバサバサと落ちてきて、たちまちのうちに全身びしょ濡れになってしまいました。びしょ濡れだけならまだしも、落ちてくるのは解けかけた雪なので、冷たくて体が凍えそうになってしまいます。しかも上から落ちる雪は、なぜだかどさどさと襟元から服の中に入り込んで直接肌に当たり、腹まで冷え込んで下痢を起こしそうです。しまいに手もかじかんできて、木を摑む感覚がなくなってきました。仕方なく雨具とゴム手袋を着用しましたが、雨具はゴアテックス製の高価な物なので、濡らしたくないとの理由からめったに着用しないことにしています。しかし、あまりの冷たさに耐えきれず、今回は特別に大決心をして着用することにしました。それにしてもこれしきの冷たさを耐えきることができないなんて、我ながら「衰えてきているのかな」なんて考え、少し残念な気持ちになりました。

ひとしきり急な藪斜面を登ると、やがて大きな松の木が現れて、ここで主尾根上に出たことが分かります。ここから先はいくらか傾斜が緩んで、藪も若干薄くなり、少しですが歩きやすくなりました。尾根上にはわずかに鉈目が確認できるところがあり、昔は薄い踏み跡があったのかもしれませんが、今ではほぼまったくの藪状態となっています。

雨具着用で体は温かくなったのですが、藪に高価な雨具を引っかけないよう慎重に進んでいると、それまで細かった尾根が広がり、ここでようやく雪原となって、雨具が汚れるのを気にせず歩けるようになりました。それまで灌木の密藪だった尾根も、いつの間にかブナ林となり、広い尾根をブナとブナの間を縫うように進みます。やがて辺りは広くて平らな大地へと変わり、安心感のある様相となります。ブナの木々に囲まれホッと一息つきたくなるような場所なのですが、景色が見えず進む方向が分かりにくいのが難点だと思いました。

この平原を何となく左寄りに進んでいくと、ブナの林が切れて景色が一変します。今朝まで降っていた雪もすっかり止んで、雲の切れ間から差し込む春の陽射しに、降り積もった雪がキラキラと輝いています。その輝く大地の奥には、圧倒的な威圧感をもって大兜山の岩峰が屛風のように立ちはだかっておりました。

ルートは広い沢筋を歩くようになり、壁状となった斜面は進めば進むほど急峻になっていきます。新雪雪崩が心配でした。そのうち、足元のトレースから雪が崩れて流れ落ちるようになり、このまま壁を真っ直ぐに直登することはできないと判断しました。遠回りになりますが、大きく左側を回り込んで、比較的緩斜面になる尾根上のルートを進んでいくことにしました。

疎らなブナの木々を縫うように、なだらかな斜面を選びながら進んでいくようにしましたが、それでも山頂手前から勾配は徐々にきつくなり、息を切らしながら登ります。急勾配でも斜面が広いとあまり急さを感じませんが、ここはとにかくもがき苦しみながら、何度も立ち止まって呼吸を整え、少しずつ進むしかありませんでした。そして、いよいよ木々がなくなって、ようやく山頂台地の肩へと立つことができました。

くの字に曲がった広い山頂は、360度の大展望が広がっています。山頂と思われる一番高くなったところに立ち、徐々に雲が取れ始めている周囲の山々を眺めると、一つ谷を隔てて巻機山が壁のようになって大きく聳え、奥利根の山々が屏風のように横たわり、一番間近にはネコブ山が威圧的に聳えております。越後三山はまだ雲の中で、個性的な三つの峰が姿を現すのも時間の問題のようです。今朝まで降っていた雪もすっかり止み、澄んだ空気の中、淀みない紺碧《こんぺき》の空が広がり、そこに純白の峰々が輝いて聳える姿は圧巻でした。この空と立ち並ぶ峰々のように、今だけの限定ではありますが、私の心も澄んで淀みなく、清らかで美しくなっておりました。大兜山には、またいつか東側の尾根を伝って来てみたい。そう思いながら、山頂を後にしました。

コースタイム

車～30分～渡渉点～4時間30分～大兜山～2時間～渡渉点～20分～車

51

大割山《おおわりやま》（1119・9m）〜小兜山《こかぶとやま》（1218m）

令和2年
3月26日
（日帰り）

南魚沼市

先日、大兜山に登ったときに、次は小兜山に登ろうと、そのときすでに決めていていました。大兜山の山頂からじっと観察してみると、小兜山に登るときに経由する大割山とその先の尾根は、なかなか細くて苦労しそうな雰囲気でした。大兜山に比べて距離も1・5倍くらいはありそうで、どう考えても大兜山より小兜山の方が大変そうに思えます。

今年は少雪だったうえ、春の気温が高くて雪解けも進んでいるので、早く小兜山に登らないと藪が酷くなる一方なのに、休日と晴れの天気がなかなか合わず、気を揉《も》んでおりました。そんな折、世間は新型コロナウイルスの蔓延で、私が勤務する会社もそのあおりを受けてか、仕事量が大幅に減少しているということもあって、天気の良い平日に休みをとって小兜山に登ってくることにしました。

登山の前日に魚沼辺りは除雪が必要なほど雪が降ったようで、三国《さぐり》川ダムに向かう途中の集落では、道路脇に除雪された雪の塊がゴロゴロと転がっています。野中集落から林道に入ると、路面が凍結していて、数日前にノーマルタイヤに変えたことを「少し早まったかな」と後悔しました。滑る林道の途中で車を路肩に乗り捨て、そこから歩き始めましたが、流れ落ちた沢水が凍っており、路面が薄い氷で覆われている状態となっていて、滑ってとても歩けません。アイゼンを出

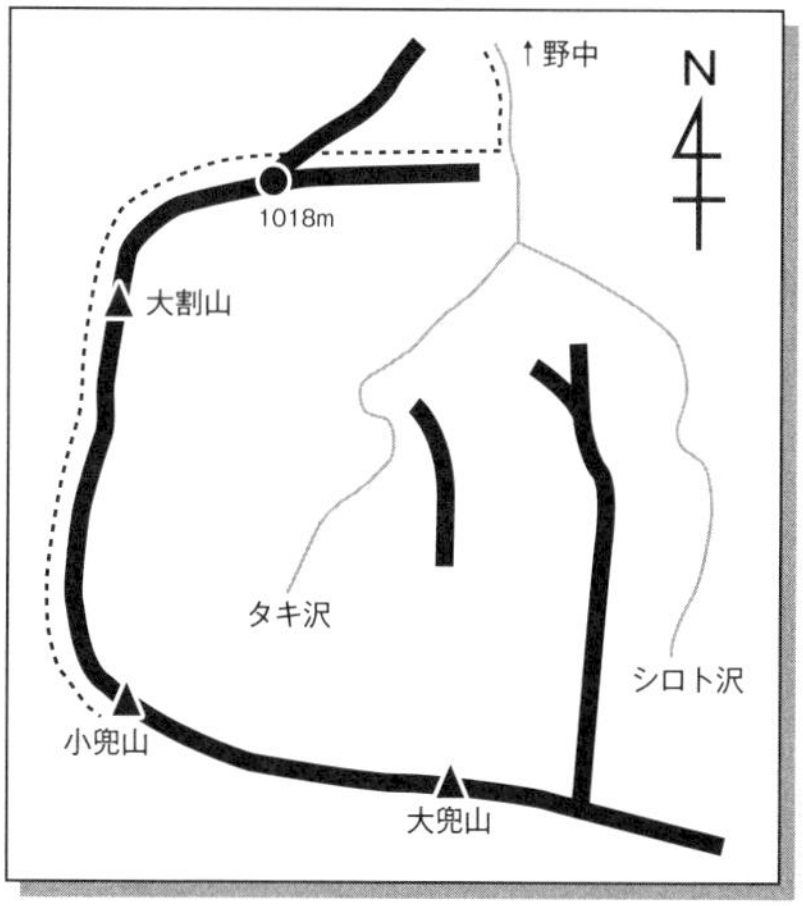

小兜山は中央付近の小ピーク、奥は巻機連峰

そうかと思うほどでした。道路脇の縁石や立ち木に摑まりながら、何とかアイゼンを出さずに林道の最終地点まで辿り着き、ダムを乗り越え、先週歩いたところを同じように釣り道に沿って進んでいきました。

今回はタキ沢とシロト沢に分岐する辺りで、右から派生している尾根を登っていくことになります。前回の大兜山との違いは沢の渡渉がないことなのですが、厳しいこの山行の中で、これがわずかな救いだったと思います。そして、覚悟はしていましたが、釣り道を逸れると結構な藪の尾根を登らせられます。昨日降った雪が足元の笹を隠してくれていて、灌木だけを払いながら進めたのには助かりました。804m峰までは急勾配の判然としない藪尾根を登りますが、その先の尾根は広がり、ここでようやく雪原となってワカンを着用し、比較的歩きやすくなった尾根を1018m峰まで登ります。今回の山行では、この804m峰と1018m峰の区間だけが唯一歩きやすい区間だったと思います。

1018m峰で登りが緩やかになるので、「一息つけるかな」なんてことを考えていたのですが、そこから痩せ尾根の連続となり、一息つくどころか神経を磨り減らしながら、戦々恐々と進んでいくしかできませんでした。しかも痩せ細った尾根には、昨日の積雪が20㎝ほど積もっているので、一歩一歩新雪が流れ落ち、それと一緒に足が流れてしまいそうでとても怖かったです。そこを我慢しながら、大割山が近づけばきっと尾根が広がるだろうと淡い期待をしていましたが、これもまったく外れ、大割山山頂まで痩せ尾根が続いていました。

山頂でようやく少し広がりましたが、大割山の周囲は崖になっています。まさに険悪という言葉がぴったりなこの山に対して、「なるほど」と納得がいきました。少しだけ稜線から外れた山頂に立ち、下界を見下ろしているど、集落からそれほど遠くない峰々が、かつて人々の生活を潤した山であったことが想像できます。そんな山麓民にとって、大割山は極めて通過困難な場所だったのではないでしょうか。いつから大割山という漢字が当てられるようになったのか分かりませんが、「大悪山」が大割山に転訛したのは明らかです。

ここから進む先に目をやると、痩せ尾根の先には1200m峰が大きく聳えていて、その左側には大兜山が岩峰を際立たせ、さらにそのすぐ隣には1339m峰が天を突き刺し威容を誇っています。最初、1339m峰を小兜山と勘違いして、「あそこを登るのか……。こりゃ大変だ!!」と思っておりました。とりあえず1200m峰を目指しますが、大割山から先も相変わらず怖い痩せ尾根は続き、特に1200m峰との中間付近に、国土地理院地形図に標高が明記されていない峰があり、その前後の通過が困難を極めました。細い雪庇上を恐る恐る通過したり、ところどころ雪がすっかり落ちた痩せ尾根上の藪を、足元に注意したりしながらどうにかこうにか進んでいきました。

1200m峰の手前からようやく尾根が広がり、急な長い登りを汗びっしょりで登りきると、1200m峰の山頂に到着しました。この丸くて広い山頂は、大展望が広がる素晴らしい景観で、やっと一息つくことができました。まだはるか先に聳える1339m峰を眺めながら、「おかしいな?　小兜山はもうすぐそこなはずなのに」と、地図を出して確認すると、小兜山は目の前の小さなピークであることに気が付きました。あまりにも小さく、巻機山の雪景色と同化して目立たなかったので、これから自分が登ろうとしているそれが、小兜山だとは思いませんでした。何だか周りを大きい山で囲まれているせいか、小兜山が貧相に見え、しかも1200m峰があまりに素晴らしいところだったので、「果たして小兜山に行く必要があるのだろうか？　１２００m峰で十分なのでは？」といった気持ちになってしまいます。それでもあとわずかということもあって、疲れた体を引きずりながら、渋々小兜山に向かって歩き始めました。

ところがこの先、この山行で一番の難所が待っていました。それは１２００m峰から一度大きく下った最低鞍部に差し掛かったときに目に飛び込んできました。両側の切れ落ちた尾根の上に、冬の間に積もった雪が凍りつき、さらにその上には昨日積もった雪が小さな雪庇を形成しています。ちょっと大げさかもしれませんが、幅は10cmしかないのではと思うほどの痩せ尾根を通過しなければなりませんでした。不用意に新雪の上に足を乗せると崩れてしまい、新雪と一緒に自分も落下してしまいそうです。一歩一歩新雪を崩しながら、下の凍った部分の雪に足を乗せて、崩れないことを確認しながら進んでいくほかありませんでした。距離は50mほどあり、その中で特に酷いところが10mくらいで、それが2カ所もありました。もし足元が崩れようものなら奈落の底に落ちてしまい、遺体すら上がらないのではと思うと、足がすくんで冷や汗が噴き出ます。それでも何とかそこを越え、残すは小兜山へ最後の登りだけとなりました。

それにしても、まるでこんな綱渡りのような凄まじく怖い痩せ尾根は久しぶりです。今までですと、田麦峠から頭布山に登ったときに似たような痩せ尾根がありました。蕨峠から鷹ノ巣山に登ったときにも、同じような緊張を強いる、とんでもなく酷い痩せ尾根がありましたが、今回はそれ以来となります。

最大の難所を渡り終え、いよいよ最後の登りです。それまではワカンで足首程度のラッセルが続いておりましたが、山頂直下からはアイゼンを着用しなければとても登れなくなりました。そして、アイゼンに付け替えた足で凍りついた斜面を登りきると、再び木々がなくなって小広い小兜山の山頂に立つことができました。ここも３６０度の大展望が広がっていて、景観は素晴らしかったです。巻機山がとにかく近くて大きく聳え、そのすぐ近くには金城山も大きく見えます。さらに一つ谷を隔てて奥利根の峰々が白い壁をつくり上げており、遠くにはまるで魚沼の屋根のごとく越後三山がそれぞれ個性的な山容で聳えています。道のない山には、単なる藪山で片付けることができない、素晴らしい特長を有する山がたくさんあります。この小兜山のように、まるで一幅の絵のような美しい景観で出迎えてくれる山も多いのです。

手前の１２００ｍ峰も素晴らしいところでありましたが、そこで引き返すことなく、小兜山まで来て良かったとつくづく思いました。

その山容から戦国武将の兜の名をいただいた大兜山と小兜山に、あまり間を置かずに連続で登りました。いずれの兜も負けず劣らずで、その雄大な景色を独り占めすることができました。そんな満ち足りた気持ちで下山を始めましたが、下山時はトレースが付いているから少しは楽だろうという甘い考えは、やはり大間違いでした。帰りも同じように怖い思いをして痩せ尾根を越え、行きのときにはあった雪がすっかり解けて大藪と化した斜面を、木や笹に摑まりながら何とか野中沢の釣り道へと下りることができました。

コースタイム

車（林道途中）～40分～釣り道尾根の取り付き場所～2時間45分～大割山～1時間20分～１２００ｍ峰～40分～小兜山～35分～１２００ｍ峰～1時間20分～大割山～2時間15分～釣り道尾根の取り付き場所～35分～車（林道途中）

52

池《いけ》ノ《の》塔《とう》

（1418m）

令和元年
5月26日
（日帰り）

魚沼市

越後駒ヶ岳は、普通に登山道を歩いていると特に問題なく歩くことができるのですが、登山道から外れたところは岩と痩せ尾根で形成されており、特にフキギから池ノ塔、アオリ、カネクリ山といった妙な山名が続く尾根は、とても人が入れるようなところではなさそうです。秘境を好むあまり、まともな登山道を歩けなくなった私でさえ、その付近だけは敬遠しておりました。

越後駒ヶ岳の北面には金山沢の大岩壁があり、この大岩壁は昭和20年代の終わり頃から注目されるようになって、当時『山と渓谷』の編集長を務めた方が、「スケールは一ノ倉沢の3倍から4倍、高さも一ノ倉以上の壁はいくらでもあり、その傾斜の強さといい、スラブの悪さといい、谷川岳が中学生としたら大学級と思えば間違いありません」と語ったそうです。

それからというもの、多くの人たちが金山沢岩壁攻略を目指して集まるようになりました。『小出郷山岳史』によると、昭和35年の横須賀山岳会の遭難を皮切りに、遭難事故が頻発し、その都度対応に追われる地元の人たちは不満を抱いていたそうです。捜索に行こうにも、地元の限られた人しか入ることができず、その人たちにすれば、「危ないところへやって来て、遭難するのは勝手だが、そのたびに仕事を休んで助けに行く方の身にもなってほしい。二重遭難の恐れもあるし、万が一の場合、何の保証もないじゃないか」ということで、非難の声が救助に当たる人たちの家

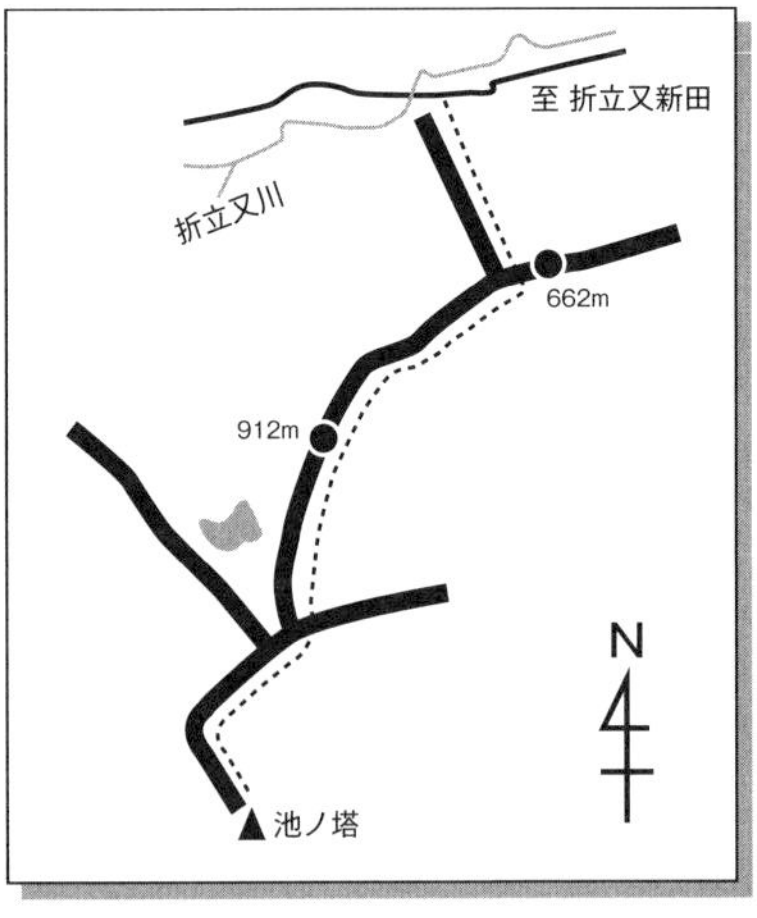

池ノ塔

族からも上がるようになっていたそうです。

そして、昭和37年に新潟大学山岳部の２人が遭難してから入山規制の動きが活発となり、昭和39年に事実上の入山禁止となりました。しかしその後、付近は越後三山只見国定公園に指定され、観光資源として利用しようという動きが出てきました。その際に、立入禁止地域があるのはマイナスなのではないかということ、無断で入山する人が後を絶たず、知らないうちに遭難されたのではかえって迷惑ということ、それからたびたび各山岳会等からも入山禁止を解いてほしいとの要望が上がっていたことから、昭和45年に条件付きで解禁したとのことです。

駒ヶ岳の北面は、このような歴史がその険悪さを物語っているわけですが、この危険地帯に池ノ塔は聳えています。よって、私程度ではその付近を訪れることはとても無理だろうと考えていました。

ところが、もう随分前のことになりますが、藪山の大先輩から数名の人宛てに連名でメールがあり、それは「池ノ塔に行きませんか？　簡単ですよ」といった内容でした。彼にとっては簡単でも、私には難しいのではないだろうか？といった心配もありましたが、せっかくなので行ってみようと思っていたところ、理由は忘れましたが、結局そのときは中止になってしまいました。それ以降、もやもやとした思いが私の中でくすぶり、いつかは行こうと考えるようになりました。

それにしても、池ノ塔が簡単だというのは、果たしてどこから登るつもりだったのでしょう？　折立又新田集《おりたてまたしんでん》落奥の林道から尾根を伝っていくのが最短で行けそうですが、地形図を見ると「藪の状況はどうなっているのだろう？　普通に駒ノ湯山荘から手別山《てわけやま》経由で向かえば、距離は長いものの、もしかすると踏み跡があるのかもしれない」とか、「山頂手前からの痩せ尾根は急な岩壁の登り下りがありそうだ。その付近は無事に通過できるだろうか？」など、いろいろと考えてしまいます。

道のない山は未知の世界であり、いつも行くときは少なからず不安を覚えるのですが、特に今回は行く前から岩記号だらけの地形図を見てビビっていました。でも、行ってみなければ分からない未知の世界は、ハラハラドキドキが多くてその分楽しめますし、遭遇する困難や厳しさを克服して登頂を果たせば、そのときの喜びは筆舌に尽くしがたいものとなります。それが道のない山歩きの面白さであると思うのですが、とにもかくにも、今回はいつも以上に不安感に襲われておりました。

5月の後半、本来は爽やかな季節であるはずなのに、気温は30度を超える予報となっています。不安要素に猛暑の藪歩きも加わりそうで、心は今にも折れそうです。それでも、とにかく行ってみなければ分からないわけですから、今回はダメもとで、偵察で行ってみようと頭を切り替えたところ、いくらか気持ちが楽になりました。

早朝に霞む空気の中、折立又新田集落を抜けた林道を奥に向かって車を走らせます。集落から立派な広い林道を４kmほど走ると、予定していた入山口に着きました。国土地理院の地形図でいうと、ちょうど「３６５」と標高表記がしてある辺りです。朝のうちは肌寒いと感じるほど冷えており、涼しいうちにできるだけ進んでおこうと考えました。車から降りて、辺りをうろうろしながら入山しやすい場所を探しますが、ここ数日の猛暑で春を通り越して夏の様相となった山麓は、激しい藪となっており、どこから入っても大差なさそうでした。辺りは山菜採りが入っているのか、斜面には足跡がついているので、私もその足跡に沿って藪の中に身を投じました。しかし、思った通り足跡は入り口付近だけで、あとはひたすら藪の急斜面を登っていくことになりました。

しばらく登ると尾根に行きつき、そこからは尾根歩きになりますが、まさかこんな小さな支尾根に踏み跡があるとは考えられません。尾根上は夏の陽射しを浴びて伸び切った木々に支配されていて、通過にはかなり難渋することを予想していました。せめて陽射しを遮るようなブナの大木が生い茂る尾根であれば大藪は回避できるのですが、「ここは魚沼だから、奥三面や飯豊山麓のようなわけにはいかないだろう」と思っておりました。ところが、斜面を登りきって尾根上に出てみてびっくり。そこには古いものでしたが鉈目が付いていて、灌木や草が少しうるさい程度の踏み跡が確認できます。ところどころ日当たりの良いところはシャクナゲに悩まされましたが、概ねはっきりとした踏み跡には大いに助けられました。こんな踏み跡が付いているなら、もしかしたら登頂できるかもしれないといった淡い期待が湧いてきますが、まだ登り始めたばかりで、この先どうなるか分かりません。安心することなく気を引き締めて進んでいきました。

やがて尾根と尾根が合流し662m峰となりますが、手前から右に曲がればいいものを、藪で周囲の見通しが利かず、右に派生する尾根を見落としてしまい、662m峰の山頂まで行ってしまいました。何しろ辺りは藪の中で、山の形状がさっぱり分からず、藪の中を探し回り、右に向かう尾根を見付けるまで結構苦労しました。ここからは今まで散見された鉈目がなくなり、踏み跡も一時はまったく確認できませんでしたが、しばらく進むと再び踏み跡らしきものが出てきました。この踏み跡は662m峰までのような明瞭なものではなく、いわゆる獣道程度といったものです。それでも薄いとはいえ、この踏み跡が続いていると助かります。その後、踏み跡はシャクナゲにより鎖されたと思えば再び現れ、そんなことを繰り返しながらもどうにか順調に歩くことができ、今日の登頂が少しずつ現実味を帯びてきました。

標高1000mを越えた辺りから時々残雪が出てきて、残雪上を歩くと手を使わずに歩け、ハンズフリーとなるのは楽なのですが、藪の中と違って夏のような強い陽射しをもろに浴びることになります。陽射しは私の薄くなった頭頂部を直撃し、手ぬぐいを被っているのにもかかわらず、暑さで意識が朦朧としてきました。今日の手ぬぐいはイチゴ模様の手ぬぐいなので、このまま藪を避けて雪上を歩いていると、頭頂部にイチゴ模様の日焼け跡ができてしまいそうです。逃げるように再び藪の中を歩くようにしましたが、薄い踏み跡があるおかげで、時間的には雪上を歩くのとあまり差がなかったように思いました。

今日はとにかく暑かったので、意識的にゆっくり歩くようにして、休憩もこまめに取り、さらにいつもはあまり多く取らない水分を多く取るように心掛けました。そうこうするうちに、池ノ塔の名前の由来と思われる池の畔《ほとり》の台地へと到着しました。池はまだ雪に覆われていましたが、中心部がわずかに解け始め、水たまりができつつあるようです。こんな山奥に雪解けとともに姿を現す神秘的な池は、すぐ近くに聳える塔に見立てた岩峰を湖面に映し出すのでしょうか？

池からは八海山が大きく見え、付近を見渡すと、フキギ、アオリ、カネクリ山といった妙な山名が並んでいます。これらカタカナ表記の山名はいったい何なのでしょう？　アオリという山名に関しては、新潟県内だけに3座あり、他県にはないようです。川内山塊の青里岳に関しては、青は緑のことで、森が深いという意味を持つとのことですが、『川内山とその周辺』という書物には、青里岳と関係があるのか分からないが、アオリとは方言で越して歩くところ、といったことが書かれています。そのことから、フキギやカネクリも方言の可能性がありそうで、いろいろ調べてみました。まず、カネクリについてですが、氷柱《つらら》のことを方言で「かなこおり」と言うそうで、それがカネクリに転訛されたということが考えられます。フキギに関してはまったく分からなかったのですが、フキとは炉師のことを言うそうですし、また鍛冶屋のことをフクジと言うそうで、いずれも鉱物に関する言葉で、以前はこの付近に銀山平をはじめとした鉱山が多くあったということを考えると、こじつけと言えばこじつけなのですが、それらの言葉が転訛された可能性もありそうだと思いました。

さて、行程としてはここまで来るともう4分の3くらい進んでいて、山頂まであと少しです。ここまで来たのなら何とか登頂したいという気持ちになりますが、ここから先の尾根は、手別山からの尾根と合流した辺りから痩せ細って岩っぽくなり、例の危険地帯へと突入することになります。遠くには岩峰っぽいところも見えるので、やはり楽観することはできません。池のある台地から先は急な長い登りとなりますが、ここからはそれまであった踏み跡がまったくなくなってしまいました。尾根上はブナ林となっているのですが、細いブナなので日当たりが良いのか、太くて立派なシャクナゲが足元を埋め尽くしています。そんなとき、左側を見ると運よく残雪があり、それが手別山から延びる尾根との合流点近くまでありそうな感じがしたので、頭頂部にイチゴ模様の日焼け跡が付くのを覚悟で雪渓上を歩くことにしました。今度は藪から逃げるように雪の上に這い出て、固く締まった雪にステップを刻みながら、手別山から派生する尾根の合流点に着くことができました。

合流点からは森林限界となるようで、尾根上は岩と灌木のみとなっており、展望も非常に良くなります。これから進む先には、池ノ塔が双耳峰となって姿を現しますが、一つ手前のピークは左側の斜面が崩落しており、右側を伝って登るほかないようです。しかし、あまりにも急なため、果たして登れるのか不安がよぎりました。池ノ塔の左側に目をやると、一ノ倉沢を凌ぐスケールと評される金山沢の大岩壁を従え、越後駒ヶ岳が残雪を纏って聳えています。

さらに足元に目をやると、金山沢鉱山道が見え、岩肌をトラバースするように削って付けられた鉱山道は壮絶で、当時の鉱山就労者の苦労が偲ばれます。道具もない当時は、この絶壁に道を付けるのは容易なことではなかったでしょう。『小出郷山岳史』によると、この金山沢鉱山は幕末期からほそぼそと銅の採掘が行われていたとのことです。この鉱山は明治24年に6万8千坪の鉱区を設定して、小出町の星順介氏が経営に当たり、真山鉱山の名称で大正9年まで銅を採掘していました。その後鉱山は人手に渡り、最後は不二鉱山に引き継がれたものの、業績が振るわず終戦後に間もなく閉山となりました。『日本の秘境』という本では、夜中に金山沢鉱山付近から人の話し声が聞こえてきたとあり、不思議な話でありますが、鉱山道から転落した人が2人いるそうで、冬季には鉱山宿舎で凍死した人もいるとのことです。

また、そんな大岩壁の上方に聳えるフキギについて、藤島玄氏の『越後の山旅』によると、新吾鉱山が昭和7年に廃鉱になって以来放置されていた鉱山道を利用して、地元の小出山岳会がフキギに直登して駒ヶ岳に至るルートを開削しようとしたが、フキギとその上部があまりにも険悪だったため断念したという内容のことが書かれています。

ほかにも高石沢の付け根からヨモギ山に登って郡界尾根を辿って駒ヶ岳に至る道があったとのことですし、センノ沢沿いにもオタスケ道という炭焼き道があったとのことですが、現在はどれも藪化しているものと思われます。ちなみに、家にある古地図を引っ張り出して調べたところ、昭和29年発行の国土地理院地形図では、地形図上に新吾鉱山道以外の、それら道の表記はありませんでした。

さて、手別山からの尾根と合流すると、ここからは少し岩の上を歩くようになり、一時的に藪からは解放されるのですが、なにしろ痩せた岩尾根なので、足を滑らせれば一巻の終わりとなります。慎重に岩の上を進んでいくと、すぐにまた猛烈な激藪となり、岩の痩せ尾根上をシャクナゲが埋め尽くしています。そこに松やシラビソといった針葉樹が枝を横に張り出し、人が通るにはあまりにも狭い空間となっていました。誤って尾根から足を踏み外さないようにしながら、木の枝の隙間に体をねじ込みますが、なかなか思うように進まず、目指す池ノ塔は一向に近づいてきません。尾根はほぼ水平で、登り下りがあまりないのがせめてもの救いでした。どうやってこの枝の隙間を通過しようかと頭を悩ませますが、強引に入り込んでいくしかなく、来ている服がはだけ、脛や腕は傷だらけになりました。

やがて双耳峰の一つ手前の峰への急壁が迫ってきました。この急な壁は5m程度が2段くらいのものでしたが、濃い藪によって高度感を感じることはなく、木々の隙間を這い上がってボロボロになりながら双耳峰の一方に出ることができました。この山頂は岩峰となっており、ここから本峰へは見るのが嫌になるほどの藪尾根が続いています。ここは見なかったことにして、先を急ぐことにしました。

少し広がった尾根の上を、時には枝を避けるために地べたを這って、時には幹の間を縫って、最後に灌木をかわしながら、ようやく池ノ塔の山頂に立つことができました。狭い山頂は脛くらいの灌木に覆われており、展望は360度得ることができます。駒ヶ岳はもちろん八海山も近く、越後三山の2座が手に取るような位置にあります。八海山の奥には巻機山から続く谷川連峰までが見え、その反対側に目をやると、遠くに守門岳や浅草岳の姿も見えました。

訪れることは無理だろうと諦めていた池ノ塔でしたが、後半は大藪に苦戦するも、途中までは踏み跡に助けられ、無事に登頂を果たすことができました。大先輩から簡単だよと言われておりましたが、彼が私たちを連れて辿ろうとしていたルートが果たしてここだったのか、確認してみないと分かりません。いずれにしても、今回このルートで登頂できたことは、運が良かったなと思いました。

そして下山後に思ったのですが、このときついでにアオリにも登ってくればよかったと、今更ながら思っています。アオリは池の台地から近くに聳え、時間的にも余裕があって、この日は十分に行ってくることができました。今回は池ノ塔の登頂で満足してしまい、アオリのことはまったく考えずに下山してしまいましたが、いつか機会があったら、同じルートで登ってみたいと思います。

コースタイム

尾根取り付き箇所（365m表記）～6時間～池ノ塔～5時間～尾根取り付き箇所（365m表記）

追記

令和5年にアオリに登ってみました。途中の池を横断し、岩尾根を辿って登頂したアオリは、岩で形成された狭い山頂となっており、大展望を得ることができます。普通に登山道を辿って越後駒ヶ岳に登っていると気が付かない荒々しい岩峰群を眺めながら、こちらが本来の越後駒ヶ岳の姿なのだろうと思いました。

53

藤原山《ふじわらやま》（1709m）

令和元年
10月2日
（日帰り）

魚沼市

数日前から久しぶりに発症した痔に悩まされておりました。特に辛いものを食べたわけでなく、それなのにどうして痔になったのか、原因は先日訪れた藤原山にあったように思います。

藤原山は上越国境に連なる山の一つです。山域には越後三山や巻機山、谷川連峰といった、登山者に人気の名山がひしめき合っていますが、それらとは対照的に、深い静寂に包まれた、道なき山々も存在します。それらは周辺の名山群にまったくひけをとらず、堂々と聳えていて、私の目には魅力的に映ります。以前、それらの山々を残雪期に巡ったことがありました。尾瀬の鳩待峠《はとまち》から入山して、平ヶ岳を通過し、大水上山《おおみなかみやま》から丹後山《たんごやま》を経て巻機山に至り、さらに谷川連峰朝日岳《あさひだけ》まで歩きました。通過した峰々はそれぞれ個性があり、それら多くの頂に立つことができてとても楽しい山行となりましたが、今度は残雪期ではなく無雪期にも訪れてみたいと思っていました。そこで白羽の矢を立てたのが藤原山です。

残雪期に訪れたときの藤原山は、いかにも秘境といった佇まいをしており、丸みを帯びて小広くなった山頂は残雪で輝いていました。その山頂からの展望は素晴らしく、点在するブナと相まって、気持ちの良いひとときを過ごせました。再びあの藤原山を目指して、ようやく紅葉が始まりかけた中ノ岐林道に、下ろしたての折り畳み自転車を走らせます。中ノ岐林道は、平ヶ岳のショートカットルート、中ノ岐登山口に続く林道で、皇

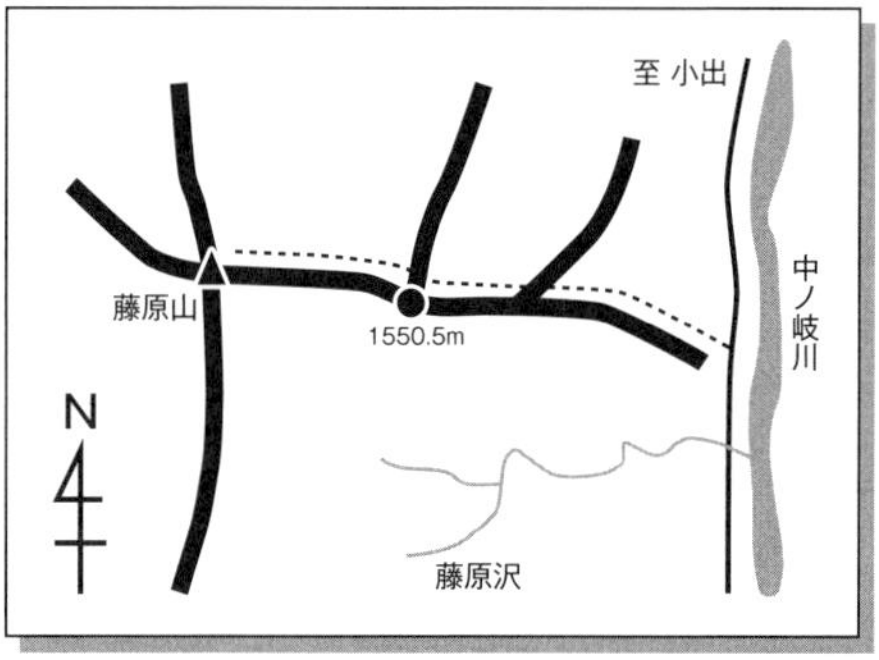

藪の中から見えた藤原山

太子（現在の天皇陛下）が平ヶ岳に登るために整備され、「プリンスルート」の通称で親しまれています。

さて、この折り畳み自転車ですが、登山道のない山はどうしてもアプローチが長くなることが多く、その対策として購入しました。早くもその自転車が役に立つときがきました。しかし、自転車に乗るのはおそらく高校生のとき以来で、久しぶりに乗る自転車を必死で漕ぐも、登り勾配の砂利道は大変にきつく、まだ山に登る前だというのに、足の筋肉がパンパンです。約9㎞の林道を1時間以上もかかって、どうにかこうにか予定していた尾根の末端へと到着しましたが、すでにひと山登ったかのような疲労感でした。

尾根の入り口は杉林となっていて、登り始めのうちは踏み跡があるようです。登り始めると、自転車と山登りでは使う筋肉が違うようで、しばらく歩いているうちに自転車の疲れはとれて、代わりに山登りの疲れが出るようになりました。杉林を登りきると、それと同時に踏み跡は完全に消え、結構な藪の中を歩くようになります。尾根上には大きな木々がなく、細い雑木林と笹が密集していて、最悪の藪尾根となっています。せめてもの救いは、蔦がないということだけでした。大きな木がないので、日当たりが良い分、藪が濃くなっているようです。

大藪に辟易しながらも高度を上げ、１４３０ｍ峰で右から来る尾根と合流します。ここだけは針葉樹の大木が何本も自生していました。最初に目に飛び込んできたのはアカマツの大木でしたが、クロベのような木もあるようで、幹回りが２ｍ以上もあるような大木が何本も生えていました。

日当たりの関係なのか、風当たりの関係なのかよく分かりませんが、どうやらこのピークから植生に少し変化があるようです。この植生の変化のおかげで、歩きにくさもさらに磨きがかかり、灌木の密集がますます濃くなりました。笹も太くて大きく強靭《きょうじん》なものになり、背丈は３ｍほどとなって、藪の濃さはパワーアップしてしまいました。さらに悪いことに、この付近からは広い尾根となって、進む方向も分かりにくくなりました。

笹藪の中に細いブナ、シャクナゲやツツジといった灌木も混じり、文字通りの密藪を形成しています。それでも「ひょっこり踏み跡でも出てこないかな」とか、「せめて獣道でもいいから出てこないかな」など、淡い期待を寄せましたが、それらは儚《はかな》く散りました。事態は獣道どころか悪化するばかりで、笹と灌木の中に蔦まで混じるようになり、進めば進むほど藪は最悪の状態になっていきました。

思うように進まない中、途中でわずかに銀山平の山々と藤原山が見える場所がありました。藤原山の山頂は目の前に迫ってはいますが、密藪は酷い状況で変わらず、特に山頂手前の鞍部の笹藪が行く手を阻みました。それでももう少しと思い、最後の斜面を登っていると、山頂直下にわずかながら草付き斜面があり、そこがちょっとしたオアシスになっていました。スポット的に木がない場所で、大展望を眺めながら、帰りにここでゆっくり休憩しようと考え、まずは目の前の山頂を目指しました。

その後も灌木との押し合いへし合いは続き、山頂には依然として立つことができません。あまりの大藪でどこが山頂なのかも分からない中、何となく一番高いところに行ってみても、藪また藪の状態です。当然展望も得ることができず、結果的にはほんの数秒で山頂と思しき場所を後にしました。藤原山の山頂は、春に訪れたときとはあまりにも様相が変わっており、できることなら奥深い会越や上越の山並みを眺め、秋色に変わりゆく秘境をじっくりと堪能したかったのに、ただただ藪地獄を歩き続けるという、残念な山行となってしまいました。

それでも、踏み跡や獣道といったものがまったくない中で、自分で選んだところだけを歩き、この大藪でも無事に登頂することができました。その喜びを噛みしめ、下山を開始しましたが、あまりの藪に下る方向も訳が分かりません。例の草付きで休憩をしようとしたのですが、気が付いたときには草付き斜面を通り過ぎ、はるか彼方となっていました。

下山は日没との競争で、何とか月に勝つことができました。私は陰り始めた陽の光を一身に浴びながら、不慣れな自転車で雨池橋を目指しました。帰りの林道は下り勾配なので、自転車は漕がなくても猛烈なスピードが出ます。しかし、折り畳み自転車はサドルが小さく、ガタガタの砂利道の衝撃が、尻にダイレクトに伝わります。無事に明るいうちに車へと戻ることができましたが、自転車から降りると案の定、尻に鈍い痛みが走りました。痔のお出ましです。

さて、どうにかこうにか山頂を踏むことができた藤原山ですが、藤原という山名について調べてみると、群馬県側の山麓に藤原という地名があり、東北地方を治めていた奥州藤原氏が逃げ延びてきたことに由来しているようです。藤原山という山名もそこから来たのでしょうか？　詳しいことは分からずじまいでしたが、不思議なことに新潟県側には藤原沢が流れており、藤原山の山名はこちらの方から来ているような気がします。

コースタイム

雨池橋～1時間20分（自転車）～尾根取り付き～5時間30分～藤原山～4時間30分～尾根取り付き～45分（自転車）～雨池橋

54

花《はな》降《ふり》岳《だけ》（1891m）

平成30年10月14日（日帰り）

魚沼市

銀山平周辺の山々は荒沢岳を中心として、兎岳《うさぎだけ》から駒ヶ岳方面へ続く縦走路が延びていますが、その荒沢岳の反対側に目を向けると、ひときわ目を引く尾根が延びています。花降岳、本城山《ほんじょうざん》、西ノ城、東ノ城で、いかにも岩盤で形成されていそうな峰々が連なっております。その中の一つ、花降岳へ荒沢岳から派生する尾根を伝って登ってみることにしました。

前日に登山口へ行き車中泊をしていると、がやがやと何やら外が賑やかになり、目が覚めました。私の車に周りは団体がいるようで、複数のヘッドランプの光がうろうろと動き回っています。時計を見ると午前3時を回ったばかりで、「こんな時間から歩き始めて、暗い登山道は怪我のもとなのに……」などと考えていると、ほどなくご一行様は荒沢岳に向かわれたようでした。辺りは再び夜の静寂に包まれ、私は再び心地よく眠りに落ちました。そして案の定、翌朝は寝坊しました。

予定より30分ほど遅れての出発で、まずはとにかく荒沢岳の山頂近くまで登山道を登らなければなりませんが、これがまたキツイ。越後三山を中心とした魚沼の山々は、まるで飯豊連峰を登るのと同じくらい体力的に厳しい山ばかりです。恐怖の岩場である前嵓《まえぐら》を通過した頃、先ほどのご一行と思われる方々を追い越しました。話を聞くとツアー登山のようですが、よくもまあ、あんな暗い時間に夜道を歩かせるものだと思いました。そして、ヘロ

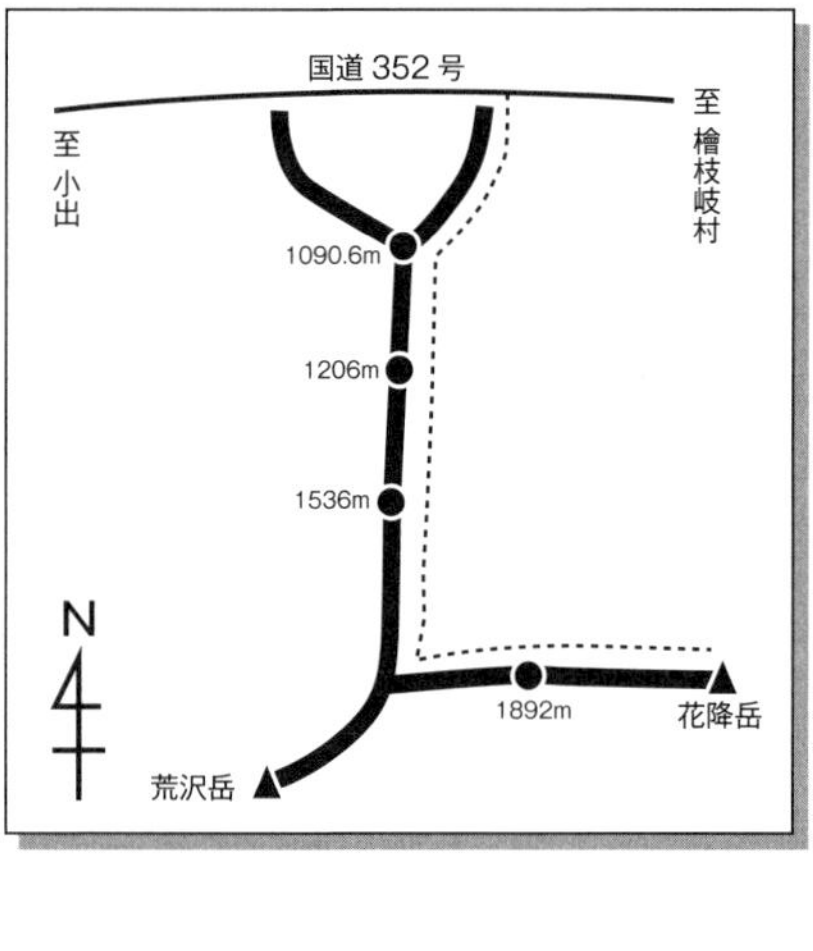

尾根の途中から見る花降岳

へロに疲れながら、何とか尾根の分岐まで辿り着きました。

ようやくこれから本番へと突入です。出だしは薄い脛くらいまでの藪ですが、すぐにハイマツとなり、頂稜部はとても歩くことができなくなります。尾根は痩せ尾根で、南側が笹藪になっているので、トラバース気味に進んでいきます。ふと後ろを振り返ると、先ほどのツアーの人たちがこちらを見ています。それから荒沢岳山頂にいる数人の人たちもこちらを見ています。人に見られていると思うと緊張して、痩せ尾根から滑り落ちそうになります。

1892m峰まで来ると、徐々に藪は薄くなり、笹藪優勢の灌木混じりとなります。ところどころ踏み跡まで出てくるようになりました。1898m峰は山頂部分も相変わらず痩せており、松に覆われてとても歩くことができません。山頂脇をトラバースするも、急峻なトラバースで、ここは少し歩きにくいところでした。1898m峰から花降岳が間近に見えるようになりますが、尾根分岐から距離にしてまだ半分程度です。ここから少し下るのですが、下が見えないほど急な斜面に慌てふためいて、また1898m峰まで戻ってしまいました。藪でよく見えないのですが、どうやらこの下りは瘦せた岩稜となっているようで、このまま下ることは無理そうです。

「諦めるしかないのかな?」なんてしばらく考えて、辺りを見渡すと、北側斜面の沢筋を大きく迂回すれば岩稜の下に出られそうです。ダメもとで行ってみると、意外と簡単に岩の下に出ることができました。見上げるとそこは6mか7mくらいの瘦せた急な岩尾根となっています。この難所を過ぎれば、あとは薄めの藪歩きが続くことになり、背の低い藪に大展望が広がる中を歩くことができます。

眼下の奥利根湖には遊覧船が見え、かつては秘境と言われた銀山平も電源開発とともにすっかり観光地となっているようで、私もいつか銀山平に宿でもとって温泉にでも浸かってのんびり過ごしたいなんて、ついつい思ってしまいますが、とにかく今はそれどころではありません。薄めの藪といえども、ここは道のない尾根であり、人跡も稀なところです。気を引き締めて前に進みました。そして、ところどころハイマツに苦しめられながらも、何とか花降岳山頂へと辿り着くことができました。

山頂は非常に狭く、私一人で満員状態になります。展望は相変わらず360度の大展望で、南会津から北魚沼、谷川連峰から越後三山の大パノラマが目の前に広がっていました。

この花降岳の山名は、「花降銀」に由来すると思われます。灰吹き製法で精錬した銀を、さらに精錬して得られる純度の高い銀を「花降銀」といい、その表面に花の模様のようなものがあるのが特徴とのことです。寛永18(1641)年、湯之谷郷折立の農民星源蔵氏によって赤ノ川表(現在の只見川)にて銀の垂柱が発見され、それ以降、高田藩によって探鉱事業が急速に進められました。銀山平には多くの職人が集まり、数百軒の家屋ができ、賑わっていたといいます。しかし、安政6(1859)年の事故とともに衰退し、その後は明治期に銀山拓殖株式会社により再び開拓されました。多くの移民を受け入れたとのことですが、これも電源開発とともに奥只見湖の中に消えてしまいました。私はそんな奥只見湖に浮かぶ遊覧船を眺めながら、この花降岳もそんな銀山平の歴史をずっと見守ってきたのだろうと思い、珍しく感傷にふけってしまいました。

下山の途中では天候が急変して雪が降り、薄っすらと白くなった前嵓はとても怖い思いをして通過しました。

ツアーの人たちは大丈夫だったのでしょうか？　ちょっと心配です。

コースタイム

荒沢岳登山口〜3時間〜尾根分岐〜2時間20分〜花降岳〜1時間50分〜尾根分岐〜2時間20分〜荒沢岳登山口

55

檜《ひのき》倉《ぐら》山《やま》（1744・2m）

平成30年
7月14日
～16日
（2泊3日）

南魚沼市

下から登って頂に立つことを登頂と言うのは当たり前のことですが、それがなかなか難しい山がいくつかあります。この檜倉山について、朝日岳に登ってから高度を下げて檜倉山頂に立った場合は、厳密に言えば登頂したことにはなりません。言うなれば、下頂したことになってしまいます。できれば登頂したいと思い、ちゃんと下から登っていく計画を立ててみました。残雪期かせめて梅雨入り前の雪が残っている時季なら、そう難しい計画ではありません。しかし、檜倉山にはどうしても夏に登ってみたかったのです。そうなるとやはり朝日岳から向かわざるを得ないと考えました。あの草原に囲まれた檜倉の大池の畔で見る風景は、登山者として最大の贅沢であり、どうしても自分の目で見たかったのです。

そういう訳で、朝日岳を経由して檜倉山へ向かうことにしました。おそらく檜倉山へは1泊で行くことができると思うのですが、梅雨が明けて天候が不安定な時季に、しかも今年の場合は異常な暑さを伴っているので、念のため2泊の装備で向かいました。

14日の清水集落は早朝に雨が降り、歩きはじめる頃には止んでいましたが、道路や下草はぐっしょりと雨で濡れておりました。生い茂った笹に覆い尽くされた登山道は、雨の滴で光っていて、清水峠避難小屋に着く頃には、下半身のみならず上半身までずぶ濡れになっておりました。これから向かう朝日岳から大

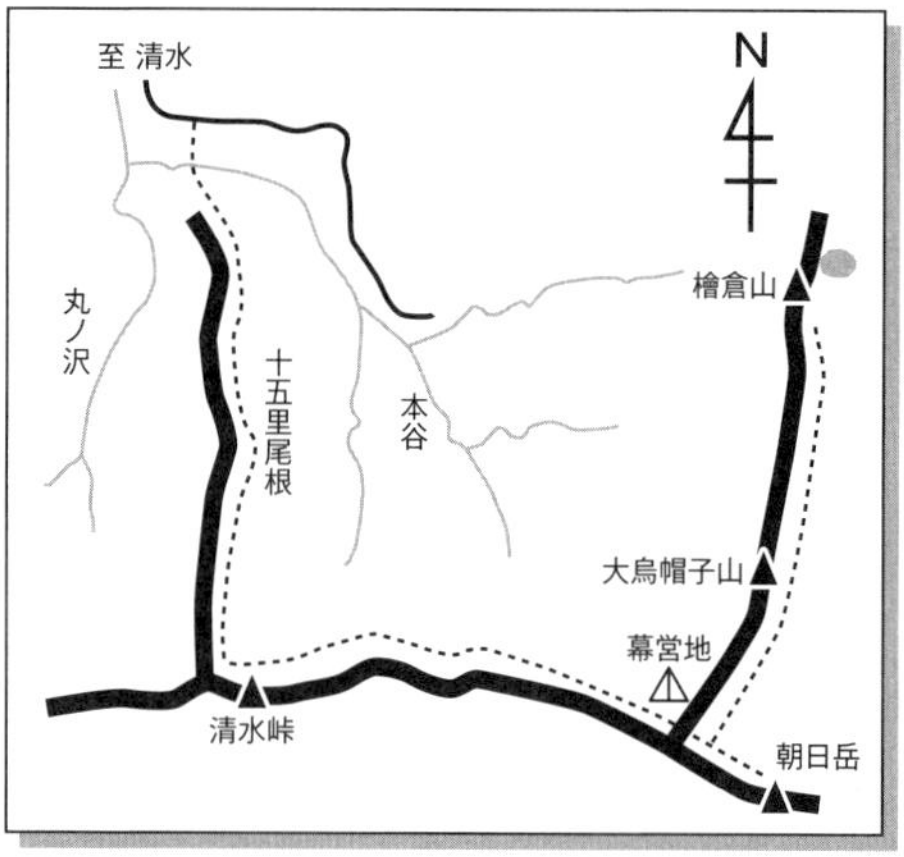

檜倉の大池

烏帽子山方面は、黒いガスが充満しており、今にも雨がこぼれ落ちてきそうです。

「最悪の場合はここで待機だ」と考えて、清水峠避難小屋に入りました。「どうせ誰も来ないだろう」と、パンツまでびしょ濡れになった私は、服を脱いで濡れ物を干すと、少し仮眠をとりました。1時間ほどして小屋の狭い入り口から顔を出すと、谷川岳方面に青空が広がっているように見えます。パンツ1枚のまま慌てて外に飛び出してみると、朝日岳はまだ黒い雲に覆われていましたが、先ほどに比べて天気はかなり回復しているようです。雲の切れ間から陽射しが降り注ぎ、パンツ1枚の素肌に突き刺さりました。暑くなる前に厳しい朝日岳までの登りを終えたいと考え、急いで身支度を整えて出発しました。

朝日岳はまだガスの中なのに、時すでに遅し。太陽の照り付けは凄まじく、清水峠からの手強い登りと合わせて、体が悲鳴を上げます。どうにかこうにか朝日岳に辿り着く頃には、雲はすっかり消え、朝日岳の草原は夏の陽射しに輝いていました。このまま檜倉山へ向かおうと、まずは最初の大烏帽子山に向かってみたのですが、こちらはまだ黒い雲がかかっており、視界不良の状態でした。ここは無理をせず、朝日岳近くまで戻って、まだ昼過ぎではありましたが、かなり斜めの場所に無理やりテントを張って初日の行動を終了しました。いま思い返すと、ナルミズ沢源頭部まで行ってテントを張れば良かったです。

そして翌日、今日は朝から盛夏の陽射しが強く照り付け、体力的には大変な一日になることは明白であり、それなりの覚悟を持って歩く必要がありました。朝日岳から大烏帽子山までの区間は、ジャンクションピークから少しの間だけ笹藪となっていますが、すぐに明瞭な踏み跡が現れ、登山道と同じように歩くことができます。特に苦労することなく、大烏帽子山の山頂に立つことができました。大烏帽子山の山頂は狭く、ゆっくり休憩することができません。山頂を越え、灌木の藪の中にうっすらと残る踏み跡を辿って、広々とした気持ちの良い草原帯へと降り立てば、ようやくここでゆっくり休憩をすることができます。

時刻はまだ朝の6時前なのに、陽射しは時間を追うごとにどんどん強くなっていき、もはや暑いというより痛いといった状況になっています。それでも、草原帯の末端に立ち、檜倉山から柄沢山《からさわやま》へと奥に広がる秘境の景色を見ていると、静けさの中に大いなる自然の息吹を感じることができます。このような心揺さぶる情景こそ、拓《ひら》かれた山にはない、道なき山の魅力なのです。

巻機山から朝日岳にかけての区間は、この二つの山に象徴されるように、丸みを帯びたなだらかな山容の山々が連なっています。その中で、この大烏帽子山は岩場の鋭峰となっており、異彩を放っています。大烏帽子山は主として群馬県側の呼び名だったそうですが、『越後の山旅　下巻』によると、かつて国土地理院5万分の1地形図に、ここが間違って朝日岳と印刷されたことがあり、問題になったそうです。新潟県側は以前ここを越後朝日岳、あるいは朝日の一本松と呼んでいたそうで、それが間違いの原因だったのかもしれません。結局、木暮理太郎氏によって、ここを群馬県側の呼称である大烏帽子山とする案が出され、岳界に承認されて事なきを得たとのことでした。

目指す檜倉山にはいくらか近づきましたが、先はまだまだ長く、ゆっくりしてはいられません。いよいよここからが核心部となります。大烏帽子山から大きく下りますが、笹藪混りの灌木の中を喘ぐように進み始めました。それでも最低鞍部付近までは薄く踏み跡が付いていて、一応その踏み跡に沿って歩きます。踏み跡といっても、ほぼ普通に藪歩きではありますが、とりあえず灌木を避けるように付けられており、細かくルートを考えずに歩けるだけでもマシなようです。

ところが、最低鞍部付近から踏み跡はすっかりなくなり、藪の薄くなっている辺りに見当をつけて進まなければならなくなりました。良くて背丈以上の笹藪の中、悪ければ灌木帯の中に入ってしまい、にっちもさっちもいかなくなってしまいました。先の見えない藪の中を、しばらく我慢して進んでいきます。すると、ほんの少しずつですが檜倉山が近づいてきました。それでも、「あと少し、あと少し。あそこまで行けばきっと草原帯だ」と思って進むも、どこまでいっても背丈以上の笹藪か、隙間のない灌木藪のどちらかでした。

四苦八苦の末、目の前にようやく檜倉山の草原帯が現れ、リュウキンカが咲く花園の一角に出ました。花園を進むと湿地帯となって、ほどなく檜倉の大池へと出ることができました。池の畔は今までの苦労をすべて忘れさせてくれるほどの別天地となっており、誰もいない山頂はとても静かで、聞こえるのは風の音だけ。ここは秘境中の秘境であることを実感します。

夏の陽射しが降り注ぐ山頂には、そよそよと流れる風が心地よく爽やかさを運んでくれます。草原に囲まれた山頂大池には、周囲の山々が映えてとても見事な景観をつくり出しています。これほどの美しさを持つ山を、私はほかに知りません。そんな檜倉山にようやく訪れることができ、いつまでもここにいたいと思いました。

随分と長居し、帰りたくなくなった私ですが、やはり帰らなくてはなりません。この景色を心の中に焼き付け、下山に取り掛かりました。そして夕刻迫る朝日岳へと無事に戻ることができました。

今回は成夏の檜倉山にこだわってしまい、大藪に恐れをなして下から登らず、不本意ながら朝日岳から下頂してしまいました。いつか機会を見て、ちゃんと下から登頂を果たしたいと思います。

コースタイム

ジャンクションピーク～1時間20分～大烏帽子山～2時間30分～檜倉山～2時間50分～大烏帽子山～1時間40分～ジャンクションピーク

56

黒岩峰《くろいわみね》（1446・3m）

平成31年3月16日（途中敗退）17日（日帰り）

南魚沼市

あまり真剣に見ていなかったので、詳しいことは覚えていないのですが、確かNHKの何か登山関連の番組の中で、「優秀な登山家は無理だと思ったら引き返す」といった内容の会話をしていました。それを聞いたときに、私も無理だと思ったら、すぐに引き返す方なので、少し安心しました。私の場合は非常にビビりな性格で、おそらく人から見れば「もうちょっと頑張ればいいのに」と思われる山の登り方をしています。でも、やっぱり怖いものは怖いです。怪我はしたくありませんし、まして遭難騒ぎなんてまっぴらごめんです。ごく小さな不注意や、ほんの少しの過信が大きな事故に繋《つな》がり、遭難へと発展したいくつかのさまを目の当たりにしてきましたから、どうしても慎重になってしまいます。

今回訪れた黒岩峰は、巻機山近くに聳える山です。巻機山自体はなだらかで女性的な山容をしているのですが、その周辺は急峻な山や谷で形成されています。そんなこともあって、この黒岩峰を登るにあたって、かなり警戒をしておりました。繰り返しとなりますが、この黒岩峰は巻機山のすぐ脇で、寄生するかのように聳え立っており、割引岳《わりびきだけ》から向かえば簡単に登頂できそうなものですが、それでは面白くありません。当然、下から登りたいと考えるわけですが、なかなか有効なルートが見当たらず、「どうせ登るのなら、記録のない蟹沢新田《かにさわしんでん》集落から延びる尾根を使ってみよう」と考えま

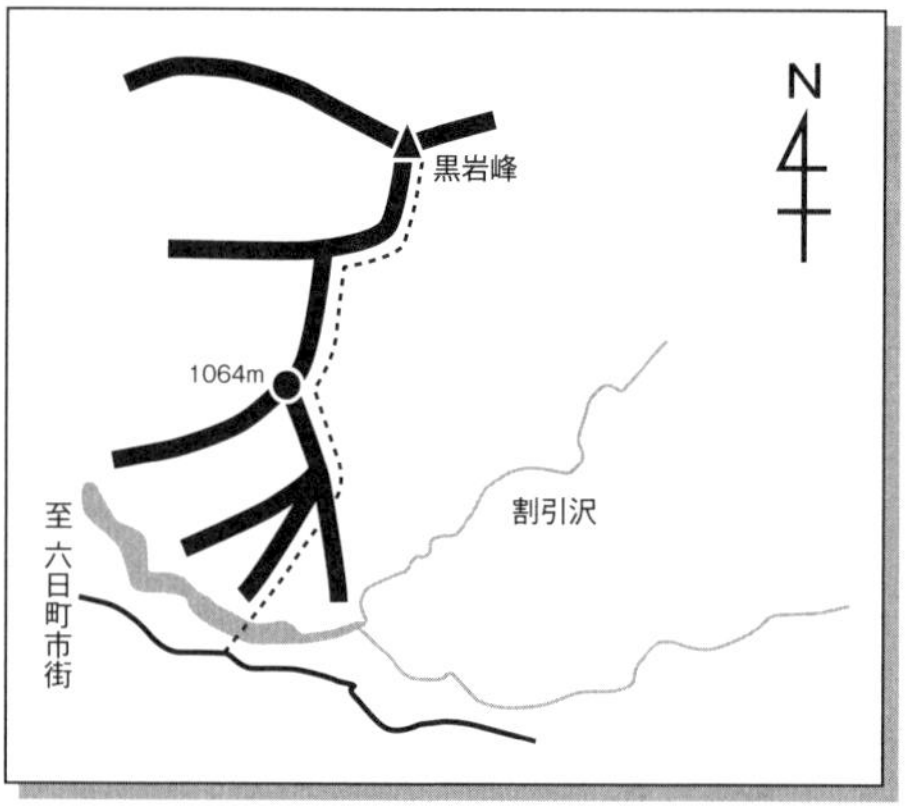

黒岩峰

した。この尾根は地形図上ではなかなかの痩せ尾根となっているようでしたし、岩記号もところどころ見られ、峻険な尾根であることは簡単に予想がつきます。黒岩峰は岩尾根の奥の岩峰といった感じで、蟹沢新田集落からの尾根を踏破できるか疑問もありましたが、行けるところまで行ってみてダメなら引き返そうという考えで向かうことにしました。

尾根の出だしはあまり急登ではなく、それほど狭いといった感じではありません。まあ、そのあたりは地形図を見て大よそ予測していたことで、740m峰を過ぎてからが問題であろうと思っておりました。案の定、740m峰まではそれほど苦労はしませんでした。ここは蟹沢新田集落のすぐ裏山にあたり、足元には民家が見え、付近を一望することができます。

さて、尾根はここから徐々に厳しさを増していきますが、740m峰からすぐに痩せ尾根となりました。不安定に雪庇が張り出し、その上を歩くことができずに藪の中を歩いていきます。しかもかなり急な登りなので、木に摑まったり、ぶら下がったりしながら進むしかありませんでした。昨日までの新雪が、凍った雪の上に降り積もり、吹き溜まったところは腰までのラッセルとなり、積雪の浅いところは頻繁に踏み抜き、なかなか思うように先に進むことができませんでした。

四苦八苦するうちに、いよいよ垂直に立ちはだかる岩壁が目の前に現れました。真っ直ぐ登っていくことは不可能なようで、少しトラバースして木々の生えているところを伝って登ってみましたが、この先はもっと厳しくなることが予想されます。ここは無理せず引き返すことにしました、高度にして900m程度、740m峰からわずか160mしか登ることができませんでした。

このまま黒岩山を諦めるのは嫌だったので、引き返しながら、前々から考えていたもう一つのルートを思い出していました。時間はまだ午前9時を回ったばかりです。そのルートは、清水集落から巻機山登山口に向かって少し進んだところで登川を渡渉し、尾根に取り付くといったもので、偵察に行ってみることにしました。このルートでは、まず登川を渡れるかどうかということと、山頂直下が壁のようになっているため、そこを登れるかの2点が問題でした。今日は登川を渡れるかどうか確かめてみるつもりです。行ってみて、渡れたら明日はこのルートで登ってみようと考えました。

巻機山に向かう登山道入り口は、登山者の車で溢れかえっています。「ほんの少しだけならいいだろう」と、登山者の車に紛れて路肩に駐車し、スキーのトレースで埋め尽くされた林道を、巻機山の登山口に向かって進んでいきました。いくつか登川の堰堤を過ぎたところで、対岸側の尾根に何とか取り付けそうなところを見付け、適当に河原まで下りて渡渉を試みると、意外にあっさり渡れました。そのときはワカンを履いていたのですが、ワカンが水没しない程度の水位でした。

あとは少し登ってみて、うまく尾根上に出たところで引き返そうといった目論見で進んでみました。尾根上には昨日まで降っていた新雪が30㎝ほど積もっており、なかなかラッセルが深くて大変です。最初は杉林の中を歩きますが、先の方はブナ林が見え、そこまで行けば概ねの見通しが利くので、そこで尾根の状況を眺めてから帰るつもりで進みました。ところが、ブナ林まで行ったら今度はその先のピークまで行こうと考え、どんどん欲が出てきてしまい、苦しいラッセルに奮闘しながら、結局高度900m付近まで到達したところで引き返してきました。

さて翌日、見事に晴れ渡った青空の下、巻機山に向かうスキーヤーに交じって再び渡渉点に向かいます。スキーヤーと同化するのを嫌ってさっさと歩き、多くのスキーヤーが見守る中、登川を渡って対岸の尾根へと逃げるように取り付きました。昨日のトレースが残っているので快調に飛ばし、小1時間で偵察引き返し地点に到着しました。それにしても、この尾根は出だしの杉林を過ぎると、わずかな区間にブナ林があるだけで、その先は尾根上に木がありません。どうしてこの尾根には木がないのか不思議でならないのですが、いずれにしてもそのおかげですこぶる見晴らしが良く、すぐ目の前の巻機山はもちろん、谷川連峰に続く峰々が手に取るように見えます。雪が付いているのでよく分かりませんが、尾根のすぐ際まで大岩壁が迫っていることから、もしかするとこの尾根は岩っぽくなっていて、木が生えにくいのかもしれません。

尾根は全体的に急な登りですが、広すぎず狭すぎずの状態が延々と続きます。とにかくラッセルが大変で、表面は凍っているのに中が軟らかく、2段で潜る膝ラッセルに苦労しながら進みました。やがて尾根が広くなり、点在するブナの木々の間を抜け、大きく右に曲がると正面に真っ白に雪化粧した黒岩山が聳え、最後の雪壁が立ちはだかります。不安だった最後の壁に一歩一歩ステップを切れば、高度感はあるものの、「これは行ける」と確信し、慎重に何とか登りきることができました。そして、山頂直下の痩せて不安定な雪庇を数メートルほど通過すると、ようやく黒岩峰の山頂に立つことができました。

山頂は意外と広くて、もちろん素晴らしい展望を得ることができます。この先は比較的なだらかな尾根が割引岳へと続いており、このまま行けそうな気もしましたが、大ラッセルに疲弊しており、巻機山で再び大勢のスキーヤーと出くわすのも気が引けたため、今日はここまでとしました。おそらくこのまま巻機山を周回しようと思えば、そう難しいことでないと思います。

そういえば、今日は雪で埋め尽くされた尾根を歩きましたが、昨日は蟹沢新田集落からの尾根を歩いているときにいくつかの黒い岩場を通過しました。もしかすると山頂はその名の通り黒い岩の峰なのかもしれません。『日本山名事典』には、山頂北西に大岩壁を有すると書かれています。いずれにしても黒岩山の山名について定かなことは分かりませんが、『巻機山研究』という本によると、山麓の清水集落は平家の落人伝説があるところで、いつしか秋田からきた猟師が住み着くようになって、巻機山周辺の地名や山名はそんな猟師の人たちによって名付けられたとされています。

コースタイム

車〜20分〜登川渡渉点〜3時間40分〜黒岩峰〜1時間50分〜登川渡渉点〜18分〜車

57

無《む》黒《ぐろ》山《やま》（1049・7m）

平成31年3月23日（日帰り）

南魚沼市

先日、黒岩峰に登ったときに、登川を挟んで向かい側に聳える無黒山に今度は登ろうと思い、黒岩峰から下山後はすぐに帰らず、無黒山の尾根取り付き点を確認しに行っておりました。遠くから見ると、この時季は黒岩峰も無黒山も雪化粧をしており、真っ白に輝いています。やがて雪解けが進んで、地肌が露わになるのでしょうけれど、一方が黒岩で、他方が無黒とされたのは、この二つの山を対比させるためなのでしょうか？『南魚沼郡誌続編　上巻』では、無黒は当て字であり、正しくは向黒山と書くとしています。これは登川の向こうの樹木の黒く繁茂した山の意である、とのことです。

登山当日、今回も車は巻機山の登り口と同じ場所に止めるため、黒岩峰のときと同様にスキーヤーの中に交じってのスタートとなりました。ただし、私の場合は巻機山方向とは反対側の雪壁を登っていきます。振り返ると、巻機山に向かうスキーヤーが列をなして歩いているのが見えます。私はスキーが下手くそなので、こうして山に登ってスキーができる人を見るととても羨ましく感じるのですが、それにしてもここはあまりにもスキーヤーが多すぎます。まるでお祭りのような騒ぎで、ここまでくるとさすがに嫌気がさしてきます。『雪の上越国境』という本では、大挙して押し寄せるスキーヤーを「砂糖に群がる蟻のようだ」と表現しておりますが、まさにそんなふうに見えます。それにして

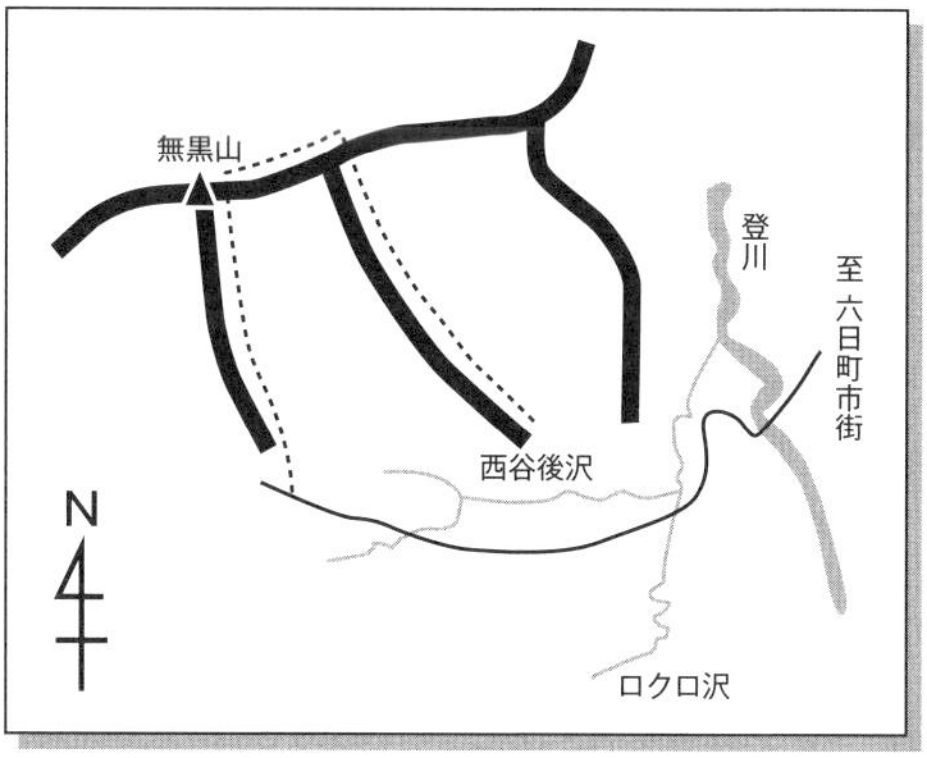

無黒山山頂から見る巻機山

も、スキーヤーの方たちの装備を見ると、これから山に登るというのに大丈夫なのか?と思うような格好で、まるで単なるスキー場に遊びに来ているかのような感覚に驚きます。いくら何でもまだ3月ですし、「これじゃあ、何かあったら遭難するよな……」なんて余計なことを考え、ひとり無黒山を目指しました。

杉林を通過し林道を歩くと、やがて「雲天」という民宿の裏手に出て、そのまま進んで登川に架かる立派な橋を渡ります。橋を渡って杉林を通過すると、林業関係か何かの小屋があり、さらにそこを過ぎると、また水路に架かる橋を渡ります。そこから無黒山に向かう尾根は3本あり、この水路を渡ってすぐに右側の尾根に取り付くこともできますが、今回は最奥の尾根を登る予定です。

広い平原状の段丘をどこまでも奥へと進んでいき、堰堤を越えて次の堰堤が見える頃、ようやく今回登る尾根の下に辿り着きました。前回はここまで偵察に来ていたので、今日はとてもスムーズです。普通は魚沼辺りの山ですと、私の住んでいる新発田市からは遠いので、偵察のためだけに訪れることはなかなかできません。

ここから、あとは高度300mを登りきれば無黒山の山頂となります。尾根の出だしはやや急登ですが、ひとしきり登るとなだらかになり、歩きやすくなります。ブナの木が疎らに自生している広めの尾根は、とても気持ちよく歩くことができます。最近降り積もった雪のおかげで、足首までのラッセルは疲れますが、見晴らしが良く、終始巻機山が間近に見え、巻機山から谷川岳に続く稜線が大パノラマとなって目の前に迫ります。そして山頂に出る少し手前で雪庇を乗り越え、山頂でもさらに雪庇を乗り越えて無事に登頂することができました。

山頂は意外と狭く、尾根上は延々と雪庇が続いています。今は雪のおかげで巻機山から続く谷川連峰が手に取るように見えますが、ブナの木々に囲まれた山頂は、この時季でなければ展望はあまり良くなさそうです。登りが短かったうえ、気温も低かったので、汗をかく前に登頂することができました。今日は久しぶりに楽な山登りで良かった半面、物足りなさも感じます。午後から天気が崩れるとのことで、空は早くも青空が消えてきましたが、時刻はまだ午前8時半ですし、このまま往路を戻るのではなく、何よりも無黒山が双耳峰であることから、もう一つの山頂を踏み、そこから派生する尾根を下りることにしました。

山頂と山頂の間は特に歩きにくさはないものの、今までのように広い尾根ではありません。尾根上はブナとナラの木々が立ち並んでいて、秋にはキノコが採れそうなところだと思いながら、木や景色を眺めつつ進んでいきました。そして、大きく下って再び登り返し、もう一つの山頂に立つことができました。こちらの方がわずかに標高は高いようですが、無黒山の本峰ではありません。巻機山が少しだけ近くなった山頂は、本峰の方よりも狭く、生えている木々もやや多めのように思います。

ここから再び小さく張り出した雪庇を下って、派生する尾根を進んで下山となりますが、ここは3本ある尾根の真ん中の尾根となります。途中までは広くてなだらかで、疎らに生えたブナの木々の間を悠々と下りますが、とても気持ちが良く、まるで天国を歩いているようです。山頂よりもこちらの尾根の方が広くて景色が良く、楽しめました。やがて天国の尾根も終わりを告げ、急斜面となった尾根を滑るように下りながら、杉林の間を抜けて下山することができました。

清水集落へ戻ると、路上にはびっしりと車が止まっていました。空はどんどん雲が増えて、じきに降りだす様相です。そんな中、一組のパーティーが空模様に不安を感じて下山してきました。身なりは大型のザックにワカンを括り付け、スキーヤーでないことは一目瞭然です。ここでは、普通の登山グループがとても新鮮に感じられました。

清水集落については、古い文献を見ると清水ではなく志水と書かれているのを多く目にします。不思議に思いましたが、それにはこんな伝説があるそうです。平将門の末っ子が源氏から逃げ、この地を訪れたときに湧き出る清水を飲んで休憩をしたそうですが、そのままそこに住み着きました。そのときに付き人だった人の名前が志水だそうで、どこまで本当なのか分かりませんが、とりあえず古い文献に志水と書かれている謎がこれで解けました。

コースタイム

清水集落～2時間50分～無黒山～2時間15分～清水集落

58

烏帽子形山《えぼしかたやま》

（546・1m）

令和2年5月3日（日帰り）

津南町

旧松之山町や旧松代町、津南町は山間の地域を多く領していますが、意外と低山が多くて、探してみても登山の対象となるような山がほとんど見当たりません。確かに津南町には秋山郷があって、そこには苗場山《なえばさん》があり、隣の栄村にも鳥甲山《とりかぶとやま》、岩菅山《いわすげやま》、佐武流山《さぶりゅうやま》等の名山がありますが、秋山郷以外のところには目立った山が見当たりません。せっかく新潟県内屈指の桃源郷であり、観光地や避暑地として素晴らしいところなのに、登れる山が少ないことは寂しく感じます。それでも諦めずにどこか登れそうな山がないものか、あれこれ地形図を見ながら調べていると、津南町と松之山町の境目付近にある氷山《こおりやま》と烏帽子形山の2座に目が留まりました。残念ながら氷山には近年に登山道が付けられたとのことで、道のない山としては烏帽子形山の1座だけとなり、とにかく登ってみようということで、津南町の辰ノ口《たつのくち》集落へと向かいました。

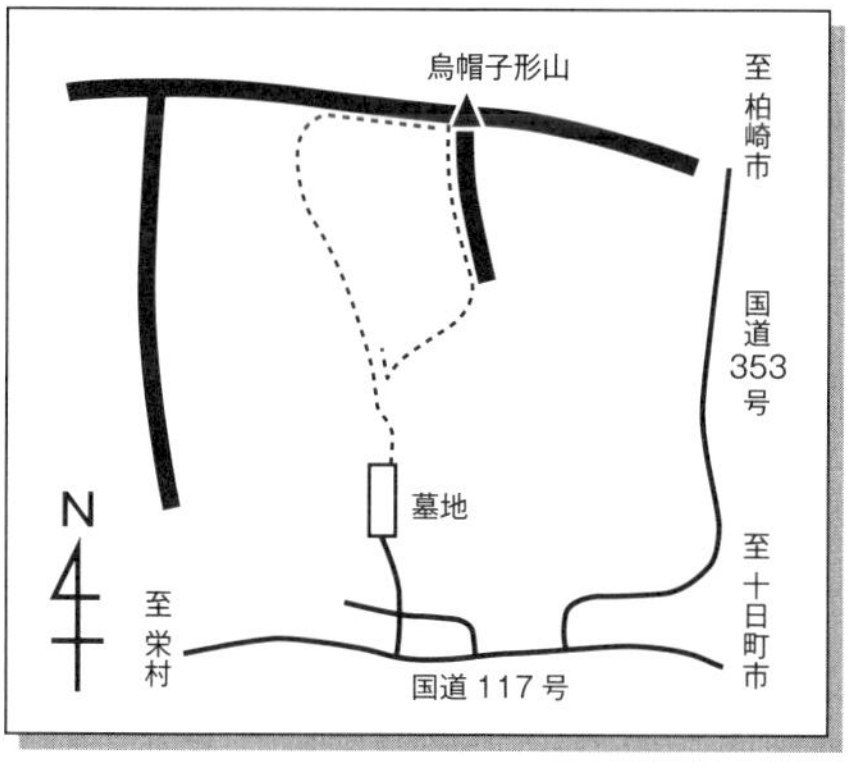

どこから登るかについてはいくつかの選択肢があると思いますが、やはり集落の墓地から廃道になった登山道を辿っていくのが一番簡単であろうと思い、墓地を目指しましたが、その墓地への入り口がよく分からず、少し道迷いをしてしまいました。国道117号から越後鹿渡《しかわたり》駅脇を通過して辰ノ口集落に入り、集落を過ぎてすぐ最初の農道に入ればよかったのに、二つ目の農道に入ったら農道は行き止まりで、農作業をしている人から変な目で見られる

烏帽子形山山頂の三角点と石仏

わ、邪魔になるわで、すごすごと引き返し、うろちょろした後にようやく墓地へ辿り着くことができました。

墓地の入り口は広くて車が数台止められるので、一番すみっこに車を止めて、墓地の脇に付けられた林道を進みました。林道は軽トラが通れるほどの道幅で、荒れているため車で進むのは無理ですが、整備すれば簡単に車道として復活できそうな道でした。墓地から先は美しいブナ林が広がり、結構な急坂ではありますが、とても気持ちが良く、隣の松之山の「美人林《びじんばやし》」というブナの森を思い出しました。

ブナ林の中に電光形に付けられた林道をしばらく進むと、昔は田んぼだったと思われるところに出て、道が途切れてしまいました。どこに向かって行こうか思案しながら、とりあえずススキに覆われた旧耕地の中を登っていくと、杉の中に再びはっきりとした道が現れました。位置的には烏帽子形山の山頂よりも随分西寄りにいるようです。道をしばらく登ると再び藪で途切れてしまいますが、稜線がすぐ真上にあるようなので、適当に登りやすいところを登って稜線上へと出たところ、再び薄い踏み跡が出てきました。ここから東に向かって90度進路を変え、かなり藪化した尾根上の踏み跡を進むと、左側が大きく崩れた崩壊地へとぶつかります。

この崩壊地は、近年に土砂崩れが発生した場所と思われますが、まだ崩落が落ち着いてないところもあり、危険すぎて尾根通しには歩くことができません。よく見ると右側に何となく踏み跡があるような気がして、そこを下りながら進んでいき、藪斜面をしばらくトラバースしてから尾根上へと戻ると、山頂の少し手前で崩壊が終わっていました。尾根上に戻ってからは、数十メートルほどで山頂へと出ることができました。

山頂には2体の石仏が安置され、東と南側の樹木が刈り払われていて、展望は180度得ることができます。谷川連峰や苗場山、鳥甲山など秋山郷の峰々が田園地帯の奥に白く聳えているのが見えます。やはり烏帽子形山へは人が訪れることはほとんどないと思われ、山頂一帯はススキに覆われて荒れ気味となっていました。それでも5、6人程度なら十分に休憩することができそうです。

登り口付近のブナの林といい、180度の展望が利く山頂といい、せっかく近くの氷山に登山道が整備されたわけですし、ここも道を再整備すれば家族向けの手軽に登れる里山になると思いました。しかし、登山道を維持していくことは大変でしょうし、集落外の多くの人が出入りするようになるということは、いろいろな問題が発生する可能性もあって、やはり難しいのかな、なんてことを考えさせられました。

下山は大きく西側に回り込んで付けられている旧登山道を無視して、ブナ林の中を真っ直ぐに下りてみましたが、旧耕地の付近で旧登山道と合流して墓地駐車場へ戻ることができました。

コースタイム

墓地駐車場～55分～烏帽子形山～45分～墓地駐車場

59

男山《おとこやま》（585m）

令和2年
4月25日
（日帰り）

柏崎市

糸魚川で生まれ、魚沼方面にも大きな影響を与えたとされる奴奈川姫《ぬなかわ》は、別名機織り姫や黒姫などと呼ばれ、その名に因んだ黒姫山という山名の山が県内にいくつかあります。刈羽黒姫山もその一つで、古くから信仰の対象とされてきました。山に祀られている主宰神は奴奈川姫ではなく分水神の美都波能売命《みづはのめのみこと》とのことですが、機織り姫も祀られていて、機織りをする人たちが参拝に訪れてきたとのことです。

刈羽黒姫山は刈羽三山に名を連ねており、天気の良い休日などは登山者が集いますが、その黒姫山と対峙している男山はとても小さく、人知れずひっそりと佇んでいます。もちろん男山には登山道がありません。今回は旧高柳町（現柏崎市）の磯之辺《いそのべ》集落から林道を歩き、藪尾根を登って山頂を目指すことにしました。それにしても磯之辺とは、山村集落なのにまるで海辺に来たかのような集落名です。そんな磯之辺の朝は早く、こんな早朝にもかかわらず集落の人たちが畑作業に励んでいて、挨拶を交わしながら集落内を通過していきました。朝靄《あさもや》煙る原風景の中に、清々しい空気が漂っていました。

林道は、最初のうちはコンクリート舗装となっていましたが、しばらく進むと砂利道となり、ススキで埋め尽くされます。しかし、時季的にまだススキが立ち上がる前だったので、どうにかすんなりと歩くことができました。あとひと月も後だっ

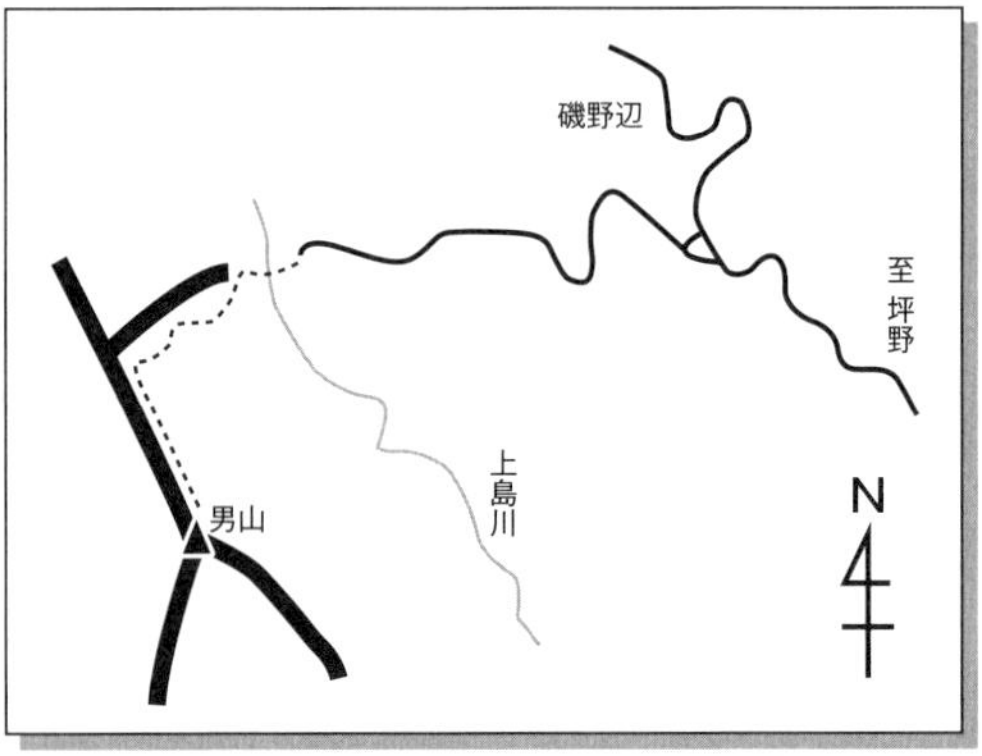

男山を見上げる

たら、ススキ藪に苦労をさせられたものと思われます。ところどころ木々の切れ間からは左手に目指す男山が見え、どこを辿ろうか思案しながら歩いていると、やがて林道の終点とぶつかり、そこはほぼ地形図と同じ位置で終わっています。

地形図では林道から先が破線となっており、杣道らしきものが記されています。林道の終点は、以前は耕地があったと思われる棚田状の湿地帯となっていますが、実際は地形図に記されたような杣道はなく、そこから先はただひたすら藪を歩くしかありませんでした。よく見ると林道の終点から田んぼのあぜ道のようなものが少しだけ付いていて、そこを辿ると川へと下りていきます。登山靴で簡単に渡れる川を越えて、向かい側の斜面を適当に登っていきました。

歩きやすいところを探りながら進むと、必然的に尾根の上へと出ます。しかし、尾根上は蔦混じりの灌木藪となっていて、進むのに時間がかかりました。尾根のすぐ左側には地形図に書かれている破線の杣道があるはずなのですが、探してもその形跡を見付けることができません。仕方なくこのまま尾根上を進み、５００ｍの峰まで達したところで、どこからともなく踏み跡が出てきました。この踏み跡は雑木林の尾根に比較的明瞭に付けられていて、それが山頂まで続いており、これには非常に助けられました。詳しくは分かりませんが、以前は磯野辺集落や折居《おりい》集落以外から黒姫山に登拝する道、あるいは集落と集落を結ぶ峠道があったようで、国土地理院地形図を見ても破線が記されています。道祖神らしき記載もあるところから、これはそれら杣道の名残なのかもしれません。

あまり広くない山頂に着くと、そこは灌木に覆われて大藪となっており、眺望を得ることができず、ただ藪の一角にひっそりと三角点が設置されていました。山頂から景色はまったく見ることができませんでしたが、尾根の道中のところどころから黒姫山の姿を見ることができました。

『日本山名事典』によると、男山（雄山も同様）という山名は近くに女山（雌山）があり、対峙しているとのこと。大半は男山の方の標高が高いのだが、女山の方が高い場合もあると書かれています。この男山の場合は女山である黒姫山と対峙していて、ここは男山の方の標高が低い数少ない例のようです。

下山は試しに地形図に書かれている破線に沿って杉の植林帯の中を歩いてみましたが、やはり踏み跡はまったく確認できず、こちらの杣道は完全に藪化しているようでした。

コースタイム

磯野辺集落〜1時間50分〜男山〜1時間20分〜
磯野辺集落

コラム2　山小屋の修理作業と管理人

私の勤務する会社では、山小屋の修理作業を請け負う機会が多くあり、工事を請け負う場合は当然ながら私が担当として引き受けている次第です。エリアとしては、新潟県が所有する下越地区の山小屋ということになりますが、具体的には飯豊連峰では北から杁差小屋、頼母木小屋、門内小屋、御西小屋、湯ノ島小屋が対象となり、ほかに二王子岳山頂避難小屋や朝日連峰では三面小屋が概ねの範囲となっています。

避難小屋は言うに及ばず非常に劣悪な立地条件の中に建てられていて、大雪や強風といった自然の驚異の真っただ中で耐え忍んで、どうにか潰れずにいるといった感じで立っています。厳しい冬を越えると、必ずと言っていいほど、どこかの小屋の一部が破損しており、そのたびに私は職人さんを伴って修理作業に向かっています。職人さんたちは、普段は山に登らない人たちばかりです。従って、山の登り下りが大変なのは当たり前で、電気、ガス、水道がなく、食べ物はレトルトカレーやカップラーメン、アルファ米といったものばかり、気候的にも寒かったり雨風が強かったりという過酷な環境です。そんな中で数日間、長ければ2週間程度の作業を強いるわけですから、なかなか来てくれる人が集まりません。毎回、職人さんの元を訪れ、床に額がこすれ、頭髪が擦り切れるほど頭を下げてお願いして、どうにか来てもらっている次第です。

門内小屋で作業をする著者

それでも今のところどうにかこうにか来てくれる職人さんがいますが、その職人さんの親方も70歳に手が届くくらいの年齢になりました。この先はどうなることやら……。いつか山小屋修理の作業ができなくなる日がやって来るかもしれません。ちなみに新潟県は上・中越にも多くの避難小屋を抱えているわけで、やはりどこも同じように職人さんがいないとのことです。県外の山小屋からも私のところに修理依頼が来るくらいですから、全国的に山小屋の修理が難しくなっている現状であろうと察します。できるだけ長持ちするよう、皆さんに大事にしてもらって使用していくしかなさそうですね。

それから参考までに、山小屋の整備はできますが、登山道整備に関しては私有地の場合もありますし、官地でも自然公園法だとか自然環境保全法などといったさまざまな法規上により、手出しができない場合が多いようです。法律に関してよく分からないので、詳しく申し上げることはできませんが、いずれにしても正規で登山道の整備ができるのは、限られたごく一部の人となっているようです。

山小屋修理作業以外で、私は管理人として業務に携わることが年に数回あります。私の場合は、飯豊連峰の門内小屋の管理人として入る場合がほとんどです。山小屋の修理作業や管理人といった仕事で山に行けるのは羨ましいと思われる方もおられると思いますが、趣味で山に登るのと仕事で山に登るのとでは大違いでして、確かに管理人業務をやっていると大変だと思うこともありますが、楽しい面もあったりするわけです。しかし、山小屋修理で訪れる場合は、工事を滞りなく終わらせなければならないといった責任がありますし、失敗も許されないわけですから、とても山を楽しんでいる暇などありません。もしほかに誰か、山小屋の修理作業業務をやってみたいなんて思われる方がおられればいいのですが……。もしそんな奇特な方がおられるようでしたら、山小屋修理業務は喜んでお譲りいたしますよ。

上越の山

60

鷲《わし》の巣《す》山《やま》（624m）

令和2年4月25日（日帰り）

上越市

刈羽黒姫山の南東に聳える男山に登ったものの、下山した時刻はまだ午前10時30分、久しぶりの晴天の日に「このまま帰るのはもったいない」と考え、もう1座登ることにしました。向かったのは男山から黒姫山を挟んで反対側に聳える鷲の巣山です。旧高柳町（現柏崎市）の磯之辺集落から旧大島村（現上越市大島区）へと車を走らせていると、桃源郷と見紛《みまご》う風景に思わず目を奪われてしまいます。山間を縫うように集落が点在する中で、美しい棚田と山々が絵画のような景観を織り成し、その素朴さはこれぞ日本の原風景といった感じです。景色に見とれて事故を起こさないように注意しながら、板山《いたやま》集落に到着しました。

鷲の巣山に登った記録はごく少数ではありますがネット上に見受けられ、そのすべてが残雪期に小岩峠から登ったものでした。しかし、今は残雪などまったくなく、日当たりの良い尾根を無積雪期に登るのはちょっと気が引けます。しかも、小岩峠からの適度に幅のある尾根は蔦藪になっているような気がして、なおさら避けたいと思いました。そこで小岩峠の裏側へ回って、板山集落のさらに奥、今は廃村になったと思われる五軒角間集落の先から尾根に取り付くことにしました。

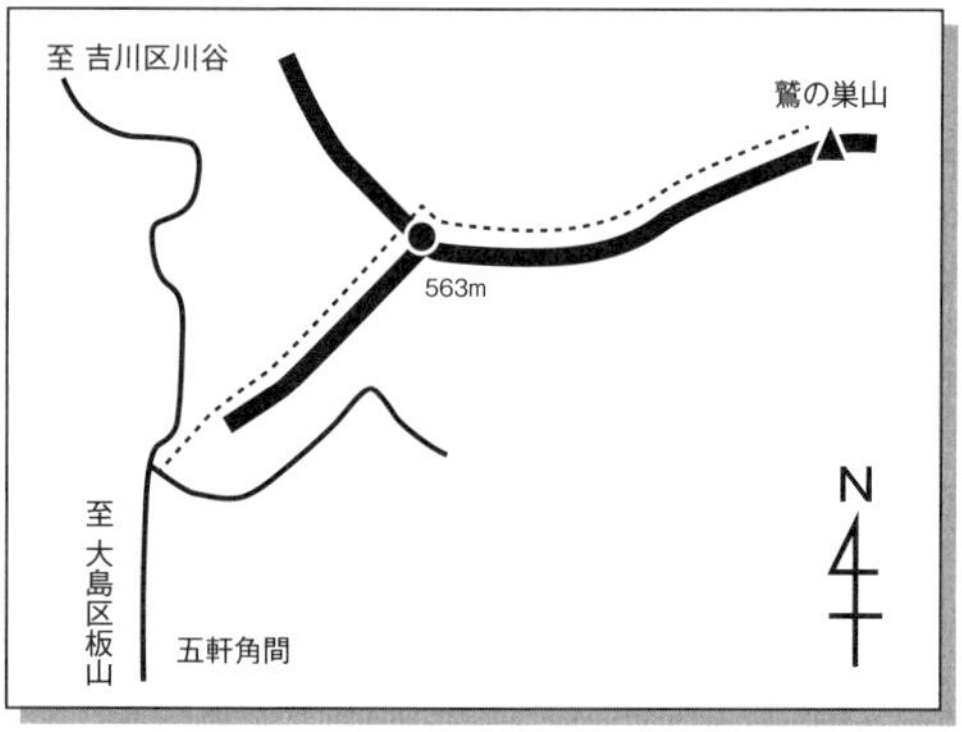

最初はちょうど地形図の388mと書かれたところの林道から入りますが、林道は荒れており、体を成しておりません。入り口付近には山菜採りの人がいて、私の大

ブナに囲まれた鷲の巣山の山頂付近

きいザックを眺めて、「あの人、いっぱい採れてる」と会話をしています。やはりこんなところに来るのは、山菜採りの人くらいなのでしょう。藪化した林道を少し進むと、昔は田んぼだったと思われるところに出て、そこから尾根に取り付いて、まずは５６３ｍ峰を目指します。

　最初は杉の植林地の中のかなり急な斜面を登っていきます。杉林を過ぎると、尾根上はススキ藪となっていて、ワラビが顔を出しています。おそらくそのワラビを目当てに人が入っているのでしょう。ススキの間にはしっかりとした踏み跡が付いています。尾根上がススキ藪になっているのは珍しく、木がないので景色はすこぶる良好で、関田《せきだ》山脈とその奥に頸城《くびき》連山が大きく見え、北アルプスの峰々までもが一望することができます。また、足元には田園風景が広がっていて、どこか懐かしさを感じます。

　それにしても、いくらワラビ採りの踏み跡があるとはいえ、滑るススキに足をとられて難儀します。少し進むと、今度はそこにイバラが群生するようになり、棘《とげ》を避けながら四苦八苦して進みました。５６３ｍ峰の手前でようやくススキといばらから解放され、雑木林の中を歩くようになりますが、その代わり展望がなくなってしまいます。尾根上は結構な灌木藪で、「困ったな」と思っていると、尾根の北側に踏み跡が現れるようになりました。

563m峰の先は、尾根が広くなって美しいブナ林が広がり、その様相が一変します。まるでキャンプ場にでもいるかのようで、ベンチが置かれていそうな雰囲気です。落ち葉に埋もれたブナ林は、歩くたびにサクッサクッと音がして、小気味よく歩くことができました。しかし、そんな楽しく歩ける場所は長続きせず、束の間の安らぎの区間が終わると、今度は広い尾根が笹藪で覆われました。踏み跡は途切れ、方向を間違えないように地図を確認しながら歩かなければなりません。

笹と灌木漕ぎがしばらく続いたあと、山頂手前の尾根が細くなる辺りから再び踏み跡が明瞭となり、それが山頂まで続いておりました。そして、この踏み跡に助けられながら狭い山頂に到着することができました。肝心の山頂はというと、そこは灌木と笹に覆われて酷い藪となっており、休憩することさえままなりません。三角点だけを確認してから、早々に下山することにしました。その前に参考のためと思い、小岩峠方面に少しだけ進んでみましたが、見た限り踏み跡は確認できず、ワシが住んでいるのではないかと思えるような大きな木々と、大藪が尾根上に続いておりました。もっと進めば踏み跡などが出てきて歩きやすくなるのかもしれませんが、そこまでは確認しませんでした。

〝鷲の巣〟という山名についてですが、日本各地に鷹ノ巣という地名が多くある一方で、鷲の巣という地名はあまりないようです。鷹ノ巣は昔、殿様が鷹狩りをしたところ、あるいは高い洲《す》（洲とは土地のこと）から来ている場合がほとんどのようですが、鷲の巣の鷲は小規模な雪崩、あるいは表層雪崩のことを言うそうで、鷲の巣山の山名はワシが営巣しているのではなく、雪崩から来ているのではないかと思いました。

下山時に563m峰まで戻ると、踏み跡につられて別の尾根へと入り込んでしまい、気が付いて戻りましたが、後で調べてみると踏み跡は桜坂峠の方へと続いているようでした。

コースタイム

標高388m表記箇所～1時間50分～鷲の巣山～1時間40分～標高388m表記箇所

61

重《しげ》倉《くら》山《やま》(1029m)

平成30年6月3日(日帰り)

妙高市

上越市と妙高市の間に聳える重倉山は、ほとんどの人が見向きもしないような小さな藪山であろうかと思います。どうして私がこの山に登ろうかと思ったのか、自分でもよく分かりません。すぐ近くには南葉《なんば》山群があり、その反対側にはロッテアライリゾートスキー場のある大毛無山が聳えていて、それぞれ山頂へ至る道が整備されています。登山道が整備されていない重倉山は、それらの峰々に埋もれてしまいそうな、本当に目立たない山なのです。しかし、付近を通っている林道には重倉林道という名が付いていますし、国土地理院2万5千分の1地形図にも「重倉山」のタイトルのものがあります。道こそないものの、まるでメインの山のような扱いとなっていて、「もしかしたら地元では有名な山で、私がよく知らないだけなのかも」と思って、少し気になっておりました。

某御食事処の味噌ラーメンが人気の「道の駅あらい」の前を通過し、西野《にしの》谷《や》集落から重倉林道に入ります。国土地理院地形図を見ると、重倉林道の途中から沢を登って山頂付近に到達する破線が書いてあるようですが、おそらく以前に何かしらかの理由で付けられた踏み跡であると思われ、今は廃道となっていることが容易に想像できます。当初はその廃道を登ろうと行ってみたのですが、案の定薄い踏み跡は草藪に覆われていて、生い茂る藪には朝露が落ちています。それら朝

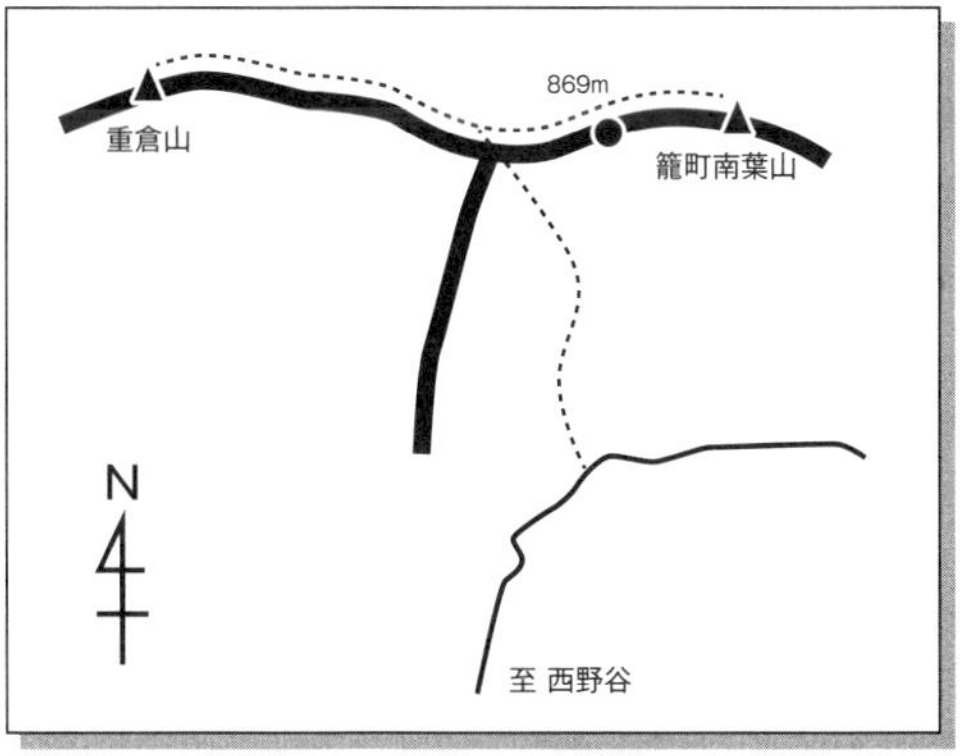

露によって全身がずぶ濡れになるのではないかと恐れをなした私は、別ルートで登ることを考え、再び地図を出してルートを探し始めました。

結局のところ、重倉林道をしばらく進んで林道脇に籠《かご》町南葉山《まちなんばさん》登山口と書かれた小さな標柱を見付け、そこから入ることに決定しましたが、果たして無事に登頂できるかどうか……。一応、そこを登れば籠町南葉山と重倉山の間辺りの尾根に出て、尾根上を適当に進めば何とか重倉山に到着するであろうといった、行き当たりばったりで山頂を目指すことになりました。なにしろ下越地区在住の私としては、上越の山に登るにはあまりにも距離がありすぎで、事前偵察をすることができず、今日のような山行を余儀なくされてしまいます。

籠町南葉山駐車場と書かれた林道脇の広くなったところに車を止めて、林道を歩くこと25分、道は狭くなり登山道となりました。そしてワラビの生い茂る急坂を15分ほどかけて登りきると、尾根上に出ることができました。籠町南葉山へ向かう登山道は、ここから右に大きく曲がって付いていますが、重倉山は左へ向かいます。いよいよここから藪歩きへと突入するのですが、道は籠町南葉山に向かう右方向に付けられた登山道のほかに、正面方向にも見えます。この正面方向に付けられた道を進むと、すぐ左に折れ、どうやら重倉山方向に向かって付けられているようでした。この道は広い尾根上の上越市側寄りに沿って付けられていて、道というより踏み跡程度のもので、時々不明瞭になりますが、922m峰手前まではとても歩きやすく助かりました。また、道が不明瞭になってもなぜだかここは小さな自然にできたヒド、いわゆる自然水路が多くあり、道を見失ったときはヒドを利用して先に進むことができました。

922m峰手前で小沢を越え、さらに922m峰を過ぎたところでも沢を越える場所がありましたが、沢はまだ雪で埋まっているものの、雪解け水がちょろちょろ流れていて、美味しい水を取ることができます。922m峰から先は踏み跡があるのかないのか分からないくらいの藪となっていましたが、密というほどの藪でもなかったので、それほど苦労することなく山頂へと辿り着くことができました。

山頂は藪で覆われていて、景色はまったく見えません。地形図を見ると、山頂付近には岩記号が書かれていますが、岩場などまったくなく、単なる雑木と草に覆われた山頂がそこにありました。

重倉山という山名は、茂倉山に別の漢字が当てられたものだと思います。直訳すれば草木の生い茂る岩山ということになりますが、確かに山頂付近は草木が生い茂っておりましたし、地形図上では山頂付近に岩場があるようなので、もしかしたらどこかに岩が隠れているのかもしれません。

帰路は922m峰で道間違いをしましたが、無事に登山道と合流することができました。そして時間が早かったので、ついでに籠町南葉山を回って下山しました。下山すると、登り口付近では家族がバーベキューを楽しんでいて、その光景はとても微笑《ほほえ》ましいものでしたが、驚いたことにそのすぐ近くを1頭のクマが横切っていきました。家族はそのクマに気付いておらず、ひと言伝えようと思いましたが、せっかくの団欒《だんらん》に水を差すといけないと思い、何も告げずにその場をそっと離れました。下山後は「道の駅あらい」に立ち寄り、味噌ラーメンを食べ、満足のいく山行となりました。

コースタイム

籠町南葉山登山口～3時間15分～重倉山～2時間30分～籠町南葉山～50分～籠町南葉山登山口

62

粟立山《あわたつやま》（1194m）～三峰山《みつみねさん》（1150・8m）

令和元年
9月25日
（日帰り）

妙高市

三峰山は、上越市の名立《なだち》側から登ろうとしたものの、二度の敗退をした山で、本書に掲載した山の中では登頂に最も苦労した山の一つです。一度目は、渡ろうとしていた橋が立入禁止になっていて断念。二度目は別の橋を渡ろうとしましたが、地図上に記載されているその橋はなく、道路が川の手前でスパッと切れており、これまた名立川を渡れずに、すごすご帰宅の途に就きました。三峰山は、登りたくても登り口にまで辿り着くことができずにいた山です。

そして三度目の正直。私はロッテアライリゾート付近から、妙高市管理の林道に車を走らせておりました。ここは大毛無山の登山口があるところで、その反対側の尾根を登り、必然的に粟立山を経由して三峰山に至るというルートを辿ることにしました。妙高市によると林道は通行可能とのことでしたが、工事中のため途中から通行止めとなっており、20分ほど車道を歩かされましたが、今回は無事に登り口へと到着することができました。三峰山までの距離はそれほど長くありませんが、このルートを歩くことになぜか気分が乗らず、そんな気持ちを抱えたままでのスタートとなりました。心配していた藪の状況は薄い踏み跡が見られるほどで、大した藪ではなく、ホッとしながら粟立山へと到着しました。しかし、残念ながら藪が邪魔をして、山頂から景色を見ることはまったくできませんでした。

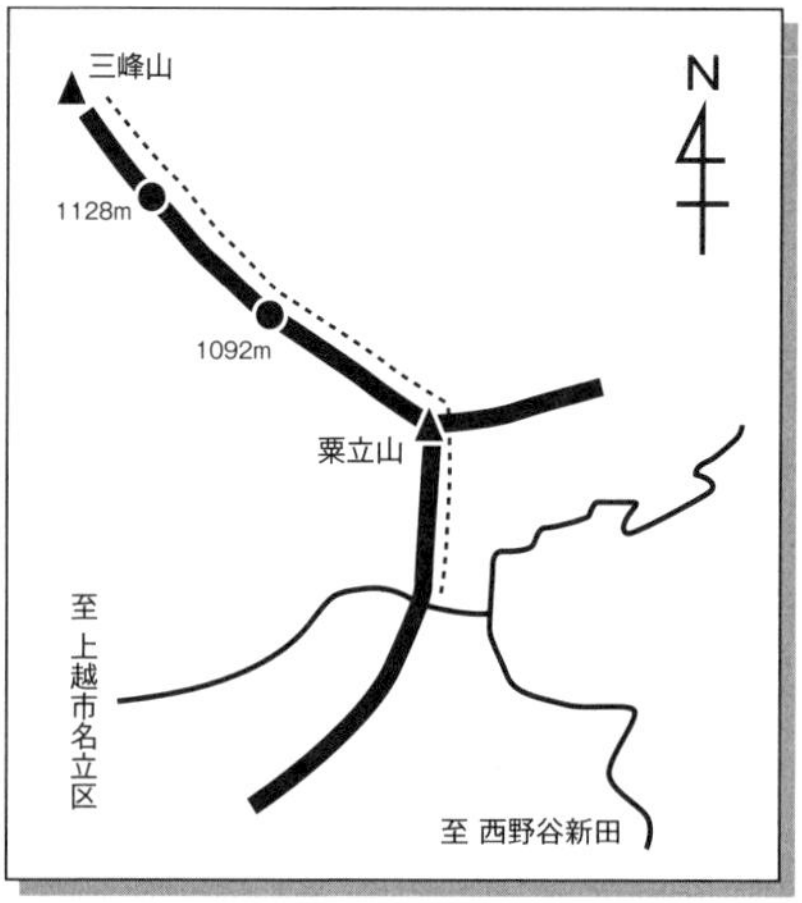

栗立とは、いわゆる鳥肌のことを言うらしく、また表層雪崩を泡雪崩と言いますが、新井から見た表層雪崩が鳥肌のように見え、そこから栗立山と名付けられたのではないかと言われています。

この先もこんな調子なら三峰山登頂までそれほど時間がかからないと思いながら、灌木に覆われて景色がまったく見えない尾根を、三峰山へ向かって進み始めました。ところが、ここから嫌な予感が的中、地獄の蔦藪との格闘が始まりました。密度の濃い灌木と笹と蔦に悩まされ、どんなにもがいても三峰山の山頂は一向に近づきません。尾根は地図を見ただけでは分からないような痩せ尾根が結構ありましたが、自分の背丈より高い灌木や笹に邪魔されても、ルートが分からなくなるようなところは少なかったように思います。それにしても、少しくらい踏み跡があっても良さそうなものですが、「これじゃあ、小動物でさえ歩くことができないのでは？」と思うほどの密藪で、閉口しました。

加えて、あまりにも大藪だからなのか、キノコひとつ出ていません。どこにでもよく見かけるナラタケくらい出ていても良さそうなのですが、まったくありません。ナラタケは沢筋に多く見られるようですが、尾根上でも普通に見かけます。小川真著、山と渓谷社発行の『きのこの自然誌』という本の中では、ナラタケのことが「きのこなかでも札つきの暴れん坊である」と書かれていました。また、「樹を枯らすので悪名高いが、元来は枯れ木や根株を腐らせる菌で、森林のなかでは大切なメンバーの一つである」とも書かれており、「根株などのえさを食い尽くすと黒い針金のような根状菌糸束という菌糸の束を作り、枝を出しながら網目のように土の中を広がる。えさになる新しい切り株や杭に出くわすと、そこで菌糸を広げて栄養を取りきのこを作る。きのこから胞子が飛び散って繁殖するが、根状菌糸束だけでもどんどん広がり、何年も生き続けることができる。えさを求めて移動する間に少しでも弱った植物があると、相手かまわず根にとりつき幹や茎を腐らせる。攻撃される樹木は一九〇属四七〇種、草は七〇属八〇種にものぼり、ナラタケ病という名がつくほど被害が多い」と記されています。

何も見えない藪の中をじわじわと進んで、最後は比較的大きめな木々の間を縫いながら、広いと思われる山頂にようやく到着しました。山頂に到着したと言っても、単なる大藪の台地でしかなく、何が何だか分かりません。地元の人たちでさえ立ち入ることなく、自然のままの状態が保たれた山と言えば聞こえがいいのですが、実際のところは景色を見ることもなく、ただただ藪の中を突き進む忍耐の山でした。

さて、何で気分が乗らなかったのかというと、新井側からは延びるこの尾根は、距離が短くて高度差もない一本尾根なのですが、あまりにも明確であるため、遮るものがなく日当たり良好であり、大藪になっているということが簡単に予測できました。結果は案の定で、そのことがこのルートを嫌がった理由であります。残雪期に訪れるとまた違うのでしょうけれど、とにもかくにも三度目の正直で念願の三峰山に行くことができて良かったです。たとえ景色が見えなくても、何が何だか訳が分からなくても、登頂したことは断固として嬉しく思います。

そんな苦労をしてようやく訪れることができた三峰山ですが、意外と山が深くて山麓からは見えにくく、地元の人たちからは見向きもされない不遇な山であろうことは容易に想像がつきます。新井側からは手前の粟立山に遮られて見ることができませんし、上越側の名立付近からは辛うじて見える場所がある程度なのではないでしょうか。

最後に山名の由来ですが、尾根を歩きながら思いのほかアップダウンがあるように感じました、無理にこじつければその名の通り、確かに三つの山頂があるようにも思えました。

コースタイム

尾根取り付き箇所～1時間15分～粟立山～4時間45分～三峰山～4時間30分～粟立山～1時間～尾根取り付き箇所

63

三峰《みつみね》

（501・4m）

令和3年
2月14日
（日帰り）

糸魚川市

週末は晴天になるということで、先日見舞われたぎっくり腰も随分と癒えたことからリハビリを兼ね、ちょっと遠出して上越の登りやすそうな山に行こうと、糸魚川市の三峰に向かいました。今回は以前、大山でご一緒した女性の山友達に「簡単に登れそうだから一緒にどうか?」と声をかけ、2人で登ってみることにしました。

三峰は麓の小見《おみ》集落からの高度差が450mほどしかなく、距離的にも近いので、すぐに登れそうな山だと考えていました。地形図を見る限りでは、どこを登っても必ず悪い場所がありそうですが、それはわずかな区間でしかないと踏んでいました。

小見集落から小見川に架かる橋を渡り、林道を伝ってから適当に登りやすそうに見える尾根を登ろうと、集落内をよろよろと車を走らせると、すぐに小見川に架かる橋が見付かり、橋の周辺はちょうど車が置けそうな広場となっていました。ここに車を止めて準備をしていると、集落の区長さんかもしれないような人が来たので、「車を止めておいても大丈夫ですか?」と声をかけると、「大丈夫だよ。山に登るんですか?」と聞いてきたので、「はい。ちょっとそこの山まで」と答えると、「へー、そこの山に登るんだ」と言いながら行ってしまいました。麓の集落の方で、しかも区長さんらしき方でさえ三峰の存在を知らないようです。地形図には三峰という山名が記載されてい

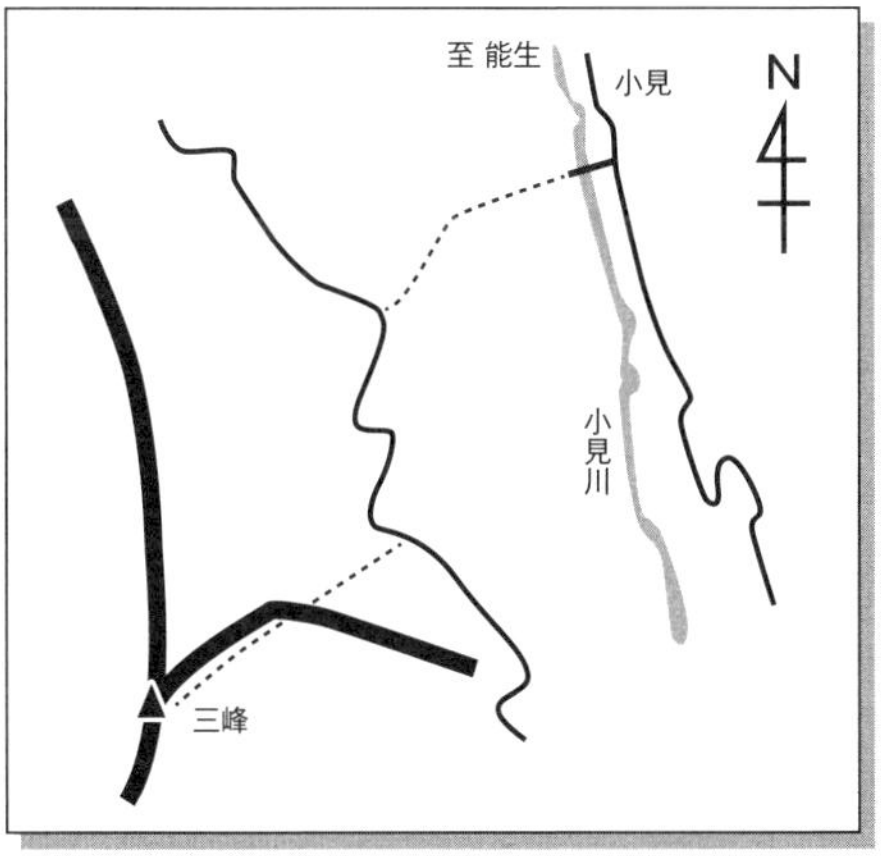

怖い痩せ尾根の奥に三峰

ますが、山麓の人たちには馴染《なじ》みの薄い山なのかもしれません。我々のような登山者でも、糸魚川市の三峰と言われてピンとくる人はほとんどいないと思われますが……。

橋を渡ると、降り積もった雪に隠れてはいるものの、沢沿いに何となく道があることが分かり、そこを辿ってしばらく進むと、大きな車道と合流しました。この車道は鉄塔を巡視するために付けられた道路だと思いますが、もちろんこの時季は除雪がされておらず、ラッセルしながら歩くしかありません。しばらく進むと、やがて鉄塔が現われ、そこは広場になっていました。すでに陽射しがきつく、ついつい日陰を求めてしまいます。私たちは杉の木陰で地図を広げました。

実をいうと、適当に尾根に取り付こうと思ってはいましたが、おおよその目星を付けており、もうちょっと林道を歩いた先の尾根に取り付こうと思っていました。しかし、状況が変わりました。暑い陽射しの中での深いラッセルにやられていた私は、「どこから登る?」と彼女に聞きつつも、「一番手前の登りやすそうな場所から尾根に取り付こう」と提案しました。そして、彼女の賛同を得て、鉄塔を過ぎてすぐの辺りの斜面にさっさと取り付いてしまいました。ただし、そこはかなり急斜面となっており、不安と言えば不安でした。

登るにつれ、傾斜はどんどんと増し、危険度が徐々に高くなっていきます。今回は女性の山仲間を誘った手前、安心安全で登ってもらいたいと思い、一生懸命にステップを付けながら急斜面と格闘しました。しかし、私がどんなにステップを付けたとしても、安心できるようなものではありませんし、急斜面は変わりませんが、彼女は相当怖かったのではないかと思いますが、文句を言わずについてきてくれました。「悪いな」と思いながらも急斜面を登りきり、とりあえずひと安心。もうここからは大丈夫と思ってその先を見ると、今度は今にも崩れ落ちそうな雪が乗った痩せっぽちの尾根が目の前に続いています。その光景を目にした私たちは、愕然としてしまいました。

そして、私たちはここで初めて気付いたのです。三峰は、地形図では分からない急斜面と痩せ尾根で形成された、大変に厳しい山だということに。ここまで来たならもう行くしかないのですが、怖くてとても足が出ないというほどで痩せているわけではなく、注意して歩けば何とか大丈夫そうな感じでもありました。私はゆっくり、できるだけ小刻みにステップを付けながら進むように心掛けました。それでもなかなか快適なステップというわけにはいかず、後ろを歩いていた彼女の心境はどうだったのでしょう？　かなり恐怖を感じながら歩いていたことだろうと思います。一方の私は、この山を選んだことを後で怒られるのではないかと、痩せ尾根の怖さよりも怒られることへの恐怖で足がすくみました。

この痩せ尾根の区間は山頂まで続いており、時折雪の隙間からは密に生い茂る薦藪が見えます。おそらくここは無積雪期に踏破しようとすれば、大変な苦労を強いられるのではないかと思いました。やがて尾根は細身を維持したまま三峰山頂に向けての急登となり、深いラッセルと痩せ尾根に耐えながら登っていきます。そして、喘ぎながら登りきると、目の前がいきなり開け、ようやく山頂に到着しました。緊張から解放され、安堵でほっと胸をなでおろすと、今までの痩せた尾根がまるで嘘だったかのような山頂が広がっていました。

開けた山頂はブナに囲まれているものと思われますが、今は積雪によって少数の大木があるのみです。山頂から下界を見下ろすと、能生《のう》の街並みの先に煌めく日本海と澄み渡る青空が広がり、とても爽やかでした。反対側に目を転じれば、火打山《ひうちやま》や焼山《やけやま》、金山《かなやま》といった頸城連山が真っ白い姿で聳え、その手前には昼闇山《ひるくらやま》から鉢山《はちやま》、烏帽子、阿弥陀《あみだ》といった海谷山塊の峰々が壮絶な姿で屹立しています。ほとんどの人が登ることがないであろう山頂で過ごす時間は、道のない山を登った人にしか味わえない楽しい魔法の時間です。この素晴らしい景色の中で昼食タイムとしましたが、下山後に「道の駅マリンドリーム能生」で海の幸を食べたかったので、軽く食べるだけにしておきました。

三峰の山名について、同行してくれた彼女は「山頂から日本海側を見ると、尾根続きのところにほかの二つの峰が聳えており、ピークが三つあるから三峰なのではないか」と言っておりましたが、奥にもピークがたくさんあって、何をもって三峰というのかよく分かりません。三峰と名が付く山は、ここのほかに上越市名立にもあり、以前に登りましたが、そこもまたどこの部分が三峰なのか判然としませんでした。どちらの三峰も山麓民にはあまり馴染みのない山のようで、信仰といったものの形跡はないようですし、秩父近辺で盛んな三峰信仰から来たものではなさそうです。おそらく、三峰の名はどこかの集落から見て山頂が三つあるように見えたところから来ているのではないかと思われますが、そこがどこなのか、またそれが定かなのかも分かりません。

下山時は気温が高くなっていたので、雪崩にも注意しながら慎重に下りました。私的には急な壁や痩せ尾根があって、しかも山頂は素晴らしく、それはもう楽しかったのですが、彼女には怖い思いをさせて悪かったと思いました。もちろん怒られたには怒られたのですが、ちょっとだけで済みました。もしかしたら彼女も彼女なりに楽しかったのかもしれません。登山道にとらわれず自分で考えたルートを登る。そしてそこには静かな自然しかない。やはり道のない山は楽しいものです。帰りは予定通りマリンドリームに寄って、美味しい海の幸を食べて、腹いっぱいになって帰りました。

コースタイム

小見集落〜1時間5分〜尾根取り付き箇所〜1時間55分〜三峰〜1時間5分〜尾根取り付き箇所〜35分〜小見集落

64

黒尾《くろお》の峰《みね》

（938m）

平成30年
5月20日
（日帰り）

糸魚川市

本来は積雪期か残雪期が登山適期と思われる大藪の箙《えびら》岳《だけ》にダメもとで向かいました。思った通り蔦と背丈を超えるネマガリダケに悪戦苦闘し、この調子では登頂は無理と判断して、早々に下山を決意しました。もしダメだったら代わりに近くに聳える別の山に登ろうと、いくつかの山を候補に考えていて、それに合わせて地図も持ってきていたので、撤退の決断も早くできたのではないかと思います。そんなわけで、距離が短くて比較的登りやすそうな黒尾の峰に白羽の矢を立て、木地屋《きじや》集落から土塩《つちしお》集落へと急遽《きゅうきょ》向かうことにしました。

目的としていた山に登れず、失意に暮れながらも気を取り直して向かっていると、今度は土塩集落の辺りで車のタイヤがパンクしてしまいました。パンクしたタイヤを見ると脇の部分に裂傷があり、これでは修理不能のようで「下道でゆっくり帰らなければ」と考えながらスペアタイヤに交換しました。「今日はもう帰ろうか――」。そんな思いも頭をよぎりましたが、それでも再び気を取り直し、車が入れるところまで行って準備をしていると、今度はぐらぐらっと地面が揺れました。「地震だっ！」。ますます気が滅入ってしまい、本気で帰ろうと思いました。しかし、せっかくここまで来たのだから、せめて尾根の状況だけでも確かめて帰ろうと身支度を整えました。

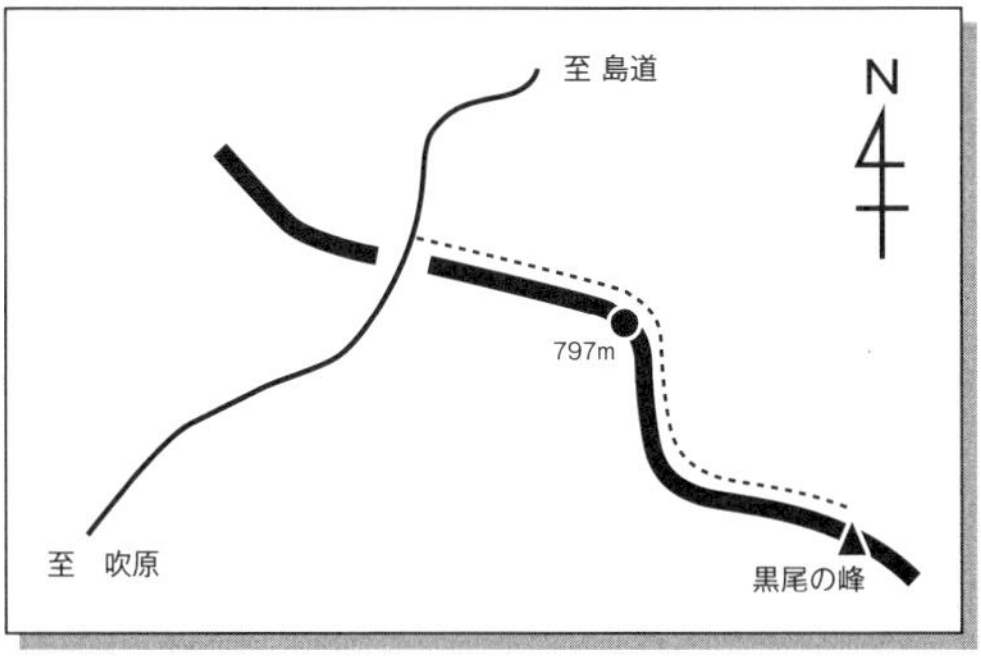

集落から車道をしばらく歩き、峠の看板のあるところから入りやすいところを探して、尾根を登っていきまし

黒尾ノ峰と奥に鉾ヶ岳

た。辿る尾根は大きいものなので、少しは踏み跡があるのではないかと期待をして登り始めましたが、登れど登れど一向に踏み跡が現れる気配はありません。登りもなかなか急で、結構な濃い藪の急登に、なかなか歩が進みません。40分か50分ほど、距離的には約3分の1程度進んだところで、「もうこのまま山頂まで行ってしまおうか」と考え始めた頃、下界からサイレンの音がひっきりなしに聞こえ始めました。消防車のウーッとかカンカンカンカンッという音がするたびに、「下界は大変なことになっているのではないか」と心配になり、安心して山歩きができません。

「いい加減帰ろう……」。そう思って、慌てて下山を開始しました。そして、急いで登り口まで下ってみると、地元の人たちでしょうか、何とござを敷いて弁当を食べながらのどかに頸城や海谷の山々の景色を眺めていました。幸か不幸かそんな平和な光景に、せっかく慌てて下山してきたのにがっかり、拍子抜けしてしまいました。震源地は長野県で糸魚川は揺れたものの、被害はまったくなかったようです。今回はトラブル続きで黒尾の峰を断念しましたが、今度は必ず登ろうと強い決意を持って、この日は下道をゆっくり4時間以上かけて家へと戻りました。

　黒尾の峰は特別これといった山というわけではなく、篩岳に登るつもりだったところを、急遽予定を変更して向かっただけにすぎません。ところが運命とは不思議なもので、あの不運な経緯により断念した黒尾の峰に、どうしてもすぐに登りに行きたいという衝動に駆られていました。そして1週間後の休日、それまで降り続いた大雨も一段落して回復傾向となり、さっそくリベンジに向かうことにしました。

　土塩集落から先は土砂崩れのため通行不可なので、道路の広い部分に車を止め、車道を約1時間歩きます。入山口は前回と同様、峠の看板があるところですが、この峠には地蔵様も祀られていて、手を合わせ「無事に登頂と下山ができますように」とお願いしてから出発しました。前回は3分の1ほど歩いているので、ここの藪の状態はよく分かっていましたが、当然あれから木々が伸び、葉も多くなっていて、藪の密度が増しているようでした。私の予想では、前回歩いたときの感じから、山頂までは2時間半から3時間くらいと踏んでおり、標高797m峰までは順調に、さらに次の840m峰までは思惑通りのペースで進んでいきました。

　ところが、840m峰の辺りから木々の密度がさらに高まり、そこに藪歩きで一番恐れている蔦が絡み合い、まるで知恵の輪を解くかのように、蔦藪を解きながらの前進となりました。地図上では痩せ尾根になり、岩記号もあるので、藪は薄くなるだろうと予測していましたが、確かに尾根はどんどん痩せて岩場が出てくるものの、藪の密度は濃くなるばかりで、果ては葡萄蔓まで加わる始末です。こうなると体をねじ込むスペースもなくなります。しかも両脇がスパッと切れ落ちている尾根の幅は30㎝ほどしかなく、十分に足を置くことができません。無理に藪をこじ開けて、慎重に足の置き場を見極めながら、少しずつじわじわと進んでいきました。

　所狭しと張り巡らされた葡萄蔓と格闘しながら、何とか山頂直下へと辿り着きました。ところが、最後にオーバーハングした岩場が待ち構えていました。どこか登れそうなところはないものか、辺りを探るも有効な場所は見当たりません。あとわずかで山頂というところまで来て万事休す。先週は不運に見舞われ断念し、ようやくここまで来たのに、結局岩場にぶち当たり登れずじまい。この山には縁がなかったと考え、諦めようとしましたが、もう一度周囲を見渡し、岩の脇の奥まで行ってみると、何とか取り付けそうな場所があったので、思い切って登ってみることにしました。
どうにか岩の上に出ると、そこから先は比較的藪が薄くなり、最後は日当たりが良すぎて勢いよく伸びている木々に囲まれた山頂へ到着することができました。山頂は大藪なので、景色を見ることはできません。というか、ずっと大藪だったため、終始景色を見ることができませんでした。私自身が今まで登った道のない山の中でも、ここは一、二を争うほどの苦しい大藪でありました。

コースタイム
土塩集落～25分～尾根取付き箇所～4時間～黒尾の峰～3時間45分～尾根取付き箇所～20分～土塩集落

65

犂《からすき》山《やま》（750・9m）

平成31年4月21日（日帰り）

糸魚川市

秘境で名高い海谷山塊の裾野に広がる早川谷付近の山の中に、漢字の読めない山がありました。国土地理院地形図には「犂山」と書いて「からすきやま」とフリガナが振られています。調べてみると、普通は「犂」という漢字はスキと読むようですが、ここではカラスキとされています。犂とは農耕道具で、牛馬にひかせて田畑を耕す物を言うのだそうですが、よくある話で想像すると、この犂山には農業の神様がいて、山麓では犂の雪形を見て農耕時期の目安としていた、といった信仰めいたところがあるのではないでしょうか？

そんな犂山は、海谷の山々を訪れるたびに気になっていたのですが、近くには件《くだん》の「黒尾の峰」があります。この山は道路から大した距離があるわけでもないのに、その酷い密藪に四苦八苦し、やっとのことで日帰りができたという山でした、そのことから考えると、この近くの犂山も密藪となっている可能性が大です。地形図を見ると山容はなだらかで大きく、山頂付近は広くなっており、もしかすると蔦藪に覆われているのかもしれないと思いました。そこで残雪の多く残るうちに行こうと、4月後半に向かうことにしました。

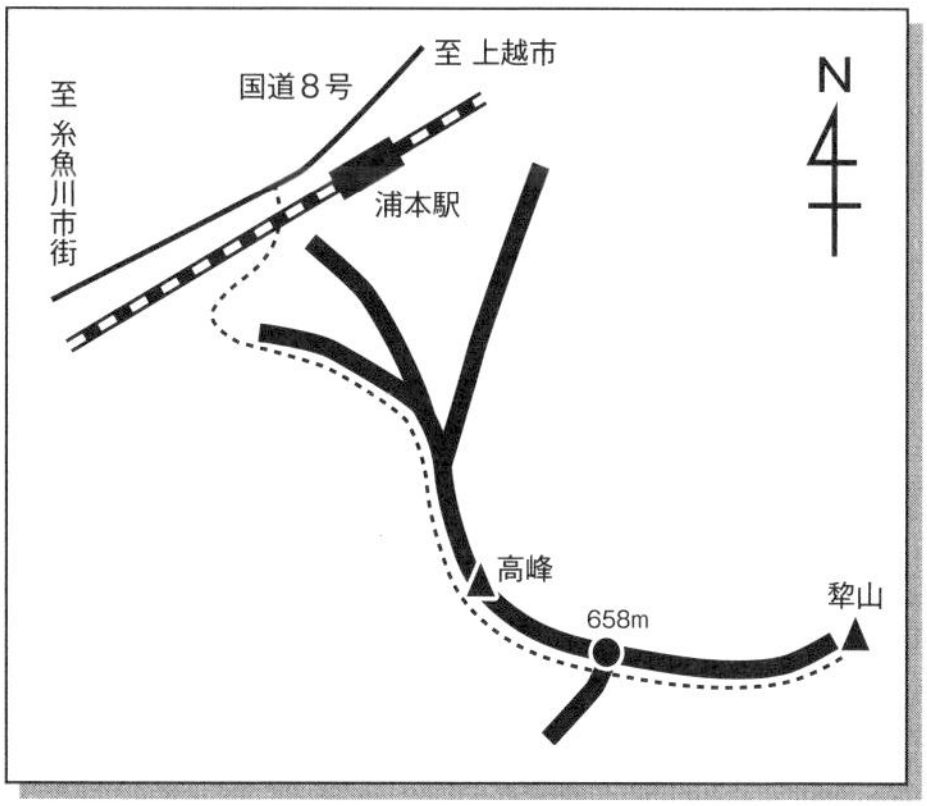

ルートは早川谷辺りからもいくつか考えられましたが、近くの高峰《たかのみね》まで道が整備されているとのことでしたので、高峰経由で行ってみることにしました。高峰は浦本駅の裏手に登山

犂山山頂付近

口があるということで、とりあえず浦本駅まで行ってみました。ちょうど駅前には駐車場がありますが、止めていいものか分からず、近所の人に聞いてみると、駅前の駐車場は集落で管理しているらしく、高峰に登るのなら車を止めても大丈夫とのことでしたので、隅っこに止めさせてもらいました。

駐車場からは住宅街の狭い路地を進んでいき、やがて高架橋をくぐって、海岸寺《かいがんじ》の前に出ます。高峰と書かれた標識に沿って墓地の中を進んでいくと、徐々に山道へと変わり、道は急登となっていきます。時折、木々の間からすぐ間近に日本海が見えます。これまでにいろいろな山に登ってきましたが、日本海がこれほど間近に見えるところはそんなに多くありません。やがて鉄塔が現れ、その後も急登が続いて見晴らし台に出ます。見晴らし台からようやくなだらかな登りとなって、二つ目、三つ目と鉄塔を越えていくと、残雪の中に祠が見え、北アルプス方面が開けた高峰の山頂に出ます。ここは地元の山岳会が整備しているとのことで、歩きやすくてとても良いところだと思いました。訪れる人はそう多くなさそうですが、ファミリー登山にはちょうどいいように感じました。

高峰からいよいよ藪尾根となりますが、薄い踏み跡が少し先まで延びていて、徐々になくなっていくような感じで、途中からはまったくの藪となりなりました。地形図だけを見ていると分からないのですが、意外と尾根は痩せていて、そこに灌木がびっしりと生えており、狭い木々の間に体をねじ込ませながら進むしかありません。早川谷側の少し下がった辺りに踏み跡らしきものがあるにはあるのですが、とても使えるようなものではありませんでした。

なかなかの大藪に苦労させられ、このままでは時間的に登頂は難しいと感じるほどでした。そんな藪尾根を四苦八苦しながら進んでいくと、少しずつではありますが雪が出てくるようになり、残雪の上を歩けるようになりました。そうこうするうちに658m峰まで来ると不動《ふどう》山《やま》方面から立派な踏み跡が出てきて、ここからは青いテープ標識も頻繁に付けられています。これは神の救いと思い、喜んで踏み跡を辿って進みました。この踏み跡は720mの峰辺りまで続いていましたが、ここまで来れば少し広がった尾根には十分すぎるほどの残雪があり、最後の登りもたっぷりの残雪を利用して登りきり、広いブナ林の山頂に出ることができました。

新潟県の北部に日本国という山がありますが、この山にはカモメが飛んでいて、山なのに海鳥がいるという面白い山です。この犂山も日本海近くに聳えているので、カモメが飛んでいるのではないかと期待しました。しかし、たまたま今日は来ていなかったのかどうかは分かりませんが、カモメの姿は見当たらず、その代わりというわけではないのでしょうが、山頂付近のブナ林から1匹のカラスが私の姿を見て、カァーッとひと声鳴いて飛び去っていきました。

コースタイム

浦本駅～1時間20分～高峰～2時間～犂山～1時間40分～高峰～50分～浦本駅

66

千丈峰《せんじょうみね》

（807・2m）

平成30年
10月13日
（日帰り）

糸魚川市

新潟県の山についていろいろ調べていると、結構な頻度で奴奈川姫が登場します。今回訪れた千丈峰の近くにはマイコミ平というところがあり、そこは石灰岩からなる岩盤に水が流れ、流れた水が岩盤に穴を開けて地面に舞い込んでいくさまからその名が付けられたという説があります。それらの水が地下で集められて再び地上に流れ出る場所を福来口《ふくがくち》といい、福来口には奴奈川姫が住んでいたとされています。

マイコミ平や福来口の近くには奴奈川姫の別の呼び名を模したと思われる黒姫山が聳えています。黒姫山周辺は石灰岩の採掘が盛んに行われていて、山肌が随分と削られているようです。今回、千丈峰を登るにあたって選んだルートも、明星《みょうじょう》セメントという会社が石灰岩を採掘するために作った道路を登っていき、旧青海《おうみ》町と糸魚川市の市町村境界尾根を辿るというものです。ちょうど市町村境界尾根のすぐ脇に車が止められるスペースがあったので、そこに車を止めて尾根を登ります。

最初は太いネマガリダケの藪の中を歩きますが、しばらく進むと雑木林となります。杉混じりの雑木林はそれほど濃い藪とはならず、踏み跡まで出てくるようになり、やがて小ギラといわれる岩壁が目の前に姿を現します。小ギラのギラとは、岩盤を流れる水がギラギラと光っているところから名付けられたとのことです。足元は表土に覆われていますが、その下は栄養素

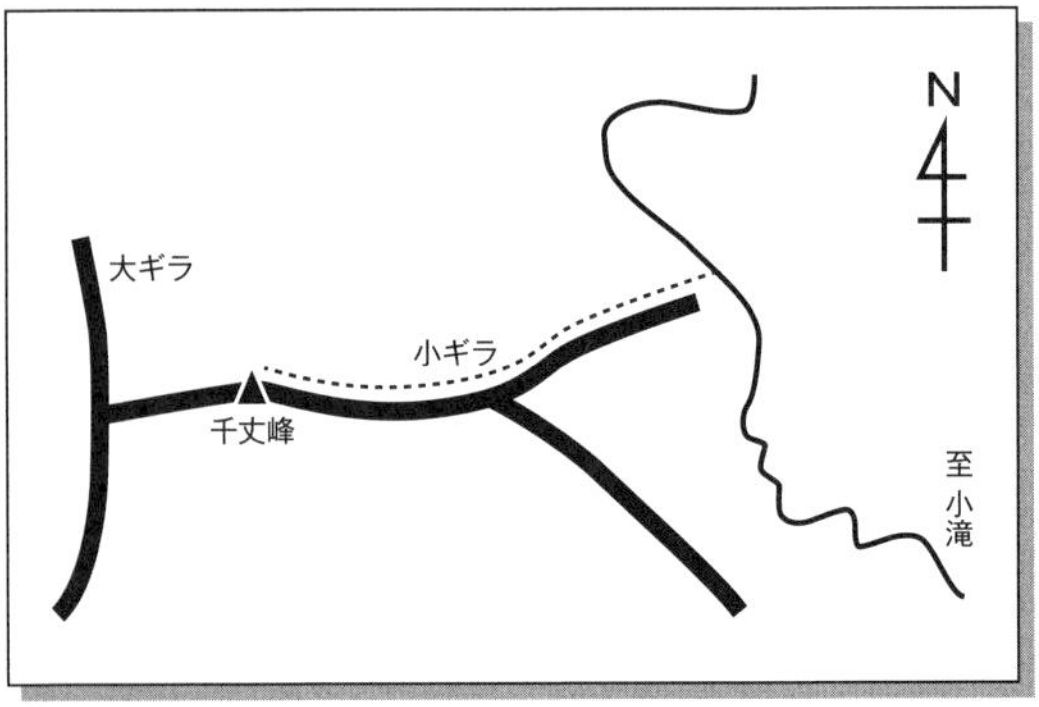

小ギラと千丈峰

の少ない岩盤なのでしょうか？　松の木がところどころ自生しています。

松といえば以前、ゴルフ場で芝枯れを防ぐために、夜間に散水作業をするアルバイトをしたことがありました。ゴルフ客がすっかり帰った夕刻のゴルフ場で散水していると、何者かの視線を感じ、その方向を見ると、そこは松林でした。ゴルフ場内の隅には松林が点在しており、その松に何かが蠢《うごめ》いているのが見えました。「何だろう？」と思って近づいてみると、それは一斉に樹皮の中に隠れてしまい、その蠢く正体を見ることができませんでした。そして、松の木から離れると、その何かが再びざわざわと樹皮から這い出してきました。私は少し離れて、頃合いを見計らってダッシュで松の木に近づきました。すると、その蠢くものの正体がゴキブリだと分かりました。1本の松の木に数百匹はいたのではないでしょうか。いやはや、気持ち悪い……。私はゴキブリが大嫌いです。山でゴキブリを見ると100mを10秒もかからないのではないかというぐらいのスピードで逃げるほど嫌いです。

そんなわけで、今回も自生している松の木に触るのを躊躇《ちゅうちょ》しながら進んでいきました。通常、ゴキブリは家の中で見かける物で、家屋の害虫といったイメージがありますが、実際のところ、世界中で４０００種類以上とされるゴキブリの99パーセント以上が野外に生息するとのことです。屋内に侵入しているゴキブリは、もともと樹木、岩石、土壌などの空洞や隙間に潜む種類が、人間の作る空洞や隙間を利用し、人間と共通の餌を食べ、人間の作り出す環境に適応したものといわれています。そして、屋内のゴキブリは夜行性であるとのことですが、ずっと明かりのあるところ、あるいは暗いところに置いた場合、いわゆる明暗をなくしても行動時間は変わらず、24時間のバイオリズムを示し、その時計仕掛けは脳の部分にあるとの研究が報告されています。ゴキブリが大嫌いなはずなのに、長々と書いてしまいました。

さて、千丈峰に向かって歩を進め、やがて小ギラの上部を通過しますが、特に岩場といったところはなく、小ギラの上部は藪が薄くて見晴らしが良くなり、藪山の低山と思えないほどです。妙高《みょうこう》連山や糸魚川市街と日本海、あるいは明星山《みょうじょうさん》などがよく見えます。小ギラを過ぎると再び藪の中に入り、間もなく山頂へと着くことができました。

山頂はキタゴヨウマツと杉中心の雑木林のとなっており、景色はほとんど望めませんでした。木々の間からは大ギラが見えます。下の方からは明星セメントの石灰岩採掘場で作業する重機のエンジン音がひっきりなしに聞こえてきます。千丈峰の山頂で、私は以前に訪れた秩父の武甲山《ぶこうさん》を思い出しました。石灰岩からなる武甲山も秩父セメントに山肌を削られ、山頂はなくなっている状態でした。私はこの静かな千丈峰に採掘の手が入り込まなければいいなと思い、山頂を後にしました。

コースタイム

登り口～2時間～千丈峰～1時間30分～登り口

67

老山《おいやま》（1730m）〜嘉平治岳《かへいじだけ》（2035m）

平成30年
4月29日
（日帰り）

妙高市

妙高市の笹ヶ峰へ車を走らせていたところ、明らかな異変に気が付きました。例年のこの時季であれば、道路の右も左も、黒ずんだ残雪が辺り一面を覆い尽くしています。ところが今年に限っては、雪はところどころにあるといった程度で、淡い緑が映え、春はどこへいったのか?と、まるで初夏のような様相となっておりました。そんな笹ヶ峰の風景に、思わず「こりゃ、まずい」と声が出てしまいました。

　今回は笹ヶ峰駐車場の奥、黒沢橋から林道を歩いていきます。残雪がないということは藪漕ぎが長くなることを意味しますが、問題はそれだけではありません。老山、嘉平治岳に登るには、鍋倉谷に架かるスノーブリッジを渡る必要があり、そのスノーブリッジが残っているかどうか、それが一番の心配でした。

　林道を進んで笹ヶ峰遊歩道の看板のあるところを越え、しばらく行くともう一方の笹ヶ峰遊歩道の看板があり、ここから藪に分け入ることにしました。この付近一帯は河岸段丘のような地形となっていて、斜面状になっているのではなく、平坦地と段差が交互に現れる地形となっているのですが、どこでも進めるというわけではありません。段差を越えるのに場所を選ばなければそこは大藪となっていて、とても越えられそうにありませんでした。さすがに河岸段丘の平地部は残雪に覆われていましたが、藪

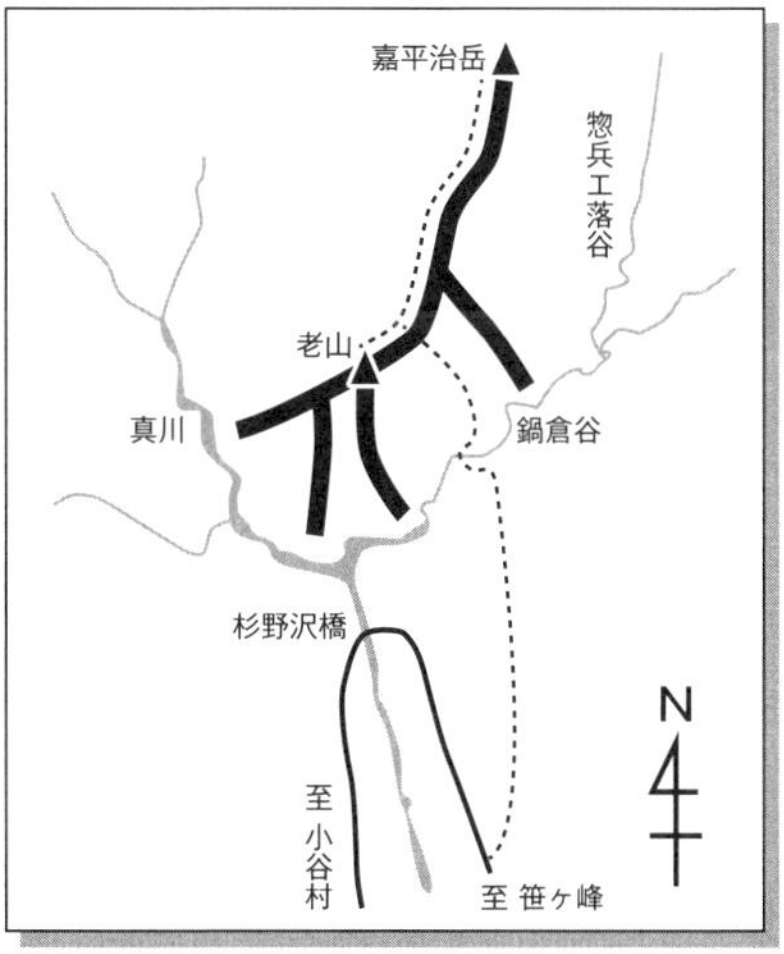

老山と奥に乙妻山

を避けて段差を越えるのには小沢を伝って行かざるを得ませんでした。

鍋倉谷に到着すると、心配していたとおり、取り付き予定の尾根の付近は渡れそうなスノーブリッジは皆無となっていました。辺りをうろうろするも渡れそうな場所はなく、諦めかけて帰ろうとしましたが、はるか下流にデブリに埋められた場所を見付けました。随分遠回りになってしまいますが、そこを渡るしかなさそうです。結局、そこから何とか対岸に出ることができ、川縁を歩いて尾根の真下に出ることができました。

これから登る尾根には、これまた予想通り雪が付いておらず、藪歩きを強いられそうです。「やれやれ、一難去ってはまた一難だな」。そんなことを思いながら、ふと左側を見ると、ベッタリと雪で埋まった沢があり、それがどうやら稜線まで続いているようです。沢筋は途中で二手に分かれていて、片方は老山の手前稜線まで、もう一方は登る予定だった尾根の上部付近まで延びていて、どちらもすんなり登れそうに見えます。そこでルート変更し、まずは老山目指して左の雪渓を登ることにしました。

短めの雪渓は勾配もそれほどではなく、飯豊の石転び沢と同等程度の勾配で、簡単に稜線へと出ることができました。ここから老山までは一投足で着きそうです。雪渓の登りで使っていたアイゼンとピッケルをデポし、尾根上を歩くも比較的明瞭な踏み跡があって、労せず老山の山頂に立つことができました。老山は二つの岩峰で構成されており、どちらが山頂なのか分かりません。どちらの山頂も人が1人立つと満員になる山頂です。この年老いた山は、別名を鎧山《よろいやま》と言うのだそうですが、岩に囲まれた山頂を見る限り、そちらの方が合っていると思いました。

次は嘉平治岳を目指し尾根通しに登っていきますが、踏み跡は徐々に薄れ、藪が濃くなっていきます。小さいながら雪堤が残っていて、概ねそこを伝っていけるのですが、ところどころは藪に身を投じなければなりません。藪を歩きながら、ふと足元を見ると、ギョウジャニンニクが足の踏み場がないほどびっしり自生しており、藪の中ではありますが、足の置き場に注意しながら進みました。そして歩きにくいニンニクの森を脱出して、最後に残雪に覆われた急斜面を登りきると、広い嘉平治岳へと出ることができました。

広めの山頂は数本のダケカンバが生えている程度で、見晴らしは非常に良いところでした。山頂からは尾根伝いに影火打《かげひうち》がすぐ目の前に聳え、その奥に火打山、左側を見れば焼山が相変わらず煙を吐いています。背後に目を向けると高妻山《たかつまやま》、乙妻山《おとつまやま》のでこぼこ山頂が高く立派です。

老山と嘉平治岳は、妙高連山の名だたる高峰の影に隠れた目立たぬ存在で、どちらの山も主稜線から派生した小さな突起にすぎません。そして、こんな小さな山々にお爺《じい》さんっぽい山名がどうして付けられたのかも不明です。また、鍋倉谷を挟んだ向かい側には弥八山《やはちやま》があり、こちらの山名も合わせると、よりいっそうお年寄りのイメージが強くなります。もしかしたら、嘉平治爺さんにしろ、弥八爺さんにしろ、笹ヶ峰か杉野沢《すぎのさわ》集落辺りの人で、猟師であるとか、この付近の山に関係深い人の名前なのかもしれません。

今やリゾート化しつつある妙高主峰に足を運ぶより、小さいながら面白みのある周辺の峰々に目を向け、足を運んでみるのも楽しかろうと思いますし、何より自分で決めたルートを歩いて登頂することは、達成感が大きいものと思います。

追記

偶然なのかもしれませんが、私が山でキツネを見かけた場合、その後は道に迷ったり、道を間違えたりしてしまうことが多くあります。道間違いに気が付き、軌道修正しながら、「ああ、キツネの野郎、悪戯《いたずら》したな」なんてことを思うわけですが、いずれにせよキツネを見たら気を付けて歩くようにしています。

つい1週間前の海谷烏帽子岳では、下山途中でルートを見失ってしまい、ルートを修正している途中で大きなキツネが目の前を横切ったなんてことがありました。このときは道迷いの方が先でしたので、注意のしようがなかったわけですが、順番を逆にするという巧妙なやり方は、非常に迷惑です。ちなみにあれほどの大ギツネだったのに、雪上に残された足跡はとても小さいものでした。

さて、私が笹ヶ峰を訪れると必ずと言っていいほど、毎回のようにキツネに出合います。人が近づいてもあまり逃げず、1mほどの距離まで詰めて見ることができます。そして、そのキツネに限っては、道迷い等が起きることは一切ありませんでした。絶対に同じ個体とは断言できないのですが、概ね似たような場所で出合うので、同じ個体である可能性が大きいと思っていました。

それが今回の山行では、そのキツネと出合うことはありませんでした。せっかく楽しみにしていたのに残念と思うのと同時に、「あのキツネはどうしたのだろうか?」と安否が気になりました。どうか今でも笹ヶ峰で元気に暮らしていてほしい、そう願っています。

コースタイム

笹ヶ峰～3時間10分～老山～2時間55分～嘉平治岳～3時間～笹ヶ峰

68

神道山《しんどうさん》（1785m）～地蔵山《じぞうやま》（2073・3m）

平成30年
4月30日
（日帰り）

妙高市

　早朝4時、携帯電話が鳴って目が覚める。こんなに朝早くから何事だろうと思い電話を見ると、親父《おやじ》からである。実家で何かあったのかと思い、慌てて電話に出てみると、「おい、ワラビいるか?」と聞かれ、がっかりする。なにもこんな早朝から、大した用でもないのに……。気を取り直し、山に登る準備を始めました。今日はこれから神道山を経て地蔵山まで行く予定ですが、雪解けが進んでいて山菜が期待できそうです。乙見《おとみ》湖休憩舎には「山菜採りの車はここに駐車してください」と書かれた大きな看板が置かれています。私は山菜採りに来たわけではないのですが、そんな看板を見れば否応なしに期待が高まってしまいます。それにしても、ここは国立公園内で山菜等の草木を採取することはできないのではないでしょうか? まあ、細かいことは考えずにいきましょう。

　神道山と地蔵岳。この二つの峰は妙高山のすぐ近くに聳えておりますが、関川を挟んで対峙するような位置にあることを考えると、頸城の山と言うよりも戸隠《とがくし》連峰の一角と言った方がしっくりくるように思います。特に地蔵山は、笹ヶ峰からその大きな三角錐の姿でどっしりと構えているのが見え、大変に立派な高妻山、乙妻山の前衛峰のようでもあります。

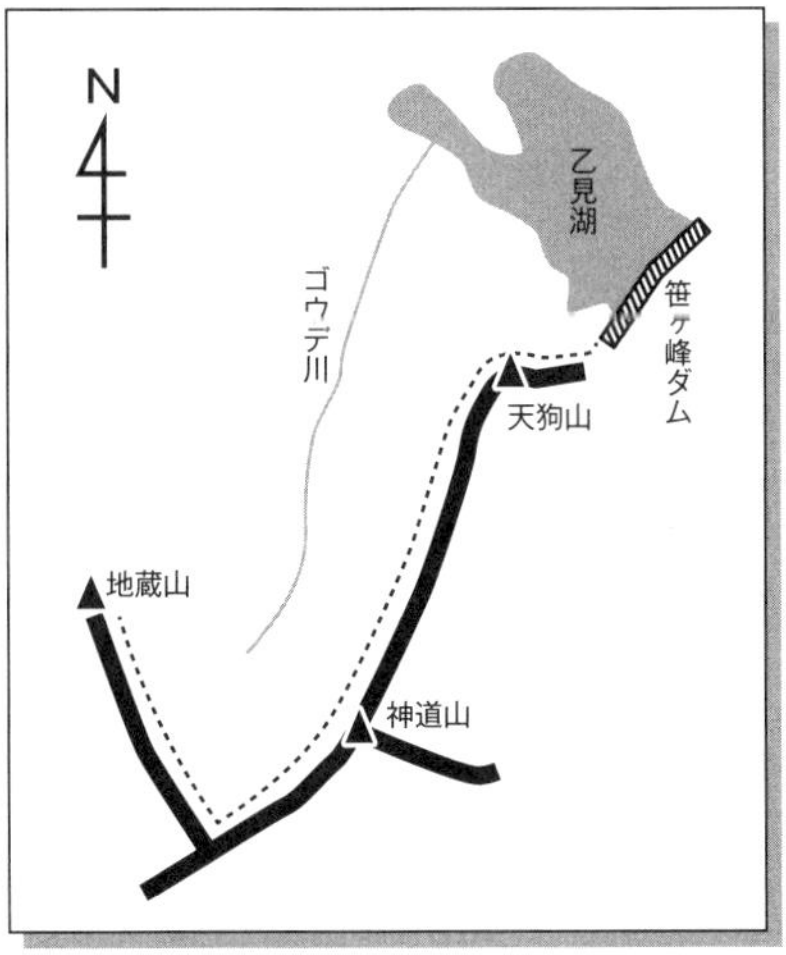

　乙見湖休憩舎から神道の門を通ってダムを渡り、コン

地蔵山へもう一息

クリートでできた階段を上ります。階段から先は遊歩道となっていて周回できるようですが、今はまだ雪が多く残り、散策をする人はいないようです。遊歩道の木の階段を登りきると、道は左に向かっていきますが、尾根に乗らなければならないので、ここでルートを右に取り、尾根を登っていきます。

最初は不明瞭な踏み跡も徐々に明瞭になり、急な登りではありますが、踏み跡のおかげで比較的歩きやすく、登り終えると三角点のある天狗山《てんぐやま》山頂に立ちます。天狗山は狭くて雑木と笹に覆われています。ここから先は進めば進むほど踏み跡が明瞭になっていき、ところどころ笹藪になりますが、それほど苦労することなく、緩やかな登りを進んでいきます。

神道山手前からは急な登りとなり、踏み跡も少し藪が濃くなって蔦が混ざります。苦労しながら、ところどころ残雪を拾っていくと、雪で覆われた神道山に到着することができました。下を見ると乙見湖が見え、湖の上には妙高山、火打山、焼山が素晴らしい景観をつくり上げています。背後には乙妻山が大きく聳えていますが、肝心の地蔵山はまだまだ先です。どうやら踏み跡もここまでのようでした。

今年は春から異常なほど暑い日が続いています。神道山から先はほとんど残雪がなく、苦しい藪歩きを強いられました。特に神道山からすぐ先の辺りは、蔦が多くて足に絡みついて大変でした。雪を拾えるところはできるだけ拾って1892m峰まで来ても、まだまだこの先は藪尾根が続いています。ただ、この辺りから蔦がなくなったのはせめてもの救いでした。

必死で藪と格闘し1950m峰に着くと、ようやく藪から解放され、尾根は大きく右に逸れて、一直線で地蔵山に向かっているのが見えます。尾根に沿って雪堤も一直線に延びています。進めば進むほどどんどん近づいてくる山頂ですが、最後の登りは急で、なかなか簡単に登頂させてくれないようです。喘ぎ喘ぎ登り詰めると、台地状になった山頂に出ました。

山頂は広々しており、ところどころブナの大木があるものの、頸城連山を一望することができ、乙妻山と高妻山、さらに黒姫山が間近に聳え、遠く北アルプスまでもが望めました。下界から見た地蔵山は、大きな円錐形で重厚な山容をしており、とても立派に見えましたが、登頂してもその雰囲気は変わりませんでした。

ところで、神道山といい地蔵山といい、その山名が宗教から来ていることは誰の目にも明らかです。この付近の山岳信仰といえば妙高山や戸隠連峰ですが、神道山、地蔵山ともに戸隠連峰により近いことから、そちらの影響を受けているのかもしれません。戸隠連峰は修験者が厳しい修行を積んだ場所として有名ですが、戸隠山を表山とし、高妻山と乙妻山を裏山と称して修行をしていたそうです。この地蔵山と神道山は、その裏山のさらに裏に当たりますが、戸隠修験者がここまで修行に訪れていたことは想像に難くありません。

今回辿った神道山から地蔵山に至るルートは、趣があってなかなか楽しめるところでした。頸城連山と戸隠連峰の名峰たちに挟まれる格好で、脚光を浴びることなく静かに聳えており、まさに隠れた秀峰と感じました。

ちなみに山菜にはまだ早かったようで、まったく採ることができませんでした。後から調べて分かったのですが、ここ妙高戸隠連山国立公園内でも、神道山から地蔵山付近は第2種特別保護区という振り分けをされていて、山菜採りは許可されているようです。勉強になりました。

下山後、ワラビをもらおうと親父に電話をすると、「こんな遅い時間に電話をするな!」と怒られました。時刻はまだ夜9時を過ぎたばかりなのに……。

コースタイム

乙見湖休憩舎〜2時間15分〜神道山〜2時間35分〜地蔵山〜2時間40分〜神道山〜2時間〜乙見湖休憩舎

69

薬師岳《やくしだけ》（1801・7m）〜柳原岳《やなぎはらだけ》（1788m）

平成29年
4月29日
〜30日
（1泊2日）

妙高市

妙高山から雨飾山《あまかざりやま》まで至る頸城の山々は、それぞれが個性のある山容を連ならせており、どれも魅力のある素晴らしい山だと思います。またこの山域は古くから信仰の対象とされていたそうで、かつては修験者がこの山域で修行を積んでいた歴史があるそうです。そんな信仰の表れなのか、地形図を眺めると宗教に由来する山名がいくつか見られます。それぞれある程度の標高があって、それなりの山容のようにも思えますが、頸城連山や乙妻山、高妻山といった高峰の狭間に聳えるがゆえ、どうしても見劣りがちとなり、登山の対象からは外れ、いつしか忘れさられてしまった山なのではないかと考えました。もしかしたら、何かと注目され賑わいを見せる名山たちの陰に隠れた、不遇な名山なのかもしれないと思い、今回もそんな山を選んでみました。

今年は雪解けが遅れたとのことで、4月28日にようやく笹ヶ峰までの除雪が完了したようです。車はその笹ヶ峰駐車場から少し先の黒沢橋まで入ることができました。そこから杉野沢橋まで林道を歩くこと約30分、橋を渡ってすぐに右側の斜面に取り付きました。確かに今年は残雪が多くて斜面に藪は見られず、その代わり林道歩きが大変でした。行きの林道歩きは30分程度で済みましたが、下山時に予定している林道歩きは10km近くにもなり、かなりの時間を要しそうで身震いがします。

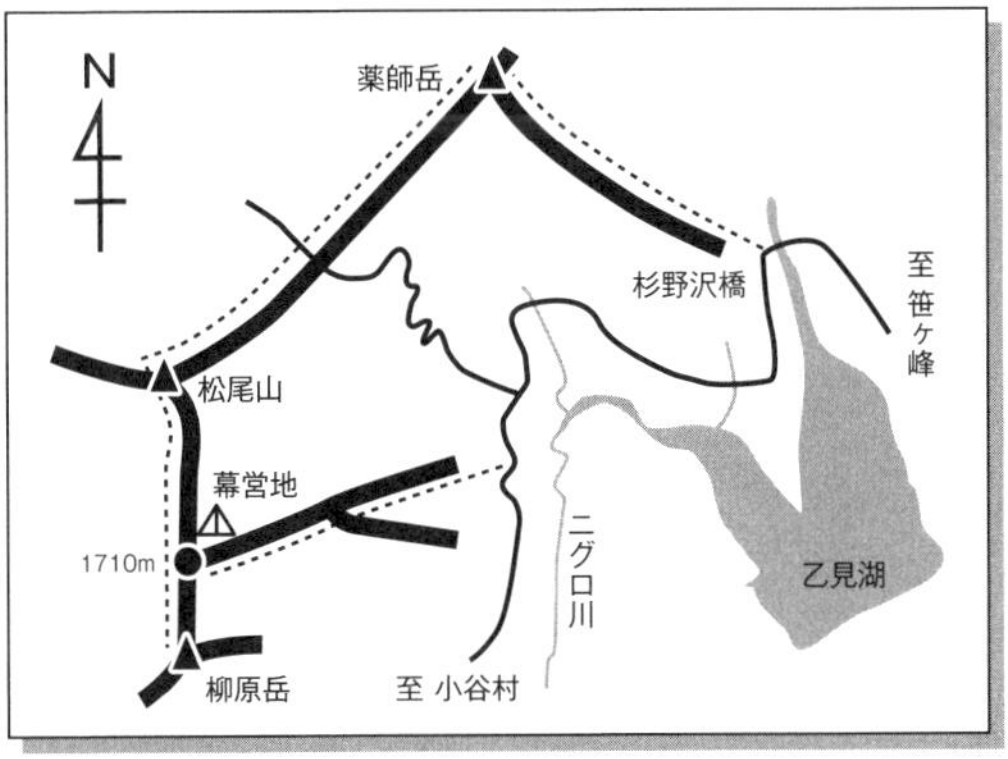

柳原岳へ向かう尾根

薬師岳へと至る尾根は、例年ですと雪が落ちて藪になっているような痩せ気味のところも雪堤がしっかりと残っており、難なく登ることができました。この痩せ気味の斜面は一部のみで、後は特に広くも狭くもなく、何の変哲もない尾根を登っていきます。最初のピークである薬師岳の山頂は広く、360度の景色を眺めることができました。目の前には金山と焼山が大きく聳え、金山は尾根が繋がっているので、このまま簡単に登っていけそうに思えます。金山の隣には噴煙上がる焼山と、そこに火を着けようと火打石ならぬ火打山が青空のキャンパスに綺麗な白い曲線を描いております。後ろを振り返ると、広大な山と森の海の果てに乙妻山と高妻山の高峰がひときわ高く聳えています。

次に目指すは柳原岳。ここから県境尾根を下ってまずは乙見山峠を目指しますが、意外と急で、下りだというのに薬師岳の登りよりも苦労して乙見山峠へと辿り着きました。ちょうどここは、小谷《おたり》温泉へと続く林道のトンネルの真上なのでしょうが、すっかり雪で覆われた林道は、その形跡すら確認することができないほどの積雪でした。乙見の名の通り、ここからは乙妻山を眺めることができます。

時計を見ると、時刻はまだ午前10時を過ぎたばかりでした。1泊2日の装備で来たのですが、高度的にはあと250m登れば柳原岳山頂です。距離はそこそこありますが楽勝気分になり、「こりゃあ、日帰りでよかったなあ」などと思いながら、まずは前衛のピークである松尾山へと向かいました。

ところが、ここからが大変でした。残雪が多く残っていて藪で苦労するようなことはなかったのですが、とにかく登り下りの激しいこと！！あまりの雪堤の登り下りに悶絶し、途中から藪尾根を登ろうと尾根上出ると、そこにははっきりとした踏み跡があり、中には登山道並みに歩きやすいところまでありました。この県境尾根にはある程度の道が付いているようです。いくつもの激しい登り下りを越えると、ようやく松尾山直下まで辿り着くことができました。しかし、ここで大きな雪壁が行く手を阻み、疲れた体には試練としか言いようがありませんん。ここは無理せず、山頂はスルーすることにして、巻いて先へと進みました。

そうこうするうちに、空には黒い雲が立ち込め、遠くではゴロゴロと不穏な音が鳴り響くようになります。ある程度、天気予報を見て崩れるということは承知していましたが、雷まで鳴るとは……。以前にも朝日連峰で、遠くで鳴っていた雷が、次の瞬間には目の前でピカッと光り、いきなりドーンと辺り一帯を揺るがしたことがありました。このとき以来、山の雷は待ったなしということを覚えました。「早く隠れなくっちゃ」。急激に荒れ狂う空模様、強風と叩きつける大粒の雪の中で、雨具を着るのももどかしく、近くのおあつらえ向きのブナの木の洞へと体を潜りこませました。

ちょうどお昼時の休憩にいいタイミングで、「そのうち止むだろうから」と、ここで昼食タイムとしました。私は山での昼食はほとんど立ったままで、ちょっと食べて終わる程度なのですが、今回は雷様が行くまで長い休憩となりそうです。子供の頃、ばあちゃんから雷様が鳴ったときは、「雷様、雷様、どうか信濃の国へ行ってくださいと唱えるんだよ」と教わって、お祈りをしたことを覚えています。それを思い出し、お祈りしようと思ったのですが、よく考えてみると、ここは信濃の国と越後の国との県境です。浅はかにも雷神様に向かってそんなお祈りを捧げようとするところでした。

強く降る雪の中でしたが、寒さは感じず、天気予報だと崩れるのは一時的なものであるとのことでしたので、いずれ青空は戻ると思って我慢の休憩となりました。こんな木の洞の中でも意外と居心地は悪くありません。まるでクマになったような気分です。「クッション材と断熱材用の落ち葉を拾い集めて、このまま眠ってしまおうか」などと考えたくなる気分です。

しかし、いつまで経っても「ピカッ、ドーン!!」の繰り返しは終わる兆しが見えず、まさかこのまま木の洞で一夜を過ごすのか？　いや、それはさすがに凍えてしまうだろうと、昼過ぎではありましたが、今日はここで行動をストップし、狭い雪堤の木々の隙間を整地してテントを張ろうと考えました。木の洞でウトウトとまどろんでおり、動きたくもなかったのですが、眠い目をこすりながら飛び起き、整地をしようとスコップを握りしめたところ、遠く妙高山の辺りで稲光が見え、ゴロゴロとした雷鳴も遠ざかっているのが分かりました。「そろそろ雷様も遠くへ行ってくれたようだ」。結局1時間半もの間、木の洞でくつろいでいた形となりました。

長い休憩のおかげで、あの激しい登り下りの疲れは取れ、再び急な雪の斜面を登っては下り、登っては下りを繰り返し、やっとの思いで柳原岳山頂直下と思われるところまで辿り着きました。ここで高度計を見て唖然《あぜん》としました。何とあれほど歩いたのに、乙見山峠から高度はたったの30mしか上がっていません。何と効率の悪いルートだろう！　そして、最後にまた登って下って、さらに登って山頂と思われるところまで来たのですが、平坦で小さな凹凸のあるところがこの先ずっと続いていて、どこが柳原岳の山頂なのかよく分かりません。

そんな凹凸の中を、山頂を求めてふらふらと進んでいきます。しかし、目の前にある小さな突起が山頂かと思ってそこまで行くと、さらに目の前に小さな突起があってきりがありません。もうここは行くだけ行ってみようと、かなり先に進んでしまったように思います。完全な下りに差し掛かったところで引き返しましたが、戻りながら地図で確認すると、堂津岳《どうつだけ》方向に結構進んでいて、実際の柳原岳はとっくに通り過ぎていたようでした。しばらく戻って、主尾根からやや外れた場所にあった柳原岳の山頂へ改めて行ってみましたが、休憩することもできないほどのほんの小さな山頂には、ブナの木と松の木が1本ずつ生えているだけで、確かに気が付かずに通り過ぎるほど、柳原岳山頂は山頂らしからぬところでありました。

結局、激しい登り下りに加えて雷様の襲来ということもあって、乙見山峠からあまりにも時間を費やしてしまいました。そこで無理に下ることはせずに、少し戻ったニグロ川に下る尾根の途中にテントを張って、一夜を過ごすことにしました。本音を言うと、できることなら日帰りしたかった。3日後に4泊5日の大縦走を予定しており、1日でも早く下って体力を温存しておきたかったのです。それでも青空が戻った夕刻、美しい夕焼けが妙高の空を茜《あかね》色に染め上げました。それを見た瞬間、「やはり山は泊まりで来るものだな」と感じました。

翌朝は予定通りニグロ川沿いの林道に向かう尾根を下りましたが、ここは登り返しなどが一切なく、素直に林道へと下ることができました。高度250mを下るだけなので、時間は30分程度しか要しませんでした。後は延々と続く林道でしたが、早朝ということで雪が凍み付いていたので、それほど苦労することなく笹ヶ峰へと戻ることができました。林道を歩いている途中で、雪上バイクの人とすれ違いました。すれ違いざまに「今日の作業はもう終わりですか?」と聞かれ、何でそんなことを聞くのだろうか?と不思議に思いましたが、よくよく考えてみると作業服を着ていたので、森林関係の作業員に間違われたのかもしれません。そういえば火打山の高谷池ヒュッテに宿泊客として泊まったときも、着ていた作業服のおかげで何度か管理人さんに間違えられました。そのときはほかの宿泊者が私に向かって、「ビールくださ い!」と声をかけてきたり、「1泊お願いします」と言われたりしました。

さて、今回は頸城連山の周辺に聳える山を訪ねたわけですが、冒頭でも書いたように、頸城連山の峰々では妙高山を中心に山岳信仰が盛んに行われていました。『妙高高原町史』の中で、妙高信仰について書かれていたことを抜粋しますと、「関山神社の社記『宝蔵院文書』によれば、和銅元(709)年裸行上人が初めて妙高山に登頂、神霊に感じて麓に三社権現を勧請、開山し、関山権現を創始したと記している。裸行上人は熊野修験者に同一名の人物があることから妙高信仰は熊野修験者が本筋とする説がある。しかし関山権現の御神体である銅造菩薩立像はすでに奈良時代からあったと考えられることから、熊野修験が本筋であるかどうかは不明である。近世に記された『越の後州関山大権現毎蔵帳』によると、白山大権現と新羅大明神が関山神社の祭神として出てくる。この祭神は古代関山神社が成り立った時代からの関山権現の歴史を示しているのであろう。このことから白山修験に加えて熊野修験の流入が考えられ、妙高関山神社は各国修験者の溜まり場として発展していったと思われる。終戦後まもなくの頃、能生町中尾の伊藤多吉が火打山山頂の三角点工事をしたときに、たまたま山頂に埋蔵された十一面観音菩薩二体を掘り当てた。これは白山妙理大菩薩本地仏十一面観音菩薩の御神体として埋蔵されたものであろう。これらを総合的に勘案すれば、かつて妙高五山こそ仏界にかたどった妙高曼荼羅として考えられていたことが分かる」とあります。これだけ多くの山岳信仰の歴史があった頸城連山ですから、周囲の山にもその影響があっただろうということは容易に考えられます。金山で修行の場と鉱物資源を求め修験者が入り込み、さらなる修行の場を求め、尾根で繋がっている薬師岳まで足を延ばして、御薬師様を祀ったという可能性は、途中にある天狗原山などといった地名からしても十分に考えられることだと思いました。

柳原岳に関しては、宗教色がなくなり、近くに聳える堂津岳などの峰々からも宗教的な雰囲気は感じられません。柳原とは、単純に原っぱにヤナギの木が生い茂るところにその地名が付けられるようで、全国各地に柳原という地名が存在しています。しかし、この柳原岳にヤナギが生えているなんてことは考えられず、実際に山頂には松とブナの木があるだけでした。そこで可能性として考えられるのが山裾を流れるニグロ川で、この河原にはヤナギの木が自生しています。

コースタイム

《4月29日》
笹ヶ峰除雪終了地点～35分～杉野沢橋～2時間20分～薬師岳～1時間30分～乙見山峠～5時間（途中で木の洞に避難）～柳原岳～40分～幕営地

《4月30日》
幕営地～35分～ニグロ川林道～2時間20分～笹ヶ峰除雪終了地点

70

弥《や》八《はち》山《やま》（1927・4m）

令和2年
4月29日
（日帰り）

妙高市

妙高山や火打山をはじめとした頸城連山は、上越市街から大きく見え、あの勇壮に連なる峰々は、妙高市のシンボル的な存在となっています。そんな頸城連山の周辺に目をやると、ほかにも登山道はないものの、魅力的な山が聳えています。その多くは笹ヶ峰付近から尾根を伝って登ることになり、笹ヶ峰までの道路が開通するのを待ってからでなければ向かうことはできません。さもなければ、麓集落の杉野沢から車道を延々10km以上歩かなければならなくなります。

私は数年かけて、そんな笹ヶ峰周辺に聳える魅力的な山々を登ってみました。どれもが素晴らしい景観となっており、山裾に豪雪地帯特有の見事なブナ林を従え、真っ白に輝いておりました。その姿は標高2000m級の山とは思えない高山の雰囲気を漂わせています。

そんな中で、笹ヶ峰から一番手前に聳える弥八山だけが未登頂のまま残っていました。そして今年、例年と同じくゴールデンウイークに道路が開通したのを見計らい、最後に残った弥八山を登るために、再び笹ヶ峰まで足を運びました。

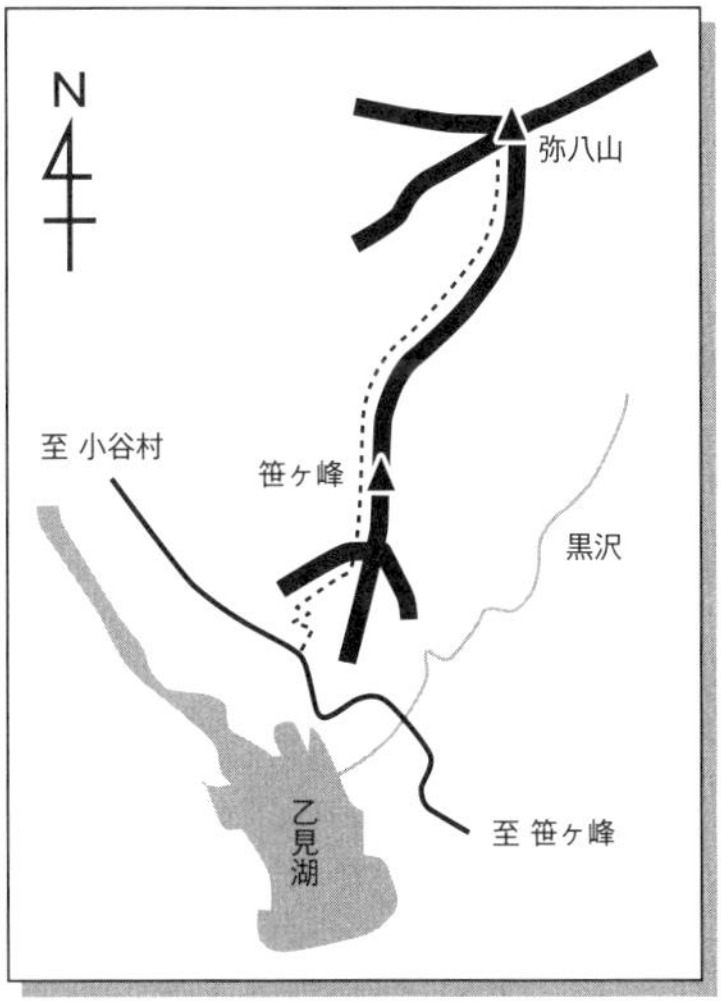

杉野原スキー場のゲレンデは、例年よりも残雪が少なく、ほとんど残っていない状態で、弥八山へのルートは藪化しているのではないかと心配しながら、笹ヶ峰の駐車場に到着しました。駐車場から少し林道を進み、遊歩道を辿ってまずは笹ヶ峰に登りますが、さすがに辺り一

弥八山へ向かう途中で振り返り黒姫山、乙妻山を遠望する

面は雪で覆われていて、残雪の隙間から遊歩道を探して辿るのにはひと苦労させられました。「下手に道があると、かえって厄介だな」なんて思いながら、時々道を外れてみたりして、どうにか笹ヶ峰の山頂へと登ることができました。

広い笹ヶ峰の山頂は、ブナの大木が点在しており、非常に気持ちの良いところです。間近に妙高山の外輪が立ちはだかるように大きく聳え、南側に目をやるとブナの隙間から高妻山と乙妻山、信州黒姫山が大きく見えます。ここからもしばらく遊歩道を辿りますが、広い尾根上にはたっぷりと残雪が付いていて、とても気持ち良く歩くことができました。笹ヶ峰から少し下って、そこから遊歩道を離れますが、相変わらず広い尾根に多くの残雪があり、まったく問題なく歩くことができます。右手の妙高山が徐々に大きくなり、振り向けば信州黒姫山と高妻山、乙妻山が聳えている大パノラマの中で、歩きやすく気持ちの良い尾根を登っていきます。空には素晴らしい青空が広がっていますが、気温が上昇するにつれて足元の残雪が緩み、膝まで踏み抜くようになりました。

弥八山の山頂が近づくと、急斜面が待ち構えており、距離が短くて助かったのですが、ずぼずぼと抜かる雪に四苦八苦し、かんじきを置いてきたことを激しく後悔しました。それにしても、4月の後半だというのに、どうしてこんなに足が抜かるほどの軟雪なのか、不思議でなりませんでした。やがて目の前には雪庇が張り出した山頂が迫り、「もう少し。あそこまで行けば山頂だ」と自分を励ましながら、何とか山頂に到着しました。

雪庇に覆われた山頂は狭く、部分的に雪庇の隙間ができていたので、そこで少し休憩しました。山頂からは相変わらず妙高山の外輪が大きく見え、信州の山並みもよく見えます。西側には北アルプスの峰々も遠望することができました。ただ少し残念だったのは、すぐ近くに聳える火打山や焼山方面がオオシラビソの木々が邪魔をして、その隙間から望むことができる程度だったことです。本当はこのまま富士見平まで進んで、火打山の登山道と合流して下山をする予定でしたが、あまりにも抜かる足元に辟易し、今日のところは往路下山ということでもと来た道を戻りました。

下山時は1638mで左に進めばいいところを、歩きやすさに誘われて右側の尾根に間違って入り込んでしまいましたし、笹ヶ峰から下の遊歩道は遠回りで付けられているので、ショートカットを目論んで見事に沢筋にぶつかり引き返したりもしました。こんな感じで、右往左往しながらの下山となりました。

今回は素晴らしい晴天にも後押しされて楽しく登頂できた弥八山ですが、それにしても弥八とはまるで時代劇のドラマ「水戸黄門」にでも出てきそうな人の名で（風車《カザグルマ》の人より数字が一つ多いですが）、このような山名はどこから来たのでしょうか？　別のところでも書きましたが、近くには嘉平治岳や老山という名前の山もあり、一帯の山名はお年寄り感が満載です。さらには弥八山と嘉平治岳の間に惣兵衛落谷（地形図では惣兵エ落谷）という名前の沢まであり、おそらく惣兵衛というお爺さんがこの沢に滑落したのではないでしょうか。『日本山岳ルーツ大辞典』では、弥八の弥は高いという意味で、八は山裾の形状からなるものと解説されています。

しかし、周りの山名を見るにつけ、私にはお爺さんの名前から来ているとしか思えないのです。笹ヶ峰には明治36年に解村するまで20戸ほどの集落があり、もしかするとこれらの山名は笹ヶ峰集落の人たちの名前から取ったものかもしれませんし、あるいは山に精通した猟師の人たちの名前なのかもしれません。いずれにせよ、どの山もマイナーで資料に乏しく、詳しく調べることはできませんでした。
いろいろな道のない山に登りましたが、こんなに歩きやすい山はそうそう多くはありません。最後は膝まで抜かる雪に苦労をしましたが、綺麗なブナの大木と頸城や信州の峰々の景観を堪能しながら、終始気持ち良く歩けました。1人で来るのはもったいない山です。いつか誰かを連れてまた来たい、今度は富士見平を経由し、時間に余裕があれば高谷池を回って下山したいと考えて、山頂を後にしました。

コースタイム

笹ヶ峰駐車場～2時間40分～弥八山～1時間40分～笹ヶ峰駐車場

71 鉢山《はちやま》（1575m）

平成29年
5月27日
（日帰り）

糸魚川市

平成29年5月19～20日、破損した飯豊の門内小屋の状況を見るために、職人さんを連れだって視察に行ってきたのですが、ゴールデンウイークの疲れが残っていたのか、非常に体調がすぐれず、いつものように歩くことができなくて、たかだか門内まで行くのに非常に苦労しました。連休の山行でできた靴擦れはまだ痛く、捻挫した足首も痛いままでしたが、それにしてもどうしてあのときはあんなに疲れたのでしょう……。何だか自信がなくなってしまいました。

　そんなこともあって、体力が回復するのを待ってから、海谷山塊の鉢山へ行くことにしました。海谷の山を訪れるのは4月の昼闇山に続いて今年2回目となります。細長い新潟県の北から南へ――。同じ県内とはいえ、低燃費車を所有していない私にとって、ガソリン価格の高騰は頭が痛いところなのですが……。

　海谷山塊といえば、新潟県内では川内山塊と並んで秘境と称されているところで、全国的に有名な山岳地帯となっています。規模としては、川内山塊に比べれば非常に小さな山塊ですが、あのV字谷といわれる急峻な谷と、異様と思えるほどの凄まじい断崖絶壁は見る者を圧倒し、そこに奇岩を擁しながら聳えている峰々はとても魅力的であります。

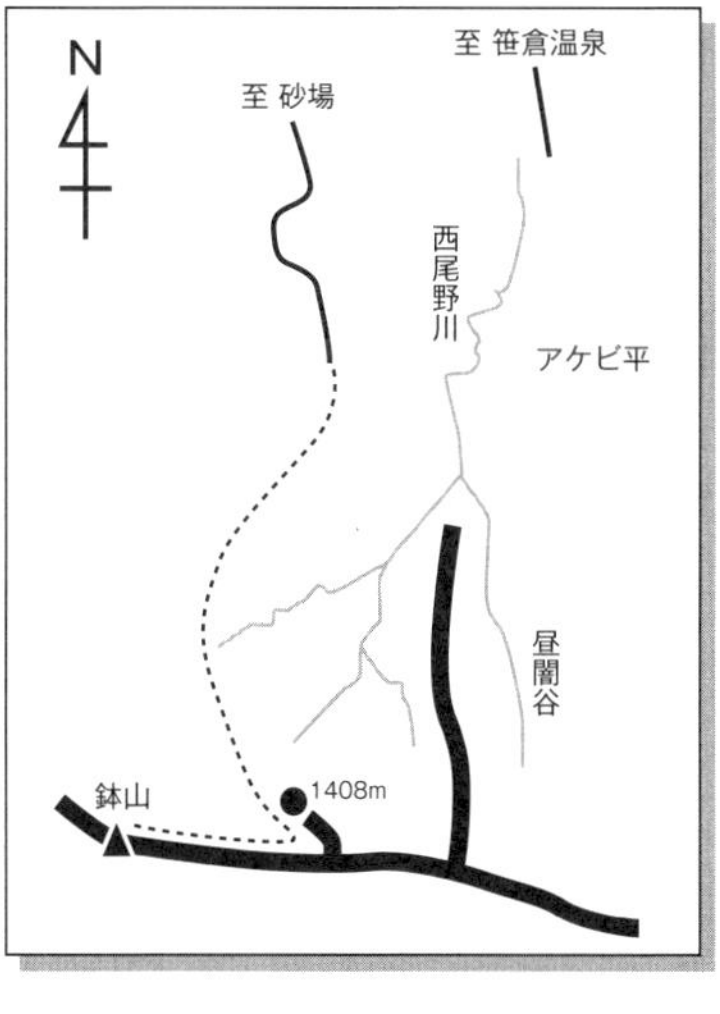

　海谷のメインである駒ヶ岳から鬼ヶ面山《おにがつらやま》と鋸岳《のこぎりだけ》にかけては、登山道が整備されているので、それらの山は私の

鉢山山頂からの景色

登山の対象外となり、登山道が整備されていない阿弥陀山、烏帽子岳、鉢山、昼闇山あたりが私にとって登山の対象となります。かねてからその4座に絞り込んで海谷の山を探訪したいと考えていました。私の家からはとても遠いのですが、わずか4座です。すべてを極めるのにそう時間はかからないであろうと思い、体調に一抹の不安を残したまま、再び海谷山塊を目指す運びとなりました。

それまで雨が降らなかった反動からか、出発前夜、新潟県は豪雨に見舞われました。その雨雲の影響は当日の朝方まで続きましたが、天候は回復傾向にあるようです。しかし、山にはまだ黒い雲がかかっていて、昨夜の大雨の影響で河川も随分と増水しています。実は今回の山行は鉢山の予定でなく、当初は阿弥陀山に登るつもりでいました。そのため、海谷渓谷の三峡パークへと車を走らせていたわけですが、海谷山峡パークに行ってみたところ、三峡パークを流れる海川は濁流と化していました。阿弥陀山に登るには、この海川を渡渉するところがあるので、今日のところは大事をとって阿弥陀山登山は中止にし、近くの鉢山に登ることにしました。

この変更により大幅なタイムロスとなりますが、仕方がありません。三峡パークからその裏側に当たる早川谷の吉尾平に向けて車を走らせました。吉尾平へ至るには、通称砂場林道という林道を走るのですが、入り口がよく分かりません。砂場集落から奥に向かって進むも、いくつもの分かれ道があって、どこを行けばいいのか非常に分かりにくく、車の切り返し場所がないような非常に狭い道を何度も右往左往しながら、それでも何とか吉尾平の手前まで車を乗り入れることができました。林道は悪場の通過が多くあり、車の腹が擦れるようなところも途中で2カ所ほどありました。3カ所目の擦りそうな場所で進むのをやめ、たまたま手前の路肩が広くなっていたので、そこに車を止めました。

10分ほど歩くと景色が開け、そこには避難小屋と付近を案内する標識があり、ここが吉尾平だということがすぐに分かりました。吉尾平から先は雪原となっていて、山菜採りの四輪駆動車がここまで乗り入れていました。その山菜採りの人が、「こんなに雪が多いようではダメだ」と言って帰るところでしたが、挨拶をすると、山々を指さしながら、「あれが鉢山で、あれが阿弥陀で、あれが烏帽子だよ」と教えてくれ、さらに「持って行け」と言いながら、地元機関発行と思われる地図を譲ってくれました。

これから登る鉢山はとても近くにあり、どういったルートで行くか下から仰ぎ見て、あれこれ思案しながら、しばらく雪に埋もれた林道を進みました。かねてから私が考えていたルートは、早川谷西尾野川の雪渓を辿るものでしたが、スノーブリッジはすでに崩れ落ちていて、雨上がりの濁流が轟々とけたたましい音を立てて流れています。そんな沢筋を遡上していくことはとても不可能で、尾根などを使ってしばらく上流まで登っていき、上流の雪渓まで辿り着くほか手立てが見付かりませんでした。

尾根に取り付くも、藪と化した尾根は時間と体力を消耗します。小さな沢筋に雪渓を見付けてはそこを登り、雪渓が詰んだらまた尾根に登り返し、そして再び雪渓を見付けるという繰り返しで、徐々にトラバースをしながら斜面を登り詰めていきます。やがて１４０８ｍ峰の大きな岩峰が目の前に現れました。この岩峰の右側に出ると、眼前には大きく広い雪渓が稜線上の鉢山鞍部まで続いているのが見え、「これで勝負あり。後は時間の問題」と、もはや山頂を手中に収めたような余裕が出てきました。

ふと見渡すと、目の前には鉢山が大きな岩の塊となって立ちはだかっており、この岩壁には灌木が生い茂っているので何とか直登も可能のように見えます。わざわざ稜線鞍部まで回り込んで行かなくても、そちらの方が断然近道です。また、横に目を向けると、鬼の角のような山容をした阿弥陀山が手を伸ばせば届きそうなほどの位置にあります。鉢山から阿弥陀山に続く尾根を眺めていると、ここから何とか阿弥陀山にも登れそうに見えます。思わず、鉢山をやめてここから阿弥陀山に行ってみたいという衝動に駆られました。しかし、下調べもせず行き当たりばったりというのもかなり冒険ですし、危険でもあります。とりあえず今日のところは確実に予定していた稜線鞍部から藪尾根を伝って鉢山に登ることにしました。

１４０８m峰と鉢山の岩壁からは雪渓上に崩れ落ちてきた落石が転がっています。ここを通過中に万が一、転石が落ちてくると大変なことになるので、早めに通り過ぎました。その先、あまり急ではない広い雪渓を登りきって、稜線鞍部まで辿り着きました。ここからは藪の細尾根の登りとなります。距離はそれほどなく、灌木もしっかり付いているようで、岩肌が露出しているようなところもなさそうです。何の不安もなく、ただただ灌木の藪を登りますが、尾根上には時折踏み跡が現れ、それほど古くはない鉈目も多く見られるようになります。

山頂手前には雪渓が残っていて、そこにザックを置いて最後の5分間、我慢して藪を漕いで三角点のある山頂へと辿り着きました。低灌木に囲まれた山頂からの展望は、３６０度望むことができますが、先ほどまで見えていた阿弥陀山と烏帽子岳は雲の中に入ってしまいました。しかし、焼山や金山、雨飾山といった妙高連山が美しい残雪模様を描き、駒ヶ岳から鬼ヶ面山を経て鋸岳に続く尾根が文字通り鋸刃のようで、正面には4月に登った昼闇山が大きく高く聳えているのが見えます。

道のない山は尾根を辿って山頂に至る場合がほとんどだと思われますが、この海谷山塊は沢筋を伝って登るルート工作をしなければならず、それがこの山域の難しさのゆえんとなっているように思います。そんな難しい海谷の山の一つである鉢山には、意外にもすんなりと短時間で山頂に立つことができました。ただ、私が辿ったルートは一番的確なものとは必ずしも言い切れず、ほかにもっと良いルートがあるのかもしれません。今回のルートは、今年はたまたま残雪が豊富で歩きやすかったのだと思います。

　下山を始めるとすぐに辺り一面がガスに包まれました。視界が利かない中での沢筋の下りなので、特に道迷いに注意しながら無事に吉尾平へと下ることができました。そして、帰りの林道でも車の腹を二度擦りながら砂場集落へと戻りました。

　さて、この日の夜、私は阿弥陀山を登るべく、再び三峡パークへと向かいました。三峡パークに到着するとバーベキューをしている人が何組かいて、テントが5張りほど見えます。雪解け直後の山間も、5月の陽気に誘われて賑やかさを増しているようです。今晩はこの三峡パークの駐車場で車中泊をするつもりです。最初はこんな人里離れた場所では、夜になると妖怪七変化が現れそうで少し嫌だったのですが、この様子だと夜の静寂に恐怖を抱きながら眠りにつかなくてもよさそうです。そんな華やかなキャンプ場の傍らで、私は明日登る阿弥陀山に備え、早々に床につきました。

　そして翌朝。私は宴の残香と朝霞漂う三峡パークから阿弥陀山に向けて出発しました。海川は相変わらず増水していましたが、何とか2カ所の渡渉点をクリアし、阿弥陀沢の出合いへと到着。ところが阿弥陀沢はすっかり雪解けが進んでいて、下部はかなりの大藪となっています。また途中の雪渓もズタズタに切れているのが見え、これではとてもここを登ることができそうにありません。「しまった！　やはり昨日の早川谷から登ってみるべきだった！」と後悔してもあとの祭りです。今から吉尾平まで向かったのでは時間的に間に合いません。しかも山には黒い雲が垂れ込み始め、天候悪化の兆しが見え隠れし始めました。まあ、今回は目標の一つである鉢山登頂に成功したわけですし、今日のところは潔く帰ることにしました。

　非常に山行記録の少ない阿弥陀山ですが、この阿弥陀沢を伝って登るルートは、比較的多くの人が訪れるルートであろうと思います。阿弥陀山の挑戦は来年に持ち越さざるを得なくなりましたが、今後は確実性の高い阿弥陀沢を登るのか、面白さと満足感の大きいほかのルートを工作してそこを辿るのか、よく考えて再挑戦をしたいと思いました。そして、三峡パークまで戻る道すがら、断崖絶壁の千丈ヶ岳《せんじょうがたけ》を眺めながら「あの山にも登りたい」と思い始め、また近くの船浦山《ふなうらやま》にも登りたくなってしまいました。私はどうやらこの魅力ある海谷山塊の迷宮へと迷い込んでしまったようです。この山域は訪れるたびに新たなる可能性が見出され、しばらくそれがやむことはなさそうです。困りました。こんな遠いところ、遠征費が嵩《かさ》んでしまいます……。

最後に海谷山塊について少し調べてみました。海谷の山々は、数ある名著、山岳書あるいは地誌や郷土史といった書物の中に、その記載を見ることはあまりありません。とりわけ鉢山と昼闇山の名前を見ることは稀です。昼闇山は近年名前が付けられたそうで、古い書物には記載がないのではないかと聞いたことがあります。鉢山に関しては、地元の人たちがゴヨウマツや真柏《しんぱく》を採取するために訪れることがあるといった程度のことしか書かれておらず、山名も鉢を伏せたような山容から来ているといった単純なものですし、山岳信仰の形跡もありません。そんなことから山麓民との繋がりも薄い山ではないかと思われます。山行報告や紀行文といった記録も極端に少なく、それだけこの山を訪れる登山者は少ないのではないでしょうか。

コースタイム

吉尾平～25分～雪渓取り付き点～2時間～稜線尾根～30分～鉢山～30分～稜線尾根～1時間30分～雪渓取り付き点～25分～吉尾平

72

高《たか》松《まつ》山《やま》（1725m）

令和4年
4月24日
（日帰り）

糸魚川市

頸城山塊焼山の北面に広がる海谷山塊は、海川渓谷のV字谷という言葉に象徴されるように、急峻な渓谷と山々が連なりを見せています。一方、隣接する早川谷の山々は、比較的なだらかな山容となっており、雪渓が広がる斜面には多くの山スキーヤーが訪れています。

今回訪れた高松山を海谷山塊の一部とするならば、早川谷近くに聳えるこの山は、昼闇山とともに海谷山塊の中では広く大きな裾野を有しており、登山者よりも山スキーヤーに親しまれています。私は山スキーヤーに交じりながら高松山に登ることを嫌い、雪が少なくなった頃を見計らって登ることにしました。しかし、入山口が焼山登山口と同じ場所なので、しばらくの間は焼山にスキーをしに行く人たちの中に交じって歩かなければなりませんでした。

笹倉温泉を過ぎて「ゆのかわうちキャンプ場」の駐車場に車を止め、そこから長い林道を歩きますが、この林道がつづら折れの急斜面となっていて、ものすごく疲れます。つづら折れの斜面を登りきると、林道は平坦になりますが、高松山はまだまだ延々と続く林道のはるか先です。焼山川を右下に見ながら大汗をかく頃に、辺りはアマナ平と名付けられた広い台地状となり、その台地の向こう側に真っ白い残雪を纏った高松山が聳えています。雪で埋め尽くされた広河原状の焼山川を渡ってすぐ

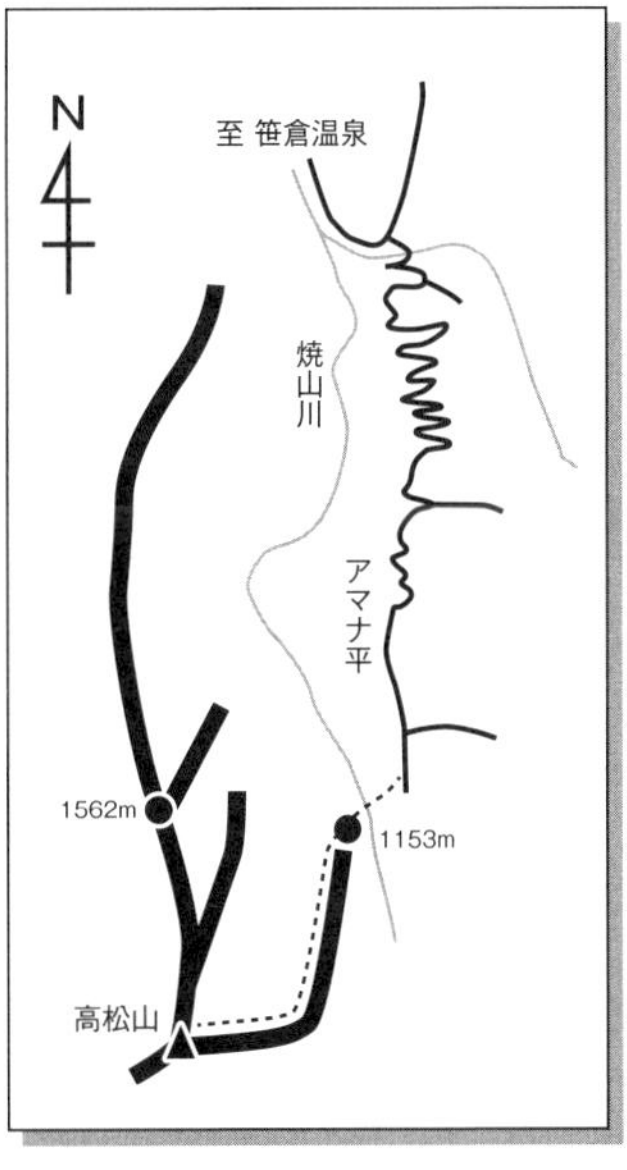

高松山

に、尾根に取り付きます。ここまで来ると高松山の山頂はすぐ近くに見えるのですが、ここからがいよいよ本格的な登りとなり、目の前に展開する急な淡々とした雪尾根は、なかなか手強そうです。

　悪い場所はなさそうなので、安心して登れますが、だからこそついつい早歩きになってしまい、急な登りに自分でも知らず知らずのうちにどんどん疲れが溜まり、「何で今日はこんなに歩けないんだろう?」とか「どうして今日はこんなに疲れるのか? 体力が落ちたもんだなあ」とか考えてしまいます。途中で休憩がてら日焼け止めを塗り、サングラスをしようとザックの中を探しましたが、どうやらサングラスを忘れてしまったようです。前日にリラックマのサングラスを準備していたのですが、机の上に置きっぱなしだったようで、いくら探してもザックの中にサングラスはありませんでした。溶接焼けなどと違って、太陽の陽射しと雪の照り返しでじっくりと焼かれた〝目玉焼き〟は、遠赤焙煎《ばいせん》効果によっていつまでも完治せずに大変なことになります。以前に鳥海山で雪目になったときは、1週間近く目を開けることができずに苦しみました。この時季にサングラスを忘れるということは、致命傷にもなりかねません。仕方なく目をつぶって歩くことにしました。

このときの高度は１４５０ｍ、木々が途切れる森林限界と思われる付近でした。ここから先は木々のない真っ白い雪で鎖された尾根となり、ところどころクレバスが口を開けています。ずっと目を閉じて歩いていたのではクレバスに落ちかねず、時々目を開けて前方を確認しながら歩きました。それにしても、こんな歩き方をしていたのでは、せっかくの景色を楽しむことができず残念です。

高度１５５０ｍ辺りからでしょうか、尾根は痩せてナイフエッジ状のところを歩くようになります。ナイフエッジといっても怖いほどではなく、雪庇の張り出し等も一切ないので、注意して歩いていれば滑落するほどではなさそうです。しかし、目を閉じたままではあまりに危険なので、雪目にならないことを祈りながら、足元を確認して進んでいきました。

山頂はニセ山頂が手前に二つあり、二度騙されてから無事に山頂へと辿り着きました。高松山の山頂は３６０度の展望となっていますが、昼闇山方面に少しだけダケカンバが生えている程度で、山名にあるような松の木は見当たりませんでした。ここからはとにかく焼山が目の前に大きく見え、そのすぐ奥に火打山の姿が雄大です。

雪が解けかけた山頂付近には、おびただしいギョウジャニンニクの群生が見られます。私は山で花を見てもあまり喜びませんが、山菜を見るととても喜びます。ここは妙高戸隠連山国立公園内に入っているようなので、採取は慎みますが、数年前に登った火打山近くの嘉平治岳でも山頂付近でギョウジャニンニクの大群落を見付けました。どうやらこの付近の山々には、ギョウジャニンニクが多く自生しているようです。私の住んでいる下越地区の山々ではほとんど見ることができない山菜なので、どうせ採っても食べ方が分からないのですが……。

山頂から大きく見える焼山や火打山はとても素晴らしいのですが、やはり海谷山塊といえば、阿弥陀山の姿が印象的です。あの鬼の角のように尖った山頂が二つ並ぶさまは、ほかには見られない、まるで海外の針峰を見ているようです。そしてその奥には、奇怪な形状をした烏帽子岳の姿を見ることができます、この2座の雄姿を見届けた私は、雪目を恐れて早々に下山を始めました。

それにしても、サングラスを忘れたことがつくづく残念でなりません。下山も極力目を閉じたまま進み、ふと目を開けると目の前にはキツネの姿がありました。距離にして3mくらいです。私とキツネの間には灌木があり、向こうも目が悪いのか、こちらに気付いていないようです。私は急いでカメラを出しましたが、そうこうするうちにキツネは私に気が付いてしまい、あっという間に走り去ってしまいました。

その後もあまり目を開けないように急斜面を下りきると、山頂から焼山川の渡渉点まで35分しかかからずに着いてしまいました、もし目を開けていたら、もっと早く下ることができたかもしれません。それにしても登りでは3時間近くもかかっているのに、雪道の下りは早いものです。そして長い林道をへとへとになりながら歩きり、車が見えるところまで来て「やれやれ」と被っていた手ぬぐいを取り、一息ついたところで雪の穴にズボッと落ちてしまいました。手をついた拍子に、お気に入りの手ぬぐいはどろどろに汚れてしまいました。自分で言うのも何ですが、私は山ではあまり転びません。穴にも落ちたりしないのに、今日に限ってサングラスは忘れるし、最後の最後で穴に落ちるしで、「今日は変な一日だな」なんて思いながら帰途につきました。

下山した時刻はまだ正午前だったので、帰りに道の駅マリンドリーム能生に立ち寄りました。そこで海鮮定食を食べていると、小学生くらいの孫を連れた老夫婦が私の隣に座り、孫が海鮮丼とモズク酢を注文し、老夫婦がプリンの付いたエビフライ定食を注文しました。それにまた驚き、「今日はつくづく変な日だ」なんて考えていると、そういえばキツネに会ったことを思い出し、「あー、そうか。今日はキツネに化かされ続けた日だったのか。どうりで変なことばかり起きたわけだ」と妙に納得してしまいました。そんなこともあって、また何かあると悪いと思い、家まで車の運転を十分に注意して帰りました。

高松山については、たまたま今回は条件が良かったようで、目をつぶって登ることができましたが、景色を見ることができずに残念でした。またいつかスキーシーズンが終わった頃に、サングラスを持参して登りに来ようと思いました。

コースタイム

ゆのかわうちキャンプ場～1時間40分～焼山川渡渉点～2時間50分～高松山～35分～焼山川渡渉点～1時間20分～ゆのかわうちキャンプ場

73

船《ふな》浦《うら》山《やま》（772m）

令和3年
11月14日
（日帰り）

糸魚川市

この時季、一歩山に足を踏み入れると、木々の葉っぱは落ちており、山の冬支度はすっかり終わって準備万端、いつ雪が降っても大丈夫という感じになっています。しかし今年は、今日のように穏やかな小春日和の日が結構多く、やはり地球温暖化の影響なのでしょうか、嬉しいような悲しいような複雑な気持ちになります。こんな小春日和には、晩秋から初冬へと移り変わっていく山の姿を見るのも楽しいと思い、山へ足を運んでみたくなります。今回は女子にして珍しく静かな藪山を好むという人を誘って、海谷山塊の末端に聳える船浦山に登ることにしました。

車を運転しながら、2人で「どれが船浦山かな？」なんてきょろきょろしていると、真正面にテーブルマウンテンのような駒ヶ岳がどっしりと構え、左に目をやるとなだらかな尾根が延びています。どうやらその一角が船浦山のようです。V字谷と呼ばれる海谷の急峻な峰々の中にあって、船浦山はひときわ小さくて丸っこい山容をしていました。藪の度合いにもよりますが、比較的簡単に登れそうに見えます。「今日は早めに下山したら、道の駅能生で海鮮丼でも食べよう」と話をしながら、海谷三峡パークへと辿り着きました。

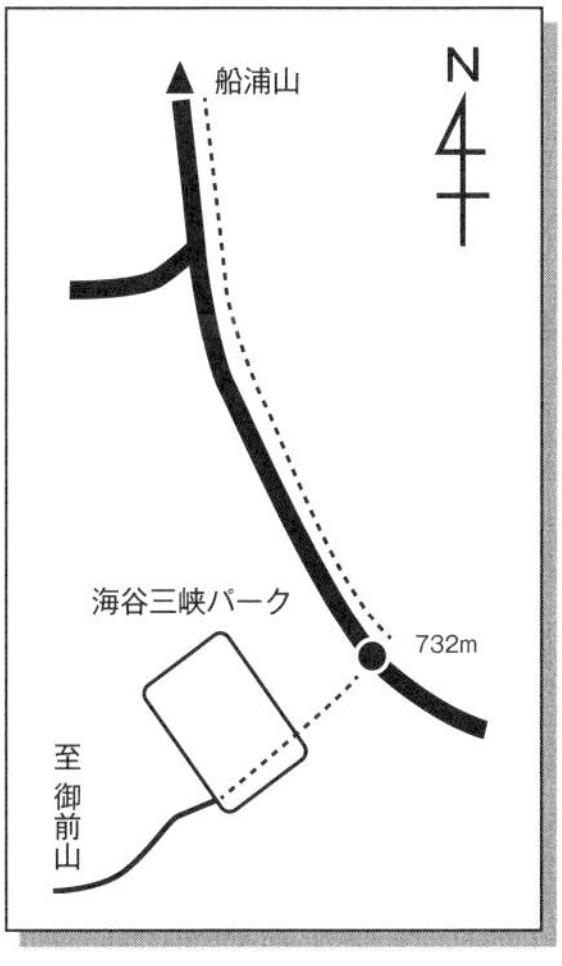

海谷三峡パークの営業は今日の朝までとのこと。間もなく閉鎖するであろうトイレを借りて、身支度を整えました。キャンプ場には5張りのテントが張られていましたが、さすがにこのシーズンに標高約700mでのキャンプは寒かったのではないでしょうか。それでも夜の宴

船浦山山頂付近

は盛り上がったに違いなく、キャンプファイヤーの跡がそれを物語っていました。昨晩の冷え込みからして、盛大に炎が上がったものと思われます。

私たちはそんなキャンプ場から延びる遊歩道を進み、732m峰まで登りました。ここまでは整備された遊歩道となっていて、山頂にはベンチが置かれています。国土地理院地形図には山名の記載がありませんが、すぐ目の前には海川を挟んで千丈ヶ岳が壮絶な岩壁を際立たせています。732m峰から遊歩道を外れていよいよ藪歩きとなりますが、やはり思った通り踏み跡を確認することができます。下藪は結構うるさくて歩きにくいところもありますが、この調子で進めば余裕で海鮮丼には間に合いそうです。

広い尾根は時々素晴らしいブナ林の広場となって私たちの目を楽しませてくれます。まるで整備されたキャンプ場がここにもあるのではないかと思ってしまうほどでした。赤や黄色の葉っぱはすでに足元に落ち、ふかふかの絨毯《じゅうたん》の中を歩いていきます。あまりの快適さに、「まさかこんな尾根が最後まで続いているんじゃないだろうな?」なんて話をしていると、尾根は突然細くなり、急な崖状の下りになりました。踏み跡があるのでどうにかそこを越えることができましたが、そこから先を眺めると、大藪が目の前に立ちはだかっています。

棘のある木々と蔦、背丈以上の灌木にススキが交じり、天国から地獄、今度は思うように前に進めません。脛には棘が刺さって血が出ていますが、それ以上に苦労させられたのは、やはり複雑に絡まる蔦でした。私自身、登山道のない、滅多に人が訪れない山では、自然に負担をかけないように鉈目を付けないことにしていいます。ありのままの自然を楽しみ、何事もなかったかのように去りたいからなのですが、さすがにこの蔦には我慢ができず、「鋏《はさみ》を持って来ればよかったな」と思いました。この大藪は最低鞍部を通り過ぎた山頂手前の台地まで延々と続いておりました。

大藪地帯をどうにか越えると、再び整然としたブナの森へと変わり、美しいブナ林がわれわれを山頂へと導いてくれました。船浦山は地形図に山名こそ記載されていますが、三角点はありません。私たちは一番こんもりとしたところを山頂としました。木々に囲まれた山頂からは大パノラマを楽しむことはできませんが、この日は木々の間から望まれる日本海の大海原がとても穏やかでした。

山名にある〝浦〟は入り江のことで、いわゆる船着き場を指します。日本海に程近い船浦山の山名は、そんなところから来ているのでしょうか。こんな晴れた穏やかな日に、眼下に静かに広がる日本海を眺めながら、「今日はいい日だなあ！」なんて気持ち良く伸びをしましたが、頭の中はすでに海鮮丼一色です。まだこれからあの大藪を越えて下山しなければならないというのに……。

そして下山後、「人々から忘れ去られたようにひっそり聳えるこの山に、われわれ人間は何年ぶりに訪れたのだろう？　この先、この山に人が訪れることなんてあるのだろうか？」「この山にとってわれわれは単なる異界からの侵入者なのだろうか？　いや、こうやってたまには注目され、人が訪れることを山も喜んでいるんじゃないか？」など、私は自問自答を繰り返していました。目の前に海鮮丼があると、今度は山のことを考えてしまうようです。

コースタイム

海谷三峡パーク～2時間10分～船浦山～2時間～海谷三峡パーク

74

聖《ひじり》山《やま》（1527m）

令和2年
4月5日
（日帰り）

糸魚川市

　南北に細長い新潟県は、私の住んでいる新発田市から聖山の登り口のある糸魚川市山之坊《やまのぼう》集落まで下道で220kmもあり、車での移動に4時間以上は軽くかかります。当日の朝に出発していたのでは登り始めの時間が遅くなるので、前日の夜に家を出て、車中泊で臨むことにしました。前日の夜は大雨で、明日は本当に晴れるのか少々不安な気持ちで車を運転し、山之坊集落に着く頃には雨が雪に変わって、不安は募るばかりでした。しかもタイヤはすでにノーマルタイヤに換えていたため、山に登るどころか無事に登り口まで車が入れるか、それですら心配でした。

　何とか山之坊集落まで行くと、あまりの大雪に車がスリップしそうだったので、国道沿いの平岩パーキングまで戻って車中泊をすることにしました。朝起きたときに天気を見て、とても登れそうもない天気なら帰るつもりでした。平岩パーキングは綺麗なトイレと自販機のある休憩所があり、国道沿いなのに静かで、ゆっくりと車中泊をすることができます。夜中の1時近くに到着したため、眠れる時間が4時間程度しかなく、着くなり早々に車の中に用意した布団に潜り込みました。羽毛布団に包まれ快適に眠るも、あっという間に目覚ましが鳴り、「あれ？さっき寝たばかりなのに、時計が壊れているのか？」と思いながら外を見ると、空は薄明るくなっており、夕べから降っていた雨も上がっています。「何で雨が上がって

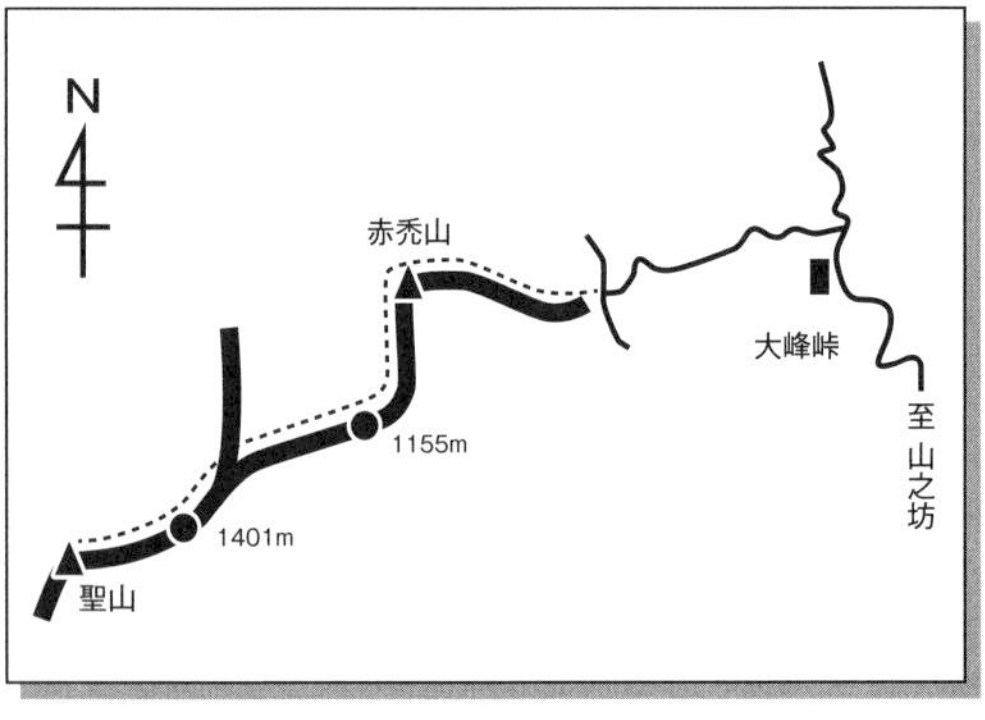

聖山まであと少し

いるんだよ。降ってていてくれれば、ゆっくり寝ていることができたのに」とぶつぶつ文句を言いながら、仕方なしに布団から這い出ました。そもそもの話、山に登りにわざわざ4時間以上もかけて来ているわけで、雨が上がったことは、本来であれば喜ばしいことなのですが……。

平岩パーキングの付近は、雪は降らずに雨だったようで、路面は濡れていましたが凍結はしておらず、このまま山之坊集落に向けて車を走らせました。しかし、集落の手前から雪が降り始め、気が付くと辺り一面真っ白になっています。それでも何とか集落最奥の車止めまで乗り入れることができ、そこで朝食を食べながら雪が止むのを待ちました。ところが、雪は6時半まで待っても止む気配がありません。少し小降りになったのを見計らって、せっかくだから入り口付近だけでも歩いてみようと、降りしきる雪にテンションが上がらないまま、とりあえず歩き始めました。

広いアスファルト道路は急な上り坂となっていて、山に登るより疲れると思いながら進んでいくと、やがて大峰峠というところに出て、そこには大峰地蔵尊と書かれた碑と大きな社がありました。その社の中に2体のお地蔵様が祀られていたので、私はそこで手を合わせて安全祈願をして再度出発しました。この大峰峠から左に延びる林道に入り、ここから砂利道になりますが、林道上はほぼ雪で埋め尽くされていて、ここでワカンを着用して進んでいきました。しばらく林道を進むと杉の植林地となり、T字路にぶつかったところからいよいよ林道を離れて杉林の中を登っていきます。

雪は相変わらず降り続いており、帰ろうかどうしようか思案しながら歩くも、何気に右の上部を見ると赤禿山《あかはげやま》らしき山頂が見え隠れしているようなので、それでは赤禿山まで行って引き返そうと考えて進んでいきました。杉の植林地を抜け、尾根の上に出るとブナの林となりますが、適度な勾配のある広い斜面は悪天候ということもあって見通しが利きません。方向も分かりにくく、しかも足元には昨日から降り積もった雪が20㎝もあり、「もうやめて帰ろうか」と何度も足を止めては考えながらの前進でした。それでも比較的歩きやすい斜面だったこともあって、赤禿山の手前まで難なく来ることができ、山頂の手前で少し藪をかき分けて山頂の肩へと出ることができました。

山頂手前の肩からもやや密度が濃いブナ林が続いています。辺りは広くなっていますが、その広いところの一部が狭く盛り上がって尾根状に延びており、その上を歩かされました。大変な歩きにくさを感じながら、やっと到着した赤禿山ですが、山頂は木々に囲まれていて眺めはありませんでした。

赤禿山の近くには小滝炭鉱の採掘場があったそうで、地形図を見ると山の北東斜面に林道が奥深く延びていて、その付近が炭鉱の採掘場だったようです。小滝炭鉱は通称山之坊炭鉱とも呼ばれ、かつて山之坊集落は多くの炭鉱夫で賑わっていたのではないかと思います。また、赤禿山の北東部が地滑りを起して高浪《たかなみ》の池を形成したとのことで、赤禿山の山名はそこから来たのではないかと考えました。それら炭鉱場や地滑りの形跡が山頂から少しでも見えないかな、なんて期待をしていたのですが、まったく見えず残念に思いました。

悪天候の中で訪れた赤禿山では、雪が弱まるどころかどんどん強くなっていて、大雪の様相を呈していました。ここから後は聖山までの方向を見定めてから帰るつもりでいましたが、ブナ林に囲まれた広い山頂では方向がまったく分かりません。聖山がどの方向かコンパスを出して確認しなければならないほどでした。結局、コンパスを出したら出したで、その方向が正しいのかを確認するために少し歩くことになって、少し歩けば歩いたでその先の尾根の状況が気になってしまいます。こうしてずるずると進んでいくことになりました。

見事に外れた天気予報、強く降る雪にテンションは上がりません。トボトボと歩いていたこともあって、このまま進んでも時間的に聖山登頂は難しい状況でした。ところが、本当にもう帰ろうと思った瞬間、急激に青空が広がりました。見えなかった辺りの峰々が見え始めると、それまで暗闇の中を手探りで歩いていた感じが一変、一気に夜が明けて闇夜の盲目から解放されたような感じになりました。

しかし、そんな私の気持ちをあざ笑うかのように、尾根は地図で見る以上に細く、ナイフエッジとなっていました。赤禿山から大きく長い下りが終わる辺りからナイフエッジが始まり、方向が分かりにくいほどの広い尾根と交互にそれが繰り返されます。ナイフエッジ自体はそれほど怖くはない程度でしたが、落ちればどこまでも落ちていくような感じで、軽い気持ちで歩くことはできません。一歩一歩慎重に歩かなければならないようなところが結構あって、思った以上に時間がかかりました。せっかく空が青くなり、心は躍り始めたのですが、今日の登頂は時間的に微妙です。「せっかく晴れたのに。しかも車で4時間以上もかけて来ているのに……」。そう思うと残念でなりませんでした。

気を取り直して進んでいくと、やがて目の前には大きな屏風状の尾根が立ちはだかるようになります。そこに向けて長い長い急な登りを終えると、標高にして1270m、聖山から直接派生する尾根の上へと出ました。ここから左側へ大きく曲がり、その先は大きな雪庇の上を歩くようになります。ラッセルは相変わらず20㎝程度ですが、尾根が広がったおかげで、ナイフエッジのときのように足元を気にする必要がなくなりました。藪っぽさからも解放されて、快適な尾根歩きとなりました。

後はひたすら歩くのみ。緩い登りを懸命に進み、1401m峰の一つ手前の痩せピークの藪に少し苦労しつつも、1401m峰を越えた辺りからようやく木々の隙間に聖山の山頂が見えるようになりました。地図で見ると、山頂まではもうそう遠くないのに、目で見ると山頂はまだはるか先に見え、がっかりします。しかし、ここまで来てやっと山頂と初対面なのですから、この付近の山々は意外にも奥が深いと感じさせられます。

登頂のタイムリミットは正午と決めていたのですが、１４０１ｍ峰から下りきった最低鞍部で時計を見ると、すでに12時10分です。山頂まではもう悪場はないだろうと、タイムリミットを12時30分に変更し、さらに必死で歩きました。今朝の悪天候により躊躇しながら歩いた夕イムロスを取り戻すかのごとく、私は猛烈な勢いでただただ山頂目指してひたすら登りました。

鞍部から急登を越え、聖山の肩に出ると、尾根はますます広くなります。歩きやすくて助かるのですが、偽山頂がいくつかあって、体力的にも精神的にもまいりました。ラッセルもあってのことか、聖山の肩から山頂までは結構長く感じ、意外に苦労をしながら何とか無事に登頂を果たすことができました。山頂は雪に覆われていて木々がありませんでしたが、足元からはぽつぽつと木の枝が出ていて、もしかしたら雪がないと灌木藪になるのかもしれません。

山頂は広くて大展望が素晴らしく、２０００ｍ級の高山の雰囲気を漂わせており、標高が１５２７ｍとは思えないほどでした。周囲の山々を見渡すと、北アルプスから派生しているだけあって、それぞれがどっしりと大きく聳えています。生憎、雲に隠れて北アルプスは見えませんでしたが、去年苦労して登った黒負山《くろふやま》が立派な山容を見せ、黒姫山と明星山が青空に映えています。

聖山という山名は、少ないながらほかにも見られ、概ね「へつる」とか「ひじる」といった山の歩き方から来ているところが多いようです。確かに今回辿った尾根も意外と歩きにくくて、ナイフエッジの区間も長く、へつるようにして歩いた箇所が多くありました。そういえば尾瀬の景鶴山も、同じように「へつる」ところから来ていると聞いたことがあります。

悪条件の中で、揺れる気持ちと葛藤しながらも、どうにかこうにか辿り着いた聖山の山頂でしたが、時間が予定を過ぎており、急いで下山しなければなりません。しかも夕方からまた天気が崩れるとのこと。山頂にはわずか10分ほどしか留まることができませんでした。今回は山頂に短時間しかいることができませんでしたが、いつかまた機会があれば、今度は山頂でゆっくりと過ごしたいと思えるような素晴らしい山でした。下りは休むことなく、ずっと小走りで一目散に帰ったことは言うまでもありません。

追記

下山して帰宅後、家にある地形図を調べていたところ、昭和８年に国土地理院から発行された小瀧の地形図がたまたま見付かりました。それによると、聖山の南側に採掘場の記号があり、そこには「山ノ坊無煙炭礦」という文字が書かれていました。ちなみに聖山の山名は表記されておらず、そこには三角点マークと標高のみが記されていて、もしかすると当時はまだ聖山の山名がなかったのかもしれません。炭鉱場所を求めて山中を歩いていた当時の炭鉱夫等によって、「へつり山」あるいは「ひじる山」と言われ、後に聖山の名前と漢字が当てられたのかもしれない、なんてことを思いました。

コースタイム

山之坊集落～1時間～林道終点～1時間30分～赤禿山～3時間20分～聖山～2時間15分～赤禿山～55分～林道終点～45分～山之坊集落

75

黒負山《くろふやま》（2070m）

平成31年
3月20日
（日帰り）

糸魚川市

　毎年のことなのですが、私は3月から5月にかけての残雪期になると日焼けをして、顔が真っ黒になってしまいます。あまりに黒くなりすぎて、「頭の前と後ろが分からない」などと笑われることもしばしばです。いつの年だったかゴールデンウイークにパンダ柄の手ぬぐいをして数日間の山歩きを楽しんだところ、ちょうど額の部分がパンダ柄の模様となって日焼けをしていた、なんてこともありました。

　とにかく日焼けをしないように何か手を打たなければ、と思ってはいるのですが、なかなか有効な方法が見付かりません。一生懸命に日焼け止めを塗っても汗ですぐに流れてしまうのか、あまり効果がないようですし、布切れのようなもので顔を覆って歩くことは息苦しくてとてもできません。どうしたらいいものか困っていたところ、化粧品会社のセールスレディーが時々会社に訪問販売に訪れていることを思い出し、そのセールスレディーに日焼け止めについて話を聞いてみることにしました。まず初めに、「どんな日焼け止めを使っているのか？」と聞かれたので、「ワゴンセールで売られている298円のもの」と説明したところ、「いくら何でも、もうちょっと高いのを使いましょうよ……」とのことで、どうせなら一番高価なものをと思い、2500円の日焼け止めを取り寄せてもらうことにしました。ただし20日の黒負山には間に合わず、今まで

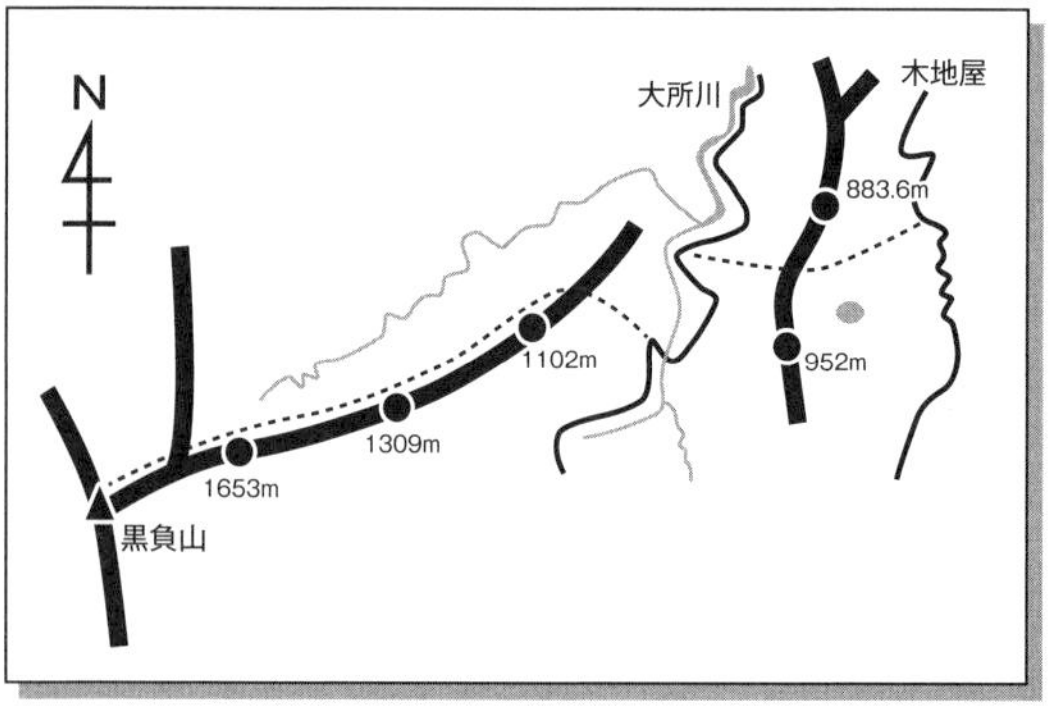

黒負山山頂付近

の日焼け止めを持っていくことになるわけですが、その日に限って今年一番の暑さで、3月だというのに気温が18度まで上がるとの予報です。

黒負山へは木地屋集落の手前から大所《おおどころ》川沿いに付けられた林道に入り、そこを5㎞ほど進んで大所川の橋を渡って尾根に取り付くのが一般的と思われました。しかし、林道は雪崩の心配があったりするので、できることならあまり歩きたくありません。地図をよく見ると、木地屋集落の終点付近から右側の雪面を登っていき、尾根を越えれば林道の終点手前くらいに出られそうなことが分かり、そこから向かってみることにしました。

朝のうちは雪が凍っていてワカンの跡が付かないくらいでしたが、最近襲来した寒波が雪を積もらせたようで、硬く締まった雪の上に30㎝くらいの純白の雪の層ができています。気温が上がるとともに、その新雪に足が潜るようになるのですが、この時季は雪が重く、今日はラッセルに随分と苦しむことが簡単に予測できました。

集落から最初はやや急な坂を登りますが、何しろ広いところなので、進む方向を間違えないようにしなければなりません。進む方向の左側を見ると、地図上にも書かれている池が姿を現して、ぱっかりと口を開けているのが見えます。山奥のブナ林にひっそりと佇む池は、神秘的に感じます。

やがて高度にして300mほど登ると、鉄塔の真下に出て、そこから一気に350mほど下りますが、この下りがまた急で嫌になるほどです。足元のはるか遠くに見える大所川が徐々に近づいてくる頃、うまく林道に着地できるか、それが今回の山行の一番の心配どころでした。尾根が突き出ている場所を選んでどんどん下っていくと、意外にも最後は緩やかな斜面となって、すんなりと林道に降り立つことができました。随分と長く急な尾根を下ってきたので、帰りはここを登り返さなければならないと思うとうんざりします。林道着地点までの所要時間は1時間30分、帰りはおそらく2時間近くかかるものと思われますが、林道を最初から歩くよりいくらかマシなような気がしました。

林道上はまだ雪がいくらか締まっていて歩きやすく、10分ほどで大所川に架かる橋に到着し、橋から先もしばらく電光形に付けられた林道を登っていきます。いくらか登ると杉林となり林道がどう付けられているのか分からなくなりました。ここから林道を無視して登ろうと思い左に目をやると、急ではありますが、支尾根が延びているのが見えます。まずはそこから取り付いて上を目指すことにしましたが、気温が上がって雪はグサグサに腐れ始め、膝まで潜りながらの登りとなります。四苦八苦して、ようやく支尾根を登りきりました。

尾根上に出ると、しばらく緩やかな登りとなり、それまで広かった尾根が部分的に狭まり、その狭まった尾根上には太くて立派なクロベが並んで自生しています。驚くほど立派なクロベは陽射しを遮り、暑い尾根上にひと時のオアシスをつくり出してくれています。それにしても、こんなに太くて立派なクロベの大木は今まで見たことがないほどでした。

そして再び尾根が広がると、今度はえげつないラッセル地獄が待ち受けておりました。尾根が広がった辺りからしばらく急坂が続くのですが、硬くて重い雪の上に足を置くと、ゆっくりと膝まで沈んでいき、なかなか先に進むことができません。足腰は悲鳴を上げ、数歩進んでは休み、数歩進んでは休みを繰り返しました。時間は刻一刻と過ぎ、気持ちばかりが焦り、休憩することも忘れて何も食べず、何も飲まず、一心不乱にただ膝ラッセルと格闘し続けました。ただし、日焼け止めだけは忘れずに一生懸命塗りました。「きっと顔が日焼け止めで白くなっているだろう。もしかしたらお化けのようになっているかもしれない」と思いましたが、それでも298円の日焼け止めを頑張って塗りました。

長いラッセルに辟易しながら、何とか聖岳へと派生する尾根との合流地点まで辿り着き、ここでようやく今まで見えなかった黒負山が姿を現しました。今まで大きくて立派な山頂が時々見え隠れしていましたが、それは黒負山ではなく、その奥に聳える無名峰だったのです。黒負山は、山頂のわずか手前まで来なければその姿を望むことができない山でした。

今まであれほど広大だった尾根は、この山頂手前でやや狭まって、山頂までだらだらと続いています。山頂付近はのっぺりとしており、あまり目立たない形をしていました。とにもかくにも山頂まであと少し、相変わらず重くゆっくり沈んでいくラッセルに喘ぎながら、何とか耐え抜いて山頂へと辿り着くことができました。

黒負山の山頂は小広くなっていましたが、森林限界の上にはまだ出ていないようで、南側斜面を見るとダケカンバが雪面から突き出ていました。この辺り一帯の山々はどれもが大きくどっしりとした山容となっていて、黒負山の奥に聳える無名峰と五輪山《ごりんざん》の迫力は驚くほどで、また朝日岳や小蓮華岳《これんげだけ》といった北アルプスへ続く山並みが圧巻の景色をつくり出していました。深田百名山の文言の中によく山の持つ風格という言葉が出てきますが、黒負山の山頂から見る山々は、いずれも風格があるという言葉がぴったりでした。

それにしても黒負山とは妙な山名です。似たような山名で浅間山《あさまやま》外輪山の黒斑山《くろふやま》が有名ですが、黒斑山の場合は山頂付近に黒い岩が点在していて、おそらくそこから来ているものと思われます。一方、こちらの黒負山は前述した通り山頂手前でなければ姿を見ることができません。下界からはおそらく見えず、山の姿から名付けられた山名ではなさそうです。もしかしたら、尾根の途中に自生していたクロベの大木からクロベ山となり、いつの間にか黒負山へと変わっていったのかもしれません。

さて、今回は何とか登頂することができましたが、この日の山の登り方は、我ながら良くない山の登り方をしてしまったと思いました。何しろ日没前に下山しなければならず、〝時間との闘い〟といった歩き方になりました。往復に14時間を要しましたが、何も食べず、休憩もほとんどしない中での14時間で、これでは単なるピークハントと言われても仕方ありません。ただただ先を急ぐあまり、せっかくの晴天でも景色を楽しまず、山行を振り返れば記憶の大半は自分の足元のことでした。思いのほか厳しいラッセルが待ち受けていたことも確かですが、そうでなくても距離が長く、高度差も随分とあるため、初めから1泊で訪れることを計画すべきでした。

さて、下山後に喉が渇いて飲み物を買おうと思いましたが、日焼け止めのおかげで白いお化けのような顔をしていると思うと、コンビニに寄ることができませんでした。糸魚川から下道で4時間、ずっと喉の渇きを我慢したままの帰宅となりました。さらに帰宅後の入浴では、顔がヒリヒリしてお湯をかけるのも大変でした。やはり安い日焼け止めは効果が薄いものなのでしょうか？　注文した2500円の日焼け止めは、きっとこんなことにはならないだろうと期待しています。

コースタイム

木地屋集落～1時間30分～大所川の橋～6時間40分～黒負山～4時間20分～1時間50分～木地屋集落

76

一本松山《いっぽんまつやま》(1049m)〜横前倉山《よこまえくらやま》(1157m)〜村杉山《むらすぎやま》(1172.5m)〜ヨシオ山(1223m)〜源太夫山《げんだゆうやま》(1263m)〜柴倉山《しばくらやま》(1483.9m)

令和5年
3月19日
〜21日
(2泊3日)

糸魚川市

つい数年前は「コロナ禍で医療機関が大変な事態となっているのに、そんなときに山などに登って怪我でもしたら医療の方々に迷惑をかける」といった論調が世の中に出回り、「山に登った」なんて言うと人から白い目で見られていました。しかし、1年もすると今度は屋外という理由からキャンプが流行し、その余波からか、今度は「山は安全だから山に登ろう」と言い出す人が増えてきたように思います。個人的には「山登りの自粛は何だったんだろう? なぜ以前のように怪我をして医療機関に迷惑がかかるといったことを考えなくなったのだろう?」と思うのですが、いずれにしても山に登れるようになったのはいいことです。まあ、いつだって山に登りたい私には甚だ迷惑な話でしたが……。

そんなコロナ禍に翻弄《ほんろう》され、以前から温めていた糸魚川の一本松山から柴倉山の稜線歩きが、ここにきてようやく実現する運びとなりました。しかし、新潟県北部は去年夏の水害の復興のため大忙しとなっていました。またしても、「こんな忙しいときに山に行くなんて」と人に思われるのを覚悟で、会社に休暇届を出して向かうこととなりました。今年の3月は19日と21日が休日で20日が平日という、いわゆる飛び石連休だったので、20日に休暇願を提出しました。そんなこともあって、私が休んでいるときに会社で何か問題が発生していないだろうか?とか、休日明けに出勤すると

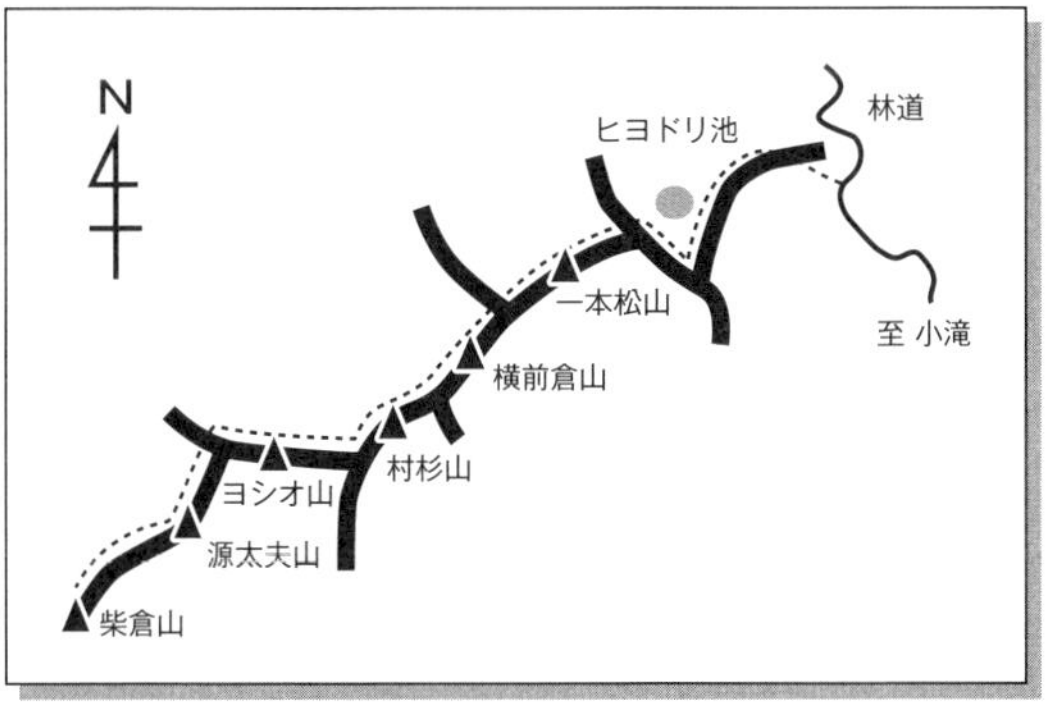

柴倉山から北アルプス方面を望む

ものすごい量の仕事が待っているんじゃないか⁉とか、それらを考えると非常に気が重い状態での山行となりました。

3月19日、朝方まで降っていた雨が上がり、雲は多いものの天候回復の兆しが見えた中で出発をしました。車は岡集落の最奥の除雪終了地点に止めます。国道は凍結していませんでしたが、小滝地区最奥である岡集落の道路は昨日の雨が凍って滑りやすくなっていました。天候は回復するものの、寒気は居座ったままのようで、これから始まる長い登りとラッセルを考えると、これぐらい寒い方が逆に助かります。歩き始めてすぐに凍結した路面に足を滑らせ転んだのはいただけませんが……。

ここ小滝地区を流れる小滝川には、翡翠《ひすい》の産地で有名な小滝翡翠峡（小滝川硬玉産地）があります。国石の翡翠は縄文期に流通していましたが、日本国内からは産出せず、海を越えてきたとされていました。しかし、昭和13年に小滝川上流で翡翠が発見され、その後に紆余《うよ》曲折を経て昭和31年に国の天然記念物に指定されました。日本最古の硬玉産地であり、また日本最大の産地であるということから、現在では多くの観光客が訪れています。

まだ冬季閉鎖中の観光地、小滝翡翠峡をかすめて林道を進んでいきます。雪で覆われた林道は凍結して足を潜らせずに歩けるので、気温が上がる前にできるだけ進んでおきたいところです。林道が大きく遠回りする部分をショートカットできる道が付けられているのですが、足が潜らないということもあって、普通に歩きやすい林道を進んでいくことにしました。

しかし、途中まで来ると古い雪の上に新雪が積もっていて、最初は10cm程度の厚さだった新雪が徐々に深くなっていきました。林道の後半まで来ると、その厚さは30cmにもなっていました。広い平原状の中に林道が付けられているので、古い雪と新雪によって道が分からなくなりそうですし、しかも古い雪が解け始めると踏み抜くようになり、新雪プラス古い雪の踏み抜きで非常に辛いラッセルとなりました。目の前には天を突き刺すように明星山の岩壁が大きく立ちはだかり、圧倒されてしまいます。

明星山は全山石灰岩から成る独立峰で、一帯は日本有数の石灰岩の産地です。この石灰岩は青海石灰岩といわれ、親不知《おやしらず》海岸から権現山《ごんげんやま》、板ヶ峰《いたがみね》、黒姫山にわたる地域と、明星山から清水山《しみずやま》にわたる地域に分かれていて、黒姫山と明星山の間は第三紀層によって分断されているということですので、これから辿る尾根は青海石灰岩で形成された峰々ではないということになります。

やがて林道は沢に架けられた橋と思われるところを越え、そこから尾根へと入りました。この先にはヒヨドリ池がありますが、地形図上にはその手前にも小さな池が描かれていて、その小さな池の上の辺りの尾根上を進んでいきます。それから大きな登りを終えるとヒヨドリ池脇の尾根に出て、ヒヨドリ池を半周するような形で進んでいきますが、ここは登り下りがあって結構疲れるところでした。池は雪に埋もれていて姿を見ることができません。

このヒヨドリ池の西面には、かつて姥ヶ懐《うばがふところ》というところがあり、縄文時代には極小規模ながら人が住んでいた可能性があるそうです。もしかしたら、翡翠を採取していた人たちがここに暮らしていたのかもしれません。雪で埋もれたヒヨドリ池を眼下に、私はかつての翡翠文化を偲びました。

ヒヨドリ池周辺は、登り下りがある割に平原状になっていて、ルートが非常に分かりにくくなっています。視界が悪いときに訪れた場合は道迷いをしそうです。ヒヨドリ池を半周した辺りから、目の前に大きな山が聳えているのが見え、「あれが一本松山だな」と思いましたが、そこは登らずに手前から大きく左に逸れ、沢床に下るようになります。そして目の前に急斜面が現われ、その先に大きな山が聳え、どうやらそこが一本松山のようでした。

膝までのラッセルに耐えながら、長い急斜面を登りきると、狭い一本松山の山頂に出ました。時計に目をやると、時刻はすでに昼近くになっていました。山頂は非常に景色が良く、頸城の山々から海谷山塊、北アルプスまでもが見え、反対側に目を転じれば青々とした日本海を背に黒姫山が指呼の間です。

一本松山から隣の横前倉山までは、激しい下りと登りを越えていきますが、尾根が広くて恵まれた景色の中を歩いていきます。全体的には北側斜面が疎らなブナ林となっていて、南側斜面には木が生えていない感じです。そして辿り着いた横前倉山は、広々としてとても気持ちの良いところでした。

ここから次の村杉山の区間も激しい登り下りの繰り返しで、それまで広かった尾根は部分的に痩せたところも出てきます。村杉山の手前辺りから尾根が広がって、大きな天然杉が目立つようになりました。どうしてここだけ立派な天然杉が生えているのか、とても不思議です。近くの黒負山に登ったときは大きなクロベが自生していて、これも不思議に思いましたが、ここはクロベ類が一切なく、あるのは大きな天然杉ばかりでした。その天然杉も北側斜面にしか生えていません。

時刻は午後3時を回り、深いラッセルに苦しんだ体は疲れ果てています。少し早めでしたが、悩んだ末に今日はここを幕営地としました。予定では源太夫山か柴倉山辺りまで行きたかったんですが、まったく届きませんでした。「5年くらい前の体力があれば、余裕で行けたんだろうなあ」なんてことを思うと、寂しくなりました。コロナ禍に限った話ではありませんが、山で事故を起こしたりすると大変です。己を知り、身の丈に合うような山の登り方にシフトしていかなければなりません。

今日の幕営地である村杉山は、広くて景色の良いとても素晴らしいところです、そんなシチュエーションの中で寝袋に潜りこめば、母の懐に抱かれているような、まるで子供に返ったような気持ちになります。母なる大地、「Mother Earth」という言葉がぴったり当てはまるようなところで一夜を過ごしました。夜はかなり冷え込んだようですが、空気が乾燥していたので、テント内は寒いものの、湿度が低くて快適でした。

翌3月20日、空は朝から見事に晴れわたり、相変わらず素晴らしい景色の中を歩いていきます。朝のうちは新雪の部分は潜りますが、その下の古い雪は硬く凍っていていくらか楽に歩くことができます。

今日は平日なので、本来であれば出勤しています。携帯はところどころ通じる状況だったので、電源を入れっぱなしにしていました。ところがここにきて電池が切れてしまい、迂闊《うかつ》にもモバイルバッテリーは持ってきていません。「どこからか電話が来ているんじゃないか？　会社で何か問題が起きていないだろうか？」。こうなると仕事のことが気になってしまい、心の底から山を楽しむことができなくなりました。でも、今さらどうしようもありません。当初の予定では、今日は行けるところまで行くつもりだったのですが、計画を変更し、この先の柴倉山まで行って引き返すことにしました。そして、早めに幕営、就寝し、明日は少しでも早く下山することにしました。

気を取り直して、まずは面白い山名のヨシオ山へと向かいます。ここでも最初に大きく下って、大きく登り返しました。尾根は広めで歩きやすいのですが、いかんせんアップダウンが激しく、息が上がります。ヨシオ山の手前まで来ると、今度は尾根が少しナイフ状になりますが、大して怖いものではありません。そのナイフ状を保ったまま、ヨシオ山の山頂へ至りました。

ヨシオ山では北側斜面の木々もなくなり、さらに景色が良くなりました。日本海側もよく見えるようになります。この日はとても穏やかな日本海ですが、少し前までは大荒れで、このヨシオ山も激しい風雪にさらされたことでしょう。これほど日本海が近ければ、厳しい季節風と豪雪の影響をもろに受けているものと思われます。

さて、ヨシオ山から先には源太夫山と名付けられた、これまた人名から来ていそうな山が連なりを見せています。その先には、ひときわ高く真っ白な雪を纏った柴倉山が大きく聳えていました。このヨシオ山からも嫌というほど激しく下り、鞍部からジワジワと高度を上げながら、源太夫山へと続く尾根を延々と登っていきます。源太夫山からは白銀の大海原と化した尾根を辿って、最後に長い斜面を登りきり、ようやく柴倉山の山頂に立つことができました。

柴倉山は標高が１５００ｍにも満たない山なのですが、周囲に木々が見当たらず、もしかしたら森林限界を超えているのかもしれません。ここから栂海《つがみ》新道へ繋がる峰々も純白に輝いていて、木が生えていないように見えます。いずれにしても、日本海に近いということから厳しい気象条件となっていて、「森林限界も低いのかな」なんてことを思いました。

そして、木が生えていない柴倉山は、とにかくすこぶる景色の良い山でした。私にとってはあまり縁がない北アルプスの峰々が絶景をつくり出し、反対側に目をやれば、私が日頃親しんでいる頸城の山々と海谷の山々が連なっています。そんな景色を眺めながら、そういえばあの山は……と、苦しみながらも登頂を果たしたそれぞれの山の記憶を辿り、しばし柴倉山の山頂でくつろぎました。

本当はここでもっとゆっくりしたかったのですが、仕事のこともあって、後ろ髪引かれながら村杉山のテン場へと戻りました。テン場に戻ったのは正午過ぎです。この時間なら少し休憩を取ってテントを撤収し、さらに来た道をしばらく戻ったところで幕営できそうです。とりあえず簡単に昼食を済ませ、休憩することにしました。少し肌寒かったので寝袋に入って横になると、これがまた気持ちが良い。そうです、ここは母なる大地なのです。少しだけ休憩のつもりが、あっという間に午後4時半になっていて驚きました。3時間以上も寝ていたことになります。仕方がなく、このままここで晩ご飯を食べて就寝となりました。

今晩もこの母なる大地の安らぎに包まれて眠りにつく……つもりだったのですが、そうはいきませんでした。夜になると、いっぱい昼寝をしたせいか、目がさえてなかなか寝付けません。私はこんなとき、つい余計なことを思い出してしまいます。

以前にアルバイトで、会合やパーティーのお客様の送迎をしていたときがありました。ある日、私の運転する車に3人の女性が乗り込んできました。送迎客の大半は酔っ払いのおじさんなので、このときは華やかになって良かったと思ったのですが、彼女たちの会話を聞いて眉をひそめました。どうやらその日は心霊クラブの会合だったらしく、彼女たちはそこの会員のようでした。そして、「この付近で霊を感じるところはどこか？」と質問し合っていて、私も気になって聞き耳を立てました。具体的な場所をここで書くわけにはいきませんが、概ね交通事故が多発しているところで、踏切なんかもありました。女性の一人が「あの踏切を通ると、女性の泣き声が聞こえるのよ」と言うと、「やっぱり。私も聞こえるよ」となり、「あっちの踏切ではいつも線路脇に人が立っているよね」と言えば、「そうそう。あそこは気持ち悪いわ」と盛り上がっています。私は霊感がまったくないのでよく分かりませんが、彼女たちのような霊感の強い人の話によると、やはり事故などで人が命を落としてしまった場所が心霊スポットになっているようでした。

　眠れない夜にそんな話を思い出すと、怖くなって用を足したくなっても外に出ることができなくなります。山の場合は遭難事故があった場所ということになるのでしょうが、私はここではっとしました。私が今いる、登山道がなく、ほぼ人が登らないような山では、遭難事故など起ころうはずがありません。そういう意味では、むしろ安心できるのではないでしょうか。

　これまでに誰もいない山中で、テントの周りを歩くような足音を聞いたことが何度かあります。でも、それはすべて気のせいなのでしょう。でもたった一度だけ、気のせいでなかったことがあります。夜中にテントの周りで足音が聞こえ、翌朝、恐る恐るテントから出てみると、周囲にはクマの足跡がびっしりと付いていました。

　3月21日も朝から素晴らしい天気となっています。こんな日に早く山から下りるのはもったいないと思いながら、今回は仕事のために早々に下山をしました。本当は穴見山《あなみやま》に寄り道したかったのですが……。下山した時刻は午前10時を回ったくらいでした。新発田市からは遠いのでめったに来ることはできない山域です。でも、今度は仕事のことを気にせず、ゆっくり楽しみたいと思いました。そのときのために、穴見山はとっておいた、ということにしているのです。

コースタイム

《1日目》
岡集落〜5時間40分〜一本松山〜1時間40分〜横前倉山〜1時間30分〜村杉山

《2日目》
村杉山〜1時間35分〜ヨシオ山〜1時間10分〜源太夫山〜1時間30分〜芝倉山〜50分〜源太夫山〜1時間〜ヨシオ山〜50分〜村杉山

《3日目》
村杉山〜45分〜横前倉山〜40分〜一本松山〜2時間50分〜岡集落

コラム3　私が山で経験した不思議なお話

①雨飾山にて

私が登山を始めて2年目の年でした。春に残雪の雨飾山に登ろうと思い、小谷温泉に向かいましたが、残雪が多くて登山口付近はどこから入山すればいいのか分からない状態でした。当時は標識などが設置されていなかったため、入山口を見付けることができずに右往左往し、結局そのまま適当に斜面を登って山頂を目指すこととしました。いま振り返れば、登山経験が浅く、知識もほとんど持ち合わせていなかった私にとって、それは無謀極まりない登山であったことは言うまでもありません。

素晴らしく晴れわたって澄んだ青空に見事なブナの新緑が映え、よく写真集で見かけるような景色の中を、遠くに見える雨飾山めがけて悠々と、そして闇雲に斜面を登っておりました。ところが案の定でした。よくは覚えてはいないのですが、どうやら私は沢筋を歩いていたようで、スノーブリッジを踏み抜いてしまい、雪とともに沢の激流へと落下してしまいました。

私は必死で何かに摑まろうとするも、ただ流されるばかりでした。このまま激流にのみ込まれてしまうのではないかと思ったそのとき、ザックが川岸の何かに引っ掛かったようで、急に体が止まりました。私は必死でもがきながらも沢をよじ登り、何とか落下した穴からスノーブリッジ上に抜け出すことができました。

沢から脱出するときに「何に引っ掛かったのだろう？」とその付近を眺めてみましたが、不思議なことに引っ掛かりそうな物は何一つ見当たりませんでした。なぜ、あの激流の中で止まることができたのか、いまでも不思議に思います。そのとき、私は何か不思議な力に守られているような気がしてなりませんでした。

②朝日連峰にて

これもやはりまだ私が登山を始めたばかりの頃の出来事です。

４月、早春に泡滝ダムから大鳥池まで行き、凍結した大鳥池の神秘的な景色を楽しんだその帰り道、あの大鳥川沿いに付けられた〝雪崩の巣〟と言われるへつり道もあと少しで終わるという頃でした。残雪に覆われたトラバース歩きに辟易した私は、「ちょっと一息つこう」と思って水筒を出し、近くにあった倒木に腰を掛けようとしました。

その瞬間、それまで無風だったのに急に強い風が吹いて、水筒のふたがコロコロと転がっていきました。５ｍほど離れたところでふたは大きな石にぶつかって止まり、私はそれを拾おうとして石のところへ行きました。そして、そのままその大石に腰を掛けようとしたところ、さっきまで私が休憩をしようとした場所でブロック雪崩が発生したのです。

腰を掛けようとしていた倒木は雪崩にのまれ、ガラガラと音を立てながら大鳥川の奈落へと落ちていきました。その光景を目の当たりにした私は、体が固まって動けませんでした。不思議にも急に強い風が吹いたおかげで難を逃れることができたわけですが、あのときは雪崩に巻き込まれなくて本当に良かったです。このときもまた何か不思議な力が働いたような感じがしました。

③ 正月の飯豊にて

私は下越山岳会という山岳会の会員ですが、以前は正月に飯豊に登るのが恒例行事でありました。正月の飯豊は、稜線に出ると人など簡単に飛ばされるほどの凄まじい強風が吹き荒れています。また、天候によっては濃いガスにより方向が分からなくなります。私たちは道迷いを避けるために、長さ1・5mほどの竹で作った標識を数メートルおきに立てながら進んでいくことにしていました。あの強風と吹きつける雪に負けないように、太くて頑丈な竹をいつも200本ほど準備して登っておりました。

私はその竹を90本ほど担ぐ役割だったのですが、背面にはザックを背負っているので、大きな布製の筒を作り、その筒に竹を入れて、それを体の腹側に括り付け、片手で筒を抱えながら歩きました。とにかくこれが邪魔で仕方ありませんでした。

ある年のこと、竹の入った筒に歩きにくさを感じながら、三匹穴という途中のポイントに向けて急斜面を登っているとき、私はアイゼンの紐を踏んでしまい転倒し、その弾みでピッケルから手を離してしまいました。私の体は東俣川に向かって滑り始め、どんどん加速していきました。手元にピッケルがない私は、成す術なしの状態でした。

同行者からも「あっ!!」と言う声が上がり、私も「まずい！　万事休すだ!!」と思った瞬間、シューッと音がした感じがして、どういうわけか私の体は斜面の途中で止まりました。

アイゼンが途中で少しだけ雪面に引っ掛かったようでしたが、それにしても不自然な止まり方だったように思います。不可解ではありましたが、そのときはとにかく無事で、同行者とともにホッとしたことを覚えております。このときもやはり何か不思議な力を感じました。

④秋田駒ヶ岳大白森山荘にて

私が幼少の頃、父親の事業が軌道に乗るまで、家庭は随分と貧困だった記憶があります。当時住んでいた借家は雨漏りがするようなボロボロのあばら家で、夏は扇風機一つなく、冬もストーブなしで、囲炉裏だけで暖をとっておりました。食べるものもロクになく、随分とひもじい思いをしたことを覚えています。

そんな中、祖母はいくら貧乏でも身なりだけはキチンとしていなさいと言って、私はいつも服装だけは高級品を着せられておりました。祖母は非常に厳格な人であり、孫の私にも随分と厳しい人で、怖い人でありましたが、その分愛情も深い人だったように思います。そんな祖母もいつも高級な和服を着ていて、出かけるときには履いていた下駄がいつもコツコツと小気味良い音を鳴らしていたことを覚えています。

そんな祖母が他界して随分と年月が経ったある山行時、こんなことがありました。新発田市の赤津山の雨量観測所巡視路の草刈りを手伝っていたときのことですが、草刈り機を担いだまま大きな石の上に乗ったところ、滑って尾てい骨を強打しました。目から火が出るほどの激痛に、この日は尻をかばいながらやっとの思いで下山しました。

数日間は座ることができないほどでしたが、しばらくして尻の痛みが癒えてきた頃、私は東北へと向かいました。秋田駒ヶ岳から岩手山の間を縦走していたのですが、秋田駒の木道を歩いているときに足を滑らせ、赤津山で強打したのと同じ場所を再び強打しました。尻の強打は二度目ということで、あまりの痛さに意識が飛びそうだったのですが、尻をぐいっと突き出し、さらに内股にすると何とか歩くことができたので、その日はみすぼらしい歩き姿で無事に大白森山荘へと辿り着きました。

山荘は2階建てで1階部分は土間になっていました。2階の床は板張りだったので、私は2階でうつ伏せのまま一夜を過ごしました。翌朝、明るくなり始めた頃、ウトウトしていると小屋の周りをコツコツと歩く音が聞こえ、「おや？　山では不釣り合いな珍しい足音だなあ」と思うのと同時に、その足音にどこか懐かしさを覚えました。やがてその足音は小屋の中に入ってきて、1階の土間を通過し2階へ上がってきたのですが、途中から階段を下りたようで、その足音は外へと出ていってしまいました。遠い昔、どこかで聞いたその足音に、私は「はっ！」と思い、荷物を小屋に置いたまま慌てて足音を追いかけました。

小屋を出ると、大白森山の方に向かう樹林帯の中からコツコツとはっきりと音が聞こえてきます。私は思わず「婆《ばあ》ちゃん！」と声を出し、フグのように腫れあがった尻の痛みに耐えながら、例の歩き方で急いで足音のする方へ向かいました。しかし、一向に姿は見えません。しばらく追ってみたのですが、残念ながら見付けることができず、引き返してきました。

私はおそらく祖母が心配して見に来てくれたのではないかと思いました。そして、それまでに経験した不思議な出来事のすべてが理解できました。いままで遭難しかけたときに、何かに守られるように不思議な力が働いたのは、きっと祖母が見守ってくれていたに違いありません。私は心の中で「婆ちゃん、ありがとう」と呟《つぶや》きました。それ以来、祖母に心配を掛けまいと、私はいっそう安全登山を心掛けるようになり、山を歩くときはかなり慎重になりました。

おわりに

新潟県内に絞ってあれこれ道なき山々を巡ってきましたが、細長い新潟県は端から端までの距離が非常に長くて、移動時間やガソリン代などの費用まで含めると、随分と苦労をしたように思います。自分の住む新発田市周辺に聳える山であれば、あらかじめ天気の悪い日にでも登り口の偵察等に行くことができるのですが、遠方はそうはいきません。地形図を見て、後は行ってみて判断するしかありませんでした。3時間以上かけて登山口に到着したものの、川を渡ってから尾根に取り付くつもりが、地形図に書かれている橋はなく、尾根に取り付けずにすごすごと引き返したなんてことがありました。残雪を利用して登るつもりが雪がなく、大藪と化した尾根に登ろうとしても歯が立たず、30分も歩いて諦め戻ったなんてこともありました。残雪期の入山だというのにサングラスを忘れてしまい、取りに戻ることもできず、仕方なく目を閉じたまま登った山もありました。しかし、県内をいろいろ巡っていると、山以外にも素晴らしい場所や楽しい場所の発見などがあって、とても有意義な時間を過ごすことができました。今となっては、道なき山々に多くの思い出をもらい、そして楽しませてもらい、とても幸せな時間を過ごさせてもらったと思っています。そんな山々に登った記録を1冊にまとめることができたことは、私の人生の中ではこの上ない大きな出来事となりました。

しかし、本書を発刊するにあたり考えさせられることが多々あったことも事実です。道なき山々とはいえ、山麓民の方たちが柴刈りや炭焼き、狩猟、山菜採り等で古くから生活の場として大事にしてきた山も多くあり、そんなところを私が訪れて世の中に公開していいものか。あるいは、道がないということから訪れる人がまったくなく、ありのままの自然を残してひっそりと佇んでいる山を公表していいものか。そして、多くの先人たちが汗水流して切り開いてきた歴史ある藪山登山を、私程度の者が本にするなど失礼ではないのだろうか……。多くの葛藤をはらみながらも、最終的には自分自身の軌跡を残したいという思いで上梓しました。

新潟県内を見渡すと、道なき山は登っていないところもまだまだ多く残っていますし、もう一度登りたいと思うところもたくさんあります。もちろん他県にも魅力的な山々が多数あり、道のない山への旅はいつまでも終わりを迎えることがなさそうです。私は人前に出るのが苦手で、大勢でワイワイ楽しくといった山登りは得意ではありません。基本的には単独でしか山に登りません。でも、もう年も年だし、この本の発行を機に、厳しい山ばかりではなく、時には仲間と一緒に気軽で楽しい山登りもしたいな、なんて思ったりもしています。

また、本書の発刊と同時期に『新潟の道の無い山』というタイトルの本を出版しました。『新潟の道の無い山』は本書と異なり、登山道のない山の中でも比較的名が知られていて、ある程度の入山者がいる人気の山を掲載しています。本書とは別の出版社からの発行となりますが、こちらも併せて読んでいただけると幸いです。興味がございましたら、私のホームページ「静かな山へ」もご覧ください。

最後になりますが、今まで登って記録していた自分の文章を改めて読み返してみると、あまりにも拙くお粗末な文章ということに、今更ながら気が付きました。それに加え、私自身のつまらないエピソードやバカバカしい小話のようなことまで書いてしまっており、大変にお恥ずかしく、読まれた方々に対しては申し訳なく思っております。しかし、本書の大きな目的が、自分自身の軌跡をまとめるということですので、少々の修正をした程度で掲載することにしました。どうかお許しください。

それからもう一つ。ただでさえ山に登るとなれば多くの方々に心配をお掛けしてしまうところ、道のない山に登るともなれば、言わずもがなです。家族や会社の皆さん、友人、山岳会の方々には、これまで多大なご心配とご迷惑をお掛けしてきました。その都度、寛大な心で支えてくださいましたこと、この場を借りて改めて感謝申し上げます。

２０２４年５月

田中　正彦

拙著『新潟の道の無い山』
2024 年 4 月 1 日発行

詳しくはホームページ「静かな山へ」
(https://match1421.jimdofree.com/)
をご覧ください。

参考文献一覧（五十音順、敬称略）

『朝日村史』朝日村教育委員会、1978年2月15日
『朝日村の民俗』朝日村教育委員会、1978年9月30日
『雨飾山』直江津雪稜会、1975年3月
『雨飾山と海谷山塊』蟹江健一、渡辺義一郎、2008年7月30日
『飯豊山麓の昔話』武田正、1973年8月1日
『飯豊の山ふみ』米沢古文書研究所、1996年10月26日
『飯豊道』五十嵐篤雄、1998年4月30日
『糸魚川市史』糸魚川市役所、1976年3月
『いりひろせ物語』水沢謙一、1989年3月5日
『羽越国境の山村奥三面』渡辺茂蔵、1979年10月1日
『越後魚沼方言集』大久保誠、2010年12月
『越後黒姫の昔話』真鍋真理子、剣持準一郎、1973年12月10日
『越後古道史話』赤津友三郎
『越後佐渡の峠を歩く』羽賀一蔵、1998年4月20日
『越後山岳 1号〜9号』日本山岳会越後支部
『越後せきかわ大蛇伝説』阿部八郎、関川村、1995年3月31日
『越後歴史散歩（上中下越編）』中村幸一、剣持利夫
『越後名寄』丸山元純翁、1916年1月12日
『越後の山旅 上・下』藤島玄
『越後野誌』源川公章、1974年3月20日
『越後秘境探検記』小林存、1990年3月10日
『越後百山』佐藤れい子、2001年3月25日
『越後三面山人記』田口洋美、1992年2月28日
『青海その生活と発展』青海町役場、1966年5月30日
『置賜の山岳信仰』米沢市上杉博物館、2014年11月1日
『大鳥の輪郭』田口比呂貴、2016年4月
『奥利根の山と沢』小泉共司、1984年6月25日
『奥利根・秘境の素顔』朝日新聞前橋支局、1983年3月20日

『小国の交通』小国町誌編集委員会、1996年3月25日
『小国の信仰』小国町誌編集委員会、1994年3月31日
『小谷民俗誌』小谷村教育委員会、1979年3月30日
『角川日本地名辞典 新潟県』竹内理三、1989年10月8日
『川内山鉱山跡』吉田忠、2021年3月20日
『川内山とその周辺』笠原藤七、1965年10月
『きのこの自然誌』小川真、1983年12月1日
『キノコの不思議』森毅、1996年7月20日
『銀山平を拓いた人々』磯部定治、2001年12月16日
『六合村誌』六合村、1973年12月1日
『頚城山村の民俗』牧村教育委員会、1987年3月31日
『頚城新国土記』石田耕吾、佐藤今朝夫、1982年12月5日
『黒川村誌』黒川村、1979年3月
『群馬県吾妻郡誌』群馬縣吾妻教育委員會編、西毛新聞社、1970年11月15日
『小出郷山岳史』小出郷山岳協会、2009年12月31日
『湖底幻影』小島六郎、池田郁雄、1990年6月30日
『古道巡礼』高桑信一、2005年1月26日
『コンサイス日本山名辞典』徳久球雄、1985年1月20日
『笹ヶ峰・火打山研究』直江津雪稜会編、1976年12月
『山名考』池田光二、2003年3月15日
『山名の不思議』谷有二、2003年8月10日
『下田村史』下田村史編集委員会、1971年3月30日
『新発田市史 下』新発田市、1980年11月30日
『知られざる山』羽田寿志、2005年5月10日
『知られざる山平ヶ岳』北魚沼地区理科教育センター、1981年6月
『修験者と地域社会』宮家準、1981年9月15日
『信越国境秋山郷の神秘』山田左千夫、2009年4月5日
『新日本山岳誌』日本山岳会、2005年11月15日
『新版 会津の峠 下』阿部隆一、2006年7月1日
『新編会津風土記』花見朔巳、雄山閣、1975年9月15日
『図説・新潟県の街道』小村弌、高橋将人、1994年12月15日
『青春は遥かなる稜線に』木戸賢吉、2008年12月24日
『世界山岳百科事典』岩間正夫、1971年7月1日
『関川郷の民俗』関川教育委員会、1986年3月31日
『関川村史』関川村、1992年2月28日

『せきかわ歴史散歩』高橋重右エ門、1989年11月20日
『高倉宮以仁王伝説の会津と越後の山々』山﨑幸和、2022年10月19日
『小さなてっぺんに登ろう』保坂眞二、2020年9月1日
『地名の語源』鏡味完二、鏡味明克、1977年10月30日
『長者原老媼の夜話』小野和子、1992年4月20日
『峠の民俗地誌』林正巳、1980年10月1日
『毒きのこに生まれてきたあたしのこと』堀博美、2019年10月29日
『栃尾郷誌』新潟県栃尾市教育委員会、1971年3月25日
『とてもこわい幽霊妖怪図鑑』草川隆、1974年6月15日
『新潟県地名考』五十嵐秀太郎、1995年10月25日
『新潟県の地名』(有)平凡社地方資料センター、下中邦夫、1986年7月10日
『新潟地名考』長谷川勲、2015年6月6日
『新潟地名新考 上・下』小林存、1992年8月20日
『新潟の低山藪山』羽田寿志、1998年8月10日
『新潟県の伝説集成』小川直嗣、(上越編)1995年12月1日
(中越編)1995年12月1日
(下越編)1996年2月1日
『新潟の山旅』新鉄山岳連盟、1982年3月20日
『二十世紀の中浜集落誌』境の里振興会、2001年12月
『二王子山麓民俗誌』佐久間惇一、1964年3月25日
『日本山嶽志』日本山岳会、高頭式編、1906年2月4日
『日本山岳風土記4』長尾宏也、1960年6月5日
『日本山岳ルーツ大辞典』村石利夫、池田末則、1997年12月15日
『日本三百名山』荒井魏、1997年3月25日
『日本山名事典』徳久球雄、石井光造、武内正、2004年5月1日
『日本人ときのこ』岡村稔久、2017年10月5日
『日本動物大百科』日高敏隆、1996年12月25日
『日本の秘境』大内尚樹、2002年5月25日
『鼠東に向かって行く』本間伊勢蔵、1973年12月10日
『東蒲原郡史蹟誌』寺田徳明、1975年7月28日
『秘境吉ヶ平』蝶名林竹男、1971年2月
『ヒルは木から落ちてこない』樋口大良+子ども山ビル研究会、2021年9月1日
『ふるさとしばた』新発田市教育委員会、1972年9月1日
『巻機山研究』石井貞男、1979年7月15日

『水沢の民俗』新潟大学人文学部民俗学研究室、2001年2月20日
『南魚沼郡誌続編（上巻）』南魚沼郡誌編集委員会、1971年年3月25日
『妙高高原町史』妙高高原町、1986年9月30日
『妙高笹ヶ峰杉野沢譚』武田静夫、2005年1月15日
『妙高村史』妙高村、1994年3月30日
『民俗採訪』民俗学研究会、1978年10月1日
『村上市史』村上市、1989年10月1日
『村上市史 民俗編』村上市、1989年10月1日
『森の遠くで』武田宏、2002年3月18日
『野外の毒虫と不快な虫』梅谷献二、1994年10月3日
『山に生かされた日々』民族文化映像研究所、1984年12月12日
『雪の上信国境』塚本閣治、1943年1月15日
『吉ヶ平物語』鈴木由三郎、1990年11月3日
『山都町史』福島県山都町、1991年3月18日
『山の遊学道』山遊亀、2004年9月10日
『早稲田里山の自然と歴史』早稲田里山研究会、2018年3月30日

著者紹介

田中 正彦（たなか まさひこ）

昭和40（1965）年生まれ
新潟県新発田市在住
下越山岳会会員
胎内・北飯豊の会会員
藪山ネット会員
新潟県自然環境保護員
新潟県民俗会会員

新潟《にいがた》の静《しず》かな山《やま》　～道《みち》なき山《やま》を訪《たず》ねて～

2024（令和６）年6月30日　初版第１刷発行

著　者　田中 正彦

発　売　新潟日報メディアネット
【出版グループ】〒950-1125　新潟市西区流通3丁目1番1号
TEL 025-383-8020　FAX 025-383-8028
https://www.niigata-mn.co.jp

印刷・製本　株式会社 小 田

ISBN978-4-86132-859-6